अनित्य

[उपन्यास]

अनित्य

मृदुला गर्ग

राजकमल प्रकाशन
नयी दिल्ली पटना इलाहाबाद कोलकाता

ISBN : 978-81-267-2301-0

मूल्य : ₹ 400

पहला संस्करण : 1980
पहला राजकमल संस्करण : 2012
पहली आवृत्ति : 2013

प्रकाशक : राजकमल प्रकाशन प्रा. लि.
1-बी, नेताजी सुभाष मार्ग, दरियागंज
नई दिल्ली-110 002

शाखाएँ : अशोक राजपथ, साइंस कॉलेज के सामने, पटना-800 006
पहली मंजिल, दरबारी बिल्डिंग, महात्मा गांधी मार्ग, इलाहाबाद-211 001
36 ए, शेक्सपियर सरणी, कोलकाता-700 017

वेबसाइट : www.rajkamalprakashan.com
ई-मेल : info@rajkamalprakashan.com

आवरण : महेश्वर

मुद्रक : बी.के. ऑफसेट
नवीन शाहदरा, दिल्ली-110 032

ANITYA
Novel by Mridula Garg

आशु-अपु
और
उनकी नई पीढ़ी को

हमारा सारा जीवन ही संघर्षमय है और हिंसायुक्त है···हिंसा का कभी प्रयोग न करने की क़सम खा लेने का अर्थ होता है सर्वथा नकारात्मक रुख इख़्तियार कर लेना जिसका स्वयं ज़ीवन से क़तई संपर्क नहीं होता···

···अगर इतिहास से कोई एक बात सिद्ध होती है, तो वह यह है कि आर्थिक हित ही समूहों और वर्गों के दृष्टिकोण के निर्माता होते हैं। इन हितों के सामने न तो तर्क और न नैतिक विचारों की ही चलती है। हो सकता है कि कुछ व्यक्ति राज़ी हो जायें और अपने विशेषाधिकार छोड़ दें···लेकिन समूह और वर्ग ऐसा कभी नहीं करते। इसीलिए शासक और विशेषाधिकार–प्राप्त वर्ग को अपनी सत्ता और अनुचित विशेषाधिकारों को छोड़ देने के लिए रज़ामंद करने की जितनी कोशिशें अब तक की गयीं वे हमेशा नाकामयाब ही हुईं और इस बात को मानने के लिए कोई वजह दिखायी नहीं देती कि वे भविष्य में कामयाब हो जायेंगी···

जवाहर लाल नेहरू
(दोनों उद्धरण 'मेरी कहानी' से)

अनलिखा इतिहास जानने की ललक

उपन्यास अनित्य का पहला संस्करण 1980 में छपा था। उसके बाद उसके कई पुनर्मुद्रण हुए। अब 1998 में, अठारह वर्ष बाद, जब उसके नवसंस्करण के प्रकाशन की बात हुई तो लगा, बतौर भूमिका भी कुछ जाना चाहिए। तब, प्रकाशक के आदेश पर, मैंने पुराने तमाम कागज़ात टटोले। उनमें मुझे अपना एक वक्तव्य मिला, जो 22 मार्च 1981 को 'धर्मयुग' पत्रिका में छपा था। नाम था 'शहीद भगतसिंह और उपन्यास अनित्य'। 23 मार्च 1981 को भगतसिंह की फांसी की अर्धशताब्दी थी। आज भारत के स्वाधीन गणतंत्र बनने की अर्धशताब्दी है। अपना वह लेख दुबारा पढ़ा तो पाया कि इन अठारह वर्षों में बदला-सुधरा कुछ नहीं, बल्कि जो हालात तब थे, वही और पुख़्ता हुए हैं। लग रहा है कि 'अनित्य' की भूमिका में उसी लेख का जाना न्याय-संगत है। उसमें मैं सिर्फ़ मनोज दास की यह टिप्पणी जोड़े दे रही हूं :

"कभी न करने से अच्छा है कि हम, देर से सही पर आज ही, इस (उपन्यास) में उठाये गये उद्वेलक प्रश्नों पर चिंतन-मनन कर लें।"

23 मार्च 1931 को, जब सरदार भगतसिंह शहीद हुए, मेरा जन्म नहीं हुआ था। आज़ादी की लड़ाई में भी मैंने हिस्सा नहीं लिया। कारण, जब आज़ादी मिली तो मेरी उम्र महज़ नौ वर्ष थी। पर आज़ादी मिलने से पहले और उसके बाद वर्षों तक, हमारे घर में भगतसिंह के क्रांतिकारी आंदोलन और गांधी जी के सविनय अवज्ञा, आंदोलन के बारे में रात-दिन कुछ इस तरह चर्चा रही कि उम्र के साथ-साथ, दोनों मेरे निजी अनुभवों से भी अधिक, मेरी मानसिकता के अंग बन गये। वैसे भी बचपन में जिन चीज़ों को हम महसूस करते हैं, वे इस तरह हमारे भावबोध का हिस्सा बन जाती हैं कि फिर कभी अलग नहीं होतीं और बाद के सारे निजी अनुभव उनके सामने फीके लगते हैं। 'अनित्य' बचपन के बने इसी भावबोध में से आया हुआ उपन्यास है।

उम्र कम थी तो भगतसिंह की शहादत की कहानी सुनकर मैं उसी तरह रोमांचित होती थी, जैसे वीरगाथाएं सुन कर आम तौर पर बच्चे होते हैं। पर बड़े होते-होते,

पढ़ाई-लिखाई के साथ जब घर की चर्चा के गूढ़ अर्थ भी मेरी समझ में आने लगे, तब यह भी समझ में आ गया कि भगतसिंह की शहादत का अर्थ सिर्फ़ बहादुरी से देश के लिए कुर्बान हो जाना नहीं था। उनके पास बाक़ायदा एक आर्थिक, सामाजिक और राजनीतिक प्रोग्राम था, जिसका उद्देश्य समाज के मौजूदा ढांचे को बदलकर समाजवाद लाना था। गांधीजी से उनका विरोध भी इसी तथ्य को लेकर था (हिंसा-अहिंसा के साधन को छोड़कर)।

गांधी और भगतसिंह : मौलिक दृष्टिभेद

भगतसिंह का कहना था, "हमारे दल का लक्ष्य एक सोशलिस्ट सामाजिक संगठन की स्थापना है। कांग्रेस और इस दल के लक्ष्य में यही भेद है कि जब राजनीतिक क्रांति से शासन-शक्ति अंग्रेज़ों के हाथ से निकलकर हिंदुस्तानियों के हाथों में आ जायेगी, तब हमारा लक्ष्य शासन-शक्ति को उन हाथों के सुपुर्द करना है, जिनका लक्ष्य समाजवाद हो। इसके लिए मज़दूरों और किसानों को संगठित करना आवश्यक होगा, क्योंकि उन लोगों के लिए लार्ड रीडिंग या इर्विन की जगह तेगबहादुर या पुरुषोत्तमदास ठाकुरदास के आ जाने से कोई भारी फ़र्क़ न पड़ सकेगा।" स्वाधीनता आने के बाद, जो सामाजिक ढांचा देश का बना रहा है, उसे देखते हुए, 1931 में कहे भगतसिंह के ये शब्द भविष्यवाणी-से प्रतीत होते हैं।

गांधीजी के हृदय में गरीब, सर्वहारा वर्गों के लिए गहरी व्यथा और संवेदना थी, इसमें कोई संदेह नहीं है। अपने अनुयायियों को भी वे गरीब जनता की तरह जीने और गरीबों पर अनुकंपा रखने की सीख देते आये थे। पर याद रखने योग्य बात यह है कि गरीब के लिए करुणा, अनुकंपा चाहे कितनी भी उत्कृष्ट भावनाएं क्यों न हों, राष्ट्र की जनता या पूरे समाज को आर्थिक स्वावलंबन की तरफ़ वे नहीं ले जा सकतीं; बल्कि आर्थिक असमानता को तो वे अनिवार्य रूप से स्वीकार करती हैं। वर्ग भेद होने पर ही तो अमीर, गरीब पर दया दिखला सकेगा ! और यही ग़लत है। 'अनित्य' की प्रभा कहती है, "एक समाज में रहने वाले लोग इस तरह क्यों बंटें कि एक वर्ग के पास इतना हो कि वह मदद करने की सामर्थ्य रखे और दूसरे वर्ग के पास कुछ न हो, कि उसे मदद की ज़रूरत पड़े ?"

पर गांधीजी ने जब भी बात की तो आर्थिक अनुकंपा की, आर्थिक समानता की कभी नहीं। और यह प्रमाणिक सत्य है कि स्वेच्छा से कोई भी समूह या वर्ग अपने विशेषाधिकार नहीं छोड़ता। जवाहरलाल नेहरू ने अपनी पुस्तक 'मेरी कहानी' में इसी तथ्य को शब्द दिये हैं, "शासक और विशेषाधिकार-प्राप्त वर्ग को अपनी सत्ता और अनुचित विशेषाधिकारों को छोड़ देने के लिए रज़ामंद करने की जितनी कोशिशें अब तक की गयीं, वे हमेशा नाक़ामयाब ही हुईं और इस बात को मानने की कोई वजह दिखायी नहीं देती कि वे भविष्य में कामयाब हो जायेंगी⋯" गांधीजी

अच्छी तरह जानते थे कि ब्रिटिश सरकार चूंकि पूंजीवादी सरकार है, इसलिए समझौते से जब भी वह सत्ता छोड़ेगी, तो उसे किसी पूंजीवादी राजनीतिक दल को ही देगी। क्योंकि वे बलपूर्वक सत्ता लेने को असंभव मानते थे, इसलिए समझौते से सत्ता लेने का विकल्प ही उनके सामने था। उनका विश्वास था कि अंग्रेज़ों से सत्ता छीन लेने पर वे पूंजीवाद से भी निबट लेंगे, और यहीं वे मात खा गये। स्वतंत्रता मिलने के बाद हमारे देश से पूंजीवाद और अवसरवाद की जड़ें उखड़ी नहीं, और भी गहरी हो गयीं।

मृत्यु के जरिये प्रचार

इस तरह अगर स्वतंत्रता मिलने पर गांधीजी की दृष्टि सही प्रमाणित नहीं हुई, तो यह भी सच है कि सरदार भगतसिंह के सिर भी सफलता का सेहरा नहीं बंधा। एक तरफ़ कमी व्यापक दृष्टि की रही, तो दूसरी तरफ़ संगठन की। मैं यहां यह स्पष्ट कर देना चाहती हूं कि उपन्यास 'अनित्य' में मेरा उद्देश्य गांधीवाद पर प्रहार करने का नहीं है, बल्कि गांधीवादी और क्रांतिकारी, दोनों आंदोलनों को पूरे ऐतिहासिक परिप्रेक्ष्य में देखकर समझने का है। विशेष रूप से मैं यह अध्ययन करना चाहती थी कि समझौतावादी नीतियों का जनसाधारण के मानस पर दीर्घकालीन रूप से क्या प्रभाव पड़ता है और स्वतंत्रता आने के बाद की हमारे यहां की अवसरवादी मानसिकता को गढ़ने में उनकी कितनी और क्या भूमिका रही है।

भगतसिंह ने 'प्रॉपेगैंडा बाइ डेथ' का रास्ता चुना और बहुत छोटी उम्र में, अपने लक्ष्य को स्पष्ट करने के प्रयास में शहीद हो गये। जनसाधारण की आज़ादी का प्रचार करने के लिए उन्होंने असामान्य शौर्य के साथ हर संभव रास्ता अपनाया—एक सौ चौदह दिन की भूख-हड़ताल, जेल-सुधार की मांग, ब्रिटिश अदालत का बायकॉट, वकीलों से बहस, आज़ादी से भी आगे जाकर समाजवादी क्रांति पर वक्तव्य। यह संगठन की कमी थी कि युवक वर्ग में जो उफ़ान उनकी शहादत पर आना चाहिए था, वह नहीं आया और क्रांतिकारी आंदोलन एक तरह से उनके साथ-साथ ठंडा पड़ गया। पर इससे उनकी क्रांतिकारी विचारधारा या जीवन का महत्त्व कम नहीं होता। विश्व में जहां कहीं भी सफल क्रांति हुई है, उससे पहले अनेक असफल क्रांतिकारी उसकी वेदी पर शहीद हुए हैं। तात्कालिक रूप से निष्फल होते हुए भी उनके निष्काम प्रयासों को असफल नहीं माना जा सकता; क्योंकि इन्हीं प्रयासों के कारण जनसमूह में वह वैचारिक क्रांति आ पायी, जिसके अभाव में कोई क्रांति संपूर्ण या सफल हो ही नहीं सकती।

भगतसिंह एक ऐसे विचारशील क्रांतिकारी हैं, जो भारत की अपनी मिट्टी से जनमे हैं। अपने देश की व्यवस्था और जनमानस को उन्होंने समझा, उसकी समस्याओं का अध्ययन किया और उस परिप्रेक्ष्य में अपने विचार व्यक्त किये। इसलिए मैं

मानती हूं कि अगर हमारा युवा-वर्ग उनसे प्रेरणा लेकर काम करेगा, तो स्वयं को अपनी मिट्टी के कहीं ज्यादा नज़दीक पायेगा। मेरे लिए भगतसिंह ऐसे ही प्रेरणा-स्रोत रहे हैं और उपन्यास 'अनित्य' मैंने काफ़ी हद तक उनके व्यक्तित्व से प्रेरित होकर लिखा है। मेरे लिए यह हर्ष का विषय है कि मन्मथनाथ गुप्त सरीखे क्रांतिकारी ने इसे 'प्रामाणिक और जेनुइन' कहा है।

वैसे यह उपन्यास भगतसिंह या अन्य किसी बड़े राजनीतिक नेता के जीवन को लेकर नहीं बुना गया। यह साधारण लोगों की कहानी है, पर उन लोगों पर राजनीतिक नेताओं का गहरा प्रभाव है। मैं मानती हूं कि साधारण लोगों की भी इतिहास में उतनी ही हिस्सेदारी है, जितनी विशिष्ट व्यक्तियों या नेताओं की। हर जागरूक व्यक्ति के जीवन पर उसके समय की राजनीतिक और आर्थिक घटनाओं का भरपूर प्रभाव पड़ता है। अपने निकट अतीत में घटित ऐतिहासिक घटनाक्रम में वह अपने सामर्थ्य के अनुसार हिस्सा लेता है। ऐसा कैसे हो सकता है कि कोई व्यक्ति ऐसे समय में जीवन बिताये जब व्यापक स्तर पर राजनीतिक उथल-पुथल मची हो, देश का पूरा नक्शा बदल रहा हो और वह उससे अछूता ही रह जाये!

'अनित्य' ऐसे पात्रों की कथा है, जो अपनी कमज़ोरियों के कारण ऐतिहासिक घटना-क्रम में उस हद तक हिस्सा नहीं ले पाये जिस हद तक लेना चाहते थे या सोचते थे कि उन्हें लेना चाहिए, पर उसके लिए खुद को माफ़ भी नहीं कर पाये। जो नैतिक मानदंड उन पात्रों ने खुद अपना न्याय करने के लिए अपनाये, वे उन मानदंडों से कहीं ज्यादा ईमानदार थे, जो आजकल हम लोग, हमारे नेता या बुद्धिजीवी अपना रहे हैं। उनकी व्यथा उन्हीं ईमानदार मानदंडों पर पूरा न उतरने के कारण है और मैं उस व्यथा को बहुत महत्त्वपूर्ण मानती हूं और यह भी मानती हूं कि हर जागरूक और भावपूर्ण व्यक्ति के लिए वह उतनी ही महत्त्वपूर्ण है जितनी मेरे लिए।

इसी जनसाधारण के वर्ग से आनेवाली, उपन्यास की एक पात्र है—स्वर्णा। स्वर्णा को मैंने स्वयं जीवन में झेला है। वह हमारे घर पर काम करती थी (मेरे बचपन में) और शरच्चंद्र के उपन्यासों के सेवकों की तरह वफ़ादार होते हुए भी उसकी प्रतिक्रियाएं तीखी, तल्ख़ और दो-टूक हुआ करती थीं। मौका आने पर जब उसे वफ़ादारी और स्वतंत्र जीवन के बीच चुनना पड़ा, तो उसने स्वतंत्रता को ही चुना। स्वर्णा की बातों का असर कुछ ऐसा होता था कि मैं अकसर खाने की मेज़ से बिना खाये उठ जाया करती थी। आठ-नौ बरस की उम्र में ही उसने एक अपराध-बोध मेरे भीतर जगा दिया था और उसी की प्रेरणा का नतीजा है यह उपन्यास 'अनित्य'। मेरा अपराध-बोध मेरा न रहकर उपन्यास के नायक अविजित का हो गया। वह विशिष्ट वर्ग से आनेवाला पात्र है, पर कुछ विज्ञजनों की तरह संभ्रांत नहीं हुआ कि सोचना-विचारना या महसूस करना ही भूल चुका हो।

कैसे हो सकता है कि देश के विशिष्ट वर्ग के सदस्यों में देश की भयानक आर्थिक असमानता और चिरस्थायी वर्ग-विभाजन को लेकर कोई अपराध-बोध न हो ? मेरा मतलब संवेदी मनुष्यों से है। जो विज्ञजन इतने संभ्रांत हो चुके हैं कि उन्हें इलीट का अर्थ ही बुद्धिजीवी नज़र आने लगा है, उनके बारे में कोई क्या कह सकता है ! वरना यह एक कड़वा सच है कि हमारा समाज एक इलीटिस्ट (विशिष्टवर्गीय) समाज है। विशेष दुख की बात इसमें यह रही है कि जब स्वतंत्रता की लड़ाई लड़ी जा रही थी, तब भी इलीट (विशिष्टवर्ग) और आम जनता के बीच का फ़र्क़ इसी तरह मौजूद था। विशिष्ट वर्ग के अनेक सदस्यों ने इस लड़ाई में हिस्सा लिया, पर जेल के अंदर चाहे बाहर, उनके और आम जनता के सत्याग्रहियों या क्रांतिकारियों के बीच का फ़र्क़ बराबर बना रहा। यह इसी इलीट की कोशिशों का नतीजा था कि आज़ादी जब मिली, तो सत्ता इलीट के हाथों में आयी, जनता केवल बक्से में वोट डालने का काम करती रही।

सिर्फ़ इतना ही नहीं है कि इलीट को यहां सब सुविधाएं प्राप्त हैं और आम जनता को एक भी सुविधा उपलब्ध नहीं है, इससे कहीं भयानक बात यह है कि हमारी हर नीति, चाहे वह शिक्षा के क्षेत्र में हो चाहे उद्योग के, इस विभाजन को कायम रखने के लिए काम करती है। यानी यह विभाजन स्थायी है और उसके भीतर वे तत्त्व मौजूद हैं, जो उसे चिरस्थायी बनाये रखते हैं।

दूसरे शब्दों में, हमारे समाज में व्यक्ति को कुछ करने या बनने के लिए या धन की ज़रूरत होती है, या शिक्षा की, या सिफ़ारिश की। शिक्षा या सिफ़ारिश के लिए फिर धन की आवश्यकता है। और क्योंकि इस धन पर जनसंख्या के एक बहुत छोटे प्रतिशत हिस्से का अधिकार है, इसलिए ज़ाहिर है कि ऊंची शिक्षा, पद, उद्योग-धंधे और सत्ता इसी वर्ग के वंशजों के हाथों में रहती चली जायेगी। जब तक अवसर की समानता न हो, किसी प्रकार की आर्थिक समानता या लोकतंत्र-गणतंत्र की बात करना बेकार है, और यह अवसर की समानता हमारे यहां न कभी थी, न है।

दूसरी ओर, अर्थशास्त्र की भाषा में जिसे 'डैमन्स्ट्रेशन इफ़ैक्ट' या प्रदर्शन-प्रभाव कहते हैं, उसने हमारी आर्थिक नीति को बुरी तरह विकृत कर रखा है। जब हम फ़ाइव स्टार होटल, वातानुकूलित बाज़ार, कलर टी.वी. या पब्लिक स्कूल प्राथमिकता देकर बनाते हैं या बनने देते हैं, या ऐशोआराम की चीज़ों का उत्पादन इस तर्क पर करते हैं कि जिस चीज़ की मांग है उसका उत्पादन अर्थ-शास्त्रीय दृष्टि से होना ही चाहिए, चाहे उस उत्पादन से एक प्रतिशत जनसंख्या की मांग ही क्यों न पूरी होती हो; तो इसके मूल में यही प्रदर्शन-प्रभाव या अमीर देशों की नकल की भावना काम कर रही होती है।

हमारी आर्थिक नीति का स्वरूप ही यह हो गया है कि हम हरदम इस कोशिश में रहते हैं कि पश्चिम के पूंजीवादी देशों में जो ऊंचे दर्जे का रहन-सहन है, उसकी टक्कर का रहन-सहन हमारे इलीट का भी हो, चाहे इसके लिए आम जनता की पीने के पानी या पेट भर खाने की मांग को भी क्यों न नज़रअंदाज़ करना पड़े। यह नकल की भावना इतना विकराल रूप धारण कर चुकी है कि हम देश के अंदर की भयानक-से-भयानक आर्थिक असमानता को भूलकर विकसित देशों की उपभोग-क्षमता से आक्रांत रहते हैं।

यह उपभोक्ता संस्कृति एक खास किस्म की महाजनी सभ्यता को जन्म देती है, जहां हर व्यक्ति का ध्येय होता है—अधिक-से-अधिक भौतिक उपलब्धियों को प्राप्त करना। इस महाजनी सभ्यता का बाहरी रूप बहुत आकर्षक होता है—सभ्य, शिष्ट और संभ्रांत। पर वास्तव में यहां व्यक्ति अपना व्यक्तित्व पूरी तरह खो देता है। हर संबंध को वह उसकी उपयोगिता के आधार पर आंकता है और एक प्रकार की संबंधहीनता में जीने पर मजबूर रहता है।

चार प्रकार के पात्र

मेरा यह उपन्यास उन व्यक्तियों की कहानी है जिनकी मानसिकता, काफ़ी हद तक, इस संस्कृति के दबाव से बनी है। उपन्यास में ऐसे चार तरह के पात्र आये हैं। कुछ पात्र वे हैं जैसे सरण, मुकर्जी बाबू या शुक्लजी, जो इस महाजनी संस्कृति को पूरी तरह समर्पित हैं और जिनके अंदर कोई द्वंद्व, दुविधा या अपराधबोध नहीं है। उसके दूसरे सिरे पर भगतसिंह से प्रेरित वे पात्र हैं, जो खुलकर इस संस्कृति से विद्रोह करते हैं, जैसे—काजल, बिमल दत्त, प्रभा आदि।

बीच में आता है उपन्यास का नायक अविजित और उपन्यास की अवधारणा को स्पष्ट करनेवाला पात्र अनित्य। अविजित न तो उस संस्कृति को पूरी तरह समर्पित है और न उससे पूरी तरह भ्रांतिमुक्त। उपयोगिता के आधार पर वह संबंध बनाता है। श्यामा से विवाह करता है, शुक्लजी को घर में बसा लेता है। पर संबंध-हीनता को स्वीकार नहीं कर पाता। वह उससे उद्वेलित-व्यथित है और हर समय एक अपराध-बोध से ग्रस्त रहता है। बाकी लोग उसे उतना दोषी नहीं ठहराते, जितना वह खुद को ठहराता है। इसीलिए हर समय अनित्य को साथ लिये घूमता है (मानसिक धरातल पर) और अपने तमाम 'पैशन' के बावजूद अंत तक रंजना के पास नहीं जा पाता।

अनित्य वह पात्र है, जिसका इस संस्कृति से पूर्णतया मोहभंग हो चुका है। उसे किसी भौतिक उपलब्धि की इच्छा नहीं है और वह नितांत संबंधहीनता की स्थिति में जीता है। क्योंकि कहीं पर भी उसका स्वार्थ या अपना हित आड़े नहीं आता, इसलिए वह व्यक्तिगत और समाजगत, दोनों तरह की स्थितियों का विश्लेषण हर कोण से कर सकता है। अविजित की हर कमज़ोरी से वह वाकिफ़ है, पर यह भी जानता

है कि अपनी दुविधाओं का हल उसे ख़ुद ही खोजना होगा। जब मूल्यहीनता अपने चरम पर पहुंच जाती है, तो इस तरह का मोहभंग ही सही 'ऐक्शन' की शुरुआत कर सकता है।

इस तरह अविजित का अपराधबोध और अनित्य का मोहभंग उपन्यास के मूल आधार हैं। और मूलप्रेरक हैं—भगतसिंह और स्वर्णा। एक पुरुष जो राष्ट्रीय क्षितिज पर छाया हुआ था, मुझसे बहुत दूर था पर बौद्धिक और मानसिक धरातल पर मुझे झकझोर रहा था। और एक स्त्री जो नितांत वैयक्तिक स्तर पर मेरे बिल्कुल करीब से मेरी बचपन की अनुभूतियों को संचालित कर रही थी।

अंत में कहना चाहूंगी कि पारंपरिक दृष्टि से 'अनित्य' ऐतिहासिक या राजनीतिक उपन्यास नहीं है यानी इतिहास की घटनाएं इसमें नाटक के दृश्य की तरह नहीं घटतीं। पर इतिहास का घटनाक्रम, राजनीतिक सोच और सामाजिक-बोध मेरे पात्रों के चेतना-प्रवाह के प्रमुख अंग हैं। इससे इतिहास या राजनीति का महत्त्व कम नहीं होता, बढ़ जाता है। मैं समझती हूं कि जब तक आंखों के सामने बन रहा इतिहास और राजनीतिक गतिविधियां हमारी चेतना का अंग नहीं बनतीं, भविष्य के निर्माण में उनकी कोई सार्थक भूमिका नहीं हो सकती।

—मृदुला गर्ग

नयी दिल्ली
1 जनवरी, 1998

दुविधा

1

दस क़दम आगे···दस क़दम पीछे···फिर आगे···पीछे···आगे···बार-बार पीछे। संकरे बरामदे में दोनों सिरों की दीवारें क़दमों पर मुहर लगा रही हैं। दीवार तक और वापस ···मुड़ना ही होगा···टकराना न चाहो तो।

बरामदे से सड़क दीखती है···सड़क के पार हरियाली। शहर है न। इक्का-दुक्का पेड़ दिख जाए तो समझ लो हरियाली है। जरा-सा आभास ही तो चाहिए ···आदमी बहुत कुछ पैदा कर लेता है।

तीन-चार मील घूम आना अविजित के लिए मामूली बात है। लंबे डग भरना उसकी आदत है। बरामदा इतना संकरा भी नहीं है कि दस क़दम में पार हो जाए पर जगह की तंगी को देखकर डग छोटे कर लेना···छोड़ो···जिंदगी में क्या कुछ नहीं सीखना पड़ता···

सौ क़दमों में गली पार होती है, हज़ार में सड़क और हरियाली के हाशिये में खिंची सड़क पर क़दम गिनने ज़रूरी नहीं रहते। क़दमों की गिनती पर जाएं तो अविजित कब का सड़क पार कर चुका···मन के पीछे-पीछे।

वह घर छोड़कर बाहर नहीं जा सकता। श्यामा की तबीयत खराब है। श्यामा की तबीयत अक्सर खराब रहती है। उसे छोड़कर बाहर नहीं निकला जा सकता। वह अकेलेपन से घबराती है। घबराहट उसकी बीमारी है या अकेलापन ? नहीं, वह अविजित की बीमारी है···नहीं, अविजित को बीमार पड़ने का हक़ नहीं है···उतना वक़्त नहीं है उसके पास।

श्यामा ने फ़ोन करके उसे दफ़्तर से बुलवाया है—जल्दी आओ, प्लीज़, मेरा दिल डूबा जा रहा है, जल्दी—जल्दी !

'मेरा दिल डूब रहा है, डॉक्टर ! मुझे बचाओ···संभालो मुझे···कोरामीन ···डॉक्टर, जल्दी···मेरा दिल डूब रहा है···!

'किसमें मिसेज़ बंसल···यहां तो कोई पोखर नहीं है। किसमें डूब रहा है आपका दिल ?'

डॉक्टर खुशमिजाज था।

अविजित ने हंसना चाहा था···

काश, ये अल्फाज़ डॉक्टर ने उससे कहे होते तो वह खुल कर हंस देता।

सच···अविजित अपने पर हंस भी लेता है !

श्यामा को ठिठोली पसंद नहीं···उसकी बीमारी मज़ाक का विषय नहीं हो सकती। खुशमिज़ाज डॉक्टर का घर में आना बंद हो गया था।

आजकल जो डॉक्टर आता है—माचवे—अविजित को लगता है, श्यामा से ज़्यादा बीमार है। वह हंसता क्यों नहीं···श्यामा के प्रलाप को इतनी गंभीरता से क्यों लेता है···गोलियों की मिक़दार बढ़ाता ही चला जाता है।

श्यामा के लिए वह उतना ही ज़रूरी हो गया है जितना अविजित। अब उसे फ़ोन जाता है तो साथ-साथ डॉक्टर माचवे को भी जाता है। बुलाते ही चला आता है वह। एक दिन···अगर आ पाये ऐसा कि श्यामा का पागलपन इतना बढ़ जाए कि वह अविजित को भूल कर सिर्फ़ डॉक्टर माचवे को फ़ोन करे ! अविजित बरामदे की क़ैद से निकल जाए !

नहीं, ऐसा कैसे होगा। श्यामा न कहे तो भी उसे बीमार हालत में छोड़कर अविजित बाहर कैसे जा सकता है···श्यामा बीमार है, क्या वह जानता नहीं। जब से उसे थ्रोम्बोसिस हुआ है तभी से तो दिमाग़ी हालत ऐसी हो गयी है न···शरीर ठीक न हो तो मन और दिमाग़ कैसे स्वस्थ रहेंगे। नहीं-नहीं, यह मस्तिष्क का विकार नहीं देह की बीमारी है। अविजित जानता है···अविजित को जानना चाहिए।

अपनी ज़िम्मेवारी को नकार कर गरदन छुड़ा लेना क्या इतना आसान है ? सिनबाद की पीठ पर चढ़े बूढ़े से भी मजबूत पकड़ होती है उसकी।

श्यामा कमरे में अकेली लेटी है। अविजित को उसके पास जाकर बैठना चाहिए। दफ़्तर छोड़ कर घर लौट आने का फ़ायदा क्या अगर वह बाहर बरामदे में टहलता रहे और भीतर श्यामा अकेली बिस्तर पर पड़ी हो।

श्यामा की आंखें उसी का पीछा कर रही हैं—शिकायती आंखें—श्यामा की आंखों में हमेशा शिकायत रहती है···सच, उसे उसके कमरे में जाकर बैठना चाहिए···

बस, दस क़दम और···सामने की दीवार तक जा कर मुड़ेगा तो सीधा कमरे के अंदर चला जाएगा। श्यामा की आंखें उसके क़दम गिन रही हैं। कमरे का दरवाज़ा बरामदे के बीच में पड़ता है। पाच क़दम उधर और पांच कदम इधर—बीच में दरवाजा।

तो जाए अंदर ? कमरे में फैली अजीब-सी गंध दरवाज़े से ही पीछे धकेल देती है। श्यामा ने अभी-अभी बेडपैन लिया है···कमरे में मैले की बू बस-सी गयी है। दिन में न जाने कितनी बार श्यामा बेडपैन लेती है···अविजित दिन में चार बार पांव साबुन से मल-मलकर धोता है···सुबह शाम जुराब बदलता है···जूते खोलने पर बदबू का छोटा-सा भभका भी उठ जाए तो बर्दाश्त करना मुश्किल होता है।

बस···दस क़दम और···तब तक शायद कमरे में समाई गंध हल्की पड़ जाए···अविजित के लिए अंदर घुसना आसान हो जाए···बस, कुछ देर श्यामा के पास बैठ ले तो अपने को ग़ैरज़िम्मेवार महसूस न करे। वैसे ग़ैरज़िम्मेवारी की कोई बात है नहीं। श्यामा के पलंग के बराबर में मेज़ पर घंटी रखी है। किसी चीज़ की ज़रूरत होने पर श्यामा घंटी बजा देगी···सुनते ही वह भीतर चला आएगा। श्यामा की शिकायती आंखों की अवहेलना वह कर भी दे, घंटी की पुकार की नहीं करेगा।

वह अंदर घुसेगा···श्यामा की प्यासी आंखें उसके चेहरे पर चस्पां हो जाएंगी। वक़्त धीरे-धीरे सरकता रहेगा···वह महसूस करेगा कि उसके जिस्म का सारा पानी श्यामा की तृष्णा ने आंखों में भर लिया है, फिर भी आंखें प्यासी हैं। सिहर कर बोल उठेगा, उंचे स्वर में—अपराधी ऊंचे स्वर में ही बोला करते हैं।

"क्या हुआ है तुम्हें ? बात क्या है, बताती क्यों नहीं ? क्या चाहिए ?"

"तुम जाओ, बाहर जाकर बैठो। स्वर्णा है यहां। तुम्हें जब मेरी परवाह नहीं···" श्यामा की आवाज़ रुंध कर रुकेगी।

"परवाह है ! मुझे तुम्हारी परवाह है !" क्यों अविजित ऊंची आवाज में नहीं कह पाता ? चिल्ला कर कहने से नाटक सच नहीं बन सकता, पर···आधे सच और आधे नाटक से अविजित बचना चाह कर भी कब बच पाया है ?

"आया से कह दो, मुझे बेडपैन ला दे," श्यामा कह रही है।

चौंक कर अविजित ने देखा, वह कब का श्यामा के कमरे में आ चुका।

कमरे का परदा खिंच गया। अविजित वापस बरामदे में लौट आया। बरामदा कमरे से कट गया है।

अविजित के डग और लंबे हुए···इस बार बरामदा आठ क़दमों में तय हो गया। दीवार जैसे अचानक सामने पड़ गयी। आंख उठाकर देखा, छत के कोने में मकड़ी का जाला लटक रहा है। यह कहां से आ गया···कल तक तो नहीं था। अविजित ने पंजों पर खड़े होकर हाथ ऊपर उठाया, उसका क़द खूब लंबा है, जाला हाथ से छू जाएगा···छू ही गया···सिहर कर उसने हाथ खींच लिया। जाला गिराना इतना आसान नहीं है। हाथ लगाने से बिखर कर नीचे नहीं गिरता, उंगलियों पर लिसढ़ कर रह जाता है और फिर छुड़ाते-छुड़ाते···

अविजित ने बरामदे की दीवार से लगी अपनी निजी अलमारी खोली। अलमारी क्या है, भानुमती का पिटारा। सुई-धागे-कैंची से लेकर प्याला-प्लेट-गिलास, सब इसमें मिल सकते हैं। करीने से लगे। कवायद करते क़ैदियों की तरह।

अविजित को इस बरामदे में क़ैद कर दिया जाए तो वह हफ़्तों आराम से दिन काट सकता है। अलमारी के सबसे निचले खाने में स्टोव, केरोसीन की बोतल,

चाय, शक्कर, कंडेंस्ड दूध और बिस्कुट, किसी खानाबदोश के झोले में सफ़र के सामान की तरह पड़े हैं। अविजित और खानाबदोश ! हां···एक दिन···सफ़र पर निकला तो था, पर···

अविजित ने जेब में हाथ डाला है, भरी हुई माचिस और सिगरेट का पाकेट जेब में है। सिगरेट-दियासलाई न रहने पर पल भर में बेचैन हो उठता है, पर वाक़ई सिगरेट पीता है तब जब माहौल पुरसुकून हो। लंबी टांगें सीधी आगे फैलाकर, कमर आरामकुर्सी से टिका, मनपसंद किताब हाथ में लेकर आधा घंटा अलग-थलग रह सके तो···चलो, न हो आधा घंटा, पंद्रह मिनट ही सही पर कहां···कब ?

अलमारी खोलकर उसने झाड़न निकाला और फिर जाले की तरफ रुख किया। झाड़न जाले पर छुआ कि उसके बीच थिरकती तुड़ी-मुड़ी चितकबरी टांगों ने हाथ रोक दिया। दस क़दम आगे···दस क़दम पीछे···रेंगने तक की छूट नहीं !

ठोस पीठ पर चित पड़ा घिनावना कीड़ा दसियों टांगें ऊपर उठाए कैसा वीभत्स नृत्य कर रहा है। जेल तुड़ाकर भाग निकलने की नाकाम कोशिश हमदर्दी न जगाकर घिन क्यों पैदा कर रही है ?

अविजित ने झाड़न के एक झटके से कीड़े समेत जाले को अलग फेंक देना चाहा पर हाथ ठिठका रहा···विकलांग का नाच कुछ और देर देखा उसने। फिर सख़्त हथेली को मुलायम बनाकर कीड़े के चारों तरफ कसे महीन धागे समेट लेने चाहे···शायद कीड़ा छूटकर नीचे फ़र्श पर गिरे और रेंग निकले, दस क़दम आगे···

जाले पर हाथ लगा नहीं कि वह सिमटकर कीड़े पर लिसढ़ गया। झीने कफ़न में बंधा कीड़ा पल भर तड़फड़ाया और जड़ हो गया।

अविजित के क़दम न आगे बढ़े न पीछे हटे···कमरे का परदा हट गया···अनदीखते घेरे के बीच अविजित जड़ खड़ा रहा···भाग निकलने का कोई रास्ता तो मिले···

कोई आ जाए, शुभा, प्रभा, कोई दोस्त, कोई भी, उसे श्यामा के पास बिठला कर वह भाग निकले। कहां···दफ़्तर ? हां, कहीं भी, दफ़्तर ही सही···घर से बाहर तो है न।

चार बज रहे हैं। शुभा-प्रभा को कालेज से लौट आना चाहिए था, कम-अज़-कम शुभा को। प्रभा का भरोसा कम है; बेहिसाब सहेलियां हैं उसकी। पिक्चर, सैर-सपाटा, खाना-पीना, रोज़ कोई प्रोग्राम रहता है। देर कर के घर लौटेगी भी तो साथ किसी सहेली को लेकर। अविजित ही की तरह वह भी हरदम लोगों से घिरे रहना पसंद करती है। प्रकृति है उसकी···खुशमिज़ाज़ी हमदर्दी, मित्रभाव, समाजप्रियता या···डर, सिर्फ़ डर···अविजित की तरह, अकेलेपन का डर। आमने-सामने अपने···बेसहारा···खुद को सहना कितना मुश्किल होता है। दस कदम आगे···दस कदम पीछे···लगातार···

"पिताजी," एक बारीक आवाज़ कानों में पड़ी।

वह पांच क़दम पर घूम गया। देखा सामने शुभा खड़ी है।

"आ गयी।" उसने कहा।

"आप···अभी तो साढ़े चार ही बजे हैं···तो क्या ममी···?" शुभा की आवाज़ फुसफुसाहट में बदल गयी। हाथ में थमी किताबों को उसने एक हाथ से दूसरे हाथ में पलटा।

"तबीयत ठीक नहीं है।" अविजित ने कुछ रूखे स्वर में कहा।

"फिर से ?"

"हां।"

"ओह···डॉक्टर आए थे ?"

"हां, दवा दे गए हैं।"

"अब कुछ ठीक तो है ?" शुभा ने एक नज़र कमरे के अंदर डाली पर भीतर जाने का उपक्रम नहीं किया।

"तुम जाओ, बैठो उनके पास। मुझे दफ़्तर जाना है," अविजित ने कहा।

"अच्छा," शुभा ने बिना प्रतिवाद किये कहा पर उसके चेहरे पर निराशा के भाव साफ़ उभर आए।

उसका चेहरा पढ़ने में अविजित को कभी दिक्कत नहीं होती पर इस वक्त जान-बूझकर उसे अनदेखा करते हुए कहा, "स्वर्णा है अंदर। जाओ, कुछ खा-पी लो, फिर···"

"आप···कब तक···लौटेंगे ?" शुभा ने एक बार फिर किताबों को एक हाथ से दूसरे में पलटते हुए पूछा।

"नौ बज जाएंगे, कई अपाइंटमेंट हैं। प्रभा आए तो कहना घर पर ही रहे।"

"प्रभा तो पता नहीं कब आएगी···" शुभा ने एक उसांस-सी भरकर कहा।

अविजित जानता है, अगर क्षण-भर भी वह और वहां रुका रहा तो हमदर्दी के जाल में फंस जाएगा। शुभा के चेहरे पर निराशा का बादल मंडराए और अविजित कचोट खाए बग़ैर निकल जाए—नामुमकिन है।

शुभा का चेहरा हू-ब-हू वैसा है जैसा श्यामा का था—बीस साल पहले। नहीं, उतना सुंदर नहीं पर वैसा ही, वायवीय और नाज़ुक। दुनिया की हर परेशानी और मुश्किल से इसे बचाकर रखूंगा, पहले-पहल देखा तो यही सोचा था और जी-जान से पूरा भी किया था अपने वादे को। पर···न जाने कहां क्या हो गया···

क्या किसी इंसान को यह हक़ है कि वह किसी दूसरे व्यक्ति के जीवन के तमाम निर्णय अपने हाथों में ले ले; उसकी तमाम ज़िम्मेवारियां अपने कंधों पर उठा ले ? दूसरा फिर कौन-सी ज़िंदगी जिएगा—थोथी और सारहीन ?

ठीक है, शुभा को कहीं जाना भी हो तो क्या हुआ। घर पर मां जब बीमार

है तो उसके लिए अपना शौक और तफ़रीह छोड़नी ही चाहिए।

श्यामा के कमरे के दरवाज़े पर खड़े होकर उसने कहा, "मैं दफ़्तर जा रहा हूं, फिर दो-एक मीटिंग भी हैं। शुभा है यहां।" और बरामदा पार करके सीढ़ियां उतरने लगा।

तीन-चार सीढ़ियां उतरकर, सबसे निचली सीढ़ी पर आ, अनायास वह पीछे घूम गया। शायद देख लेना चाहता था कि शुभा भीतर जा चुकी। पर देखा, शुभा अभी वहीं खड़ी है, सूखा उदास चेहरा लिये।

चाहकर भी क़दम आगे नहीं बढ़े। कर्कश स्वर में पूछ उठा—

"तुम्हें कहीं जाना है ?"

"वह···कॉलेज में नाटक है। आज रिहर्सल है, मुझे मेन रोल मिला था··· पर ठीक है···मैं मना कर दूंगी···"अखिरी शब्द पर आते-आते शुभा का स्वर रुआंसा हो गया।

"मना करने की क्या ज़रूरत है ?" अविजित का स्वर और कर्कश हुआ।

"रिहर्सल रोज होगा पांच बजे···मेरा जाना हो सकेगा ?"

"क्यों नहीं हो सकेगा। कुछ-न-कुछ इंतज़ाम हो ही जाएगा। तुम मना मत करना।"

अविजित जानता है शुभा को सिर्फ़ एक शौक है—अभिनय। उसकी सहेली है या नहीं, वह नहीं जानता। शायद ही किसी के घर जाती है या किसी को अपने घर लाती है। कॉलेज से सीधा घर आती है और किताब लेकर कोने में बैठ जाती है। श्यामा बीमार होती है तो चुपचाप आकर उसके बिस्तर के पास खड़ी हो जाती है, अथाह वेदना चेहरे पर लिये। आंखें श्यामा पर नहीं, अविजित पर टिकी रहती हैं। उसकी सब वेदना-करुणा-श्रद्धा उसी के लिए तो है। बीमार कौन है—श्यामा या अविजित···

अविजित सीढ़ियां चढ़ लौट आया। पूछा, "आज जाना ज़रूरी है क्या ?"

"पहला दिन है न···" शुभा ने कहा।

"प्रभा आ जाए तो चली जाना।"

"प्रभा ! वह···कौन जानता है कब आएगी," शुभा ने हथियार डालते हुए बुदबुद की।

यह लड़की ज़िद क्यों नहीं करती ! अविजित ने क्षण-भर उसके चेहरे को निहारा, फिर मज़े से हंस दिया।

"अरे देखो तो, पांच बजने को आए, अब भला दफ़्तर जाकर क्या करूंगा···जा-जा, तू जा, कुछ खा-पी ले, फिर मैं तुझे छोड़ आता हूं," उसने कहा।

"नहीं, मैं खुद चली जाऊंगी," शुभा ने खुश होकर कहा, "दो लड़कियां और भी हैं साथ।"

"उन्हें भी लेते जाएंगे।"

"पर ममी···"

"अरे दस मिनट में क्या फ़र्क पड़ेगा, आया तो है ही। मैं बस तुझे कालेज के फाटक तक छोड़कर लौट आऊंगा। और वापस कैसे आएगी ?"

"डॉक्टर जैन खुद छोड़ जाएंगे।"

डॉक्टर जैन यूनिवर्सिटी में प्रोफ़ेसर हैं। यूनिवर्सिटी नाटक क्लब के नाटकों का निर्देशन वही करते हैं। शुभा उनकी तारीफ़ करते नहीं थकती।

"खुद ?" अविजित ने छेड़ते हुए हंसकर कहा।

"हां। बहुत खयाल रखते हैं हम लोगों का। ही इज़ वंडरफुल।"

"अच्छा ?" अविजित हंस दिया।

उसी की उम्र के हैं डॉक्टर जैन। शुभा के आदर्श। शायद। लगता है वह उनके और अविजित के व्यक्तित्व को आपस में तोलती रहती है। मज़ेदार मालूम पड़ता है। कभी-कभी ईर्ष्या भी होती है। अविजित के लिए हर हमउम्र पुरुष एक चुनौती है।

शुभा को छोड़कर अविजित वापस घर लौट आया। मन काफ़ी हल्का महसूस हो रहा था। ठंडी हवा, गाड़ी की तेज़ रफ़्तार और ज़िंदादिल युवा लोगों का साथ। सारे रास्ते वह शुभा और उसके साथ की लड़कियों को अपने कालेज के दिनों के चुटकुले सुनाता गया था।

"···विजयलक्ष्मी पंडित को मैं जाकर सभापति बनाने ले आया···इलाहाबाद यूनिवर्सिटी के स्टूडेंट्स यूनियन का प्रेज़ीडेंट था मैं···सभा मैंने ही बुलवाई थी···साइमन कमीशन के खिलाफ़···विजयलक्ष्मी आने से कतरा रही थीं···मोतीलाल की यूनिवर्सिटी जाने से मनाही थी, वह भी शाम के वक़्त। पर मैंने राज़ी कर ही लिया। अब एक बार मैं तय कर लूं और काम न हो, यह तो···ख़ैर, सभा खूब जमी। विजयलक्ष्मी डटकर बोलीं···ओह, कितनी सुंदर हुआ करती थीं वह उन दिनों। यूनिवर्सिटी का हर लड़का उन पर फ़िदा था। रंग कुछ ऐसा जमा कि सभा खत्म हुई जाकर रात नौ बजे। डरते-डरते चले उन्हें वापस घर पहुंचाने। मैं, एक लड़का और—चड्ढा नाम था उसका। आगे-आगे विजयलक्ष्मी, पीछे दुबके-सहमे हम। दरवाजें की चौखट पर उन्होंने पांव दबा रखा ही था कि भीतर से ज़बरदस्त दहाड़ सुनाई दी, 'विजयलक्ष्मी ! कहां गयी थी ! फिर घर से बाहर कदम रखा तो टांग तोड़ दूंगा !

'बाप रे,' चड्ढा चिल्लाया, 'मोतीलाल नेहरू !' और उल्टे पांव वापस दौड़ लिया। मैं उसके पीछे। आनन-फानन में लड़का अहाते की दीवार फांदकर दूसरी तरफ़। एक ही पैंतरे में हाई और लांग जंप दोनों का लाजवाब करिश्मा ! मैं फाटक

से होकर दूसरी तरफ़ पहुचा तो चड्ढा ज़मीन पर लबेदम।

'यार टांग टूट गयी,' मुझे देखते ही बोला। 'कोई बात नहीं,' मैंने कहा, 'बिजयलक्ष्मी की सलामत रहे !'"

लड़कियां खिलखिलाकर हंस दी थीं। मुग्ध भाव से अविजित की तरफ़ ताकती रही थीं। गाड़ी में से उतरते हुए गद्गद भाव से बोली थीं, "शुक्रिया, अंकल।" कुछ दूरी पर जाकर शुभा से जो कहा, वह भी उसके कानों में पड़ गया था, "सच, कमाल के डैडी हैं तेरे।" हंस-बोलकर घर लौटा तो मन वाक़ई बहुत हल्का था।

वह सीधा श्यामा के कमरे में घुस गया।

"अरे, तुम्हें चड्ढा याद है···वही जो विजयलक्ष्मी के पीछे पागल था !" चहक कर उसने कहा।

"तुम कहां चले गए थे ?" श्यामा ने कहा, "मुझे ठंडे पसीने आ रहे हैं।"

"बस, ज़रा शुभा को कालेज छोड़ने गया था।"

"इस वक़्त ? क्यों ?"

"नाटक का रिहर्सल था।"

"नाटक करना क्या इतना ज़रूरी है ?"

"ज़रूरी तो कुछ भी नहीं है।"

"एक दिन नाटक में न जाती तो क्या हो जाता।"

"क्यों नहीं जाती ?"

"मां बीमार हो तो घंटा-आधा घंटा घर में नहीं टिका जा सकता ? एक प्रभा है, घर लौटने का कोई वक़्त ही नहीं है। तुम्हारे लिए सब कुछ ज़रूरी है, बस एक, मैं···"

"आ जा यार, पांच बज चुके। चाय-नाश्ते का बंदोबस्त हो सकता है। पांच बजे से पहले हमारे घर में चाय मांगना धारा नंबर तीन सौ सत्रह के अंतर्गत जुर्म है," ऊंची खिलखिलाहट के साथ प्रभा की आवाज़ सुनाई दी।"

"उफ़," श्यामा ने कहा, "दिल बैठा जा रहा है। देखो तो कितना पसीना आ रहा है···"

अविजित झपट कर बाहर निकल आया।

"धीरे बोलो !" उसने प्रभा से कहा।

"क्यों, इस वक़्त तो पांच बजे हैं। न दिन के सोने का वक़्त है न रात के।"

"ममी की तबीयत खराब है।"

"फिर से !"

प्रभा का कहा 'फिर से' शुभा के कहे 'फिर से' से कितना फ़र्क है। उसमें आतंक था, इसमें व्यंग्य है।

"हां" अविजित का स्वर कठोर हो गया, "तुम इतनी देर करके घर क्यों आती हो ?"

"क्योंकि पांच बजे से पहले यहां चाय-नाश्ता नहीं मिलता।"

"क्या मतलब ?"

"अपने रसोइये हुज़ूर पांच बजे से पहले तशरीफ नहीं लाते।"

"तो ? चाय तुम भी बना सकती हो।"

"मैं ?" अविजित के स्वर की कठोरता से चौंककर प्रभा ने उसकी तरफ़ देखा और कुछ सकुचाकर बोली, "ड्राइंग रूम में तोषी बैठी है।"

"ओह," अविजित का स्वर धीमा हो गया।

तोषी प्रभा की खास सहेली है।

"चाय बनवा लो। लछमन आ गया होगा।" उसने कहा, "पर ज़्यादा शोर मत करना।"

"ऐसा करते हैं, पिताजी, हम चाय पीकर तोषी के घर चले जाते हैं। यहीं, रेल लाइन पार तो है। सात बजे तक लौट आऊंगी, अंधेरा होने से पहले⋯"

"नहीं, मैं आया को भेज दूंगा, अकेले मत आना।"

"शुक्रिया पिताजी। एक मिनट तोषी से मिल लीजिए न।"

तोषी ने 'नमस्ते अंकल' कहकर एकदम धाराप्रवाह बोलना शुरू कर दिया।

"प्लीज़ मुझे एक दिन इकनॉमिक्स समझा दीजिए न, एकदम समझ में नहीं आती—खासकर थ्योरी⋯बतला देंगे न ?"

"क्यों नहीं, ज़रूर," अविजित ने कहा, "पर इकनॉमिक्स में मुश्किल क्या है ? सोशल साइंसेज़ में यही फ़ायदा है। तुम ग़लती कर ही नहीं सकते। हर सवाल के दो पहलू होते हैं, जो भी लिखो, ठीक।"

"ओह अंकल। आप की बात फर्क़ है। आप ग़लती कर ही नहीं सकते पर मैं⋯"

"तेरे भेजे में कूड़ा भरा है तो उसमें पिताजी क्या करेंगे ? अपनी अक़्ल उधार तो नहीं दे सकते," प्रभा ने टोका।

"कूड़ा तो तेरे भेजे में भी भरा है, फिर तू फ़र्स्ट डिवीज़न में कैसे पास हो जाती है ?"

"फ़र्स्ट डिवीज़न में पास होती हूं, इसका मतलब है मेरे भेजे में कूड़ा नहीं भरा, इतनी बात भी समझ में नहीं आती।"

"बिल्कुल ग़लत ! तू सबकुछ अंकल से डिसकस कर लेती है। अंकल, मेरे पिताजी तो कभी मुझसे बात ही नहीं करते। कहते हैं कालेज के टीचर किसलिए हैं, उनसे पूछो।"

"जब चाहो हमसे पूछ लेना," अविजित ने उदार होकर कहा।

"यह मत कहिए," प्रभा बोली, "यह रोज़ आकर बैठ जाएगी। समझ में इसके कुछ आएगा नहीं, बस इधर-उधर की हांककर आपका वक़्त बरबाद करेगी," प्रभा ने कहा।

"तू क्यों मरी जा रही है, जलनखोरी !"

"अरे-रे, लड़ती क्यों हो," अविजित ने स्नेहिल हंसी के साथ कहा, "यह लो, चाय आ गयी। वाह, पकौड़े भी हैं। किसके हैं ? मिर्च के। चल, चटनी भी डाल दे ऊपर से। भई नमकीन हो तो झालदार और मीठा हो तो तर माल। जानती हो तोषी, हॉस्टल भर में मेरे बनाए मिर्च के पकौड़े और सूजी का हलवा मशहूर थे। बड़े-बड़े लीडर लोग दाद दे चुके हैं। जेल में बनाया एक मर्तबा तो सच कहता हूं, जेलर के मुंह से, खुशबू सूंघकर ही, लार टपक पड़ी।" और अविजित हॉस्टल के दिनों के चटपटे किस्से सुनाने लगा।

उसके ठहाके के साथ ठहाका लगाकर तोषी और प्रभा हंसी ही थीं कि तोप की तरह दरवाज़े से स्वर्णा आया ने गोला दागा, "साहब, बीबीजी बुला रहा है।"

अविजित के हाथ ने मुंह तक आया मिर्च का पकौड़ा नीचे छोड़ दिया। हंसी एकदम न रोक पाने के कारण तोषी और प्रभा बेमतलब कुछ देर और हंसती रहीं।

"उनसे कहो, जाए," श्यामा ने कहा, "मेरा सिर दुख रहा है। कितना शोर मचा रही हैं ये लड़कियां।"

"अच्छा-अच्छा, अभी चली जाती हैं," अविजित अपराधी हो आया, "लाओ तुम्हारा सिर दबा दूं," उसने कहा।

"बत्ती बुझा दो।"

अविजित ने बत्ती बुझा दी।

उसे अंधेरे में बैठना बहुत ख़ौफ़नाक लगता है। अकेले तो वैसे ही···रोशनी में भी अकेला बैठता है तो हाथ में किताब लेकर। दूसरे में सिगरेट। सिर पर तेज़ रोशनी का बल्ब हो, दोनों हाथ भरे हों तो अकेलापन कट जाता है वरना···

उफ़, अंधेरे में घुटा यह अकेलापन। ज़मीन से छत तक घटाटोप। धुंध, काली, धूल-भरी। हवा के लिए बिलखती आंधी से पहले की घुटन। कुट-कुट क्या धड़का करता है टाइम बम की तरह ? उसके सिर की नसें—गोल गुंबद में उभरी दरारों की तरह—सिर पर बाल जो नहीं हैं। साफ़ नज़र आती हैं, सांप की तरह रेंगने की नाकाम कोशिश में फड़कती नसें। कनपटी के पास की नस तो बस···कोई देखे तो कहे, अविजित तुम लेट जाओ, आओ, मैं तुम्हारा माथा सहला दूं पर···कौन···?

श्यामा को रोशनी पसंद नहीं है। सिर का दर्द तो बहाना है—स्पर्श को महसूस

करने के लिए। देर तक रहे तो स्पर्श दवा बन जाता है। उसकी उंगलियां श्यामा के बालों में चल रही हैं पर अविजित कुछ भी महसूस नहीं कर रहा। एक बार निर्द्वंद्व भाव से उसका स्पर्श महसूस कर सके तो शायद कनपटी के पास की नस कुछ देर को चटखना रोक रखे।

श्यामा ने आंखें बंद कर लीं।

अंधेरे में भी उसकी गोरी काया काले कुहासे में लुप्त नहीं हुई। सफ़ेद भाप से बने रेखाचित्र की तरह हवा में खिंची है। बादल से बनी औरत—स्पर्श से परे; अविजित सोच रहा है, इतनी खूबसूरत औरत और कभी नहीं देखी···कम औरतें नहीं देखीं उसने। शायद खूबसूरती औरत को औरत नहीं रहने देती···मिक़दार में बढ़ जाए तो दवा ज़हर हो जाती है। श्यामा कहा करती है···करती थी···उसके स्फटिक-से सफ़ेद रंग से घबराकर उसकी मां ने उसका नाम श्यामा रख दिया था—कहीं नज़र न लग जाए। श्यामा की मां बचपन में ही गुज़र गयी थी। तुम्हीं मेरी मां हो, उसने अविजित से कहा था, शादी के पहले दिन। पति और मां !

श्यामा की सांस एक लय में बजने लगी। अविजित ने हाथ रोक लिया। श्यामा ने आंखें नहीं खोलीं। अविजित दबे पांव कमरे से बाहर निकल गया। ड्राइंगरूम खाली पड़ा था। तो तोषी के साथ प्रभा भी निकल गयी। बेवकूफ़ लड़की है। जब इतनी देर यहां बैठ चुकी थी तो अब उसके घर जाने में क्या तुक थी। दिसंबर की शाम है, सात बजे ही अंधेरा घिर आया है। यह प्रभा को घर काटने को क्यों दौड़ता है···मेरी तरह···छोड़ो···कुछ देर बाद आया को भेज दूंगा उसे बुलाने।

वह बरामदे के कोने में बैठ गया और सिर पर लगा लैंप जला लिया। शेड कुछ नीचे झुका दिया। इस तरह रोशनी श्यामा के कमरे के भीतर नहीं घुस पाती। पास पड़ा 'टाइम' अखबार उठाकर घुटनों पर रख लिया···जेब से सिगरेट निकाली···बस पांच मिनट चुपचाप खाली बैठेगा···फिर अखबार पढ़ेगा···सिगरेट पिएगा···एक और···

"लौट आयी प्रभा," सामने दीवार पर नारी आकृति की परछाईं देखकर वह बोल उठा, "इतनी रात···"

ज़बान तालू से सटकर सूखी लकड़ी हो गयी ! सिर उठाकर देखा···सामने जो स्त्री खड़ी है···नहीं, कैसा भूत-सा नामुमकिन भ्रम है !

"क्या हुआ ?" स्त्री धीमे से हंसी।

"तुम ऽ !"

"पहचाना नहीं क्या ?"

"संगीता !"

"वाह, पहचान तो लिया।"

"तुम···तुम···कब···"

"अभी आयी, बस जब आपने देखा। घर में अंधेरा देख कर घंटी देना ठीक नहीं समझा। सीधी अंदर चली आयी। खैरियत तो है ?"

"तुम···इतने साल बाद···"अविजित अब तक प्रकृतिस्थ नहीं हो सका था।

"सिर्फ़ पांच," संगीता ने कहा।

"हां···पांच···फिर भी···"

"शादी कर रही हूं, कार्ड देने चली आयी।"

"शादी···तुम···अब ?"

"क्यों, अब क्यों नहीं ? आंधी और लू की तरह शादी का मौसम भी हिंदुस्तान में हर बरस आता है।"

"मेरा मतलब था···"

"उतनी बूढ़ी नहीं हुई," संगीता ने बीच में टोक दिया।

"नहीं-नहीं, बूढ़ी क्यों होगी।"

"हां, जब आप बूढ़े नहीं हुए तो मैं कैसे हूंगी।"

"लड़का कौन है ?" अविजित ने संभलते हुए पूछा।

"मालदार सेठ का बेटा है।"

"कैसा है ?"

"जवान और सेहतमंद। काफ़ी जिएगा।"

"संगीता !"

"क्या हुआ ? आप जानते नहीं, हिंदुस्तान में औरत और चाहे जो करे, पति को जिंदा ज़रूर रखती है। विधवाओं की यहां गुज़र नहीं। सफ़ेद कपड़ों में भला क्या मिल सकता है ? सब दरवाज़े बंद। हां, पति रहे तो चाहे जो करो···पश्चिम की तरह हमारे यहां 'मेरी विडो' का···"

"रहने दो," अविजित ने तल्ख़ी से कहा, "लड़का मिला कहां ?"

"मिलता कहां ? बाक़ायदा फांसा है।"

"यानी खूब पसंद है ?"

"लड़का भारी है हुज़ूर। झुमरी तलैया के मेले में खड़ा कर दो तो भैंसों में अव्वल रहे।"

"क्या कह रही हो, संगीता !" अविजित के स्वर में जुगुप्सा उभर आयी।

"गौ कहना बेहतर रहता," संगीता ने लापरवाही से कहा, "पर क्या करूं, बर्खुरदार ख़ासे काले हैं।"

'जिस आदमी के बारे में ऐसा सोचती हो उससे विवाह करोगी ?"

"उसे बतलाऊंगी थोड़ा।"

"शादी कर क्यों रही हो उससे ?"

"मालदार है।"

"तुम्हें पैसे की क्या कमी है ? डॉक्टरी खूब बढ़िया चल रही है।"

"आपको मेरे बारे में इतनी जानकारी कैसे हुई ?"

"क्यों, इतनी नामी लेडी डॉक्टर हो, जानकारी नहीं होगी ?" अविजित ने 'लेडी डॉक्टर' शब्द कुछ व्यंग्य के साथ कहा।

"लेडी डॉक्टरों से आपका सरोकार ? बच्चे गिरवाने का धंधा तो नहीं करने लगे।"

"संगीता !"

इस बार संगीता सकुचा गयी।

"सॉरी," उसने कहा, "ज़्यादती हो गयी। दरअसल ज़नाना अस्पतालों में काम करते-करते ज़ुबान खराब हो ही जाती है।"

उसने शादी का कार्ड आगे कर दिया।

"मुबारक," अविजित ने कटु स्वर में कहा, "मैं कभी सोच भी नहीं सकता था, तुम बिना प्यार किये, सिर्फ़ पैसों के लिए शादी कर सकती हो।"

संगीता का संकोच उड़ गया।

"क्यों नहीं सोच सकते थे," उसने कहा, "आप तो मेरी मां को जानते थे। उन्होंने हमेशा यही सीख दी, किसी मर्द से प्यार की खातिर शादी मत करो। प्यार लो, दो कभी नहीं।"

"तुमने नहीं दिया कभी ?"

"कम-उम्र में छोटी-मोटी ग़लतियां सबसे होती हैं। पर शादी करने की ग़लती तो नहीं की।"

"करना नहीं चाहती थीं ?"

"अविजित जी," संगीता ने कहा, "दो बातें याद रखिए। चंदे से पढ़ी हुई लड़कियां अपने प्रेमी के नाम के आगे भी 'जी' लगाती हैं और शादी मालदार सेठों के बेटों से करती हैं।"

"क्या मतलब ?"

"आगे फिर कभी किसी लड़की की पढ़ाई में चंदा दें तो सूक्ति काम आएगी, याद कर लीजिए।"

"यही व्यंग्य करने आयी थी यहां ?"

"आयी तो शादी का न्यौता देने थी पर क्या करें, व्यंग्य बिना अपना काम नहीं चलता। अब देखिए न, हम न शराब पीते हैं न सिगरेट। ले-दे कर एक शौक है—व्यंग्य, वह भी छोड़ दें तो जिएं कैसे ?"

अविजित चुप रहा।

''अच्छा, जाने दीजिए,'' संगीता ने कहा, ''आपकी पत्नी कैसी हैं ? आज मन है, उन्हें गाना सुनाऊं।''

''गाना ?''

''हां। याद है, आप मुझे श्यामाजी को गाना सुनाने घर लाया करते थे। अब भी उतना ही अच्छा गाती हूं।''

''श्यामा की तबीयत ठीक नहीं है। सो रही हैं।''

''पूछ कर तो देखिए, शायद गाना सुनने के लिए जागना चाहें।''

''नहीं।''

''तब चलूं, शादी में आइएगा ज़रूर।''

''संगीता·····'' वह चली तो अविजित पुकार उठा।

''जी ?''

''तुम क्या···किसी को पसंद करके···नहीं कर सकतीं शादी·····''

''अविजित जी,'' संगीता बिल्कुल उससे सटकर खड़ी हो गयी, ''आप मुझसे शादी करेंगे ?''

''मैं ?'' अविजित सिहर कर पीछे हट गया।

संगीता खिलखिलाकर हंस पड़ी।

''हुश,'' अविजित के मुंह से निकला, ''श्यामा सो रही है।''

''कौन है ?'' भीतर से श्यामा की आवाज़ आयी।

''मैं हूं, संगीता,'' संगीता ने आगे बढ़कर खुद जवाब दिया, ''अंदर आ जाऊं ?''

अविजित बेहद घबरा गया। जाने श्यामा क्या कह दे !

''आओ,'' श्यामा ने कहा।

''नमस्ते।''

''इतने दिन बाद ?''

''तबीयत कैसी है ?''

''ठीक नहीं है।''

''गाना सुनेंगी ?''

''गाना ?''

''हां।''

''गाती हो अभी भी ?''

''हां।''

''मूड है ?''

''देखिए,'' संगीता ने हंसकर कहा, ''अपना बदला आप ले चुकी हैं। एक दिन

आप ने गाना सुनाने को कहा और मैंने कह दिया, मूड नहीं है। तो अगले दिन मेरे गाना शुरू करने पर आपने भी कह डाला, रहने दो, आज मूड नहीं है।"

श्यामा भी हंस दी।

"तुम्हें याद है ?" उसने कहा।

"हां। सुनाऊं ?"

"कोई खास बात है ?"

"हां, मेरी शादी है ?"

"मुबारक ! तब तो ज़रूर सुनाओ। तुम्हारा गाना सुनकर हमेशा मेरी तबीयत बेहतर हो जाया करती थी।"

संगीता की आंखों में करुणा उभर आयी। उसने श्यामा का हाथ अपने हाथ में ले लिया और धीमे सुर में गा उठी।

अचरज से भरा अविजित उन दोनों को देखता रहा···अब इसका व्यंग्य कहां गया ?

व्यंग्य समर्थ पर किया जाता है, एक दिन संगीता ने कहा था।
सामर्थ्य का नाटक करने वाले को व्यंग्य कितना सालता है, संगीता जानती है ?

2

"आयाजी, फटाफट मेरे लिये दो ब्रेड पकौड़े बनवा दीजिए, कालेज को देर हो रही है," सुबह आठ बजे प्रभा ने हांक लगाई, "साढ़े आठ की स्पेशल मिस, तो बस···

"कौन बनाएगा ?" आया ने डपटकर कहा।

"क्या मतलब ? आपके पूज्य स्वामी श्रीयुत लछमनजी महाराज, जो रोज़ बनाते हैं।"

"वह नहीं है।"

"नहीं है ? क्या हुआ ? भाग गए।"

"भागकर किधर जाएगा, हरामी," आक्रोश से भिन्नाते स्वर में आया ने कहा।

"ओहो, समझी···आसन पाटी !"

"आया चुप रही।

"फिर से ?" प्रभा ने मायूस स्वर में कहा और शुभा को पुकारकर बोली, "यार शुभा, इस घर में तो 'फिर से' कहती-कहती मैं बूढ़ी हो जाऊंगी।"

"हूं," शुभा ने कहा और आंखें किताब पर जमाए रही।

"क्या पढ़ रही है ?" प्रभा ने कहा।

"शेष प्रश्न।"

"सुबह आठ बजे ? तेरा दिमाग ठिकाने तो है न ?"

"हूं।"

"तूने सुना, श्री-श्री एक सौ आठ लछमनजी महाराज, पूज्य स्वर्णा देवी से लड़ कर आसन-पाटी लिये पड़े हैं। अब हम क्या खाएंगे, एक-दूसरे का सिर !"

"खाना ?" शुभा ने अनमनी नज़रें इधर-उधर दौड़ाकर ताका, फिर बोली, "कुछ भी खा ले।"

"क्या ?"

"स्लाइस⋯"

"छीः, नामुमकिन।"

"मक्खन लगा लेना।"

"नहीं, मुझसे नहीं चलता।" प्रभा ने कहा और उठकर आया के पास चली आयी।

"स्वर्णाजी," उसने लाड़ से कहा, "आप ही तल दीजिए दो पकौड़े मेरे लिये।"

"हमसे नहीं होगा। लड़के को देखेगा, मां को देखेगा या तुम लोगों का नखरा सहेगा। ऐसे ही खा लो डबलरोटी," आया ने झिड़क दिया।

"हां, लड़के को देखना तो ज़रूरी है। तू जानती है शुभा, हमारे यहां जब लड़का पैदा हुआ तो स्वर्णा देवी ने गद्‌गद होकर उसे सोने की तगड़ी भेंट की और फिर ममी ने भी उतने ही गद्‌गद भाव से आया जी को सोने की चेन बख्शी⋯"

"तो ?" शुभा ने कहा, "उसे शौक था इसलिए दी⋯"

"हां, शौक से दिया और शौक से लिया, हिसाब बराबर।"

"तू यह सब बातें कहां से सीखकर आती है ? तेरी सहेलियां हैं न⋯वह तोषी और प्रेमा⋯"

"चुप। मेरी सहेलियों को कुछ मत कहना। तेरी अपनी तो कोई सहेली है नहीं⋯"

"लछमन ! नाश्ता !" अविजित की आवाज सुनायी दी।

बिला घड़ी देखे प्रभा ने कहा, "सवा आठ बज गये। मेरी स्पेशल मिस ! "फिर आवाज़ ऊंची कर के बोली, "लछमन आसन-पाटी लिये पड़ा है।"

"चोप !" झपटकर आया ने उसका मुंह बंद कर दिया, "बेतमीज़ लड़की। साहब को बोलने का जरूअत।"

"बेतमीज़ नहीं," प्रभा ने कहा, "बदतमीज़, और जरूअत नहीं⋯"

"हैं ! हमको बेतमीज बोलता है !" आया बीच ही में गरजी।

"नहीं, काली माई, आपकी ज़ुबान ठीक कर रही हूं।"

स्वर्णा आया बहुत काली है पर 'काली माई' कहने से खुश होती है, नाराज़ नहीं।

"जास्ती चपड़-चपड़ करेगा तो दुर्गा बाड़ी नहीं लेकर जाएगा इस बार," कहकर वह श्यामा के कमरे की तरफ बढ़ गयी।

"नाश्ता लेकर आती हूं, साहब," अंदर झांककर कहा।

नाश्ता अविजित श्यामा के कमरे में ही करता है, लछमन ट्रे में आमलेट-टोस्ट लगाकर वहीं दे आता है।

"रोज़-रोज़ यह लछमन आसन-पाटी लेकर पड़ जाता है," पीछे प्रभा ने गुस्सा होकर शुभा से कहा, "आखिर हम लोग उससे इतना डरते क्यों हैं।"

"प्लीज़ प्रभा," शुभा ने घबराकर बाधा दी, "पिताजी सुनेंगे तो परेशान होंगे। उन्हें दफ़्तर जाने दे। कल भी नहीं जा पाए थे।"

"ठीक है। तब तू मेरे लिये आमलेट बनाकर ला।"

"पर मुझे आमलेट बनाना नहीं आता।"

"क्यों नहीं आता ? लछमन महाराज जब रसोईघर में रहते हैं तो सीखती क्यों नहीं ?"

"पिताजी को मेरा रसोई में जाना पसंद नहीं है। जब भी जाती हूं आवाज़ लगा लेते हैं।"

"हां, पिताजी का ख़याल है, तू कोई बड़ी चीज़ बनने वाली है। क्या बनेगी तू ?"

"पता नहीं।"

"मेरा ख़याल है···किताब हाथ में लेकर पड़े-पड़े तू एक दिन कीड़ा बन जाएगी और बुक-शेल्फ़ पर रेंगा करेगी। खूब मौजू रहेगा तेरे लिए। पर तब तक ···तू जाकर अंडा उबाल न मेरे लिए।"

"अच्छा," कहकर शुभा उठ गयी। कुछ दूर जाकर सहसा उसे कुछ सूझा और वह मुड़कर बोली, "पर तू खुद क्यों नहीं उबाल सकती अंडा अपने लिये ?"

"मैं सीधा जाकर लछमन को उठाती हूं कान पकड़कर। जब देखो लंबलेट हो गए। झगड़ा करता है अपनी बीवी से और खमियाज़ा हमें उठाना पड़ता है। आख़िर डर क्या है हमें उससे ?"

"प्लीज़, चुप रह न। तू जानती तो है वह हरदम जाने-जाने की रट लगाए रखता है। वह चला गया तो कौन जाने आया भी चली जाए उसके पीछे। फिर···सुधांशु का क्या होगा ?"

"वाह, बेटा पैदा किया बीबीजी ने, पालने का शौक आया को है।"

"प्लीज़ प्रभा !"

"चल छोड़। तू अंडे उबाल···और हां, कॉफ़ी भी बना लेना···कितनी तो देर हो गयी।"

शुभा ने अंडे-टोस्ट ला कर मेज़ पर रख दिये। फिर प्रभा से पूछा, "शाम को कितने बजे लौटेगी तू ?"

"पता नहीं। क्यों, तू तो आज कालेज नहीं जा रही न। पिताजी ने कहा है, एक जने को घर पर रहना है।"

"हां, पर शाम को ?"

"शाम को क्या है ?"

"मेरे नाटक का रिहर्सल है ?"

"एक दिन मत जा। सारे संवाद रटे तो पड़े हैं तुझे।"

"उससे क्या ? रिहर्सल में जाना होता ही है।"

"क्यों ? एक दिन डॉक्टर जैन से बिना मिले नहीं रह सकती।"

"क्या मतलब ?"

"मतलब यह कि तू डॉक्टर जैन से प्यार करती है।"

"शट-अप !" झपटकर शुभा ने प्रभा के कंधे पकड़ लिये, "यह बेहूदा बकवास करने की हिम्मत कैसे हुई तेरी।"

"अरे-रे, क्या हुआ पागल !" प्रभा ने उसे अलग झटकते हुए कहा, "प्यार तो सभी सभी को करते हैं। इसमें बुरा मानने की क्या बात है ?"

"तू किससे करती है ?" शुभा ने चुनौती दी।

"अभी किससे करूंगी। मरा लड़कियों का तो कालेज है। बी. ए. कर लूं फिर करूंगी प्यार—ठाठ से। पर तू कर डाल, इन रोज़-रोज़ के रिहर्सलों का कुछ तो फ़ायदा हो। तेरी जगह मैं होती न तो डॉक्टर जैन को कब का पटा लेती। काम मुश्किल भी नहीं है। सब बुद्धिजीवी पुरुष बेवकूफ़ लड़कियों से शादी करते हैं। पिताजी को ही देख ले।"

"तू हरदम ममी के पीछे क्यों पड़ी रहती है ?"

"मुझे कमज़ोर लोगों से नफ़रत है" प्रभा ने ऐसे बिफर कर कहा कि शुभा दंग रह गयी।

"और देख," प्रभा कहती गई, "तू ज़रा अपनी देखभाल कर वरना एक दिन ममी की तरह बन जाएगी। एक तो चेहरे का रंग तेरा ज़रूरत से ज़्यादा साफ़ है। ऊपर से आए दिन बुखार चढ़ता है, अब बात-बात पर रोने की आदत और पड़ जाए तो बस····"

और शुभा सचमुच रो दी।

"अब क्या हुआ ?" प्रभा ने कहा।

"तू ऐसी जली-कटी बातें क्यों करती है हर वक़्त।"

"कॉफ़ी क्यों नहीं बनायी ?" प्रभा का जवाब मिला।

"दूध नहीं मिला।"

"आयाजी से मांगा होता ।"

"आयाजी," स्वर्णा को सामने से आता देख, प्रभा ने ही पुकारा, "दूध कहां है ?"

"अभी आया नहीं," स्वर्णा ने दूर ही से जवाब दिया।

"अरे बाबा, रात का तो रखा होगा।"

"जो था, सुधांशु को दे दिया।"

"तो और मंगा कर रखा क्यों नहीं ?"

"रखा तो था। वह हरामी सब खिंडा दिया।"

"कौन हरामी ?"

"वही···हमारे गले का फांसी।"

"क्यों खिंडा दिया ? दूध फेंकने के लिए आता है !" अब प्रभा वाक़ई गुस्से में थी।

"जानता नहीं, कल सुधांशु खाना खाया नहीं। रात देर करके बोला, दूध-डबल रोटी लाकर दो। हमने सोचा लड़का का तबीयत ठीक नहीं लगता, उसी का कमरा में सो जाएगा। वह हरामी हमारा साथ ज़ोर-ज़बरदस्ती करता था—उधर चलो अपना कोठरी में। हम बोला, नहीं-नहीं, पर सुनता जो नहीं। हम बेलन उसका सिर पर मारा तो वह यमदूत दूध का भिगौना उठाकर फेंक दिया।" आखिरी बात कहते-कहते स्वर्णा हांफ़ने लगी। पसीने की बूंदों से भीगकर उसका काला चेहरा आबनूस की तरह चमक उठा।

"बीबीजी सोता था नहीं तो हम उसका सिर फोड़ देता।"

"वाह !" प्रभा ने कहा, "नाटक ज़ोरदार है। इसी डर से आसन-पाटी लिये पड़ा है ?"

"अफ़ीम खाकर पड़ा है हरामी।"

"और भी बढ़िया। तो सुधांशु को सुबह दूध कैसे मिला ?"

"दूसरा बर्तन में था न थोड़ा।"

"और पिताजी को ?"

"चाय दिया, बस।"

"और मैं ? तुझे घोंटकर पिऊं ?"

"खोखी बिना दूध के जा सकता है, तुम नहीं जा सकता।"

"खोखी कौन ?"

"खोखी कौन। अपना बहन को नहीं जानता।"

"उसका नाम सुस्मिता है।"

"शू-शू-मिता हम नहीं जानता। खोखी नाम है, समझा।"

खोखी के जन्म के बाद श्यामा को पैर में थ्रोम्बोसिस हो गया था। छह महीने तक बिस्तर पर पड़ी रही थी—एकदम सीधे, बिना हिले-डुले। पैर के दोनों तरफ रेत की थैलियां लगा दी गयी थीं—टांग जरा हिली नहीं कि खून का थक्का दिल में पहुंच कर दिल की धड़कन रोक सकता था। या दिमाग़ में पहुंचकर पागल बना सकता था।

बच्ची का मुंह न श्यामा ने देखा था, न अविजित ने। उसका सारा वक़्त श्यामा की तीमारदारी में गुज़रता था। फिर भी बच्ची पल गयी थी। स्वर्णा ने जब जितने पैसे मांगे अविजित ने दे दिये थे। बच्ची बढ़ती रही थी, पहले डिब्बे के दूध पर, फिर गाय के दूध पर, फिर दाल-भात पर···स्वर्णा उसे खोखी कहकर पुकारती। किसी और को उसका नाम लेने की ज़रूरत कम ही पड़ती।

खोखी साल भर की हो गयी। स्वर्णा की कोठरी से निकल कर इधर-उधर घूमने लगी। तभी एक दिन नौ बरस की प्रभा की सहेली घर आने पर बोली, "खोखी तुम्हारी आया की लड़की है ?"

"धत् !" शुभा ने कहा, "हमारी बहन है।"

"खोखी ? पर वह तो नौकरों के बच्चों का नाम होता है," सहेली ने अपनी नौ बरस की पूरी सूझ-बूझ का परिचय देते हुए कहा।

"इसका पूरा नाम सुस्मिता है," अचानक प्रभा ने ऐलान किया।

"क्या !" शुभा ने अचरज से कहा।

"हां, सुस्मिता।"

सुस्मिता उसकी कक्षा में पढ़ने वाली लड़कियों के नामों में सबसे मुश्किल नाम था। सहेली पर धाक जम गयी थी। पुकारने की कोशिश में जबान ऐंठकर रह गयी थी। स्कूल जाने पर खोखी का नाम सुस्मिता ही लिखवाया गया पर किसी की ज़बान पर वह चढ़ा नहीं। बस स्वर्णा से झगड़ा होने पर या सहेलियों के आस-पास होने पर प्रभा उसे इस नाम से ज़रूर पुकारती है।

"नहीं समझा," अब उसने कहा, "पर बात हो रही थी दूध की, याद है ?"

"हां, याद है," स्वर्णा ने कहा, "रुको अभी। आ जाएगा दूधवाला।"

"और कालेज मुझे दूधवाला छोड़ने जाएगा !" प्रभा ने ज़ोर से कहा।

भीतर के कमरों तक उसकी आवाज़ गूंजी और पल-भर में अविजित सामने खड़ा था।

"क्या हुआ ?" उसने कहा।

"प्लीज़ प्रभा," शुभा ने बाधा देते हुए कहा, "हॉरलिक्स पी ले। ममी पीती हैं। बुरा नहीं होता।"

"शट-अप !"

"क्या हुआ ?" अविजित ने प्रश्न दुहराया।

"घर में दूध तक नहीं हैं ? मैं क्या भूखी कालेज जाऊं। यह घर है या फुटपाथ ?"

"क्यों नहीं है ?" अविजित का स्वर गुस्से से कांपकर स्वर्णा की तरफ बढ़ा पर उसकी रौद्र मूर्ति देखकर सहम गया।

"आया नहीं दूधवाला," स्वर्णा ने कहा।

"लछमन से कहो हलवाई से ले आये।"

"वो नहीं है।"

"आसन-पाटी लिये पड़ा है," प्रभा फिर चिल्लाई।

"अब नहीं रहेगा वो ! और वो गया तो हम भी जाएगा," स्वर्णा ने कहा।

स्वर्णा चली गयी तो बच्चे ? सुधांशु और वह···क्या नाम है उसका···खोखी ?

"वह कहीं नहीं जाएगा और न यह काली माई जाएगी। रोज-रोज की बंदर-भभकी। आख़िर हम इनसे डरते क्यों हैं।" प्रभा पूरे तैश में थी।

तभी श्यामा के कमरे की घंटी जोर से टनटना उठी।

शुभा भागकर वहां पहुंची।

"ममी के जूस को देर हो गयी," फ़ौरन बाहर आकर उसने घबराए स्वर में कहा, "और वह बेडपैन मांग रही हैं ?"

"बेडपैन !" प्रभा ने हिक़ारत से कहा, "कोशिश करके गुसलखाने तक नहीं जा सकतीं। आखिर उन्हें ऐसा हुआ क्या है ?"

"प्रभा, धीरे बोलो !" अविजित ने फ़ौरन डांटकर कहा।

"आया, प्लीज़ तुम जूस निकालो, बेडपैन मैं दिये देती हूं," शुभा ने स्वर्णा की बांह पकड़कर मनुहार की और बेडपैन लेने दौड़ गयी।

प्रभा और अविजित एक-दूसरे को तोलते खड़े रहे।

गलत तो नहीं कहती प्रभा। स्वर्णा-लछमन की यह रोज़-रोज़ की किटकिट, झगड़ा-फसाद ! पैसा पूरा खर्चो और सुकुन का नामोनिशान नहीं ! जाना चाहते हैं तो चले जाएं। आया-नौकर और बहुत मिल जाएंगे पर···स्वर्णा के बिना यह घर ! श्यामा···सुधांशु और वह खोखी, कौन समझ पाएगा उन्हें ?

स्वर्णा को इस घर में आए सोलह बरस बीत गए। अपना कोई बच्चा उसका है नहीं। और अविजित के बच्चे ? कभी-कभी उसे लगता है कहीं सुधांशु और खोखी स्वर्णा के ही तो बच्चे नहीं ?

शुभा बेडपैन लिए कमरे से बाहर निकली।

"आया ! जूस !" उसने आवाज़ लगाई।

इतनी देर में स्वर्णा ने जूस निकाल लिया था। गिलास प्रभा की तरफ बढ़ा कर बोली, "ममी को देकर आओ और उलटा-सीधा कुछ मत बोलना।"

प्रभा ने चुपचाप गिलास थाम लिया। इसका कोई भरोसा नहीं, पूरी चंडीमाई है, ज्यादा चीं-चपड़ की तो क्या जाने चल ही दे एकदम !

स्वर्णा को श्यामा से इतना लगाव क्यों है, अविजित सोच रहा था।

"एई प्रभा, जूस पिएगा ?" स्वर्णा कह रही थी, "एक दिन क़ाफी की जगह जूस पीकर देख न।"

"मुझे नहीं पीना।"

"देख तो पीकर। रंग साफ़ हो जाएगा तेरा। और देख—जास्ती गुस्सा करेगा न तो हमारा माफ़िक काला पड़ जाएगा !" कहकर स्वर्णा हा-हा कर मज़े से हंस दी।

माहौल हल्का होता देख, अविजित ने भी मदद की, "चल, तुझे कॉलेज मैं छोड़ता जाऊंगा," प्रभा से कहा, "होने दे देर।"

कालेज के रास्ते में प्रभा ने कहा, "इतिहास की हमारी नई लेक्चरार आई हैं, मिस बनर्जी। इलाहाबाद से हैं। आपको जानती हैं। उनसे मिलते जाइए न।"

वह चाह रही थी, सुबह के अपने व्यवहार का प्रतिकार कर ले।

"इतिहास की ? मिस बनर्जी ?"

"हां। मिस काजल बनर्जी।"

क़ाजल। ओह ! पर मिस बनर्जी···शादी नहीं की···ताज्जुब है।"

"पर दफ्तर···" उसने कहा।

"साढ़े नौ बजे हैं। थोड़ी देर भी तो क्या। आपका कोई बॉस तो है नहीं।"

अच्छा लगता है अविजित को यह सुनना, प्रभा जानती है।

"बॉस नहीं है जूनियर्स तो हैं," अविजित ने कहा, "उनके सामने बिना किए बेइज्ज़ती होती है, पर चल, दस मिनट को मिल लेते हैं। और सुन, आज शाम को जल्दी घर आ जाना। शुभा को रिहर्सल में जाना है, वह देर से आएगी और मैं भी चाहता हूं···और हां, ममी को खिजाना मत।"

"ओ. के." प्रभा मान गयी, "अब मिस बनर्जी।"

काज़ल बनर्जी के कमरे का दरवाज़ा खटखटाकर प्रभा ने सगर्व परिचय कराया, "माई फ़ादर, मिस बनर्जी।"

"अरे, अविजित, तुम।"

"तो तुम्हीं हो," अविजित ने कहा।

"अब यह न कहना कि बिल्कुल वैसी लगती हो जैसी कालेज में लगती थी।"

"नहीं। पर वैसी ज़रूर लगती हो जैसा बीस साल बाद तुम्हें लगना चाहिए। मेरी तरह···"

"ना बाबा, तुम्हारी तरह नहीं," काजल ने टोका, "तुम्हारे तो सब बाल उड़ गये, अविजित !"

अविजित हंस पड़ा।

"काट तो तुमने भी दिये काजल," उसने कहा, "कितने लंबे बाल थे तुम्हारे।"

"दोनों स्थितियों में अंतर है। मैंने जान-बूझकर काटे हैं, तुम्हारे अनचाहे उड़ गए !" कहकर काजल मधुर स्वर में हंस दी पर···रुकना पड़ा—अविजित ने साथ नहीं दिया था।

मज़ाक-मज़ाक में कही बात से उसका चेहरा इस तरह सूख क्यों गया ?

"ठीक कहती हो काजल···" उसने कहा और चुप रह गया।

"तुमने शादी नहीं की," अगले क्षण उसके मुंह से निकला।

"की थी," काजल ने कहा।

"फिर···मिस बनर्जी ?"

काजल ने प्रभा की तरफ देखा; हंसकर बोली, "तुम्हारी बेटी के सामने कहूंगी तो कल तक पूरे कालेज में···"

"नहीं, मिस बनर्जी," प्रभा ने बाधा दी, "मैं नहीं कहूंगी किसी से···बल्कि मैं जाती हूं अब," कहती हुई वह कमरे से बाहर निकल गयी।

हद हो गयी यार ! बाहर आकर वह बुदबुदाई—कभी ऐसी भी कोई औरत मिलेगी जिसका पिताजी से इश्क न रहा हो। और एक हम हैं···

"फिर ?" अविजित ने सवाल पर वापसी ली।

"डाइवोर्स ले लिया।"

"क्यों ?"

"बस···पटी नहीं।"

"बच्चे ?"

"एक है।"

"लड़की ?"

"नहीं, लड़का।"

"कहां है ?"

"हॉस्टल में।"

"तुम···उसके पास यही 'मिस बनर्जी' नाम लेकर जाती हो ?"

"मैं उसके पास नहीं जाती।"

"क्यों ?"

"उसके पिता उसे वह बहुत कुछ दे सकते हैं जो मैं नहीं दे सकती।" काजल का स्वर कटु हो आया।

"तुमने बच्चे को भी छोड़ दिया !" अविजित का स्वर अविश्वास और आतंक से सना हुआ था।

काजल ने पहली बार ध्यान से उसे देखा।

"होता है, अविजित," उसने कहा, "तुम इतना परेशान क्यों हो गये ?"

"कैसे होता है, काजल ?" अविजित ने कहा, "एक ज़िम्मेवारी लेकर छोड़ देना⋯तुम⋯"

"हो तुम पुरुष, अविजित !" काजल का चेहरा कठोर हो गया।

"क्या मतलब ?"

"आगे नहीं कहोगे, तुम पति और बच्चे को छोड़ सकीं, ज़रूर तुम्हारा चरित्र खराब है।"

"नहीं नहीं⋯"

"नहीं क्यों ? मेरा चरित्र खराब है अविजित, मेरे पति ने सिर्फ़ दूसरी शादी की है।"

"दूसरी शादी भी कर ली। तब तो⋯"

"कुछ नहीं किया जा सकता।" वाक्य पूरा करके काजल हंस पड़ी।

"तुम क्या हमारा पुनर्मिलन कराने जा रहे थे," उसने कहा, "समाज सुधारक हो ?"

"इसमें समाज-सुधारक की क्या बात⋯"

"नहीं, लगते तो नहीं समाज-सुधारक। बढ़िया सूट पहने हो। बाल उड़ने से तुम्हारे व्यक्तित्व में और निखार आ गया, अविजित। कर क्या रहे हो ?"

अविजित ने सुना और अनायास ही उसका हाथ पैंट की क्रीज़ जमाता हुआ कनपटी पर उगी बालों की इकलौती पट्टी को सहलाने लगा।

"करते क्या हो तुम ?" काजल को अपना सवाल दुहराना पड़ा।

"सिंघानिया ग्रुप में जनरल मैनेजर हूं।" उसने कहा।

"तुम ?"

अविजित हंस पड़ा, "क्यों ?" उसने कहा, "मैं मैनेजर जैसा नहीं दीखता ?"

"नहीं," काजल ने कहा, "मैंने सोचा था, तुम मिनिस्टर या गवर्नर जैसी कोई चीज़ होगे।"

"अरे⋯" अविजित हंसा पर हंसी में विषाद था।

"यूनिवर्सिटी के तुम्हारे भाषण मुझे अब तक याद हैं। तुम्हें याद हैं⋯वे सब

मीटिंग, जब साइमन कमीशन भारत आया था। विजयलक्ष्मी के बाद तुम्हारा भाषण ? अहा, क्या बोले थे तुम ! अच्छा··· तुम्हारा तो पॉलिटिक्स में जाने का पक्का इरादा था न···तुम्हारे पिताजी चाहते थे तुम आई. सी. एस. करो पर तुम्हें इजाज़त नहीं मिली थी न ब्रिटिश सरकार से···"

"बहुत पुरानी बातें हैं, काजल।"

"अरे, वह दिन याद है···1931 का," काजल कहती गयी, "जब तुम लोगों पर गोली चलाई जाने वाली थी···हैं ? याद है न। सब लड़कों ने बिदाई की चिट्ठियां लिखकर झोले में डाल दी थीं। एक पंक्ति बनाकर चुपचाप बैठ गए थे, गोली खाने की प्रतीक्षा में। नहीं, चुपचाप नहीं," सहसा काजल खिलखिलाकर हंस पड़ी, "तुम्हें चड्ढा याद है न ! बीच-बीच में उठकर कैसे चिल्ला पड़ता था—महात्मा गांधी ज़िंदाबाद। बाकी लड़के कुर्त्ता खींचकर बिठला देते—अमां चुप भी कर यार, गोली जब चलेगी, तब चलेगी, तुझे इतनी जल्दी क्या पड़ी है। ओ मां, कितना रोई थी मैं उस दिन। तय कर लिया था सफ़ेद कपड़ा छोड़कर दूसरा नहीं पहनूंगी उम्र-भर। और तभी बग्घी में मोतीलाल नेहरू आ पहुंचे थे। साथ में कौन थे—महात्मा सुन्दरलाल न ? दमे से मोतीलाल की आवाज़ बंद थी। ज़ोर से बोल नहीं पा रहे थे। जो कहना होता, वे धीमे से कहते और महात्मा सुन्दरलाल उसे जोर से दुहरा देते। 'किस उल्लू के पट्ठे ने इन मासूम बच्चों को यहां बिठला रखा है," मोतीलाल ने कहा। महात्मा सुन्दरलाल ने गाली निकालकर वाक्य दुहरा दिया। मोतीलाल चीख पड़े थे, 'जो मैं कह रहा हूं, वह कहो' और देर तक खांसते रहे थे। याद है अविजित, मोतीलाल की बग्घी कैसे बैरीकेड तोड़ती धड़ाधड़ आगे निकल गयी थी। 'लड़को, उठो, घर जाओ', उन्होंने हुक्म दिया था। भीड़ बेक़ाबू हो आगे बढ़ आई थी। लड़के उठ गए थे। भीड़ के ज्वार के सामने अंग्रेज़ सार्जेंट की राइफ़ल भिश्ती की मशक-सी ठंडी पड़ गयी थी। याद है उसका मुंह, अविजित ? ओह, तुम बच गये थे ! अविजित, याद है, तुमने कहा था···"

"मैं चलूंगा अब !" अविजित सहसा उठ खड़ा हुआ।

भौंचक काजल उसे देखती रह गयी।

सैकड़ों बार यह कहानी अविजित खुद दोस्तों का मनोरंजन करने के लिए दुहरा चुका है। पर आज काजल के मुंह से तेईस साल बाद उसे सुनकर जाने कैसा चक्रवात घुमड़ उठा है मन में।

"अविजित···" काजल फुसफुसा कर रह गयी।

"अच्छा···" अविजित ने कहा।

"नहीं। बतलाकर जाओ अविजित, क्यों छोड़ा वह सब ?"

"ज़िंदगी की ज़रूरतें···"

"पैसा ?"

अविजित चुप रहा ।

"सुना था, तुमने लखनऊ के बहुत ऊंचे घराने में शादी की है। माल-मत्ता नहीं मिला ?"

"नहीं, ऊंचे घराने के ख़यालात भी ऊंचे निकले," अविजित ने कहा और हल्का महसूस कर हंस दिया।

उसके ससुर जज सिंघल साहब और दहेज ! एक वकील के पास जूनियर पोजीशन के लिए सिफारिश करवाने साथ लेकर चला था एक बार, तो सारे रास्ते दुहराते गए थे—बात यह है, अविजित, यह काम मैंने पहले कभी किया नहीं। तंग आकर उसने कह दिया था—जब कभी नहीं किया तो अब भी न कीजिए। और वे बीच रास्ते से लौट आए थे। याद करके वह फिर हंस दिया।

"तुम चाहते थे क्या ?" उसने सुना काजल कुछ चकित भाव से पूछ रही है।

"नहीं तो," अविजित ने वास्तविक आश्चर्य के साथ कहा, "मैं तो श्यामा को चाहता था।"

"श्यामा···तुम्हारी पत्नी ?"

"हां।"

"बहुत खूबसूरत है ?"

"बहुत।"

"ओह।"

"चलूं ?"

"एक बात और। झूठ मत बोलना, अविजित ! बीस साल से ऊपर बीत गये ··· झूठ अब नहीं चाहिए···सच कहना अविजित !···उस दिन···तुमने झोले में मेरे नाम चिट्ठी डाली थी ?"

अविजित ठिठक गया। मुड़कर एक नज़र काजल को देखा। ठीक तो है, अब झूठ किसलिए ? और बीस साल पहले के झूठ पर कैसी शर्म। फिर भी उसका सिर झुक गया।

"नहीं काजल," उसने आवाज़ में मिठास भरकर कहा पर स्वर अपराधी बना रहा।

"तब ?"

"पिताजी के नाम।"

"और ?"

"बस।"

"बस ?"

"हां।"

"काजल···मैं···" अविजित की समझ में नहीं आया क्या कहे। झूठ की सफ़ाई में अब कौन-सा झूठ बोले, वह भी बीस साल पहले का झूठ।

"तुम जा रहे थे न ?" काजल ने कहा।

"फिर मिलोगी। आऊं कभी ?" अविजित ने कहा।

"बीस साल बाद ?" काजल ने कहा। और उसकी बेहद मीठी हंसी भी व्यंग्य की धार को कम न कर सकी।

बाहर आकर अविजित फाटक पर खड़ी अपनी गाड़ी में बैठ गया और···बैठा रहा···

यह क्या कर डाला काजल ने ? किस दुनिया में लाकर खड़ा कर दिया उसे यूनिवर्सिटी में दिये भाषण···सत्याग्रह···भारत छोड़ो···हिंदुस्तान हमारा है···स्वराज्य इज़ माई बर्थराइट···

पिताजी ने कहा था—अविजित तुम मेरे सबसे बड़े लड़के हो। सबसे मेधावी। आई. सी. एस. में आ जाओ, मेरी तमाम मुश्किलें हल हो जाएं। बाकी बच्चों को तुम संभाल लोगे। मैं ग़रीब आदमी, ब्लड-प्रेशर का मरीज़···कौन जाने कितने दिन और जिऊं···तुम्हारी मां की ज़िम्मेवारी भी किस पर छोडूंगा, तुम्हारे सिवाय···ये दोनों लड़के अभी छोटे हैं···एक तुम ही हो···

अविजित की मां उसकी अपनी मां नहीं है इसलिए उससे कुल पांच-छह साल बड़ी हैं। अविजित उस उम्र पर पहुंच चुका जब उनकी ज़िम्मेवारी उठा सके। उनके अपने बच्चे छोटे हैं···ठीक है, अविजित ने कब ज़िम्मेवारियों से कन्नी काटी···

"ठीक है," उसने कहा था, "आप बेफ़िक्र रहें। जिस-जिस की ज़िम्मेवारी मुझ पर पड़ेगी, मैं उठाऊंगा।"

"आई. सी. एस. के इम्तिहान के लिए बैठोगे ?"

"बैठ जाऊंगा।"

"तो स्टूडेन्ट्स यूनियन से इस्तीफ़ा दे दो।"

"क्यों ?"

"तुम जिस तरह के भाषण देते हो, उन्हें बिना छोड़े सरकार तुम्हें इम्तिहान में बैठने की इजाज़त कैसे दे सकती है ?"

"पर यूनियन से इस्तीफ़ा देने से क्या होगा, पिताजी ? मैं सिर्फ़ भाषण नहीं देता, पिकेटिंग, जुलूस, सभी में हिस्सा लेता हूं।"

"बम भी फेंकते हो ?"

"नहीं, मैं गांधीजी के साथ हूं।"

"कलेक्टर साब ठीक कहते थे," पिता ने लंबी सांस भर कर कहा था। "तुम क्या ख़ाक आई. सी. एस. के लिए बैठोगे। तुम्हारा नाम गद्दारों की सूची में आ चुका।"

"कलेक्टर साब से कहिए मेरा काट कर अपना नाम लिख लें, सुविधा होगी, हमें नहीं लिखना पड़ेगा।"

"अविजित तुम जानते हो, मैं सरकारी नौकर हूं। तुम्हारी इन हरकतों से मेरी नौकरी जा सकती है।"

"पिताजी, आप जानते हैं, चन्द्रशेखर आज़ाद पर पुलिस ने मेरी आंखों के सामने गोली चलाई थी।"

"तो ? उसके लिए तुम ज़िम्मेवार हो ?"

"नहीं, आप भी हैं," अविजित ने कह डाला था।

"अविजित, मैं एक मामूली क्लर्क हूं। जो हुक्म मिलता है बजा लाता हूं। अपनी तरफ़ से नहीं सोचता···"

"मैं भी तो, पिताजी, जो हुक्म मिलता है, बजा लाता हूं।"

"किसका हुक्म ?"

"अपनी कांशन्स का।"

"तुम्हारी कांशन्स कहती है कि बूढ़े बाप को भूखा मार दो।"

अविजित धीमे से हंस दिया था।

"पहली बात, आप बूढ़े नहीं हैं," उसने कहा था, "दूसरी, भूखे आप नहीं मरेंगे। मैंने कहा न, जो भी ज़िम्मेवारी मुझ पर आएगी, मैं उठा लूंगा।"

"कैसे ? तुम तो जेल जा कर बैठ जाओगे, हम लोग···"

"बैठूंगा नहीं, ? भाग आऊंगा।"

"उससे हमारा क्या भला होगा," पिताजी का गुस्सा कम नहीं हुआ था।

"पिताजी, आपने भाई का कर्ज़ चुकाने के लिए अपनी पूरी ज़मींदारी बेच डाली। मामूली क्लर्की के दम पर बीवी-बच्चों को पाला, क्यों ?"

"क्या मतलब ? ज़मींदारी मेरी नहीं, हम दोनों भाइयों की थी। भाई साहब का कर्ज़ मेरा कर्ज़ था।"

"तो अपना हिस्सा अलग कर लेते। बाकी की नीलाम हो जाने देते। आधी जायदाद बच जाती तो ताऊजी को दुबारा हिस्सेदार बनाया जा सकता था।"

"यह तुम कह रहे हो, अविजित ! तुम भी अनित्य की तरह बोलने लगे। वह···निकम्मा···!"

"अनित्य का पूछना जायज़ है—उसके हिसाब से। आप का जवाब क्या है ?"

"अपनी इज्ज़त को बाज़ार में नीलाम नहीं किया जाता ! साझेदारी के कुछ असूल होते हैं !"

"वहीं तो। मैंने भी साझेदारी कर रखी है—गांधीजी और अपने साथियों के साथ। अपना हिस्सा अलग से कैसे बेच खाऊं ?"

फिर भी अविजित ने आई. सी. एस. की परीक्षा दी थी। सफल भी हुआ था। हां, इंटरव्यू देने विलायत जाने का वक़्त आया तो सरकार की मनाही आ गयी थी। पिता, सरकारी कारिंदे की हैसियत से गिड़गिड़ाये थे और कलक्टर साब की तरफ़ से उदार ऑफ़र आया था—लिख कर दो कि सरकार के विरुद्ध कार्रवाइयों में हिस्सा नहीं लोगे तो इजाज़त मिल जाएगी। अविजित ने कागज़ फाड़ कर फेंक दिया था और पिता को तसल्ली दी थी—आपको पता तो चल गया, आपका बेटा आई. सी. एस. में आने लायक़ है, और क्या चाहिए। पिताजी खुश नहीं हो सके थे। हां, उसका अपना अहं ज़रूर संतुष्ट हुआ था। देश की सबसे कठिन परीक्षा पास की है उसने···बाद में सुनाने के लिए बढ़िया कहानी मिल गयी थी।

दो-एक अध्याय और भी जुड़े थे। दो साल की जेल-यात्रा भी कर आया था वह···

स्वतंत्रता मिलने के बाद नई सरकार बनी तो दोस्तों ने राय दी कि उसे अपने 'महान बलिदान' का मुआवज़ा वसूल करना चाहिए। एम. पी. न सही, एम. एल. ए. ही बने, ताकि कुछ उनका भी भला हो। एक बार मैदान में उतर गया तो···

क्यों नहीं कर डाला अविजित ने ? कितना अरसा तो हो गया जब से बड़ी-बड़ी बातें उसे बड़ी-बड़ी बातें लगने लगी हैं, कांशन्स की ज़िम्मेवारियां नहीं। फिर···

शहादत इतनी सस्ती नहीं होनी चाहिए !

अनित्य !

हां, अनित्य कहता था, लगता है एक दिन शहीदों का भार इस मुल्क को ले डूबेगा; पुलिस की दो लाठी खायी और शहीदों की फ़ेहरिस्त में आ गए, शहादत इतनी सस्ती नहीं होनी चाहिए···

अविजित जानता है !

हमेशा से जानता रहा है, उसका वह महान बलिदान कितना···

जब तक अनित्य है···

यह कब हुआ, अनित्य ? पहले मैं पूछता था, मैं क्यों नहीं; अब पूछने लगा हूं, मैं ही क्यों ?

मैं-क्यों, मैं क्यों, हार्न बजाता ट्रक धड़धड़ाता हुआ खड़ी गाड़ी के बराबर से निकल गया। शोर ने पकड़ कर झिंझोड़ दिया। चौंक कर अविजित ने सिर ऊपर उठाया

कि सामने कालेज की दीवाल-घड़ी ने कनपटी पर दस्तक दी। दस बार।

दफ़्तर ! अविजित ने गाड़ी स्टार्ट कर दीं।

दफ़्तर···व्यापार···पैसा···इससे तो मैं आई. सी. एस. ही हो जाता, वही क्या बुरा था···

मन चाहे जहां मंडरा रहा हो, पांव खुद-ब-खुद दफ़्तर की तरफ़ उठ जाते हैं। पांव नहीं गाड़ी। बड़े लोग भटकते भी मशीन पर चढ़ कर हैं। कोई मंजिल के रास्ते में भटकता है, कोई मंजिल पर पहुंच कर। पहली भटकन में छुटकारे की उम्मीद की कशिश है, दूसरी में सिर्फ़ गोल-गोल घूमती भटकन।

अनित्य वाक़ई खुशकिस्मत है !

अनित्य घर का निकम्मा लड़का था। अविजित की मां ही उसकी मां थी। पर वह अविजित से चार साल छोटा था; इतना बड़ा नहीं कि नई मां की ज़िम्मेवारी ले और इतना छोटा नहीं कि उनके मासूम बच्चों की तरह ज़िम्मेवारी बने। उसने बीच का रास्ता पकड़ लिया था; ज़िम्मेवारी बनने और लेने, दोनों से कट गया था। वह कहां रहता है, ठिकाना नहीं है; क्या करता है, किसी को जानकारी नहीं है। वह कहता है, किसी शहर में वह सात दिन से ज़्यादा नहीं रह सकता। हां, वह झूठ बोलता है। ऐसे भी मौके आए हैं जब लगातार छह महीने वह एक ही शहर में रहा है पर बहुत कम। यूं सरधने स्कूल में मास्टर रहा, मेरठ में 'शमा' के लिए गुमनाम शायरों की गज़लें हेर-फेर करके लिखीं, बंबई में रेस के घोड़ों का 'बुकी' बना तो दिल्ली में मंदिर के आगे ज्योतिष की पोथी संभाली। लखनऊ में किन्हीं गोहरजान की इनायत से चना-ज़ोर गरम बेचने का सामान मुहैया किया और हज़रतगंज में कई हफ़्ते बेचा। नुकसान हो गया। हाथ एकदम खाली हो गया तो अविजित के पास आ कर पड़ रहा। सात दिन नहीं तो दो-एक महीने से ज़्यादा भी कभी नहीं। अनित्य निकम्मा था, आवारा था और अविजित को बेहद प्यारा था। था क्या, है। अनित्य जानता है अविजित उसे प्यार करता है और जम कर उसका फ़ायदा उठाता है। अविजित के अलावा वह सिर्फ़ अजनबियों का फ़ायदा उठाया करता है।

अनित्य, अविजित ने याद किया, अगर आ सके कुछ दिनों के लिए, घर पर···ज़िंदगी आ जाए···लिखेगा उसे···पिछली बार उसका खत आया तो एक सतर—ज़िंदगी हसीन तवायफ़ की बूढ़ी मां है—अविजित समझ गया था, अनित्य फिर जगह बदलेगा। वह खुशकिस्मत है, नहीं जानता हर हसीन तवायफ़ खुद एक बूढ़ी मां है।

अनित्य ने शादी नहीं की। बी.ए. पास किया तो पिताजी ने सुझाव रखा कि उसकी

शादी कर दी जाए। पांव में रस्सी पड़ेगी तो खुद खूंटे से बंध जाएगा, ताऊजी ने अक्ल दी और पिताजी के साथ अनित्य को घेर लिया…

"ठीक है," अनित्य ने प्रस्ताव सुन कर कहा था, "आप में से कौन मुझे दो सौ रुपया देने को तैयार है ?"

"दो सौ रुपये ?" दोनों हक्के-बक्के रह गए थे।

"जी हां, दो सौ फ़ी महीना। बंदोबस्त कर दीजिए, मैं शादी के लिए तैयार हूं। बल्कि लड़की ढूंढ़ने की ज़हमत भी आपको नहीं उठानी पड़ेगी। मैंने देख रखी है। लखनऊ में। मुसलमान है, बेहद खूबसूरत…"

बेशऊर, बदचलन, बदतमीज़, आवारा की चीखो-पुकार के नीचे तमाम गुफ़्तगू दब गयी थी और फिर कभी उसके सामने किसी ने शादी का नाम नहीं लिया था। अनित्य, प्यार से लबालब ओठों से अविजित ने याद किया और देखा…सामने रीगल बिल्डिंग की शानदार इमारत है—यानी उसका दफ़्तर !

अविजित दफ़्तर के अपने कमरे में पहुंच गया। चपरासी ने उठ कर सलाम ठोंका। वह अपनी मेज़ की तरफ़ बढ़ा और गोल आरामदेह रिवाल्विंग कुर्सी में क़ैद हो गया।

अनित्य, उसने फिर एक बार याद किया, बुलाना है उसे ज़रूर; पर हाथ उसका घंटी पर पहुंच चुका था, अपने सैक्रेटरी भंडारी को बुलाने के लिए।

"सर !" भंडारी सामने खड़ा था।

"स्टेट बैंक के लोन की फ़ाइल लाओ। फ़ाइनेन्स कमीशन में अपाइंटमेंट तय हुआ ? कलकत्ते सिंघानियाजी को ट्रंक-काल लगाओ। महाजन को रिमाइंडर भेजो, पेमेंट अभी तक नहीं हुआ। आज रिमाइंडर भेजो। परसों आदमी भेज देना—तुम खुद चले जाना—पेमेंट फ़ौरन होना चाहिए। पवन कुमार का ट्रांसफ़र आर्डर गया था या नहीं ? वह कानपुर में बैठा-बैठा क्या कर रहा है ? मुझे उसकी ज़रूरत यहां है। सतना को बुलाओ—सेल्स टैक्स के केस की डेट आज है…"

"सर !" भंडारी ने कहा।

"सर !" सतना ने कहा।

"सर, कुमार रिपोर्टिंग !" पवन कुमार ने कहा।

"भंडारी, खिड़की का पर्दा खींच दो, धूप तेज़ है।" अविजित ने कहा।

जेल की खिड़की से आसमान और हरियाली देखने के लिए एक भटकता हुआ मन चाहिए जो अविजित के पास नहीं है। पहले ही 'सर' ने उसे कनपटी की नस में छिप जाने पर मजबूर कर दिया था। शरीर चाभी भरे खिलौने की तरह कस गया था। दूसरे-तीसरे 'सर' ने उसे दीवाल-घड़ी बना डाला था। अब पांच बजे तक वह निरंतर घंटों और मिनटों में बंधा दौड़ लगाएगा और पांच बजने

पर···हां, पांच बजने पर मन अगर फिर मैदान में कूद आया तो···अनित्य को याद किया जा सकता है।

3

दफ़्तर में छह बज गये। आधा दिन तो दिल्ली और कलकत्ता के बीच सूत्र स्थापित करने में ही निकल गया। सिंघानियाजी बंकुरा में नई फ़र्टिलाइजर फ़ैक्ट्री क्या लगा रहे हैं, श्रीगणेश होने में ही माथा खराब होने लगा है। लाइसेंस के लिए अप्लाई किया हुआ है। पता नहीं क्या है कि लाइसेंस मिलते-मिलते टल जाता है। नीचे की सीढ़ियां तय हो चुकीं पर बात बनी नहीं। अब सिंघानियाजी को खुद उद्योगमंत्री से अपाइंटमेंट चाहिए। अविजित को दिलवाना है और जल्दी-से-जल्दी।

आख़िरी फ़ाइल पर दस्तख़त करके, अविजित ने कुर्सी को घुमा कर मेज़ के दायरे से बाहर निकाल लिया। लंबी टांगें सीधी करके फैला लीं, सिर पीछे टिका कर सिगरेट सुलगाई और कहा, "तो···भंडारी···" और उसके चेहरे पर एक बेहद आत्मीय मुस्कराहट खेल गयी।

"सर, चाय ?" भंडारी ने पूछा।

"नहीं," उसने हाथ के इशारे से मना कर दिया।

भंडारी समझ गया, साहब आज सीधा घर नहीं जा रहे। घर जाते हैं तो दफ़्तर से चाय पी कर जाते हैं।

आज···घर नहीं जाऊंगा अभी।

चाय···सिगरेट···फैले पांव···सुकून और सुकूत के चंद लम्हे···जहां भी मिलें। कहीं भी मिल सकते हैं। घर के सिवाय। तब···दफ़्तर ही क्या बुरा है ? पर आज दफ़्तर नहीं···आज !

"यह फ़ाइल," उसने कहा, "आज ही उद्योग-मंत्रालय पहुंचानी है।"

"मैं अभी ले जाता हूं, साब," भंडारी ने कहा।

"तुम्हारी बेटी ठीक है अब ?"

"जी हां।"

"बुखार उतर गया ?"

"जी।"

"कब उतरा ?"

"परसों उतर गया था।"

"दवा बंद कर दी ?"

"नहीं, अभी चल रही है।"

"एहतियात रखना। टाइफ़ाइड में रिलाप्स का डर रहता है।"

"जी।"

"तुम्हारा घर जाना ज़रूरी हो तो…"

"जी नहीं, ऐसी कोई बात नहीं है।"

"फिर भी…बच्ची बीमार है, घर जाना चाहिए, ऐसा करना, टैक्सी ले लेना, होते हुए चले जाना। बस, आज किसी वक़्त पहुंचाना ज़रूरी है…"

"मैं कर लूंगा साब, आप फ़िक्र मत कीजिए।"

"घर से फ़ोन आए तो कह देना, देर हो जाएगी।"

"जी।"

भंडारी से कुछ और कहने की ज़रूरत नहीं है। फ़ोन न भी आया तो वह खुद फ़ोन कर के कह देगा—साब को ज़रूरी मीटिंग में जाना पड़ा, देर हो जाएगी। कोई काम हो तो बतलाएं…

"अच्छा…तो…" अविजित ने सिगरेट ऐश-ट्रे में रगड़ कर बुझाई और इत्मीनान से उठ खड़ा हुआ।

"तुम्हारी मां को चश्मा मिल गया ?"

"चश्मा ?"

"हां, ऑपरेशन के बाद ?"

"ओह—हां। जी, मिल गया।"

डेढ़ महीना हुआ, भंडारी की मां की आंख का मोतियाबिंद का आपरेशन हुआ है। चार दिन पहले चश्मा मिलना था। भंडारी को ध्यान नहीं है, अविजित को याद है।

"ठीक बैठ गया ?"

"जी।"

भंडारी को शाम का यह वक़्त बहुत अच्छा लगता है। काम ख़त्म होने पर उसका यह बेहद सख्त बॉस सिर हिलाकर एकदम चल नहीं देता। दस-पांच मिनट बैठकर एक इंसान और दोस्त की तरह घर का हाल-चाल, दुःख-तकलीफ़ पूछकर ही उठता है।

भंडारी उसे रोज़ देखता है। अविजित को सुंदर नहीं कहा जा सकता। फिर भी हर शाम वह उसके चेहरे पर मुस्कराहट आने का इंतज़ार करता है। ग्रेनाइट में प्राण भर देनेवाली अपूर्व चीज़ है। खुलकर मुस्करा-भर देने से किसी के चेहरे पर इतना फ़र्क आ सकता है, यक़ीन करना मुश्किल है। लगता है यह आदमी

कुछ और होने जा रहा था पर···न जाने क्यों और कैसे हो गया बिल्कुल कुछ और। पर अभी भी···कौन जाने···एक दिन ऐसा कुछ हो गुज़रे कि यह वही बन जाए जो बनने जा रहा था; और यह मुस्कराहट हमेशा के लिए उसके चेहरे पर खेलने लगे, जिसे देखकर शरीर अनजाने ही पुलक से भर उठता है।

हंसी भी आती है भंडारी को अपने सोच पर। ऐसी भी क्या भावुकता ! कभी-कभी अपने साथियों से कहता भी है, "शुक्र है साब की सेक्रेटरी कोई औरत नहीं है वरना···"

दफ़्तर की सीढ़ियां उतरकर अविजित गाड़ी पर पहुंचा। अगली सीट पर बैठकर चाभी लगा तो दी पर फ़ौरन घुमाई नहीं। अपनी तरफ़ का शीशा नीचे घुमाया, भीतर घुस आए ताज़ी हवा के झोंके को सांस में भरा और बदन को ढीला छोड़ दिया। आंखें खुद-ब-खुद मुंद गईं···गाड़ी को पार्किंग लॉट से निकाल कर दाएं घुमाना है···फिर सीधी सपाट सड़क है—दो मील लंबी···एक मोड़—बाएं और···बीसेक मकानों की क़तार के बीच टिमटिमाता रंजना का छोसा-सा घर !

रंजना ! रेगिस्तान में बह रहा ठंडे पानी का सोता···रंजना···

अविजित ने आंखें खोलीं, चाभी घुमाई और गाड़ी स्टार्ट कर दी···गाड़ी धीमे-से आगे रेंगी। घुमा-फिराकर अहाते-से बाहर निकालने के लिए, अविजित ने गर्दन खिड़की से बाहर निकालकर आस-पास का जायज़ा लिया और···रेत के बगूले की तरह हड़बड़ा कर, रंजना की आकृति को परे धकेल, संगीता भीतर घुस आयी !

ग्यारह बरस पहले की संगीता !

"तुम डॉक्टरी करना चाहती हो ?" अविजित ने उससे पूछा था।

"जी," उसने सिर झुकाए रखा था।

"कर सकोगी ?"

झटके से संगीता ने सिर ऊपर उठाया था। आंखें अविजित की आंखों से मिली थीं। इतनी काली आंखें ! उसने सोचा ही था कि स्याह पुतलियों से उठी लपट उसे झुलसा गयी थी।

"कोशिश करूंगी," संगीता ने कहा था पर अविजित ने साफ़ सुना था—क्यों नहीं कर सकूंगी ? शक करने की हिम्मत कैसे हुई आपकी ?

संगीता ने सिर दुबारा झुका लिया था। दुबली देह पर भारी वक्ष···कृश मुख पर वे असाधारण ज़हरीली जलती आंखें···न कह कर बहुत कुछ कह जाना ···अविजित विचलित हो उठा था।

पास आ कर उसने कहा था, "परेशान मत हो। लेडी हार्डिंग कालेज में दाख़िला

मिल जायेगा।"

"शुक्रिया।"

"सब ठीक हो जायेगा," उसने फिर कहा था।

"शुक्रिया।"

न जाने क्यों अविजित कुछ और सुनने को बेक़रार हो उठा था।

अपना हाथ उसके कंधे पर रखकर कह गया था, "तुम···बस, सब-कुछ मुझ पर छोड़ दो। मैं तुम्हारी पूरी ज़िम्मेवारी लेता हूं।"

संगीता ने सिर ऊपर उठाया था। एक बार फिर उसकी आंखें अविजित की आंखों से मिली थीं। न बहकने की कोशिश में काली पुतलियां फैली हुई थीं, ओठों पर वक्र मुस्कराहट खेल रही थी फिर भी चेहरे पर विश्वास की हल्की किरण फूटती नज़र आ रही थी। संगीता की उम्र ही क्या थी—सोलह साल। सोलह साल उम्र ही ऐसी है कि विश्वास-अविश्वास की देहरी पर मंडराती रहे।

पर अविजित तो बत्तीस वर्ष का था।

संगीता उसके पास खिसक आयी। आज की संगीता।

चंदे से पढ़ी लड़कियां अपने प्रेमी के नाम के आगे भी 'जी' लगाती हैं, उसने कहा और···

मुझे माफ़ करो, संगीता, तुम जाओ···प्लीज़ अब जाओ।

ठीक है, आपकी बात मैंने कब टाली है। संगीता मुस्करा रही है। चेहरे पर छल नहीं है। वाक़ई वह चली जाएगी। पर उससे क्या होगा। विश्वास अविजित का टूटा है। बराबर से हट भी गयी तो पिछली सीट पर उसका अहसास बना रहेगा।

पास कहीं मोटर का हॉर्न ज़ोर से बज उठा। पीछे से आ रही कितनी ही गाड़ियां उसे ओवरटेक करके आगे निकल गयीं। अविजित ने चाहा वह भी अपनी रफ़्तार बढ़ा ले। पर···उस दो मील लंबी सीधी सपाट सड़क पर रेंगती उसकी गाड़ी परवश घिसटने से भी इनकार करने लगी। आख़िर उसने ब्रेक लगाया और एक किनारे करके गाड़ी खड़ी कर दी।

संगीता उसके आस-पास मंडराती रही। कभी अगली सीट पर बगल में, कभी पीछे विषैली हंसी हंसती हुई, कभी रियर-व्यू-मिरर में अपनी काली पुतलियों का ज़हर घोलती हुई, कभी कमसिन-सी विश्वास-अविश्वास के बीच लुढ़कती हुई···वही झेलना तो सबसे मुश्किल हो रहा था।

संगीता को पहली बार अनित्य उसके घर लाया था। आज, अभी कुछ देर पहले ही तो उसने अनित्य को बेपनाह मोहब्बत के साथ याद किया था। पर···उस सब में अनित्य का कसूर भी क्या था···

एक प्रौढ़ औरत और एक नवयौवना को लेकर अनित्य उसके घर आया था।

"कौन हैं ये लोग ?" अविजित ने अलग़ ले जाकर पूछा था।

"आप नहीं जानते ? ख़ाला अपने पंडित यज्ञदत्त शर्मा की माशूक़ा हैं।"

"क्या !"

"क्यों, आप तो जानते ही होंगे कि शर्माजी⋯"

"हां-हां," अविजित ने बात काट दी थी।

अविजित क्या, सभी जानते हैं कि मेरठ के मशहूर रईस पंडित यज्ञदत्त शर्मा को दो ही शौक़ हैं—माशूक़ा रखना और आज़ादी की लड़ाई लड़ना।

"तुम कैसे जानते हो ?" उसने पूछा।

"अब भाई साहब, लखनऊ की फ़िजा ही कुछ ऐसी है⋯" अनित्य ने शुरू किया तो अविजित ने फिर टोक दिया, "हां-हां, रहने दो।"

वह नहीं चाहता था, अनित्य उसे बतलाए—हुआ यह कि पिछली बार गौहरबाई पीछे ही पड़ गयीं, बोलीं, क्या इन चिनगारियों के पीछे भटकते हो, जलना है तो शोले पर गिरो, मैंने पूछा, कौन है तो बोलीं, अपने पंडित शर्माजी की माशूक़ा। उम्र हो गयी पर हुस्न ! और आवाज़ ! एक ज़माना था कि ग़ज़ल शुरू की नहीं कि चूड़ियां चटख गयीं। पर क्या बतलाएं मुजरे से नज़र फेरी तो फेर ही ली⋯तुम लोगों की सीता-सावित्री से कम नहीं हैं। पंडितजी का हाथ पकड़ लिया सो पकड़ लिया⋯मैंने सोचा एक बार दीदार कर ही लिया जाए⋯

"लड़की कौन है ?" अविजित ने पूछा।

"पंडितजी की बेटी।"

"झूठ ! नामुमकिन !"

"अच्छा जाने दीजिए। पंडितजी की नहीं, सिर्फ़ उनकी माशूक़ा की बेटी है।"

अनित्य को याद आ गया था कि जब पंडितजी विलायत गए हुए थे तो उनकी ग़ैरमौजूदगी में उनकी बीवी एक बेटी की मां बन गयी थी। शर्माजी ने उस तक को बेसहारा नहीं छोड़ा⋯उम्र होने पर ठीक-ठाक लड़का देखकर ब्याह कर दिया था। बीवी को अलबत्ता अलग कर दिया था पर बेसहारा उसे भी नहीं छोड़ा। पच्चीस रुपया माहवार बराबर उसकी मौत तक उसे मिलता रहा। यह उनकी बेटी होती तो⋯

"साला हिप्पोक्रेट," वह बुदबुदाया।

अविजित समझ गया था वह क्या सोच रहा है।

"तो इन्हें यहां क्यों ले आये ?" उसने पूछा।

"फिर कहां ले जाऊं ? दिल्ली में आपके सिवा मेरा है कौन ?"

"ये लोग तुम्हारे साथ हैं ?"

"जी। फिलहाल तो हैं।"

"क्यों, तुम्हारा इनसे क्या रिश्ता है ?"

"रिश्ता है तो कोई नहीं। ख़ाला बनाना चाहती हैं, मैं बिगाड़ना चाहता हूं।"

"क्या मतलब ?"

"मैं शादी नहीं करना चाहता, भाई साहब," अनित्य ने मासूमियत से कहा।

"तुमने इस लड़की से शादी के लिए कहा था ?"

"अजी नहीं, वह तो डॉक्टरी करना चाहती है।"

"डॉक्टरी ?"

"मतबल डॉक्टरी पढ़ना चाहती है। "

"मैट्रिक, प्री-मैडिकल किया हुआ है क्या ?"

"जी हां।"

"पर तुमसे रिश्ता कैसे जुड़ गया ?" अविजित वापस बात पर लौटा।

"अब क्या बतलाऊं, दो-चार दिन उनके घर रह क्या लिया, ख़ाला को बेटी का भविष्य सुधरता नज़र आने लगा। ज़रा सोचिए, मुझसे शादी करके किसी का भविष्य भला क्या सुधरेगा।"

"तुम उनके घर में रहे क्यों ?"

"अब कहीं तो रहना था न लखनऊ में ?"

अविजित समझ गया और जिरह बेकार है। उसने दूसरा मोर्चा संभाला।

"ये चली क्यों आयीं लखनऊ से ?"

"बात यह है," अनित्य सहसा गंभीर हो गया, "लड़की बेचारी काफ़ी भली है। बच्ची थी तो ठीक था, पढ़-लिख भी ली। पर अब···दलाल लोग इसे छोड़ेंगे नहीं। रमई दादा तो समझिए···"

"ठीक है," अविजित ने विरक्त भाव से कहा, "रहने दो। अपने दोस्तों के नाम गिनाने की ज़रूरत नहीं है।"

"मेरे दोस्त का नाम सुलेमान है," अनित्य बोला, "रमई दादा तो समझिए मेरा दुश्मन है। जानते हैं एक दिन भरे बाजार में उसने गौहरबाई पर ही···और गोहरबाई मेरी मां की तरह है।"

"क्या !"

"जी हां।"

"गौहरबाई···तुम्हारी मां !" अविजित का चेहरा लाल हो गया।

"आपको अपनी मां याद है ?" अनित्य ने पूछा।

"नहीं।"

"फिर गौहरबाई में ही क्या बुराई है ?"

"अनित्य-अनित्य !" सहसा अविजित का गला भर्रा गया।

"अजी छोड़िए, ख़ाक डालिए गौहरबाई पर। मसला सामने संगीता का है।"

"लड़की का नाम संगीता है ?"

"जी हां।"

"और खाला का ?"

"पारिजात।"

"क्या ?" अविजित ने अविश्वास की हुंकार-सी भरी।

"दरअसल नाम तो इनका है चमेली बाई। पर लखनऊ से दिल्ली को रवाना हुईं तो मैंने बदलकर पारिजात रख दिया। ज़्यादा इज्ज़तदार है।"

"पर···पारिजात ?" अविजित ज़ोर से हंस दिया, "यह नाम तुम्हें सूझा कैसे ?"

"कामदेव के पंचशर का एक पुष्प है," अनित्य ने अतिरिक्त गंभीरता से कहा।

"इतनी हिंदी तू कब से बोलने लगा," अविजित ठठाकर हंस पड़ा।

"क्यों, सरधने स्कूल में मैं हिंदी ही तो पढ़ाता था।"

"हिंदी ? तू ! तुझे हिंदी आती है ?"

"नहीं।"

"फिर कैसे पढ़ाता था ?"

"मास्टरी का गुर मैं आपको बतलाऊं, भाई साहब। बेधड़क क्लास में घुस जाइए। दो-चार नामाक़ूल ऐसे ज़रूर मिल जाएंगे जो पहले से किताब घोंट कर आए होंगे। उनकी मदद से आप जो चाहें पढ़ा सकते हैं, बल्कि पढ़ाते-पढ़ाते थोड़ा-बहुत सीख भी सकते हैं।"

अविजित हंसता रहा।

"क्यों, मास्टर उगरसेन भी तो आपकी मदद से ही पढ़ाया करते थे अंग्रेज़ी, याद है ?"

इस बार अविजित ने ज़ोरदार ठहाका लगाया।

"मसला फिर रह गया····" अनित्य ने कहा।

"ये लोग पंडित शर्मा के पास क्यों नहीं जातीं ?"

"शर्माजी तो जेल में हैं।"

"ओह, हां। फिर भी कुछ इंतज़ाम वे कर सकते हैं। कहो तो मैं उनसे मिलूं।"

"कोई फ़ायदा नहीं है। मैं मेरठ होकर आया हूं। शर्मा जी की हालत खराब है।"

"फिर भी····"

"जिगर का दर्द है, पीते बहुत थे····" अनित्य ने आराम से कहा।

"ठीक है।" अविजित ने टोका।

"ठीक तो है," अनित्य बोला।

"उनके घर पर····" अविजित ने बात का रुख़ बदला।

"घर वे ज़रूर आएंगे। जैसे ही ब्रिटिश सरकार को पता चलेगा कि उनके बचने की कोई उम्मीद नहीं है, फ़ौरन शोर-शराबे के साथ उन्हें रिहा कर दिया जाएगा। पर फ़िलहाल घर पर दोनों लड़के कब्ज़ा जमाए बैठे हैं, इन लोगों को पास भी नहीं फटकने देंगे।"

"पर इनका जो जायज़ हक़ है⋯"

"जायज़ ?" अनित्य हंस पड़ा, "यहां तो लड़की तक⋯

"छोड़ो, करना क्या है, वह बतलाओ," अविजित ने बात काट दी।

"संगीता को मेडिकल कालेज में दाखिला दिलवा दीजिए, ख़ाला लखनऊ लौट जाएंगी।"

"यहां रहेगी कहां ?"

"हॉस्टल में। फ़ीस के लिए चंदा कर लेंगे।"

"कौन देगा ?"

"काफ़ी यार दोस्त हैं।"

"कौन ?"

"एक तो आप ही हैं।"

"और ?"

"और⋯मेरी तरफ़ से भी आप दे दीजिएगा।"

अविजित हंस दिया।

"ठीक है," उसने कहा, "चंदे का इन्तज़ाम मैं कर लूंगा। पर इस 'पारिजात' को लेकर जाओ यहां से।"

"लखनऊ का टिकट कटा देते हैं, चली जायेंगी।"

"नहीं, ऐसा करो, मेरठ चले जाओ। मैं देखता हूं, शर्माजी से जेल में मिलने का कोई इंतज़ाम हो सकता हो तो⋯वे ज़रूर कुछ इनका बंदोबस्त कर देंगे।"

"हां, हैं तो दरियादिल इंसान ! पर भाई साहब उनकी क्या एक ही माशूक़ा है ?"

"पता नहीं।"

"एक बात है, ये आज़ादी की लड़ाई लड़ने वाले तमाम लोग इतने आशिक़-मिज़ाज क्यों हैं ? जब कि गांधीजी बराबर ब्रह्मचर्य का पाठ पढ़ाया करते हैं।"

अविजित चूका नहीं था।

"तुम तो गांधीजी को मान रहे हो," उसने कहा था।

अनित्य शर्मिंदा नहीं हुआ था।

"अजी तोबा कीजिए," उसने कहा. "लखनऊ की तो कुछ फ़िजां ही ऐसी है⋯"

अविजित हंस दिया था और हंसते-हंसते ही बाहर संगीता के पास चला आया था। कोई बुरी भावना नहीं थी उसके मन में। सच, वह संगीता की मदद करना चाहता था। एक गरीब, मज़लूम लड़की समझ कर। पर संगीता··· गरीब लड़की कहकर उसे स्वीकारने या नकारने का सवाल···

"तुम डॉक्टरी पढ़ना चाहती हो ?" मददगार की सगर्व अनुकंपा के साथ ही पूछा था उसने।

पर संगीता···वह चुनौती का सामना कर रही थी, अनुकंपा का नहीं और अविजित आख़िर पुरुष था !

हो तुम पुरुष, अविजित, आज ही तो काजल ने कहा था।

कोशिश करके वह एक फ़ीकी-सी हंसी हंसा, पर नहीं, अपने को धोखा क्या देना। अनित्य की तरह वह खुद पर नहीं हंस सकता। अनित्य हंस सकता है, बिला शर्म; न खुद पर भरोसा है, न दूसरों का विश्वास जीतने की कोशिश करता है। पर अविजित···दूसरों के साथ-साथ अपना भी खुद पर विश्वास टूट जाये तो···

और जो हो, आज रंजना के घर नहीं जाया जा सकता।

नख़लिस्तान दीख रहा है, सिर्फ़ इसीलिए हाथ बढ़ाकर उसकी तरफ़ भागा नहीं जाता। गहरी प्यास के बावजूद कोई अहसास है जो तपती बालू पर पड़े रहने को मजबूर कर रहा है···

वह शाम अविजित ने सड़क के किनारे खड़ी गाड़ी में बैठकर बिता दी···

4

सुबह हुई तो घर में कोहराम मचा हुआ था।

खुले बाल पीठ पर छितराये स्वर्णा ज़मीन पर बिखरी पड़ी थी और ज़ोर से विलाप कर रही थी।

उससे कुछ दूरी पर पड़ा सुधांशु उसकी नक़ल करके रो रहा था।

एक कोने में खड़ी खोखी चुपचाप टक लगाकर स्वर्णा को देख रही थी।

शुभा और प्रभा कुछ असमंजस की हालत में उसके बराबर में खड़ी थीं।

"क्या हुआ ?" हड़बड़ाए हुए अविजित ने कमरे में प्रवेश किया।

"लछमन भाग गया !" प्रभा ने कहा।

"हमको सोता छोड़कर भाग गया," स्वर्णा ने फ़र्श पर लोट कर कहा। उसके भारी केश सांप की तरह लहरा कर दो हिस्सों में बंट गये।

"कहां गया ?" अविजित ने पूछा।

"कौन जाने किधर गया हरामी ! गांव गया होगा मरने ! खेती करेगा ! करो। करो खेती ! दो बीघा ज़मीन पर घास का चारा तक उगता नहीं। बोयेगा अपना देह का हड्डी, काटेगा हमारा सिर !"

स्वर्णा ने सिर ऊपर उठाया, एक झपेट में पीठ पर बिखरे बाल समेटे और गांठ लगाकर जूड़े में बांध लिये।

"भूखा मरेगा तो अपने आप आयेगा लौटकर।"

"हां···लौट आयेगा···" अविजित ने कुछ कहने के लिए कहा।

"जितना पैसा जमा किया, सब लेकर भागा है, उड़िया !"

"रुपया खत्म होते ही लौट आयेगा," प्रभा ने कहा।

"आये चाहे नहीं," सहसा स्वर्णा ने कहा, "हम उसका पीछे नहीं जायेगा। हमारा अपमान करेगा···चोरी करके भागेगा···" वह ज़ोर से बिलख उठी, "मर जायेगा, उसके पीछे नहीं जायेगा···अपने से आकर माफ़ी नहीं मांगेगा जब तक, हम···हम जूड़ा नहीं बांधेगा !"

उसने जूड़े पर एक हाथ मारा और पहाड़ी प्रपात की तरह केश-राशि खुलकर पीठ पर छितर गयी।

"देखना तुम···हमारा अभिमान···" और स्वर्णा चीख़-चीख़ कर रो उठी।

"तू ऐसे कर सकती है ?" प्रभा ने चुपके से शुभा के कान में कहा।

शुभा ऐसे चौंकी जैसे चोरी करते पकड़ी गयी हो। अपनी बड़ी-बड़ी बादामी आंखें ऊपर चढ़ाये वह यही सोच रही थी कि यह दृश्य मंच पर कैसा रहे ?

तू सिर्फ़ नाटक में जीती है, प्रभा ने एक बार कहा था, लगता है ज़िंदगी में तेरा पार्ट ग़लत लिखा गया, इसी से ग़फ़लत में पड़ी रहती है।

"उससे कहो इतनी ज़ोर से न रोये। मेरा दिल घबराता है," अपने कमरे से श्यामा की आवाज़ आयी।

"अरे वाह ! कैसे न रोये ?" प्रभा ने कहा, "उसका पति भाग गया, वह रोये भी नहीं।"

शुभा ने और पास खिसक कर स्वर्णा के कंधे पर हाथ रख दिया।

"प्लीज़, आया" उसने कहा, "ज़रा धीरज रखो न। ममी तुम्हारे लिए बहुत घबरा रही हैं।"

"तो ?" प्रभा ने कहा, "इस घर में आदमी रो भी नहीं सकता।"

स्वर्णा के कंठ से एक ज़ोरदार चीख़ निकली। एक क्षण को लगा वह प्रभा की बात रखेगी पर अगले क्षण, हिचक कर चुप हो गयी।

"उफ़," प्रभा ने हिक़ारत से कहा, "यह फ़्यूडल मानसिकता। घिन आती है मुझे।"

खोखी अपना कोना छोड़ कर चुपचाप आगे बढ़ी और स्वर्णा की गोद में बैठ गयी। अपनी बांहें उसके गले में डाल दीं। उसे देख, सुधांशु और बेक़ाबू हो रो उठा और ज़ोर-ज़ोर से पैर ज़मीन पर पटक कर चीख़ने लगा, "अन्ना-अन्ना।"

"यह क्या कह रहा है ?" अविजित ने पूछा।

"स्वर्णा को पुकार रहा है," शुभा ने कहा।

"नहीं तो। यह तो अन्ना-अन्ना पुकार रहा है।"

"वह स्वर्णा को अन्ना कहता है।"

"क्यों ?"

"वह···बस कहता है।"

"तुतलाता है," स्वर्णा ने कहा।

"तुतलाता है ? क्यों ?" अविजित ने सवाल किया।

कमरे में मौजूद सब प्राणियों ने एक-दूसरे की तरफ़ देखा···सुधांशु क्यों तुतलाता है ? किसी को जवाब नहीं सूझा।

"लड़का लोग देरी करके बोलता है," स्वर्णा ने कहा।

इतनी देर से···अविजित के मन में उठा कि श्यामा का स्वर गूंजा, "स्वर्णा, उसे चुप कराओ !"

स्वर्णा ने खोखी को नीचे उतारकर सुधांशु को गोदी में उठा लिया।

वह उसी सुर में 'अन्ना-अन्ना' चिल्लाता रहा।

खोखी ने स्वर्णा का पल्लू थाम लिया।

"तुम जाना मत," उसने कहा, "कब्बी नहीं जाना।"

"नहीं जायेगा," स्वर्णा ने कहा, "कब्बी नहीं जायेगा। लेने आयेगा तब भी नहीं। वह जानता नहीं, हमारा अभिमान···"

"अभिमान !" प्रभा बुदबुदाई, "रोया तक तो गया नहीं," और कमरे से बाहर निकल गयी।

नाटक खत्म, शुभा ने देखा, अब चलो। अभिभूत-सी वह बाहर चली आई। उसकी कनपटियों से लपटें निकल रही थीं, सांस रुक-रुककर चल रही थी। आंखें दो परतों पर एक साथ देख रही थीं···आज शाम कालेज के नाटक में उसका अभिनय ज़रूर असरदार होगा।

स्वर्णा का अभिमान, अविजित सोच रहा था, टो फल का चाकू है, कब

किधर काट जाये, भरोसा नहीं है। आज उसका अभिमान पति के पीछे जाने से रोक रहा है, कल कौन जाने उसे छोड़ कर रहने से रोकने लगे।

पति से यह उसका पहला बिछोह नहीं है। हर छह-आठ महीने में लछमन घर से भागता ज़रूर है पर दो-चार दिन अफ़ीम की पिनक में रहकर लौट आता है। हर बार उसके भागने पर स्वर्णा इसी तरह आक्रोश प्रकट करती है और लौट आने पर खरी-खोटी सुनाकर माफ़ कर देती है।

हां, इस बार हालात कुछ फ़र्क हैं। पिछले पूरे साल वह घर से नहीं भागा, साथ ही पोस्ट ऑफिस में अपने नाम से पैसे भी जमा करता रहा है। स्वर्णा जब-तब शिकायत करती रही है कि अपने साथ-साथ वह स्वर्णा की तनख़्वाह भी अपने नाम से जमा करवा रहा है। अब अगर रुपये लेकर भागा है, और ज़रूर भागा होगा, तो कोई योजना भी होगी दिमाग़ में···सोचता-सोचता वह श्यामा के कमरे में चला आया।

"वह नहीं आयेगा और स्वर्णा भी चली जायेगी," श्यामा ने कहा।

"नहीं क्यों आयेगा ? हर बार तो लौट आता है," अविजित ने कहा।

"तुम देख लेना। इस बार नहीं आयेगा। अब क्या होगा ?"

"देखेंगे। नहीं लौटेगा तो दूसरे आदमी का इंतज़ाम हो जायेगा।"

"पर स्वर्णा···वह भी तो जायेगी।"

"वह नहीं जायेगी।"

"ज़रूर जायेगी। वह ज़रूर जायेगी।"

"वह कह जो रही है, नहीं जायेगी।"

"वह अब कह रही है, मैं बाद की बात कह रही हूं।"

"तुम उससे ज़्यादा जानती हो ?" अविजित ने मज़ाक करने की कोशिश की।

"हां, मेरा मन कह रहा है वह जायेगी, और मेरे मन की आवाज़···"

श्यामा के मन की आवाज़ !

स्वर्णा का उनके घर में प्रवेश भी उसी की बदौलत हुआ था।

तब वे कलकत्ते में रहते थे···

अविजित अपने मकान के छज्जे पर खड़ा नीचे सड़क पर ताक रहा था। सड़क के किनारे लगे सार्वजनिक नल पर औरतें पानी भर रही थीं···धक्का-मुक्की और गाली-गलौज से हवा गरम थी। अगर ये लोग एक लाइन में खड़े होकर बारी-बारी से पानी भरें तो काम कितनी शांति और सुविधा से हो सकता है, वह सोच रहा था। छह-सात साल पहले का ज़माना होता तो वह नीचे जाकर, डांट-डपट करके, उनसे लाइन बनवाने लगता पर अब···वह जोश नहीं था। लड़ने दो, वह सोच रहा था, दिल की भड़ास तो निकलती है···कब तक आदमी घुटता रहे···यहां

नहीं लड़ेंगी तो घर जाकर अपने-अपने घरवाले से सिर फोड़ेंगी…

तभी नीचे दो औरतों में इतना घमासान युद्ध छिड़ा कि बाकी औरतें दर्शकों की पंक्ति में आ गयीं और अविजित के लिए दर्शक बने रहना मुश्किल होने लगा।

उन दोनों में से अधेड़ मोटी औरत में शारीरिक बल अधिक था पर दूसरी दुबली-पतली नवयुवती में बिजली का वेग और उन्माद था। हाथापाई करते-करते गर्दन पर लटका ढीला जूड़ा खुल आया था और लंबे-घने काले केश पीठ पर लहरा रहे थे।

आंधी और बिजली, एक साथ ! अरे, अविजित ने सोचा, यह तो बिल्कुल काजल बनर्जी की तरह दीखती है, कि अधेड़ औरत ने हाथ की जस्ते की बाल्टी उसके सिर पर दे मारी। ख़ून की फुहार फूटी और वह ज़मीन पर ढह गयी। औरतों में भगदड़ मच गयी। सीढ़ियां फलांगता अविजित उसके पास जा पहुंचा। बिना इधर-उधर देखे उसे गोदी में उठाया और खटाखट सीढ़ियां वापस चढ़ गया।

सिर की मरहम-पट्टी होने तक उस काली लड़की को होश आ गया और वह धीरे-धीरे उठकर फर्श पर बैठ गयी।

"लो, दूध पी लो," अविजित ने उसके हाथ में दूध का गिलास थमा दिया।

वह चुपचाप घूंट भरने लगी।

"सुकेशी !" श्यामा ने कहा।

"क्या ?" अविजित ने चौंककर श्यामा को देखा। इतनी देर में ये उसके पहले शब्द थे।

"नीचे बैठने पर जिस औरत के बाल ज़मीन को छुएं, बहुत शुभ होती है," श्यामा ने कहा।

अविजित ने देखा, सचमुच पीठ पर बिखरे उसके बाल फ़र्श को छूते हुए लटक रहे हैं।

"अपना पता-ठिकाना बतलाओ तो मैं तुम्हें घर छोड़ आऊं," उसने कहा।

"पता-ठिकाना कोई नहीं है," जवाब मिला था, "नीचे छोड़ दो, हमारा बाल्टी होगा उधर।"

बाल्टी अब कहां होगी ! भागती औरतों में कितनी ही उसे उठाने को लपकी होंगी और किसी एक के हाथ वह ज़रूर लग गयी होगी।

"यह कहां जायेगी," तभी श्यामा बोल पड़ी थी, "यहीं रहेगी।"

"यहां ?"

"तुम्हारा नाम क्या है ?" श्यामा ने लड़की से पूछा था।

"स्वर्णा।"

"कलकत्ते में तुम्हारा कोई नहीं है ?"

"नहीं, हम कलकत्ता काम ढूंढ़ने को आया है।"

"तुम्हारे स्वामी कहां हैं ?"

"नहीं हैं।"

"कैसे नहीं है ? इतना चौड़ा मांग-भर सिंदूर लगाती हो⋯"

"सिंदूर है," उसने ज़ोर देकर कहा था, "स्वामी नहीं हैं।"

तभी दो बरस की प्रभा अंदर घुसी थी और 'मां-मां, बाजा दो,' कहती श्यामा के ऊपर लटक गयी थी।

"उफ़, क्या हर वक़्त मां-मां लगाये रखती है। मुझे नहीं अच्छा लगता," कह कर श्यामा ने उसे अलग झटक दिया था।

श्यामा के दूसरा बच्चा होने वाला था और वह हरदम खीजी रहती थी।

"एई, इधर आओ," स्वर्णा बोल पड़ी थी, "हमको मां बोलो।"

प्रभा उसके पास आ गयी थी।

"मां बोलो," उसने फिर कहा था, "हमको मां बोलो।"

प्रभा एकटक उसे देखती रही थी, फिर चिल्लाकर बोली थी, "काली माई !"

"चुप !" अविजित ने डपट कर कहा था पर स्वर्णा खिलखिला कर हंस पड़ी थी। और प्रभा को खींच कर छाती से लगा लिया था।

⋯और स्वर्णा वहीं रह गयी थी।

"एक अनजान औरत को तुमने घर में रख लिया," अविजित ने श्यामा से कहा ज़रूर था।

"मैं तो उसे देखते ही पहचान गयी थी," श्यामा ने कहा।

"क्या मतलब ? तुमने उसे पहले कब देखा ?"

"आपको पता है, रामदुलारी जब मरी, मैं आठ साल की थी।"

"कौन रामदुलारी ?"

"मेरी धाय।"

"देखो," अविजित ने कहा था, "तब तुम आठ साल की थीं और अब हो बीस की। अगर रामदुलारी दुबारा जन्म लेती तो बारह बरस की होती और यह स्वर्णा कम-अज़-कम बीस-बाईस बरस की है। दूसरी बात, दुबारा जन्म लेने पर आदमी की शक्ल-सूरत वही नहीं रहती जो तुम देखते ही पहचान लो।"

"मैंने कब कहा शक्लें एक जैसी हैं। रामदुलारी तो बहुत गोरी थी।"

"तब ?"

"मैंने तो बात कही थी⋯अच्छा, रामदुलारी होती तो मुझे अभी भी उतना ही प्यार करती जितना तब⋯"

"करती, तो ?"

"देख लेना," उसने विश्वास के साथ कहा था, "स्वर्णा मुझे बहुत प्यार करेगी।"

ओह, तो उस तरह पहचाना था श्यामा ने। मन की आवाज़ ! अविजित हंस कर रह गया था।

बाद में पता चला था, स्वर्णा का पति बलियापाल गांव में खेती करता है।

"तू उसके पास क्यों नहीं रहती ?" श्यामा ने पूछा था।

"वो हमसे धोखा से ब्याह किया।"

"कैसे ?"

"वो उड़िया है," स्वर्णा ने ऐसे कहा जैसे 'उड़िया' कोई जंगली जानवर हो।

"तो क्या हुआ ?"

"हमको बोला, बंगाली है। हम ब्याह कर लिया। गांव पहुंचा तो देखा, शरप-शरप सब लोग उड़िया बोलता है।"

"तो क्या हुआ ?" अविजित को हंसी आ गयी थी, "उड़िया भी तो आदमी होते हैं।"

"आदमी होने से ही हम ब्याह करेगा !" स्वर्णा ने त्यौरी चढ़ाकर कहा था।

"पर··· तूने स्वामी को छोड़ दिया ?" श्यामा ने आश्चर्य प्रकट किया था।

"हम बोला—इस उड़िया-शुड़िया के बीच हम नहीं रहेगा। हमारा संग रहना है तो चलो कलकत्ता, नौकरी करो। वो बोला—हम गृहस्थ है, खेती करेगा। करो खेती। हम आ गया छोड़कर।"

"पर इतनी-सी बात पर स्वामी को छोड़ना···"

"इतना बात ! कितना बात, जानता है ! वो हमको धोखा दिया।"

"तुझसे शादी क्यों करना चाहता था ?"

"और क्यों ? प्रेम करता था।"

"और तू ?"

"हमको बोला—हम बंगाली है, तुमको प्रेम करता है। हम कर लिया।"

"तो तू उसके पास कभी नहीं जायेगी ?"

"इधर आयेगा तो रहेगा साथ में, नहीं तो अपना कमाई आप करेगा। वह क्या समझता है, हमारा अभिमान को लात मारेगा और हम रहेगा उसका पास !"

श्यामा ने सुख की सांस ली थी। स्वर्णा कहीं नहीं जायेगी।

पर धन्य था लछमन महाराज का प्यार ! स्वर्णा को ढूंढ़ते-ढूंढ़ते कलकत्ता आ पहुंचे। एक दिन बाज़ार में टकरा गये और झट स्वर्णा के अभिमान ने दूसरा फल निकाल लिया।

"स्वामी हमको लेने आयेगा और हम इधर पड़ा रहेगा, पैसा का खातिर। धिक्कार है हम पर।"

फिर भी स्वर्णा का जाना नहीं हो पाया था। नियति के चक्र में फंस कर लछमन

को वहीं रह जाना पड़ा था, कलकत्ते में। तो अविजित का घर ही क्या बुरा था ?

नियति का चक्र या विदेशी हुकूमत के दमन का ? अविजित के मन में कौंधा। विदेशी हुकूमत हमारी नियति थी या हमारी पराजय ? अपनी हार को नियति के गले मढ़ कर संतुष्ट हो ज़ाना अविजित की प्रकृति नहीं थी तो क्या, लछमन के लिए वह नियति ही थी जो ब्रिटिश सरकार का मुखौटा पहन कर वार कर बैठी थी। 1942 का आरंभ था। लछमन का गांव उड़ीसा के तटवर्ती इलाके के उन सैकड़ों गांवों में से एक था, जिनकी खड़ी फसलें ब्रिटिश सरकार ने जला डाली थीं, किसानों के हल-बैल, नावें छीन ली थीं ताकि रसद और साधन हमलावर जापानी फौजों के हाथ न लगें, जिनका डर दिसंबर 1941 से लेकर 1942 के मध्य तक चोटी पर पहुंच चुका था।

पुरानी बातें हैं, क्या याद करनी, अविजित ने अपने को वर्तमान में खींचने की कोशिश करते हुए श्यामा से कहा, "तुम फ़िक्र मत क़रो। मैं कर दूंगा कुछ···।"

पर मन फिर अनमना होकर वहीं अतीत में जा पहुंचा। पता नहीं कल से क्या हो गया है। जब से काजल···अब जाने कहां से वह किताब याद आ रही है जो उसने 1942 में लिख मारी थी और···

"···स्वयंभूमिध्वंस नीति के अंतर्गत किसानों की फ़सलें जला डालना और यातायात के साधन छीन लेना क्या प्रख्यात ब्रिटिश 'सेन्स ऑफ़ ह्यूमर' का नमूना है या शेक्सपीयर की 'ग्रेंड आइरनी' का ! जो भूमि उनकी नहीं है, जिसकी रक्षा करने का उनका कोई इरादा नहीं है, उसे ध्वंस करने में इतना निपुण कौशल ! और वाक़ई जिसकी ज़मीन वह है, उन्हें हक़ नहीं है कि उसकी हिफ़ाज़त कर सकें। ब्रिटिश सरकार हिंदुस्तानी हाथों में हथियार देने को तैयार नहीं है। ब्रिटिश ह्यूमर का एक और नमूना ! ब्रिटेन की हार को जीत में बदलने के लिए वे हिंदुस्तानी हाथों में हथियार पकड़ा सकतें है पर हिंदुस्तान की हिफ़ाजत के लिए नहीं ! सिर्फ़ बहादुर कहलाए जाने के लालच में हमारे सिपाही किस गरिमा के साथ मिस्र, सीरिया और ईराक के तपते रेगिस्तानों में जानें दे रहे हैं और उसका मुआवज़ा हिंदुस्तानी अवाम को यह मिल रहा है···"

एक-के-बाद एक जुमला अविजित के कानों में गूंज गया। किताब के पन्ने जैसे मंच पर जा खड़े हुए थे। किताब की शुरुआत शायद तभी हो गयी थी जब 1940 में चर्चिल ब्रिटेन का प्रधानमंत्री बना। ब्रिटिश पार्लियामेंट में दिये गये उसके भाषण ने खूब वाहवाही लूटी थी पर···उसमें छिपे तथ्य से हर हिंदुस्तानी आहत हुआ था।

क्या कहा था चर्चिल ने—आप जानना चाहते हैं हमारा मक़सद क्या है ? इसका जवाब मैं एक शब्द में दूंगा—फ़तह। किसी भी क़ीमत पर फ़तह, तमाम आतंक के

बावजूद फ़तह, दुश्वार से दुश्वार, लंबे से लंबा सफ़र तय करके फ़तह; क्योंकि आज फ़तह हमारे ज़िंदा रहने की शर्त बन गयी है। अच्छी तरह समझ लें आप लोग। फ़तह न मिली तो ब्रिटेन ज़िंदा नहीं रहेगा, ब्रिटिश साम्राज्य ज़िंदा नहीं रहेगा, वह कुछ भी ज़िंदा नहीं रहेगा जिसके लिए ब्रिटिश साम्राज्य बना है···

भाषण के जोश ने अविजित को भी अभिभूत कर लिया था पर कुछ ही क्षणों बाद उसका ज़ेहन चीख़ उठा था—"क्या है वह जिसके लिए ब्रिटिश साम्राज्य बना है ? गुलाम देशों के श्रम और माल से ब्रिटेन को दौलतमंद बनाने के लिए ही न। चर्चिल कहते हैं, किसी भी क़ीमत पर फ़तह। साफ़ क्यों नहीं कहते, गुलाम देशों की क़ीमत पर फ़तह; एशिया के जान-माल की कुर्बानी पर फ़तह; हिंदुस्तानी अवाम को भूखा मार कर फ़तह।"

कुछ कम जोशीले तो नहीं हैं ये शब्द ! अविजित के शब्द, उस किताब में बंद। "···हिटलर क्या अकेला आततायी है···"

"प्रभा-शुभा में से एक को कालेज छोड़ना पड़ेगा," सहसा उसने सुना, श्यामा कह रही है। ऊंची आवाज़ में। शायद पहले भी कह चुकी है, उसके न सुनने पर दुहरा रही है।

"क्यों ?" अतीत से टूट कर फिर वर्तमान में आ गिरा अविजित।

"स्वर्णा नहीं रहेगी तो किसी-न-किसी को घर पर रहना ही पड़ेगा," श्यामा ने कहा।

"कभी नहीं ! नामुमकिन ! उन लोगों का बलिदान क्यों ?" किताब के जोश से भरा अविजित बोल उठा।

"इसमें बलिदान की क्या बात है ?" श्यामा ने कहा, "शादी के बाद भी तो घरबार देखेंगी। हमारी बुआजी मरीं तो उनकी लड़की सिर्फ़ बारह बरस की थी पर पूरा घर संभाल लिया था। छोटे भाई को मां की तरह पाला। ज़रूरत पड़ने पर···"

पर तुम तो अभी ज़िंदा हो, बिल्कुल नामुमकिन न होता तो उस क्षण सारी सभ्यता भूल, अविजित कह ही डालता। न कहने के बोझ से उसका बदन कांप उठा।

"यह सब बकवास मैं नहीं सुनना चाहता," वह चीख़ पड़ा।

"चिल्ला क्यों रहे हो। मेरी तबीयत···" और श्यामा फूट-फूट कर रो दी।

हताश अविजित वापिस कुर्सी में ढह गया।

कमज़ोर का ज़ुल्म···कमज़ोर पर ज़ुल्म···सहो या करो ! क्या समर्थ की सामर्थ्य इसी में है कि कमजोर पर ज़ुल्म करे। जो सह ले वही कमज़ोर, जो कर ले वही

समर्थ ? हज़ारों सालों से चला आ रहा मानव इतिहास बस यही सिखलाता है ? जिसे ज़ुल्म करने का मौक़ा न मिला, वह कमज़ोर हो गया। हम···हमारा देश क्या इसीलिए कमज़ोर बना···क्योंकि ज़ुल्म नहीं किया। नहीं, अपने-अपने घर में व्यक्तिगत रूप से तो बखूबी कर लेते हैं। खूंखार भीड़ बनते भी देर नहीं लगती। जब कहो दंगा कर दें, बच्चे-बूढ़ों को ज़िंदा जला दें। फिर योजनाबद्ध कुशल आक्रमणकारी हम कभी क्यों नहीं बने। इसलिए कि हमारा ज़ुल्म कमज़ोर का ज़ुल्म है ? बहादुरी फिर क्या है ? कमज़ोर की पीठ पर चढ़कर मंज़िल की तर. फ बढ़ जाना और पीछे मुड़कर देखना तक नहीं कि वह गिरा या पूरी तरह कुचला गया।

श्यामा रोये जा रही है···

अविजित सुन रहा है···

उसे मनाना चाहिए, वह जानता है।

मनाना पड़ेगा, यह भी जानता है। फिर भी वह बैठा कुछ और देख रहा है, सुन रहा है। हो क्या गया है उसे ? बारह-तेरह बरस पुराना उबाल कल से क्यों उफ़न रहा है नसों में। कब से अलमारी में बंद पड़ी किताब की मुश्किल से बचायी एक प्रति। मन हो रहा है अभी जाकर उसे निकाल कर पढ़े और···काजल को पढ़वाए। क्या कहेगी काजल पढ़ कर···

कितना कुछ तो बिना देखे याद आ रहा है··· "सिर्फ़ हिटलर को हम क्यों दोष दें···वह अकेला कब था ? मैं मुसोलिनी और तोजो की बात नहीं कर रहा। वे तो उस दानवी त्रिमूर्ति के अभिन्न अंग थे ही पर सवाल यूरोप के उन देशों का है जो अपने को आज़ादी के हिमायती बतलाते रहे हैं। किसकी आत्मा से वशीभूत थे यूरोप के वे समर्थ देश जो अपनी जान बचाने की ख़ातिर पड़ोसी कमज़ोर और छोटे देशों को धकिया-धकिया कर हिटलर के हवाले करते रहे। हिटलर मानों, महाभारत का बक राक्षस था जो ऐलान कर चुका था कि वह यूरोप के देशों को एक-एक करके खाएगा। भगदड़ मची हुई थी सभी में, अपनी जान बचाओ···कमज़ोर को आगे धकेलो ! जब तक उसकी भूख मिटती रहेगी, हम सुरक्षित रहेंगे। हिटलर ने पौलेंड को सिर से निगला तो धड़ निगल गया रूस। अपनी सामर्थ्य बढ़ाने को दुश्मन के मददगार भी बना करते हैं, समर्थ। चेकोस्लोवाकिया को खुद उसके संरक्षक ब्रिटेन और फ्रांस ने चांदी की थाली में सजा कर परोस दिया था हिटलर को। फ्रान्को ने स्पेन को चबा-चबाकर खाया तो खूब तमाशा देखा यूरोप ने अपनी-अपनी सुरक्षित खिड़की से। इथोपिया की तो ख़ैर बात ही नहीं छेड़नी चाहिए—वह ठहरा काले हब्शियों का देश, उसके लिए कौन ख़तरा मोल लेता—लीग ऑफ़ नेशन्स तक ख़ामोश बैठी रही···"

"···स्वतंत्र नीति निर्धारण का अधिकार क्या यूरोप के देशों का पुश्तैनी हक़

है ? आज़ादी उनकी बपौती है ? जब तक उनकी अपनी आज़ादी पर आंच नहीं आती वे शांति की देवी का आह्वान करते रहते हैं। पर दूर सुलग रही आग की गरम हवा उन्हें छू-भर जाए तो टेम्स के गंदले पानी में उसका विसर्जन कर आज़ादी की देवी को सत्तारूढ़ करने में ज़रा देर नहीं लगती। जंग के मैदान में मर-मिटना धर्म हो जाता है; शांति की पुकार गांधी जैसे पागलों का प्रलाप।"

"···शांति किस क़ीमत पर ? उनके लिए ज़वाब एकदम साफ़ है···औरों की कीमत पर। अपना सिर न झुके, औरों का चाहे कट जाये।···जब गांधी कहता है, हिटलर का सामना अहिंसा से करो, युद्ध का मार्ग मत अपनाओ तो पूरा संसार उसे विक्षिप्त कहता है और नपुंसक···पर जब ब्रिटेन और फ्रांस ने चेकोस्लोवाकिया से कहा—यूरोप की शांति की खातिर तुम हिटलर के जबड़ों की भेंट हो जाओ तो किसने उन्हें विक्षिप्त कहा···कौन कह सकता है—इतिहास के सिवा, और इतिहास वे लिखते हैं जिनके हाथों में ताक़त होती है···"

जैसे कल लिखा हो···पढ़कर क्या कहेगी काजल ?

श्यामा ने अपना सिर दोनों हाथों में पकड़ा और ज़ोर से चीख़ उठी।

अविजित चौंककर उठ खड़ा हुआ। श्यामा ? हां श्यामा !

लपककर उसने उसका सिर अपने मजबूत हाथों में थाम लिया। कमज़ोर के सशक्त हाथ !

"क्या हुआ ?" उसने पूछा।

"चक्कर !" श्यामा चीखी।

बहुत देर कर दी ! काफ़ी पहले इसकी तरफ़ ध्यान देना चाहिए था। अब पूरा दिन लग जायेगा तब जाकर···

"बस अब नहीं आयेगा···धीरज रखो···मैं हूं न तुम्हारे पास···मेरे रहते कुछ नहीं होगा···लो गोली खा लो···आंखें बंद कर लो···सोने की कोशिश करो···मैं बैठा हूं तुम्हारे पास···" चुमकार-पुचकार कर वह कहता रहा···और सोचता रहा···पुराने कागज़ निकाल कर एक बार देखने ही होंगे···"

5

"कैसे आना हुआ, अविजित," काजल ने पूछा।

"क्यों, नहीं आना चाहिए था ?" अविजित कुछ चौकन्ना हुआ।

"नहीं, वह बात नहीं है। मैं तो यह पूछ रही हूं कि तुम क्या रोज घर से दफ़्तर के लिए निकलकर मटरगश्ती करते घूमते हो ?"

"ज़रूरी काम से आया हूं।"

"क्या ?"

"तुम्हारे पचास रुपये लौटाने हैं।"

क्षण-भर काजल ने उसकी तरफ़ ताका, फिर खिलखिलाकर हंस पड़ी।

"ओ मां," उसने कहा, "बीस बरस में सूद कितना हुआ, बतलाओ तो ?"

"हिसाब लगाओ," अविजित ने कहा, सोचा, कितनी मधुर है इसकी हंसी। हंसी-हंसी में कितना फ़र्क होता है। संगीता हंसती है तो लगता है तुमसे तुम्हारी मानवीय गरिमा छीने ले रही है; आदमी एकदम नंगा हो जाता है। यह हंसती है तो लगता है बहुत कुछ दिये दे रही है; भयानक सरदी में जैसे कोई ऊपर दुशाला डाल रहा हो।

फ़र्क हंसी में होता है या आदमी के अपने मन में ?

"अभी चढ़ने दो," काजल ने कहा, "बुढ़ापे में काम आयेगा," और फिर वैसे ही खिलखिलाकर हंस दी।

"कितनी सुंदर लगती हो तुम हंसते हुए," अनायास अविजित के मुंह से निकल गया।

काजल की हंसी गायब हो गयी। चेहरा सख़्त पत्थर हो गया।

"मैं सुंदर नहीं हूं, अविजित," उसने कहा, "न बीस साल पहले थी न अब हूं। मैं नहीं चाहती कोई मुझे मेरे मुंह पर सुंदर कहे।"

हतप्रभ अविजित मुंह ताकता रह गया।

...झूठ नहीं कहा था मैंने...सचमुच इस वक़्त यह मुझे खूबसूरत लगी थी। बीस साल पहले नहीं लगी थी, अब लगी, यह आश्चर्यजनक हो सकता है पर झूठ नहीं है। पता नहीं क्यों उन दिनों सिर्फ़ इसका सांवला रंग और चेहरे पर गुदे चेचक के दाग ही दिखलायी देते थे। मन में करुणा उपज आती थी। इतनी भली, मेधावी, हंसमुख लड़की बदसूरत क्यों है ?

उस दिन मोतीलाल नेहरू के बचा लेने पर जब सही-सलामत हॉस्टल लौटा था तो फाटक के बाहर सड़क पर ही काजल पागलों की तरह आकर उसके गले में झूल गयी थी।

"अविजित-अविजित ! ओ अविजित, झोले में तुमने मेरे नाम चिट्ठी डाली थी ? बोलो, डाली थी न।"

"हां," अविजित ने अनायास कह डाला था।

इतने लोगों के सामने कोई लड़की इस तरह लज्जा त्याग कर प्रणय-निवेदन कर सकती है, वह सोच भी नहीं सकता था। वह भी काजल जैसी स्वाभिमानी लड़की। नहीं, कहकर उसका अपमान करना असंभव था उस समय।

पर···सचमुच क्या इसी करुणामय निस्वार्थ भावना से उसने 'हां' कह डाला था ? उसके युवा गदराये जिस्म के स्पर्श से पुलक नहीं उठा था उसका शरीर ? बांहें उसके चारों तरफ़ कसकर सीने से सटा नहीं लिया था उसे ? अगर उसी वक़्त अपना काला दाग़ी चेहरा उठाकर वह उसकी तरफ़ ताक न उठती···उसकी बदसूरती का अहसास मन में जग न गया होता तो···

···फिर भी झूठ पलता रहा था···

"काजल," उसने विह्वल कंठ से कहा, "मुझे माफ़ कर सको तो···"

"अरे, छोड़ो," काजल हंस दी, "ये बतलाओ, अनित्य आजकल क्या करता है ?"

"जो आज करता है, कल नहीं करता।"

"अब तक शादी नहीं की ?"

"नहीं।"

"कहां है ?"

"पिछली बार ख़त आया तो मुग़लसराय में था। अब पता नहीं कहां है।"

"कभी मिलता तो होगा।"

"हां, जब जी चाहता है, चला आता है।"

"अगली बार आये तो मुझसे ज़रूर मिलवाना।"

"क्या करोगी मिलकर ?"

"ब्याह करूंगी उससे," काजल ने कहा और खिलखिलाकर हंस पड़ी।

संकुचित अविजित चुप रहा।

"क्या हुआ ? इतना संकोच क्यों ? ब्याह करना क्या इतना बुरा काम है ?"

"नहीं-नहीं···मैंने तो कुछ कहा नहीं।"

"भीषण ग़लती हुई मुझसे। उस दिन जब अनित्य ने कहा था—आमि तोमाके भालो बाशी—तभी झट उसका हाथ थाम लेना चाहिए था। अनित्य जैसे आदमी के साथ और जो हो, धोखा नहीं होता।"

याद करके अविजित ठठाकर हंस पड़ा, बीच ही में। बाद का वाक्य सुना ही नहीं।

पच्चीस साल पहले···मार्च 1929···अनित्य आचानक इलाहाबाद उसके हॉस्टल आ धमका था। काजल उसके कमरे में ही बैठी हुई थी।

"मुझे पचास रुपये चाहिए," भीतर घुसते ही उसने कहा था।

"यह काजल बनर्जी हैं," अविजित ने टोककर परिचय कराया था, "और यह मेरा छोटा भाई अनित्य।"

"आमि तोमाके भालो बाशी," अनित्य ने फ़ौरन कहा था।

"क्या !" तमककर काजल उठ खड़ी हुई थी।

"अनित्य !" अविजित दहाड़ा था।

"कुछ ग़लत हो गया क्या ?" अनित्य ने सहमकर कहा था।

"मालूम भी है जो तुमने कहा उसका मतलब क्या है—तुम इनसे प्यार करते हो ?"

"या ख़ुदा," अनित्य ने झुककर काजल के पैर ही छू डाले थे, "माफ़ करना, तुम मेरी मां हो···यह सब उस चटर्जी के बच्चे की करतूत है। मैंने उससे पूछा, कोई बंगाली लड़की मिले तो दुआ-सलाम कैसे करनी चाहिए तो उसने यह बतला दिया।"

हंसते-हंसते काजल का बुरा हाल था।

"ओ मां, तुम्हारा भाई तो एकदम पागल है ?" उसने कहा था।

"अब जब परिचय हो ही गया तो काम की बात पर आया जाये," अनित्य बोला, "मुझे पचास रुपये चाहिए।"

"क्यों ?" अविजित ने पूछा।

"फ़ीस जमा करवानी है।"

"पिताजी ने नहीं भेजे ?"

"भेजे तो थे पर पचास रुपयों में आप सोचिये बंबई घूमना क्या होता। उसके लिए तो मुझे·····"

"फ़ीस के रुपयों से तुम बंबई घूमने गये थे ?"

"और नहीं तो बंबई का नाम लेने से वे भेजते ?"

अविजित क्या कहता।

"साथ में अंगूठी भी बेचनी पड़ी," अनित्य ने कहा।

"तुमने मां की अंगूठी बेच दी !"

"फ़िक्र मत कीजिये, जिसे बेची उसे कह दिया था तुम मेरी मां हो।"

अविजित नाराज़ होकर कुछ कहता, उससे पहले ही काजल खिलखिला उठी, "तुम क्या हर औरत को मां कहते हो ?"

"नहीं, सिर्फ़ जिनके पास पैसा होता है। आपके पास पचास रुपये हैं ?"

"अनित्य !" अविजित फिर दहाड़ा।

"मांग नहीं रहा भाई साहब," अनित्य ने कहा, "सिर्फ बतौर जानकारी पूछ रहा हूं।"

"हां, हैं," काजल ने कहा।

"मेरे पास तो पचास रुपये हैं नहीं," अविजित ने चिंतित भाव से कहा, "क्या करें... नहीं, तुम मत बोलो काजल, तुमसे लेने का सवाल ही नहीं उठता।"

"एक काम हो सकता है," कुछ देर सोचने के बाद अनित्य ने कहा।

"क्या ?"

"आप तो आजकल खादी पहनते हैं। पहले के मिल वाले कपड़े यूं ही पड़े होंगे।"

"हां, हैं तो।"

"क्या करेंगे उनका ?"

"जलायेंगे।"

"कब ?"

"परसों।"

"ऐसा कीजिये, उन्हें आप मुझे दे दीजिये। मैं बेच लूंगा। काम चल जायेगा।"

"तुम अपने कपड़े क्यों नहीं बेच लेते," काजल ने कहा।

"वह तो मैं बेच चुका।"

"क्या !" भौंचक अविजित कह उठा।

"जी हां, बहुत ही मनहूस शहर निकला बंबई। अंगूठी बेचकर पैसा मिला तो यह सोचकर रेस के घोड़े पर दांव लगाया कि जीत गया तो ऐश करेंगे बंबई में। और वहां—बीच दौड़ घोड़े की टांग टूट गयी। मजबूरन कपड़े बेचने पड़े। अब तो आपके कपड़ों के सिवाय मेरे पास कुछ नहीं है।"

"मेरे कपड़े मेरे पास हैं, तुम्हारे नही," गुस्से से अविजित ने कहा, "और मैं उन्हें बेचूंगा नहीं।"

"जला डालेंगे पर किसी के काम नहीं आने देंगे," अनित्य बोला।

"विदेशी माल जलाना हमारी नीति है।"

"क्यों ?"

"उनका माल खरीदकर हम अपना शोषण नहीं करवाना चाहते।"

"खरीद तो आप चुके। शोषण भी आपका हो चुका है। हां, उन्हें जला ज़रूर सकते हैं पर सिर्फ़ वही लोग जिनके पास ज़रूरत से ज्यादा कपड़े हैं। जिसके पास मिल की बुनी एक धोती है वह उसे बेचकर नंगा तो होने से रहा। इससे तो उसे एक यूनिफ़ार्म देकर लड़ने भेज दिया जाये तो वह ज़्यादा खुश रहे।"

"तो ?"

"तो कपड़े आप मुझे दे दीजिये। मैं वादा करता हूं सिर्फ़ ज़रूरतमंदों को बेचूंगा,

कम दाम पर।"

"नहीं," बीच में काजल बोल पड़ी, "कपड़े तुम मुझे बेच दो। मैं उन्हें जला दूंगी।"

"काजल, तुम भी···"

"नहीं तो मैं क्या जलाऊंगी ? कबसे खादी पहनती हूं। जलाने को एक भी विदेशी कपड़ा मेरे पास नहीं है," काजल ने कहा।

"तुम भी मेरा मज़ाक उड़ा रही हो !" अविजित ने आहत भाव से कहा, "ठीक है, मैस में देने के लिए मैंने पचास रुपये रख छोड़े थे, वह तुम ले जाओ।"

"फिर आप क्या करेंगे ?"

"जेल चला जाऊंगा !" अविजित गरज उठा था, "वहां खाना मुफ़्त मिलता है !"

कुछ देर तीनों स्तब्ध बैठे रहे थे, फिर अपनी बात पर सबसे पहले अविजित ही हंस दिया था।

अंत में काजल ने कहा था, "अभी मैं दे देती हूं, मेरे पास हैं जो। क्या कहा था गांधीजी ने उस दिन, किसी को अपने पास फ़ालतू पैसा नहीं रखना चाहिए···क्यों अनित्य, कम्युनिज़्म भी यही सिखलाता है न ?"

"सिखलाता नहीं, ज़बरदस्ती करवाता है।"

"वही तो। बस अनित्य, तुम बाद में लौटा देना···पांच रुपया महीना करके···ठीक है न···और क्या, ठीक तो है···" काजल ने रुपये अनित्य को पकड़ा दिये थे।

"हां, ठीक है," अनित्य ने फ़ौरन कहा था, "फ़िक्र की कोई बात नहीं है, भाई साहब आपको रुपये ज़रूर लौटा देंगे।"

अविजित काजल का विरोध नहीं कर पाया था पर उसके रुपये लौटा भी नहीं पाया था।

उसे वाक़ई जेल हो गयी थी ! विदेशी माल जलाने के जुर्म में सिर्फ़ छह महीने की उस बार, पर···

"अच्छा, अविजित," अब काजल ने कहा, "बच्चों की तरह होलिकाएं जलाकर हमने क्या पाया ?"

"विदेशी माल पसंद करने की आज़ादी," अविजित ने सूखी हंसी हंसकर कहा।

"हां, गुलाम मानसिकता को बिला शर्म पालने की आज़ादी," काजल ने कहा, "जब हम गुलाम थे तो कानून तोड़ते थे, जेल जाते थे, यह दिखलाने को कि हमारा मन गुलाम नहीं है। और आज जब हम आज़ाद हैं···हमारा मन गुलाम हो गया है।"

"ब्रिटिश साम्राज्य का सबसे ख़ौफ़नाक पहलू है यह," अविजित ने कहा, "हम खुद अपने से बेगाने हो गये हैं। उनसे नफ़रत करने के बजाय खुद से नफ़रत करने पर मजबूर हैं। जर्मनी ने जब किसी देश को जीता इतनी बर्बर क्रूरता से उस पर शासन किया कि उसके मन में उसके लिए गहरी नफ़रत और प्रतिशोध की भावना पैदा हो गयी। पर ब्रिटेन ने हिंदुस्तान पर दो चेहरे लगाकर इस खूबी से राज किया कि हिंदुस्तानी इलीट खुद अपने देश में विदेशी हो गया। आस्ट्रेलिया की तरह कम जनसख्या वाला देश तो था नहीं भारत कि मूल निवासियों को जंगलों में खदेड़कर, नगरों में अंग्रेज़ों को बसाया जा सकता। बस यही एक तरीक़ा था; आम जनता का शोषण करो पर इलीट को बेइज्ज़त मत होने दो। यूं भी इलीटिस्ट समाज में इलीट अपने को जनता से अलग समझता है। अंग्रेज़ों का अनुकरण करके जीने वाला उच्च वर्ग सामान्य आदमी से हर तरह दूर होता गया। आज़ादी चाही तो अपने लिये, देश के लिए नहीं। अंग्रेजों के रहते उन्हें एक सीढ़ी नीचे रहकर जीना पड़ रहा था और उनकी महत्त्वाकाक्षा थी सबसे ऊपर वाली सीढ़ी पर जीने की···"

"जी तो रहे हैं और ऐसे जमकर बैठे हैं कि ऊपर चढ़ने की कोशिश करने वाले हर आदमी को लात मार कर नीचे धकेल देते हैं।"

"गांधीजी अगर पुल बन पाये होते···" अविजित ने कहा।

"बने तो, अंग्रेज़ और भारतीय शासकों के बीच, इलीट और जनता के बीच नहीं बन पाये," काजल ने कहा, "जानते तो हो मैं इतिहास पढ़ाती हूं। तीन कालेजों से सिर्फ़ इसलिए इस्तीफ़ा देना पड़ा है कि मेरा पढ़ाया इतिहास पाठ्यक्रम की पुस्तकों से मेल नहीं खाता। अपने बच्चों को अब भी हम वही इतिहास पढ़ाते हैं जो अंग्रेज़ों ने हमारे लिये लिखा था।

"हमने लिखा नहीं···"

"लिखा तो छपा नहीं। छपा तो पढ़ा नहीं गया, पढ़ाया कैसे जाता। मैंने ब्रिटिश शासन काल पर दो किताबें लिखीं, छपीं भी पर मेरे सिवा शायद ही किसी ने पढ़ी हों। इससे तो 1947 के पहले लिखती तो अच्छा रहता। मुखालफ़त करने को ही लोग उन्हें पढ़ डालते पर अब···"

"एक किताब मैंने भी लिखी थी···" सिर नीचा करके अविजित ने कहा।

"सच ?" काजल ने उत्साह के साथ कहा, "क्या नाम है ? किस विषय पर है ? कहां से छपी ? एक खरीददार तो अपना पक्का समझो।"

"हो तब तो," अविजित ने कहा।

"क्यों, क्या हुआ ?"

"जब लिखी, ज़ब्त हो गयी और साल ही भर में मेरी हिम्मत टूट गयी···अब···"

"कब लिखी थी ?"

"1942 में।"

"ओह," कहकर काजल चुप हो रही।

"कहो न," अविजित ने कहा, "तुम तो एकदम कायर निकले।"

काजल चुप रही।

"शुक्रिया," अविजित ने कहा।

काजल ने उसकी तरफ़ देखा।

" 'नहीं' न कहने का," उसने कहा।

"अविजित," काजल ने पुकारा तो बीच ही में वह तल्ख़ी से कह उठा, "पर लोग मुझे कायर नहीं कहते। आजकल कोई इन बातों को सुनना तक पसंद नहीं करता !"

काजल ने कुछ नहीं कहा।

कुछ देर चुप रहकर अविजित बिल्कुल बदले स्वर में बोल उठा, "अपना घनिष्ठ अतीत क्या इतनी आसानी से भुलाया जा सकता है, मैं···"

"भुलाया नहीं जा सकता, सही है पर उसे अपने पर हावी भी नहीं होने देना चाहिए," उसके स्वर के विषाद से द्रवित होकर काजल कह उठी। फिर तनिक-सा हंसकर बोली, "मुझ पर तो आरोप ही यह है कि मैं झूठा इतिहास नहीं पढ़ाती। अतीत की कड़ुवाहट को चीनी मिलाकर गले से उतारने लायक़ नहीं बनाती। नहीं, अविजित अतीत को सहा जा सकता है, माफ़ किया जा सकता है पर भुलाया नहीं जा सकता। जिस क़ौम का इतिहास झूठा होता है, उसे हमेशा के लिए झूठ के बल पर जीने की आदत पड़ जाती है।"

अविजित समझ गया, सत्य के आगे उसकी क्षणिक सहानुभूति दब गयी है। वह कुछ देर चुपचाप बैठा रहा, फिर लंबी सांस खींच कर बोला, "चलूं···"

दफ़्तर···श्यामा···घर···उद्योगमंत्री मुकर्जी···और कहीं दूर टिमटिमाता सोता···

"सुनो," काजल ने उसे खड़े होते देखकर कहा, "तुम्हारी किताब की कोई तो प्रति होगी।"

"शायद हो।"

"मुझे देना।"

"क्या करोगी ?"

"अपनी तीसरी किताब लिखूंगी," काजल ने हंसकर कहा, "अतीत किसी का हो, है तो इतिहास का हिस्सा ही।"

"दूंगा," अविजित ने कहा और जाने के लिए मुड़ गया, पर दरवाज़े पर पहुंचने से पहले पलट गया और बोल पड़ा, "तुम जैसा दोस्त मुझे फिर कभी नहीं मिला।"

काजल के मुंह पर लाली दौड़ गयी। मधुर हंसी हंसकर उसने कहा, "देखा···बदसूरत होने में कितना फ़ायदा है।"

यह व्यंग्य नहीं है, आश्चर्य से अभिभूत अविजित ने सोचा, सिर्फ़ सच है। कितनी आसानी से बिला तल्ख़ी कह डाला इसने।

अगर हिम्मत करके, बीस-बाईस साल पहले ही वह काजल से कह पाता···काजल मैं तुम्हें प्यार नहीं कर सकता, मैं उन बेवकूफ़ आदमियों में से एक हूं जिनके लिए औरत महज़ जिस्म है और जिस्म का खूबसूरत होना लाज़िम है···

क्यों नहीं समझ पाया वह कि कोई औरत ऐसी भी हो सकती है जिसके मन में खूबसूरत न होने पर कोई हीन भावना न हो, जो सच का सामना करने में कतराती न हो, जिसे करुणा की ज़रूरत न हो।

करुणा ! पौरुष के दंभ से उत्पन्न करुणा !

कैसा पौरुष ! कैसा दंभ ? शरीर में धधकती आग जो व्यक्तित्व की पूर्णाहुति लेकर ज़हरीला धुआं उगला करती है···उम्र-भर उसका कसैलापन सांस के साथ फेफड़ों में घुलता रहता है। हर आदमी को सलीब पर लटकाया नहीं जाता। कुछ खुद सलीब गाड़ते हैं और खुद जाकर उस पर टंग जाते हैं···टंगे रहते हैं उम्र भर।

···अगर तभी मैं काजल से शादी कर लेता···कितने अभिशापों से बचा रहता···श्यामा···अकर्मण्यता···संगीता···यह अपराध-भावना···

बचा रहता ? वाक़ई ? मेरे शरीर का अदम्य उत्ताप मुझे इस तपते मरुस्थल पर न ला पटकता ?

क्या सचमुच औरत को मैंने महज़ जिस्म समझा है। काजल के व्यक्तित्व का आदर नहीं किया, अपने समकक्ष दिमाग़ उसमें पाकर उसका सम्मान नहीं किया, दोस्त की हैसियत से उससे स्नेह नहीं किया ? किया है भरपूर। बस···प्यार नहीं किया। नहीं, मैंने औरत को महज़ जिस्म नहीं समझा···कभी नहीं···

आप भूलते बहुत हैं, संगीता···

संगीता ! उफ़ इस जन्म में क्या अब कभी चैन नहीं मिलेगा ?

संगीता अगर प्यार करके किसी से शादी कर लेती तो वह भी विद्रूप से बच जाती और मैं भी उसके अभिशाप से बरी हो जाता···शायद। पर अब···संगीता नहीं जानती वह मुझसे कितना भयानक बदला ले चुकी है। उसे अगर बतलाऊं ···नहीं, उसे बतलाया नहीं जा सकता···किसी को नहीं बतलाया जा सकता···

रंजना अगर मुझे पहले मिली होती। पर नहीं···क्या होता तब ? इतना प्यार आदमी तभी कर सकता है जब अपने से भरपूर नफ़रत कर चुका हो···कैसा श्राप दिया तुमने संगीता कि वरदान बन खिल आया।

क्या कहा था काजल ने···अतीत को अपने पर हावी मत होने दो···अतीत को सहा जा सकता है, माफ़ किया जा सकता है···तुम्हारा बहुत शुक्रिया, काजल···सहूंगा मैं अपने अतीत को उसका सामना करके···

श्यामा से मैंने विवाह किया···

'उसे एक खूबसूरत खिलौना समझकर।' अनित्य होता तो कहता। क्यों होता अनित्य ? जब भी मैं सोचना शुरू करता हूं, अनित्य वहां क्यों मौजूद हो जाता है···

'किसी की खूबसूरती पर मुग्ध होना अपराध है क्या ?' उसने सफ़ाई दी।

'नहीं, दंभ।'

'दंभ'

'हां, दंभ। दंभी लालच। औरत कोई कालीन है या मूर्ति या फूलों का गुलदस्ता कि उसकी खूबसूरती देखकर आप उसे हासिल करने को बेचैन हो जायें ?'

'पर श्यामा की तरफ तुम्हीं ने मेरा ध्यान खींचा था, याद है ?'

'मैंने ? मैंने कहा और आप मान गये ! बात यह है भाईसाहब, मैं जानता था आप सिर्फ़ ऐसी औरतों को प्यार कर सकते हैं जिन पर ऊंचाई से कृपादृष्टि डाल सकें। काजल का व्यक्तित्व आपके व्यक्तित्व से बड़ा था, इसीलिए आप···'

'मानता हूं, अनित्य, स्वीकार करता हूं, काजल का व्यक्तित्व मुझसे बड़ा है पर···'

'और संगीता का ?'

'संगीता ? वह···वह तो मेरी तरह ही···कमज़ोर है।'

'कम-अज़-कम अपने को धोखे में तो नहीं रखती।'

'धोखे में मैंने भी उसे कभी नहीं रखा। पर मेरी ज़िम्मेवारियां···श्यामा···मुझे उसके लिए सोचना था···'

'हां, खूबसूरत खिलौना जिस्मानी खेल खेलने से इनकार कर दे तो सोचना बहुत पड़ता है।'

'मैंने श्यामा पर कभी कोई ज़्यादती नहीं की।'

'नहीं, आप कमज़ोर पर ज़्यादती नहीं करते, बस उसकी कमज़ोरी को बढ़ाते हैं। श्यामा अनुग्रह मांगती गयी, आप देते गये, वह मांगती गयी···'

'अनित्य ! ज़्यादती तुम कर रहे हो मुझ पर !' अविजित ने चीख़कर कहा।

कहां है अनित्य ? अनित्य मेरे मुंह पर यह सब कहेगा ? हां, कह सकता है, वह कुछ भी कह सकता है।

पर कितना कुछ है जो अनित्य नहीं जानता और अविजित जानता है···क्या सचमुच कुछ है अविजित का जो अनित्य नहीं जानता···जानता हो भी तो ···उससे बड़ी त्रासदी यह है कि अविजित जानता है···अपने को खूब अच्छी तरह जानता है···

6

"अगले इतवार को संगीता की शादी है," श्यामा ने कहा।

उसके स्वर के उत्साह से अविजित चौंक उठा।

"जाना चाहती हो ?" समझकर उसने कहा।

"अभी तो पूरा हफ़्ता है," श्यामा ने रुक-रुक कर कहा, "अगर तब तक…उठ सकूंगी मैं ?"

"क्यों नहीं," अविजित ने अपने स्वर को जोशीला बना कर कहा, "चलो, अभी तुम्हें कुर्सी पर बिठलाए देते हैं…शाम को गाड़ी पर चक्कर लगवा देंगे…देखना परसों तक तुम खाने की मेज़ पर बैठकर खाना खाओगी…एक हफ़्ते में क्यों नहीं होगा, ज़रूर होगा।"

यही परिपाटी है।

हर बार, कुछ दिन रोग-शैया पर गुजार लेने पर, श्यामा यूं ही अविजित के सहारे रेंग-रेंग कर बिस्तर छोड़ती है और कुछ हफ्तों के लिए इस लायक़ हो जाती है कि सारा दिन आराम करने के बाद, शाम को थोड़ा-बहुत बाहर घूम आये, खाने की मेज़ पर बैठकर सबके साथ खाना खा ले और जमकर प्रोत्साहित किये जाने पर, एकाध नाटक या चलचित्र भी देख आये।

ऐसे दिनों में अविजित को खूब सतर्क रहना पड़ता है। ज़रा-सी ग़लती, छोटे-से-छोटा मानसिक संताप भी उसे वापस बिस्तर पर धकेल देने के लिए काफ़ी होता है, अनजाने बोला गया एक तल्ख़ जुमला, बच्चों की आपसी लड़ाई, नौकरों की चिख-चिख, कुछ भी।

पहले-दूसरे दिन जब उसके पांव बिस्तर और कुर्सी के बीच लड़खड़ा रहे होते हैं, इस क़दर सावधानी बरतनी पड़ती है कि सांस भरने और छोड़ने के बीच भी अविजित को सोच लेना पड़ता है।

अविजित ने आरामकुर्सी को पलंग से सटा कर रख दिया। दोनों हाथों का सहारा देकर श्यामा को बिस्तर पर से उठाया और क़रीब-क़रीब गोदी में लेकर कुर्सी पर बिठला दिया।

स्वर्णा ने पानी का गिलास आगे बढ़ा दिया। अविजित ने उसके ओठों से लगा दिया। दो घूंट भर कर श्यामा आंखें मूंदे बैठी रही। अविजित की हिम्मत नहीं हुई कि कह सके, आंखें तो खोल लो।

खोखी आकर दरवाज़े पर डले परदे के पीछे खड़ी हो गयी। शुभा दबे पांव कमरे के इर्द-गिर्द चक्कर काटती रही। बराबर के कमरे में प्रभा किताब हाथ में

लिये दम साधे बैठी रही।

"पांच मिनट हो गये," कुछ देर बाद श्यामा ने पूछा।

"हां," अविजित ने घड़ी देखकर कहा।

"लेटूंगी।"

उसी सदय सतर्कता के साथ अविजित ने उसे बांहों में घेरा और बिस्तर पर लिटा दिया।

उसी वक्त 'अन्ना-अन्ना' पुकारता सुधांशु कमरे में घुस आया। सब लोग घबरा गये पर स्वर्णा ने आगे बढ़कर फ़ौरन उसे पकड़ लिया और बाहर भाग गयी। परेशान से अविजित ने श्यामा की तरफ़ ताका पर वह बुत बनी पड़ी थी। शायद सुधांशु की आवाज़ उस तक नहीं पहुंची थी। सबने तसल्लीबख़्श सुकून महसूस किया। मुहिम की पहली मंज़िल बिला अड़चन तय हो गयी। श्यामा ने एक बार भी नहीं कहा कि उसे चक्कर आ रहा है। अविजित के दिमाग़ को कुछ कचोटता ज़रूर रहा—सुधांशु तुतलाता क्यों है ? पर श्यामा की ढेर सारी जरूरतों के बीच सवाल दो-चार बार उठकर दब गया।

कुछ मिलाकर उस दिन वह हल्का मन लेकर ही खाने के कमरे की तरफ़ चला। कल से श्यामा भी वहां बैठकर खा पाये शायद। अच्छा लगता है जब वह उन सब के साथ होती है, जैसे वे भी एक सामान्य नॉर्मल परिवार के सदस्य हों। श्यामा की उनके जीवन में क्या भूमिका है ? फिर भी···उनमें से कोई कल्पना भी नहीं कर सकता कि एक दिन, नीम-अंधेरे कमरे के उस कोने में बिस्तर पर पड़ी यह औरत नहीं रहेगी।

हर बार कोई छोटा-मोटा लक्ष्य सामने रखकर ही श्यामा बिस्तर छोड़ने के अभियान में जुटती है। इस बार है संगीता की शादी। काश, कुछ और होता। संगीता का ब्याह देखने जाने का अविजित को कोई चाव नहीं है। उसकी शादी को लेकर उसके मन में कोई रंजिश नहीं है। खुशी के लिए अपनी पसंद से शादी करती तो···अविजित को मुक्त होने का रास्ता मिल जाता, एक तर्क। पर अब ? इतनी गहरी वितृष्णा मन में रखकर शादी कर रही है, किसे दंड देने को ? अपने को, अविजित को या उस तीसरे प्राणी के ज़रिये पूरी दुनिया को—जिसका इसके सिवा कोई कसूर नहीं है कि उससे नफ़रत की जा सकती है।

नहीं, अब आज यह सब नहीं सोचूंगा, अविजित ने अपने को फटकार दिया और चेहरे पर मुस्कराहट लाकर खाने के कमरे में दाख़िल हुआ।

"सब भात खत्म क़रना है, समझा," मेज पर स्वर्णा खोखी को डांट रही थी।

"भात का एक कौर छोड़ेगा तो मालूम एक साल अकाल पड़ेगा।"

"क्यों नाहक़ उसे डरा रही हो," अविजित ने हंस कर कहा, "अकाल कम खाने से नहीं, ज़्यादा खाने से पड़ता है।"

अविजित की हंसी का जादू स्वर्णा पर नहीं चलता।

"जास्ती लेने को नहीं बोला हम," उसने कहा, "पर जो लेगा खत्म करेगा। अन्न का अपमान करेगा तो अकाल पड़ेगा ज़रूर।"

"जितनी खुशगवार बातें खाना खाते वक़्त हमारे घर पर होती हैं, शायद ही कहीं होती हों," प्रभा ने कहा, "एक रोटी देंगी आयाजी।"

रोटी उसे पकड़ा कर स्वर्णा ने उग्र स्वर में कहा, "ख़ाली मज़ाक करता है। देखा है अकाल कभी ?"

"नहीं।"

"हम देखा है। बंगाल का अकाल—तैंतालीस में।"

"जाने दो," अविजित ने टोका, पर स्वर्णा ने ध्यान नहीं दिया।

"हिंदू लोग गाय नहीं खाता न, पर हम देखा···अपना आंख से···कलकत्ता में···एकटा गाय पट कर के सड़क पर गिरा और मर गया। एक सैकिंड का भीतर पचास मानुष ऊपर आकर जुट गया। हाथ से खींच-खींच कर खाल उधेड़ने लगा। एक आदमी चाकू निकाल कर वहीं उसको काट डाला। काटा तो खून गिरा। गिरने नहीं दिया वो लोग। चट-चट कर चाट गया। सारा मानुष टूट पड़ा उस पर। कच्चा मांस नोच-नोच कर खाने लगा। वो धक्का-मुक्की मचा कि क्या बोले। दो बेचारा मानुष सह नहीं पाया तो पट से सड़क पर गिर पड़ा, जाने मरा कि बेहोश हो गया। हम अपनी आंख से देखा, चार आदमी चुपके से निकला और उन दो मानुष को घसीट कर गली में ले गया। हम बोलता है तुम को···उनको भी वो लोग वैसे ही नोच-नोच कर खाया होगा—गाय का माफ़िक···"

"औऽ !" मुंह पर हाथ रखकर शुभा उठी और बाहर बेसिन पर दौड़ गयी।

"एई, क्या हुआ ? किधर जाता है," स्वर्णा ने पुकारा, "खाना छोड़ कर किधर गया ?"

"रहने दो उसे," अविजित ने क्षुब्ध स्वर में कहा, "खाने के वक़्त ये सब बातें···"

"क्यों साहब," स्वर्णा ने कहा, "जब अकाल पड़ा तब तो कोई खाना नहीं छोड़ा। रासबिहारी अढ़तिया उन्हीं दिनों चार मंज़िल का मकान नहीं बनवाया ?"

अविजित के पास कोई जवाब नहीं था।

"शुभा, ओ शुभा !" स्वर्णा ने फिर पुकारा।

"छोड़ न उसे," प्रभा ने कहा, "वह अब नहीं खायेगी।"

खोखी ने शुभा की थाली पास सरकायी और उसमें बचा पड़ा खाना, कौर बना कर, जल्दी-जल्दी निगलने लगी।

"अरे-अरे, क्या करती है," प्रभा ने हतप्रभ भाव से कहा, "उसका जूठा क्यों

खा रही है ?"

"भात छोड़ने से अकाल पड़ता है," खोखी ने आतंकित भाव से कहा और निवाले निगलती रही।

प्रभा एकटक उसे देखती रही। विस्मय, वितृष्णा और प्रशस्ति का मिला-जुला भाव उसकी आंखों में तैरा और धीमे से उसने अपनी थाली भी उसके आगे सरका दी। कहा, "यह भी खा ले।"

"प्रभा !" अविजित चीख़ उठा, "मज़ाक मत उड़ाओ उसका !"

"आई एम सॉरी," भौंचक प्रभा ने कहा, "पर मैंने मज़ाक नहीं उड़ाया उसका।"

"और रोटी लेगा ?" स्वर्णा ने पूछा।

"नहीं-नहीं !" प्रभा और अविजित ने इकट्ठा कहा और थाली में बचा खाना निबटाने लगे।

अकाल के दिनों में चौमंज़िला मकान रासबिहारी अढ़तिया ने बनवाया था, मैंने नहीं, अविजित सोच रहा है, मैं तो उन दिनों जेल में था। स्वर्णा ने जो कहा, ज़रूर देखा होगा पर उसमें मेरा क्या क़सूर ? फिर रासबिहारी का गिल्ट मुझे क्यों खगोर रहा है ? मैं तो जेल में था और जेल से छूटने पर सीधा दिल्ली आ गया था।

ठीक है, मेरे जेल चले जाने पर श्यामा और बच्चों को कोई दिक्कत नहीं हुई। कलकत्ते में मैं बिड़ला ग्रुप के साथ काम करता था, वे भले लोग हैं, मुझे जेल होने पर पूरे साल मेरी तनख़्वाह श्यामा को पहुंचाते रहे। जेल में भी मेरे साथ 1932 की तरह का दुर्व्यवहार नहीं हुआ। पर उसमें मैं क्या कर सकता हूं···अगर मैं बिड़ला कंपनी में अच्छी पोजीशन पर था और बिड़ला ग्रुप का वॉर एफ़र्ट, ब्रिटिश सरकार के लिए मानी रखता था, तो···महज़ एक संयोग की बात है और फिर···बिड़ला जी को तो खुद गांधीजी ने मान दिया था। हर्ज़ भी क्या है ? अगर कोई उद्योगपति सत्याग्रह में हाथ बंटाना चाहे···आख़िर पैसे के बिना सत्याग्रह चल नहीं सकता और जो शौक़ से दे उसके लेने में हर्ज़ क्या है ? वैसे भी यह सब सोचना मेरा काम नहीं था, कुछ भी सोचना मेरा काम नहीं था। हमने तो गांधीजी को नेता ही नहीं भगवान माना था, सिर्फ़ मैंने नहीं, मेरे जैसे लाखों-करोड़ों लोगों ने, इसलिए सोचने का काम उनके ज़िम्मे था।

पर ऐसा हुआ क्यों ? क्यों हमने नेता नहीं, भगवान चाहा ?

क्यों ! एक प्रलयंकारी शब्द ! क्यों पूछ कर काम करो तो अपने पर निर्भर रहना पड़ेगा। क्यों पूछने का अधिकार त्याग दो एक बार, मन की सब दुविधाएं मिट जायेंगी।

अंध-भक्ति और निर्द्वंद्व अनुकरण—उसने मांगा, हमने दिया। या हमने देना

चाहा, वह ग्रहण करता गया।

"अवश्य ही जब मैं मरूंगा तो भी मेरी ज़बान पर अहिंसा ही होगी लेकिन जिन मायनों में मैं इससे बंधा हुआ हूं आप नहीं बंधे इसलिए आपको अधिकार है कि आप दूसरा कार्यक्रम बनाकर देश को आज़ाद करा लें," गांधीजी ने कहा था।

उनकी तरफ़ से पूरी छूट थी। पर देश को आज़ाद करवाने के लिए जनक्रांति की ज़रूरत थी और जनमानस को भगवान की, इसलिए इसके सिवा कोई विकल्प नहीं था कि 'क्यों' पूछना छोड़कर, भगवान के आदेशों का मूक पालन किया जाये। पर···कुछ लोगों में 'क्यों' आसानी से नहीं मरता···फिर भी···ज़ाने दो···अविजित ने गांधीजी को माना, गांधीजी ने बिड़लाजी को माना और अगर बिड़लाजी के कारण अविजित को जेल में 'ए' क्लास मिल गयी तो वह मना क्योंकर करता ? कौन जाने बिड़लाजी का 'वॉर एफ़र्ट' काम आया या ससुर जज सिंघल का ओहदा ? फिर अविजित का जुर्म क्या था ? एक किताब ही तो लिखी थी। छपते ही ज़ब्त हो गयी। जिसने छापी उसे भी गिरफ़्तार कर लिया गया···बेचारा अवधनारायण! 'बी' क्लास में जेल काटनी पड़ी, छापाखाना अलग ज़ब्त हो गया। जेल से छूटकर आया तो सुना था, खाने तक को मोहताज···

छोड़ो···इतनी पुरानी बात हो गयी···अब उसका क्या ज़िक्र···

अविजित सिगरेट जलाकर सोफ़े पर बैठ गया···सामने पड़ी पत्रिका हाथ में उठा ली। बेकार ! वह जानता है कोई फ़ायदा नहीं होगा···वह कुछ भी कर ले···अब उसे चड्ढा याद आयेगा···

लंगड़ा चड्ढा ! फतेहगढ़ जेल से छूटकर आया, हड्डियों का ढांचा चड्ढा !

'सी' क्लास का क़ैदी···बुखार आया···मशक्कत पूरी न हुई···मार पड़ी···एक टांग टूट गयी···अंधी कोठरी में बंद कर दिया गया···कंबल छीन लिया गया···बुखार निमोनिया में बदल गया···

"इससे वज़न कुछ घट गया, यही बीसेक पौंड," चड्ढा ने हंसकर कहा था, "वरना अभी भी तेरे जैसे दो-तीन को···" और इतना कहकर ही वह हांफ़ गया था।

"आराम करो," अविजित ने भरे गले से कहा था, "बहुत कमज़ोर हो गये हो।"

"अब यार इंक़लाबी शौक फरमाएंगे तो कुछ-न-कुछ तो होगा ही," एक बार पूरा दम लगाकर चड्ढा ठठाकर हंस दिया था। पर देर तक निढाल पड़ा रहा था।

फिर बोला, "तू बतला, तू जेल नहीं गया ?"

"गया था।"

"कब छूटा ?"

"बहुत दिन हो गये। साल-भर ही रहा।"

"हां, अपने को कुछ ज़्यादा ही घिस डाला सालों ने। दुनिया में क्या कुछ हो गुज़रा और हम जेल में पड़े सड़ते रहे। अच्छा यह बता, हमने लड़ाई बंद क्यों कर दी ? ब्रिटेन अपनी लड़ाई जीत गया पर हम ? गांधीजी ने कहा—करो या मरो—और जब जनता कर गयी तो कह दिया इस आंदोलन से हमारा कोई ताल्लुक़ नहीं है, क्यों ?"

क्यों ? चड्ढा के भीतर का 'क्यों' तब भी ज़िंदा था। बार-बार वह 'क्यों' पूछता था और अविजित···

पहली बार 'क्यों' उसने पूछा था उस दिन···सत्ताइस फरवरी उन्नीस सौ इकतीस को। उसके बाद से बदलता ही चला गया था चड्ढा···बदलता या ऊंचा होता···

उन दिन···

"देख रहा है, अविजित," चड्ढा ने कहा था।

"हां।"

"बस देखता ही रहेगा, अविजित," चड्ढा ने कहा था "यह नहीं पूछेगा वह वहां अकेला क्यों मर गया ?"

अविजित के पास जवाब नहीं था। वह देखता ही रहा था—स्तब्ध, रोमांचित, लज्जित।

वह क्या, इलाहाबाद यूनिवर्सिटी के हिंदू बोर्डिंग हाउस के सभी साथी देख रहे थे। देख रहे थे कि पुलिस के सिपाही चन्द्रशेखर आज़ाद के शव को ट्रक पर लाद रहे हैं···देख रहे थे और चुप थे···

सुबह नौ बजे के क़रीब, कोतवाली से सिटी रोड पर मस्कट संभाले पुलिस जवानों को आता देख, अविजित और चड्ढा बाहर अहाते में खिंच आये थे। उनके देखते-देखते जवानों ने एल्फ़्रेड पार्क घेर लिया था और फिर···गोलियां चलने की धांय-धांय हॉस्टल को दहलाती हुई कितने लड़कों को बाहर निकाल लायी थी।

दनादन गोलियां चलती रही थीं। एक···दो···तीन···हर धमाके के साथ अविजित का दिमाग़ आगे का नंबर जोड़ लेता था।

जल्दी ही नंबर बरगला गया था। न जाने कितनी गोलियां एक साथ गुर्रायी थीं।

कौन है अंदर ? कौन ? अविजित का दिमाग़ तड़क रहा था।

भीड़ बढ़ रही थी।

लोग बौखला रहे थे।

बार-बार एक-दूसरे से पूछ रहे थे—कौन है वहां ? कौन ? कौन ?

"···कोई क्रांतिकारी है।"

"कौन ?"

"पता नहीं"

"कितने लोग हैं ?"

"गोलियों की आवाज़ से लगता है चार-पांच तो होंगे ही।"

"कौन लोग हैं ?

"पता नहीं।"

"सुना है, आज़ाद हैं, चन्द्रशेखर आज़ाद।"

"आज़ाद इलाहाबाद में हैं ?"

"सुना है, चांद के संपादक से मिलने आए हैं।"

"तुम्हें कैसे मालूम ?"

"मालूम है। मैं इंडियन प्रेस में काम करता हूं।"

"ओह···तब तो···"

"हां, वही हैं। वही !"

"और कौन है ? कौन-कौन हैं ?"

"आजाद हैं। पक्की बात है, आज़ाद ही हैं।"

"और···? और कौन है साथ में ?"

"और कोई नहीं है। बस आजाद हैं।"

"नामुमकिन ! यह कैसे हो सकता है ? अकेला आदमी···इतनी गोलियां···"

भीड़ में सन्नाटा छा गया।

अकेला ! एक आदमी, अकेला, गोलियों का सामना करता हुआ और इतने सारे लोग बाहर, गोलियों की पहुंच से दूर, सुरक्षित, निष्क्रिय !

अगर हम सब मिल कर पार्क पर धावा बोल दें, अविजित ने सोचा था, कम नहीं, यहां सौ लड़के तो होंगे।

पर···होगा क्या ? एक जलियांवाला बाग़ और बन जायेगा।

एक के बजाय सौ शहीद !

क्यों नहीं ? सत्याग्रह के मानी ही हैं शहादत, पर···

गांधीजी ने आंदोलन बंद कर रखा है···लार्ड इर्विन से समझौते की बातचीत चल रही है।

"देख रहा है अविजित," चड्ढा चीख़ा था, "वह वहां अकेला है।"

अविजित चुप रहा था।

"मैं जाता हूं," चड्ढा ने कहा था और आगे दौड़ पड़ा था।

"पागलपन मत कर," अविजित ने उसे कौली में भर कर रोक लिया था। "तू उस तक नहीं पहुंच सकता, बीच ही में भुन जायेगा।"

"तो ऐसे ही देखता रहूं ?" चड्ढा ने कहा था और देखता रहा था···

"काश, मेरे पास एक पिस्तौल होती," उसने कहा था और खड़ा रहा था···

गोलियों का शोर धीमा पड़ता हुआ दम तोड़ गया था।

एक अंतिम गोली ज़ोर से सुबकी थी···फिर मातमी चुप्पी छा गयी थी···

उन्होंने देखा था, पुलिस के जवान अपना शिकार ट्रक पर लाद रहे हैं···

"आज़ाद का शव हमें दो ! आज़ाद का शव हमें दो !" चीखता चड्ढा सहसा अविजित का हाथ छुड़ा कर आगे दौड़ गया था।

पुलिस के सिपाहियों ने उसकी तरफ़ देखा तक नहीं था।

"आज़ाद का शव हमें दो !" चड्ढा मुतवातिर चीख़ रहा था और पुलिस के घेरे को तोड़ उन तक पहुंचने की कोशिश कर रहा था। बरबस अविजित और साथी लड़के उसके पीछे खिंचे चले आ रहे थे।

अंग्रेज़ पुलिस अफ़सर और हिंदुस्तानी सिपाहियों के चेहरों पर नफ़रत और हिक़ारत ही नहीं, वहशियाना गर्व भी चिलक रहा था। सचमुच क्या यह लोग हिंदुस्तानी हैं, अविजित ने सोचा था और समझा था कि उस वक़्त वे हिंदुस्तानी या अंग्रेज़ नहीं, महज़ शिकारी थे, जिन्होंने तभी-तभी शेर का शिकार खेला था। गीदड़ों की इस भीड़ की उनके लिए क्या हस्ती हो सकती थी।

"आज़ाद का शव !" इस बार चड्ढा के साथ युवकों की भीड़ भी चीख़ी।

पुलिस के एक सिपाही ने बड़ी लापरवाही के साथ चड्ढा की तरफ़ ताका और अपनी राइफल का कुंदा उसके सिर पर दे मारा।

खून से लथपथ चड्ढा अविजित की बांहों में आ गिरा और···आज़ाद के शव के बजाय घायल चड्ढा को उठाये वे लोग बोर्डिंग हाउस लौट आये !

"कोई गड़बड़ नहीं होनी चाहिए," बाद में अविजित ने लड़कों से कहा था, उस क्षणिक उबाल के शांत हो जाने के बाद। "आजकल गांधीजी और लार्ड इर्विन के बीच समझौते की बातचीत चल रही है। ऐसी कोई वारदात नहीं होनी चाहिए जिससे उस पर बुरा उसर पड़े।"

"क्यों ? समझौता क्यों ?" चड्ढा ने पूछा था। और हमेशा की तरह अविजित के पास 'क्यों' का जवाब नहीं था।

जिसने सवाल पूछने का अधिकार किसी और के हवाले कर दिया हो, उसके पास जवाब होगा भी कैसे ?

घंटे भर के अंदर एल्फ्रेड पार्क में मेला लग गया था। लगता था पूरा इलाहाबाद शहर वहां उमड़ पड़ा है।

मैदान की खून रिसी मिट्टी को सिर लगा कर लोग शहादत के हिस्सेदार बन गये। पेड़ पर फूल मालाएं चढ़ गयीं। शहीद के नाम पर चंद आंसू बिखर गये।

किसी ने उनसे नहीं पूछा, तुम लोग तमाशबीन बने क्यों खड़े रहे। पर बहुत दिनों तक हिंदू बोर्डिंग हाउस के लड़के एक-दूसरे से आंख नहीं मिला सके।

पांच मार्च 1931 को गांधी-इर्विन समझौता हो गया और चड्ढा ने अखबार ला कर उसके सामने कॉमन-रूम में पटक दिया।

"यह विश्वासघात नहीं तो क्या है ?" उसने कहा।

अविजित ने आंखें अखबार में गड़ा लीं।

"यह देख, यह !" चड्ढा ने उंगली से दिखलाया।

अविजित ने पढ़ा—धारा नंबर दो के अंतर्गत विधान संबंधी प्रश्न पर सम्राट सरकार की अनुमति से यह तय हुआ है कि हिंदुस्तान की वैध शासन की उसी योजना पर आगे विचार किया जायेगा जिसपर गोलमेज़ कान्फ्रेंस में पहले विचार हो चुका है। वहां जो योजना बनी थी, संघ शासन उसका अनिवार्य अंग है, इसी प्रकार भारतीय उत्तरदायित्व और भारत के हित की दृष्टि से रक्षा (सेना), वैदेशिक मामले, अल्पसंख्यक जातियों की स्थिति, भारत की आर्थिक साख और ज़िम्मेदारियों की अदायगी जैसे विषयों के प्रतिबंध या संरक्षण भी उसके आवश्यक भाग हैं—

"यह कैसे हो सकता है ?" अविजित के मुंह से निकला।

"एक साल पहले ही तो पूर्ण स्वाधीनता का लक्ष्य हमने धूम-धड़ाके के साथ अपनाया था और अब गोलमेज़ कान्फ्रेंस के लिए लंदन जाना स्वाधीनता का पर्याय हो गया," चड्ढा ने कहा।

"ऐसा नहीं हो सकता," अविजित ने कहा, "ज़रूर इसमें और धारा होगी··· कुछ तो लिखा होगा कहीं···पूरा पढ़ने दो मुझे।"

"कहीं कुछ नहीं है," हरीश ने भीतर घुसते हुए कहा था, "मैंने पूरा पढ़ लिया है। गांधीजी ने नमक बनाने की इजाज़त के लिए देश को बेच दिया।"

"बकवास मत कर।" सरण ने तमक कर कहा।

वह हरीश के साथ उससे लड़ता-झगड़ता भीतर आया था।

"गांधीजी की बात तेरे भेजे में नहीं आती तो बेकार टिर-टिर क्यों किये जा रहा है। यह देख, साफ़ लिखा तो है यहां—गांधीजी ने अखबार वालों से बातचीत करते हुए कहा है कि वे स्वतंत्रता के प्रश्न पर अटल हैं। 'भारत के हित में' शब्दों का अर्थ उन्होंने यही लगाया है।" उसने सफ़ाई देते हुए कहा।

"गांधीज़ी के अर्थ लगाने से क्या होता है। बाक़ी लोग अंधे-बहरे हैं क्या ? अगर कल को गांधीजी कहने लगे कि भारत की स्वतंत्रता का अर्थ है अंग्रेज़ी शासन का और तीस बरस टिके रहना तो तुम लोग उसे भी मानकर बैठ जाओगे," हरीश ने बिदक कर कहा।

"क्या इसीलिए हमने साइमन कमीशन का विरोध किया था ? इसीलिए पुलिस के डंडे खाये थे ? इसीलिए एक साल से हमारे लोग बहादुरी दिखला रहे थे ?" पास बैठा निखिल बेहद उत्तेजित होकर बोल उठा।

"और मालूम है," हरीश ने कहा, "भगतसिंह, राजगुरु और सुखदेव का ज़िक्र तक करना गांधीजी ने ज़रूरी नहीं समझा। इतनी बड़ी-बड़ी सिद्धांत की बातें और वक़्त आने पर अपना संगठन सब कुछ हो गया। कांग्रेस के सत्याग्रही जेलों से छोड़ दिये जायें, बस सविनय-अवज्ञा-भंग-आंदोलन वापिस ले लिया जायेगा। उन लोगों से कोई सरोकार नहीं है जो स्वतंत्रता के लिए अपनी जान की बाज़ी लगा चुके हैं।"

"अरे, बंगाल में सैकड़ों आदमी नज़रबंद हैं, सैंकड़ों। मुक़दमा चला नहीं, सज़ा हुई नहीं पर जेल में बंद हैं। उनका क्या होगा ? कौन सोचेगा उनके लिए ?" चटर्जी बोला।

"मेरे मामा एक ख़बर सुना रहे थे," निखिल ने इधर-उधर देख कर स्वर धीमा करके कहा।

"क्या ?" सब चौकन्ने हो गये।

"कह रहे थे, कुछ दिन पहले चन्द्रशेखर आज़ाद जवाहरलाल जी से मिले थे।"

"क्यों ?"

"यही सवाल उठाने। उन्होंने यही पूछा था उनसे, समझौता होने पर उन क्रांतिकारियों का क्या होगा जो गांधीजी के आंदोलन से अलग रह कर काम कर रहे थे। क्या वे लोग वैसे ही पुलिस की निगाहों से छिपते फिरते रहेंगे। उन्हें क्या कभी चैन से बैठने नहीं दिया जायेगा ?"

"फिर ?"

जवाहरलाल जी ने कहा, "वे उनके लिए कुछ नहीं कर सकते।"

लड़कों के बीच सकता छा गया। छह दिन पहले का दृश्य आंखों के सामने उभर आया। अविजित के बदन की खाल सिकुड़ उठी, जैसे कोई भूत उल्टे पांव कमरे में घूम गया हो। जो आदमी अकेला, एक पिस्तौल के सहारे बत्तीस मिनट तक चालीस पुलिस के सिपाहियों से लड़ता रह कर और गोलियों से बदन छलनी हो जाने पर भी, तब तक नहीं मरा जब तक अपने हाथ की गोली खुद न खा ली, कितनी भयंकर स्थिति में किसी के पास यह पूछने गया होगा, सभी समझ

रहे थे।

एल्फ्रेड पार्क के बीच खड़ा वह दीर्घकाय पेड़ जिसके पीछे से आज़ाद लड़े थे अब नहीं है। उसकी पूजा-अर्चना होती देख अंग्रेज़ कलेक्टर ने उसे जड़ से उखड़वा दिया है। फिर भी पूजा ज़ारी है। लोग उखड़े पेड़ की पोली धरती पर ही मालाएं चढ़ा जाते हैं। अब कुछ दिन बाद भगतसिंह और उनके साथियों को भी फांसी हो जायेगी। यही सब तब भी होगा। लोग उनका नाम लेकर रोयें-पीटेंगे, फूल मालाएं चढ़ाएंगे और···सत्याग्रही छूट जायेंगे···गांधीजी लंदन जायेंगे···हम लोग हाथ-पर-हाथ धरे इंतज़ार करेंगे कि वे एक और समझौता ब्रिटिश सरकार से हमारे लिये करें···बस ! बलिदान का ऋण क्या ऐसे ही चुकाया जाता है ?

"वे कर भी क्या सकते थे ?" अविजित ने सुना, सरण कह रहा है।

"क्यों, कम-अज़-कम सरदार भगतसिंह, राजगुरु और सुखदेव की फांसी रद्द करने को समझौते की आवश्यक शर्त बना सकते थे," हरीश ने कहा।

"इर्विन कभी नहीं मानता।"

"तो आंदोलन चालू रखते। छब्बीस जनवरी की प्रतिज्ञा कुछ सोच कर की थी न ? इसलिए तो नहीं कि गांधीजी जब चाहें डुगडुगी बजाकर तमाशा समेट लें।"

"मामा कह रहे थे," निखिल ने कहा, "गांधीजी ने अलग से सरदार भगतसिंह और उनके साथियों की रिहाई की बात की थी पर वाइसराय ने इनकार कर दिया।"

"अलग से !" चड्ढा जो देर से चुप था फट पड़ा था, "अलग से बात करने के मानी ? बिना दबाव के सरकार भला कोई बात क्यों मानने लगी । मैं तो कहता हूं वे चाहते ही हैं कि आतंकवादियों को फांसी लग जाये।"

"कोरी बकवास है," सरण ने कहा, "सब जानते हैं गांधीजी हिंसा के खिलाफ़ है, इसलिए आतंकवादियों के लिए कुछ करना उनके सिद्धांत के खिलाफ़ है । गोपीमोहन साहा की भी उन्होंने इसीलिए निंदा की थी। 1924 में ही अखिल भारतीय कांग्रेस कमेटी की बैठक में उन्होंने यह बात साफ़ कर दी थी।"

"निंदा तो उन्होंने वाइसराय की ट्रेन के नीचे बम विस्फोट करने की भी कम नहीं की थी। हमारा कहना है कि इस तरह की बातें ब्रिटिश सरकार को एक तरह का बढ़ावा देती हैं।"

"हां, यह तो है," अविजित ने कहा, "पर उनके सिद्धांत की बात जो है, उसे वे कैसे छोड़ सकते हैं। गांधीजी किसी को अहिंसा पर चलने पर मजबूर तो नहीं करते। उन्होंने कहा तो था, जो अहिंसा को नहीं मानता उसे कांग्रेस से बाहर रह कर लड़ाई छेड़नी होगी।"

"और बाहर रह कर लड़ाई करने का मतलब···" हरीश ने कहना शुरू किया

कि अखबार में आंखें गड़ाए बैठा करीमबख़्श अचानक बोल उठा, "एक बात है। चन्द्रशेखर आज़ाद के इलाहाबाद आने की ख़बर पुलिस को कैसे हुई ?"

"अरे पुलिस तो कबसे उनके पीछे थी," अविजित ने कहा।

"वही तो। छः साल से फरार थे, पुलिस उन्हें पकड़ नहीं पायी। अब अचानक⋯"

"उनके दल के दो-तीन आदमी मुखबिर जो हो गये थे। वह जयगोपाल⋯और फनीन्द्र घोष और क्या नाम था⋯पढ़ा नहीं था अख़बार में। उन्हीं की मदद से⋯"

"अमां, उसे तो तीन साल होने को आये। उनकी मदद से पकड़े गये होते तो अब तक कब के⋯"

"तुम कहना क्या चाहते हो ?"

"सोच कर अजीब-सा लगता है, जवाहरलाल जी से मिले और इतनी जल्दी पकड़ लिये गये।"

"क्या मतलब !" अविजित तनकर खड़ा हो गया, "तुम्हारा इशारा किस तरफ़ है ?"

"मैं तो सिर्फ़ यह कह रहा हूं कि सोच कर अजीब-सा लगता है⋯"

"क्यों लगता है अजीब-सा ! यह सोचने की हिम्मत कैसे हुई तुम्हारी ? फिर ऐसी बात ज़बान पर मत लाना वरना⋯"

"वरना क्या कर लोगे तुम ?"

"क्या करूंगा ?" अविजित ने दोनों बाजू फैलाए और करीमबख़्श को बांहों में थाम कर ऊपर उठा लिया।

उसी तरह हवा में उसे टांगे-टांगे कहा, "कर तो बहुत कुछ सकता हूं।" फिर धीरे-धीरे वापस धरती पर उतार कर बोला, "पर करूंगा नहीं।"

"इसे कहते हैं अहिंसा," दबी ज़बान में हरीश ने कहा तो सब लड़के ठठाकर हंस पड़े।

गुस्से से थर-थर कांपता करीमबख़्श कमरे से बाहर निकल गया। अविजित को लगा वह कुछ ग़लती कर गया। एक मुसलमान लड़के की इतने हिंदू लड़कों के सामने बेइज्ज़ती नहीं करनी चाहिए थी। पर कुछ करना भी ज़रूरी था वरना शक़ का वह बीज⋯अब हंसी के दौर में बहुत-सी कड़ुवाहट छंट गयी है। बस चड्ढा⋯

"ख़ामख़्वाह नाराज़ होने का कोई फ़ायदा नहीं है," उसने कहा, "बाज़ुओं के ज़ोर से तू समझौता नहीं बदल सकता।"

"समझौता जब हो ही चुका है तब हम क्या, कांग्रेस भी उसे नहीं बदल सकती।" अविजित ने कहा, "गांधीजी को नेता चुना है तो उनकी बात रखनी पड़ेगी।"

"नेता बदले भी जा सकते है," हरीश ने उग्र स्वर में कहा।

"तो बदल लो," सरण ने चुनौती दी, "हिम्मत हो तो मुख़ालफ़त करो। तलाश कर लो नया नेता।

"हो सकता है, जवाहरलाल इसकी मुख़ालफ़त करें," निखिल ने कहा।

"कभी नहीं," चटर्जी बोला, "जवाहरलाल गांधीजी के ख़िलाफ़ कभी नहीं जायेंगे।"

"फिर उपाय क्या है ?" निखिल ने स्वर बदलकर कहा, "और नेता है कौन गांधीजी की टक्कर का हिंदुस्तान में ?"

"गांधीजी के बिना कुछ नहीं हो सकेगा," अविजित ने समझदारी से कहा, "दो-चार वारदातें कर देने से आज़ादी नहीं मिलेगी। क्रांति चाहे सशस्त्र हो चाहे अहिंसात्मक, सफल तभी हो सकती है जब पूरे हिंदुस्तान में फैल सके। उसके लिए ऐसे नेता की ज़रूरत है जिसकी एक बात पर लोग मर-मिटने को तैयार हों।"

"तेरा मतलब, हमें नेता नहीं, भगवान चाहिए," हरीश ने कहा।

"यही समझो। चूंकि गांधीजी में वह शक्ति है जो लाखों-करोड़ों इंसानों को अपने साथ बहा कर ले जा सकती है, इसलिए हमारे पास इसके सिवा कोई चारा नहीं है कि हम वही करें जो वे कहते हैं।"

सब लोग चुप हो रहे। सहमत होकर नहीं, जवाबों की खोज में।

कुछ देर ठहर कर चड्ढा ने कहा, "अच्छा, अविजित, सच-सच बतला, तू क्या वाक़ई यह मानता है कि अहिंसा का रास्ता अपनाने से ब्रिटिश सरकार का दिल बदल जायेगा और वे लोग हिंदुस्तान को आज़ाद कर देंगे ?"

हां—ना, अविजित के मुंह से कुछ नहीं निकला। 'हां' कहना अपने प्रति झूठ होता और 'ना' कहना गांधीजी के प्रति।

"अगर गांधीजी ऐसा सोचते हैं तो हो भी सकता है," कुछ देर चुप रहकर उसने कहा।

"यानी तूने अपने लिये सोचना बंद कर दिया है।"

"लड़ाई में आदेश-पालन खुद सोचने से ज़्यादा महत्त्व रखता है। एक बार नेता चुन लेने पर उसके क़दम से क़दम मिलाकर चलने पर ही कुछ हासिल हो सकता है," अविजित ने कहा।

कुछ देर चुप रहकर क़रीब-क़रीब सभी लड़कों ने अविजित की बात का समर्थन किया। पर चड्ढा बोल उठा, "ऐसे नेता का क्या करो जो चार क़दम पूरब की तरफ़ बढ़ाये और जब तक आप उसके पीछे चलें, वह कलाबाज़ी खाकर अगला क़दम पश्चिम की तरफ बढ़ा दे ?"

"बाज़ीगरी करो उसके साथ, और क्या", हरीश ने कहा और सब लड़के हंस दिये।

सरण चिढ़कर बोला, "हंसना आसान है। गांधीजी में कोई तो बात होगी जो नेहरू और पटेल जैसे लोग उनके पीछे चलते हैं।"

"जादू जानते हैं, जादू," हरीश ने कहा।

"जादू कहो या आंतरिक शक्ति। अविजित ठीक कहता है, नेता वही हो सकता है जो लाखों-करोड़ों को अपने साथ बहाकर ले जा सके।"

सरण का समर्थन अविजित को रास नहीं आया। सरण उन खुशकिस्मत लोगों में से है जो सोचने की ज़हमत ही नहीं उठाते, इसलिए किसी को अपने सोच पर अंकुश लगाने में क्या तकलीफ़ होती है, इसका अंदाज़ा भी उन्हें नहीं हो सकता।

सब कह रहे थे कि अविजित की बात ठीक है और अविजित को ही अपनी बात सबसे ज़्यादा ग़लत लग रही थी।

आज चड्ढा को याद करके जो बात उसे तंग कर रही है, वही उस दिन भी परेशान कर रही थी पर···

गांधीजी का अनुयायी होने से ही क्या अविजित में अहिंसा के प्रति सच्चा विश्वास पैदा हो गया था ? क्या गांधीजी की इस बात में ज़रा भी दम था कि भारत की जनता में हिंसा की भावना नहीं है। खुद कांग्रेस के सदस्य क्या सचमुच अहिंसा के हिमायती थे ?

उस दिन भी अविजित सोच रहा था—पिछले दस वर्षों से कांग्रेस अहिंसा के सिद्धांत का प्रचार कर रही है पर जब स्वयं गांधीजी ने कांग्रेस अधिवेशन में वाइसराय की स्पेशल पर बम फेंकने की निंदा का प्रस्ताव रखा तो उनके तमाम आतंक के बावजूद वह केवल इकतीस अधिक मतों से पारित हो सका।

आतंक ! बिल्कुल ठीक शब्द था। यह गांधीजी का आतंक ही था कि हमारे नेता चुपचाप उनकी बात मानते चले जाते थे।

हमारे यहां व्यक्ति पहले आता है, फिर संगठन, और सबसे बाद में सिद्धांत। बुद्ध के ज़माने से यही पद्धति चली आ रही है। बुद्धं शरणं गच्छामि, संघं शरणं गच्छामि, धम्मं शरणं गच्छामि का मंत्र यही सिखलाता है; पहले व्यक्ति, फिर संगठन और सबसे बाद में सिद्धांत।

बहुत ही ख़तरनाक पद्धति है। व्यक्ति-पूजा का ज़हर आम आदमी को नपुंसक बना डालता है।

दूसरों के इशारों पर चलने के लिए आदमी पहले अपने से समझौता करता है, फिर औरों से और धीरे-धीरे···

समझौता उसका स्वभाव बन जाता है।

गांधीजी कहते हैं—समझौता मेरे स्वभाव का अंश है।

भगतसिंह कहते हैं—समझौता अपने में बुरा नहीं है बशर्ते कि समझौता हमारा ध्येय न हो, सिर्फ़ खुद को अगली लड़ाई के लिए मज़बूत बनाने के लिए लिया गया अवकाश हो···

कांग्रेस का ध्येय क्या है, समझौता, शासन-सुधार या स्वाधीनता ? हमारे लिये हमारा लक्ष्य अधिक महत्त्वपूर्ण है या उस तक पहुंचने का तरीका ?

आंतरिक विश्वास के बिना आदमी अगर किसी मार्ग को अपनाये···

फिर वही प्रश्न—अहिंसा में अविजित का विश्वास था कभी···उन दिनों भी जब वह गांधीजी के नाम की माला जपता था ?

वह पुलिसमैन, जिसके हाथ की लाठी उसके कंधे और पीठ पर बरसी थी ! नफ़रत और हिक़ारत से सना उसका चेहरा ! आज भी याद आ जाता है तो मन एक गहरी प्रतिहिंसा की भावना से भर जाता है।

विदेशी कपड़े की दुकानों की पिकेटिंग करने उनका जुलूस शांति के साथ आगे बढ़ रहा था जब पुलिस के एक दस्ते ने उन्हें तितर-बितर करने को ललकारा। चड्ढा और अविजित सबसे आगे थे। खूब उत्तेजित होकर चड्ढा 'महात्मा गांधी की जय' चिल्लाने लगा था। चड्ढा जो काम करता था, दीवानगी की हद तक। चाहे जय बोलनी हो चाहे मुर्दाबाद का नारा लगाना हो।

और तब···घुड़सवार अंग्रेज़ सार्जेंट घोड़ा दौड़ाता हुआ आगे बढ़ आया था। एक क्षण को अविजित ने महसूस किया था कि वह उन्हें रौंदता हुआ आगे बढ़ जाएगा। पर ठीक उनके सिर पर आकर घोड़ा रुक गया था। खूब तौलकर उस अंग्रेज़ ने हाथ की लाठी ठीक चड्ढा के सिर पर चलायी थी। अनायास, उसे बचाने के ख़याल से या बस यूं ही अकारण, अविजित ने हाथ से उसे पीछे धकेल दिया था और खुद एक क़दम आगे बढ़ आया था। लाठी चड्ढा पर पड़ने के बजाय अविजित के कंधे पर बरसी थी और फिर पूरे ज़ोर से पीठ पर।

उसका दिमाग़ एकदम ख़ाली हो गया था। बदन सिर से पैर तक इस तरह थरथराया था कि वह गिरने-गिरने को हो गया था। पर वह खड़ा रहा था, एक तीखी नफ़रत का अहसास उसे सहारा दिये रहा था।

साफ़ उसने देखा था···लाठी समेत खींचकर उसने उस गोरे अफ़सर को ज़मीन पर पटक दिया है और खुद घोड़े पर सवार हो गया है। चाबुक मारकर घोड़े को आगे दौड़ाया है और उस सख़्त लाल चेहरे को रौंदता हुआ आगे बढ़ गया है। मुड़कर देखा है और जुगुप्सा के साथ एक वहशी संतोष का अनुभव किया है—हां, कभी वह ख़ून से सना मांस का लोथड़ दंभ से गढ़ा गोरा लाल चेहरा था, उसके प्रतिद्वंद्वी का !

···नहीं, वह अपनी जगह अड़ा खड़ा रहा था। हाथ उठाकर वार नहीं किया था, आवाज़ बुलंद करके प्रतिवाद नहीं किया था···वह इम्तिहान में पास हो गया था। लाठियां बरसती रही थीं, बदन थरथराता रहा था, सिर में भट्टी धधकती रही थी पर अंग्रेज़ सार्जेंट घोड़े पर सवार रहा था और अविजित नीचे ज़मीन पर खड़ा मार खाता रहा था।

पर वह जीत अहिंसा की नहीं, अनुशासन की थी। दो साल से वे अपने को ऐसी वारदात के लिए तैयार कर रहे थे। दो बार पहले भी लाठी-चार्ज के शिकार हो चुके थे पर यह पहली मर्तबा था कि अविजित ने मारनेवाले को इतने क़रीब से देखा था। वरना एक हुजूम लड़कों का होता था, एक टुकड़ी पुलिसवालों की। वे सिर्फ़ लाठियों का बरसना महसूस करते थे, मारनेवालों को देख नहीं पाते थे।

पर उस दिन···उस अंग्रेज़ सार्जेंट का चेहरा उसके ज़ेहन पर ऐसे खुद गया है जैसे वह उसका अज़ीज़म नातेदार हो। अगर अविजित भी लौटाकर दो-चार लाठियां उस पर बरसा सकता तो शायद उसे माफ़ करके दोस्त बना लेने में उसे दिक्क़त न होती। और शायद उस सार्जेंट की आंखों में नफ़रत और हिक़ारत भी कम हो जाती। जो क्रांतिकारी ईंट का जवाब पत्थर से देते थे, उनके लिए अंग्रेज़ों के मन में भय और आक्रोश चाहे जितना रहता था, हिक़ारत नहीं होती थी। शायद मन-ही-मन वे उनकी इज्ज़त करते थे। अहिंसा नफ़रत को कम नहीं करती, बढ़ावा देती है, निकास न पाने पर दिल के कोने में जमती चली जाती है और फिर एक दिन ज़ब विस्फोट होता है तो बहुत कुछ चाहत के काबिल, जल कर राख हो जाता है।

तभी न ठीक उन्हीं दिनों जब गांधीजी अहिंसा के प्रयोग सिखला रहे थे, देश में जहां-तहां हिंदू-मुस्लिम दंगे होते रहते थे, जिनमें हिंदुस्तानियों के दिलों में छिपी हिंसा अपने जघन्य रूप में प्रकट होती थी। एक तरफ़ कराची में कांग्रेस अधिवेशन में गांधी-इर्विन समझौते को पास किया जा रहा था, दूसरी तरफ़ कानपुर में भयानक हिंदू-मुस्लिम दंगा हो रहा था, जिसमें गणेश शंकर विद्यार्थी जैसे नेता को क़त्ल किया गया था।

और आख़ीर में उन्नीस सौ सैंतालीस की वह नाक़ाबिले बयान मारकाट ···दिलों में जमी हिंसा का नंगा नाच···किन्हीं अंग्रेज़ सार्जेंटों की ठोकरों से शुरू हुआ सिलसिला···

आज भी अगर कहीं वह अंग्रेज़ सार्जेंट अविजित को मिल जाये···!

"पिताजी !" कमरे में आतंक से सना एक शब्द गूंजा।

चौंककर अविजित ने सिर ऊपर उठाया।

कौन ? कौन है यह ?

शुभा ? हां, शुभा। उसकी बेटी।

पर···वह अंग्रेज़ सार्जेंट ? चड्ढा ? लड़कों का हुजूम ! नफ़रत से सनी लाठियां ! बीते हुए वक़्त की कचोटती अकर्मण्यता !

"पिताजी !" शुभा कह रही है, "क्या हो गया आपको ?"

बीता हुआ वक़्त ! बीत जाने दो। नहीं क्यों बीत रहा।

वह अपने घर पर है। लड़ाइयां ख़त्म हो चुकीं। हासिल कुछ नहीं हुआ, काजल कहती है। कुछ तो हुआ है हासिल···हां कुछ···मानना पड़ेगा···नहीं क्यों मान पा रहा···

"आपका चेहरा···क्या हुआ पिताजी ?"

"क्या···कुछ तो नहीं···" अविजित संभल रहा है।

"आपका चेहरा ऐसे लग रहा था जैसे आप किसी को जान से मार रहे हैं," शुभा ने कहा।

उसकी आंखों में भय लहरा रहा है, अविजित ने और संभल आने पर देखा।

उसने कोशिश की और हंस दिया।

"तू नाटक बहुत देखती है," आवाज़ में सहज परिहास पैदा करके उसने कहा। वैसे अदाकार मैं भी बुरा नहीं···

शुभा भी हंसी।

"मेरा मतलब," उसने कहा, "लगा जैसे कोई बहुत बुरा आदमी आपके सामने हो।"

बेटी बात बना गयी। अविजित हंस ही पड़ा।

"पिताजी," "शुभा ने सहसा कहा, "स्वर्णा जो बतलाती है, 1943 में ऐसे ही हुआ था ?"

अविजित समझ गया कि भय से पीड़ित शुभा यही पूछने कमरे में घुसी होगी, उसे देखकर कुछ देर के लिए और ही किसी भय में···

"हां," अपने को संभालकर उसने कहा।

शुभा कुछ देर चुप रही, फिर बोली, "1943 में आप कलकत्ते में ही थे ?"

"नहीं। मैं जेल में था।"

शुभा के चेहरे पर रिलीफ़ उभर आया, फिर हल्का-सा गर्व का भाव।

क्या हुआ कि अविजित कड़ुवे स्वर में कह उठा, "मैं सिर्फ़ एक साल के लिए जेल में था। उसका कोई महत्त्व नहीं है।"

"ममी कह रही थीं, 1932 में भी आप जेल गये थे, इसीलिए आई. सी. एस. नहीं बन पाये," शुभा ने जैसे अपने से कहा।

"मामूली बात है," अविजित ने टोका।

"मेरी सहेलियां कहती हैं, तेरे पिताजी जेल गये थे तो उन्हें आज मिनिस्टर

वगैरह कुछ होना चाहिए," शुभा ने कहा तो अविजित एकदम फट पड़ा।

"नहीं, शुभा, नहीं ! ऐसा मत सोचो तुम लोग। कभी मत सोचो ! आज़ादी के लिए हम सब अपने-अपने तरीके से लड़े थे; कुछ को मुआवज़ा मिल गया, कुछ को नहीं पर मुआवज़े के लिए हम नहीं लड़े। एक ग़लती कभी मत करना। उन बातों का विश्वास मत कर लेना जिनका सबसे अधिक प्रचार हो रहा हो। देश को आज़ादी दिलवाने में सिर्फ़ उन लोगों का हाथ नहीं है जो आज सरकार चला रहे हैं। सैकड़ों क्रांतिकारी ऐसे हैं जो हम लोगों की दो-दो साल की सज़ा के मुक़ाबले फांसी के तख़्तों पर झूल गये थे, अंडमान के नरक में ता-उम्र सड़ते रहे थे। उनमें से न जाने कितने अभी भी ज़िंदा हैं और किसी पद की मांग नहीं कर रहे। फिर मुझे क्या अधिकार है····"

कोई अधिकार नहीं है ! इस तरह भाषण देने का भी अधिकार नहीं है, उसने साफ़ सुना, काजल कह रही है।

"अपनी हिस्ट्री की लैक्चरार से पूछना," क्षण-भर रुककर उसने थके स्वर में जोड़ा, "वह ठीक से बतला सकेंगी।"

"कौन ? मिस बनर्जी, प्रभा की टीचर ? वह तो हमें अगले साल पढ़ाएंगी····"

अविजित ने और सुना नहीं। उठ कर खड़ा हो गया।

आज इतवार है। काजल से मिला जा सकता है। इतना ग़ुबार मन में रखकर सिर्फ़ काजल से मिला जा सकता है।

7

"आओ अविजित," काजल ने कहा, "अच्छे वक़्त आये। बतलाओ मैं रहूं या जाऊं ?"

"कहां ?" अविजित ने अचरज से दरवाज़े के पास ठिठककर कहा।

"कॉलेज में ? इस्तीफ़ा दूं या नहीं ?"

"हुआ क्या ?"

"झगड़ा ! खूब ज़ोरदार ! प्रिंसिपल का कहना है कि मैं कोर्स के बाहर की चीज़ें पढ़ाकर समय बरबाद करती हूं।"

"उसे कैसे मालूम ? वह तुम्हारी क्लास में बैठती है क्या ?"

"नहीं। पर इन्फॉरमर्स सिर्फ़ राजनीतिक दलों में ही नहीं और जगह भी पाए जाते हैं। राष्ट्रीय चरित्र है यह तो हमारा !"

इस क़दर उत्तेजित काजल के लिए अविजित तैयार नहीं था। अपने मन के गुबार को निकालने आया था पर यहां तो···

"बैठ जाऊं ?" उसने कहा।

"क्या ?" काजल ने चौंककर कहा।

"तुमने बैठने को नहीं कहा। पूछ रहा हूं, बैठ जाऊं ?"

"हां-हां," काजल फिर भी सभ्य औपचारिकताओं में नहीं लौटी।

अविजित बैठ गया और माहौल को हल्का करने की कोशिश में हंसकर बोला, "तो कोर्स के मतलब की चीज़ें पढ़ाया करो न।"

काजल नहीं हंसी।

उग्र स्वर में बोली, "कोर्स में लिखा है, पढ़ाना है—भारत में राष्ट्रीयता का उदय और विस्तार। तुम्हारा क्या ख़याल है मुझे सिर्फ़ कांग्रेस का इतिहास पढ़ाना चाहिए, वह भी ब्रिटिश नज़रिये से ?"

"मैंने तो यह नहीं कहा···" अब अविजित अचकचा गया।

"प्रिंसिपल साहिबा तो कहती हैं।"

"तुमने पढ़ाया क्या था ?" स्वर को मधुर बनाकर अविजित ने पूछा।

"भगतसिंह का प्रगतिवादी दृष्टिकोण।"

"ओह।"

"क्या हुआ ? जंचा नहीं ?" काजल ने तल्ख़ी से पूछा।

अविजित क्षण-भर चुप रहा, फिर बोला, "नहीं, वह बात नहीं है। मैं सोच रहा था सामग्री कहां से जुटाई तुमने।"

काजल ने उठ कर सामने की अलमारी खोलकर एक मोटी फ़ाइल निकाली और बोली, "यह देखो। उनके जो भी लेख वगैरह उन दिनों छपे थे, इनमें जमा कर रखे हैं। पत्रों की खोज कर रही हूं। एक दिन···ज़रूर···किताब लिखूंगी उन पर।"

अविजित ने देखा, काजल का मुंह उत्साह से दमक रहा है। उसे वह बहुत अच्छी लगी।

हाथ बढ़ाकर उसने फ़ाइल उससे ले ली और पन्ने पलटने लगा।

"प्रिंसिपल का कहना है, भगतसिंह आतंकवादी थे, उन्होंने असेंबली में बम फेंका जिसके लिए उन्हें फांसी हो गयी; इतना बतला देना काफ़ी है। तीन-तीन लैक्चर क्लास इस टॉपिक पर बरबाद करने का प्रयोजन ? क्या प्रयोजन बतलाऊं उन्हें···"

"लड़कियां तो दिलचस्पी लेती होंगी···" अविजित ने कहना शुरू किया तो काजल और उत्तेजित हो गयी।

"कोई नहीं जानना चाहता। इतिहास पढ़ते हैं पर स्वतंत्रता आंदोलन के बारे

में जानने में बिल्कुल रुचि नहीं है। आज़ादी मिली, मिल गयी। जो आज़ादी के लिए लड़े, राज कर रहे हैं। हिसाब बराबर। किस्सा ख़त्म ! जानते हो लड़कियां क्या कहती हैं ? कहती हैं, इस टॉपिक पर इम्तिहान में सवाल आने से रहा, बेकार माथापच्ची क्यों करें ?"

"प्रभा भी तो तुम्हारी क्लास में है," अविजित ने बुदबुदा कर कहा।

"हां," सहसा काजल हंस दी।

"ओ अविजित !" उसने कहा, "तुम्हारी लड़की तो बिल्कुल मुझ पर गयी है। जो मैंने बोला, इतना तीता बनाकर लिख डाला कि पढ़कर मैं ही तिलमिला गयी।"

"अच्छा," खुश होकर अविजित ने कहा, "तब तो प्रभा जैसी कुछ और लड़कियां···"

"हां-हां, अविजित," काजल उत्साहित होकर बोली, "इसीलिए तो पढ़ाती हूं। कभी-न-कभी तो युवा पीढ़ी में जिज्ञासा पैदा होगी···होगी न···"

अविजित फ़ाइल के पन्ने पलट रहा था कि एक जगह नज़र अटक गयी। लगा ये शब्द पहले भी कहीं सुने थे या शायद पढ़े हों···

"···क्रांति से हमारा अभिप्राय समाज की वर्तमान प्रणाली और वर्तमान संगठन को पूरी तरह उखाड़ फेंकना है। इस उद्देश्य के लिए हम पहले सरकार की ताक़त को अपने हाथ में लेना चाहते हैं···"

"जिन लोगों के सामने इस महान क्रांति का लक्ष्य है उनके लिए नये शासन-सुधारों की कसौटी क्या होनी चाहिए ? हमारे लिये निम्नलिखित तीन बातों पर ध्यान रखना किसी भी शासन-विधान की परख के लिए ज़रूरी है—

(1) शासन की ज़िम्मेवारी कहां तक भारतवासियों को सौंपी जाती है।

(2) शासन-विधान को चलाने के लिए किस प्रकार की सरकार बनायी जाती है और उसमें हिस्सा लेने का आम जनता को कहां तक मौक़ा मिलता है।

(3) भविष्य में उससे क्या आशाएं की जा सकती हैं ? उस पर कहां तक प्रतिबंध लगाये जाते हैं ? सर्वसाधारण को वोट देने का हक़ दिया जाता है या नहीं ?

"हमारे दल का लक्ष्य एक सोशलिस्ट सामाजिक संगठन की स्थापना है। कांग्रेस और इस दल के लक्ष्य में यही भेद है कि जब राजनीतिक क्रांति से शासन-शक्ति अंग्रेज़ों के हाथ से निकलकर हिंदुस्तानियों के हाथों में आ जायेगी···तब हमारा लक्ष्य शासन-शक्ति को उन हाथों में सुपुर्द करना है जिनका लक्ष्य समाजवाद हो। इसके लिए मजदूरों और किसानों को संगठित करना आवश्यक होगा क्योंकि उन लोगों के लिए लार्ड रीडिंग या इर्विन की जगह तेजबहादुर या पुरुषोत्तम दास,

ठाकुरदास के आ जाने से कोई भारी फ़र्क न पड़ सकेगा।

"पूर्ण स्वाधीनता से भी इस दल का यही अभिप्राय है। जब लाहौर कांग्रेस ने पूर्ण स्वाधीनता का प्रस्ताव पास किया तो हम लोग पूरे दिल से इसे चाहते थे परंतु कांग्रेस के उसी अधिवेशन में महात्माजी ने कहा कि 'समझौते का दरवाज़ा अभी भी खुला है।' इसका अर्थ यह था कि वह पहले से जानते थे कि उनकी लड़ाई का अंत इसी प्रकार के किसी समझौते में होगा और वे पूरे दिल से स्वाधीनता की घोषणा न कर रहे थे। हम लोग इसी बेदिली से घृणा करते हैं···"

"तुम्हें याद है···" काजल ने कहा।

अविजित ने सिर उठाकर नहीं देखा। वह पूरी तरह फ़ाइल के पन्नों में खोया हुआ था। दो फरवरी 1931 को कालकोठरी से दिया गया क़ौम के नाम वह संदेश ! कितना कुछ···

काजल चुप हो गयी। टक लगा कर उसे अपनी आत्मा को पढ़ते देखती रही।

अविजित ने पढ़ा···

"···इस उद्देश्य के लिए नौजवानों को कार्यकर्त्ता बन कर मैदान में निकलना चाहिए, नेता बनने वाले तो पहले ही बहुत हैं···

"हमारे इस दल का एक सैनिक विभाग भी संगठित होना चाहिए। इस संबंध में मैं अपनी स्थिति बिल्कुल साफ़ कर देना चाहता हूं। मैं जो कुछ कहना चाहता हूं उसमें ग़लतफ़हमी की संभावना है। परंतु आप लोग मेरे शब्दों और वाक्यों का कोई गूढ़ अभिप्राय न गढ़ें।

"यह बात प्रसिद्ध है कि मैं आतंकवादी रहा हूं परंतु मैं आतंकवादी नहीं हूं। मैं एक क्रांतिकारी हूं जिसके कुछ निश्चित विचार और निश्चित आदर्श हैं और जिसके सामने एक लंबा प्रोग्राम है···मेरा यह दृढ़ विश्वास है कि हम बम से कोई लाभ प्राप्त नहीं कर सकते। केवल बम फेंकना न केवल व्यर्थ है परंतु बहुत बार हानिकारक भी है। उसकी आवश्यकता किन्हीं ख़ास अवस्थाओं में ही पड़ा करती है। हमारा मुख्य लक्ष्य मज़दूरों और किसानों का संगठन होना चाहिए। सैनिक विभाग युद्ध सामग्री को ख़ास मौक़े के लिए केवल संग्रह करता रहे···"

आज बाईस-तेईस साल बाद, आज़ादी मिलने पर भी ये शब्द उतने ही प्रासंगिक हैं, अविजित सोच रहा है···अगर भगतसिंह कुछ दिन और जिंदा रहे होते और युवा वर्ग का नेतृत्व कर पाते तो शायद 1932 से 1942 तक के वे दस साल समझौतों की नज़र न होते और देश के युवक अपने को बुरी तरह दुविधाग्रस्त न पाते। तब शायद आज़ादी कुछ ठोस अर्थ लिये आती···

कितने छोटे-से एक सांकेतिक कारनामे के लिए किस आला हस्ती का बलिदान हो गया। न हुआ होता तो···

"तुम्हें याद है···" अविजित ने कहा।

"हां," बीच ही में काजल ने कहा।

उसकी आंखें गीली हो गयीं।

वह दिन···चौबीस मार्च उन्नीस सौ इकतीस !

काजल की आंखों से टप-टप गिरते आंसू अविजित साफ़ आंखों के सामने देख रहा है···

सुबह-सुबह विषण्ण मुख लिये काजल उसके कमरे में घुस आयी थी।

"कल शाम सरदार भगतसिंह, राजगुरु और सुखदेव को फांसी हो गयी," रुंधे कंठ से उसने कहा।

फांसी होगी, वे जानते थे पर फांसी हो गयी, सुन कर···

शायद कहीं मन में आशा थी कि सरकार जनमत के आगे झुक जायेगी। कितनी बेवकूफ़ी की बात थी। महीना-भर पहले ही तो अपार भीड़ के देखते-देखते आज़ाद को गोलियों से भून डाला गया था और शव तक उनके हाथ नहीं आया था। क्या कर लिया था जनमत ने ? बस, पेड़ पर फूल मालाएं चढ़ा कर रो लिये थे।

बहुत देर तक काजल और अविजित चुपचाप बैठे रहे थे, कुछ कहने-सुनने को मन नहीं हुआ था। पता नहीं क्यों, काजल के सामने अविजित छोटा महसूस कर उठा था, शायद इसलिए कि इतने दिन उसके मन में आशा रही थी कि गांधी-इर्विन समझौते में चाहे उनके बारे में कुछ नहीं कहा गया था फिर भी गांधीजी कोई-न-कोई ऐसा चमत्कार ज़रूर कर दिखाएंगे जिससे आखिरकार फांसी रद्द हो जायेगी···पर कुछ नहीं हुआ था, क्योंकि कुछ होना नहीं था।

एक-एक कर के हरीश, निखिल, चड्ढा और चटर्जी उसके कमरे में आ पहुंचे थे। सबके मुंह उतरे हुए थे। कहने को कुछ नहीं था। सारा जोश जैसे एक झटके में निचुड़ गया था।

"सुना है," आख़िर चड्ढा ने कहा, "उनके शव रिश्तेदारों को नहीं दिये गये। मिट्टी का तेल डाल कर जला दिये गये।"

उसके स्वर में कोई उत्तेजना नहीं थी। चड्ढा के लिए अनहोनी बात थी। अविजित समझ रहा था, वह सत्य कितना भयानक है जिससे साक्षात्कार कर के चड्ढा जैसा आदमी भी स्तब्ध हो गया है।

"शाम को फांसी देने का नियम नहीं है," हरीश ने कहा, "उन्हें वक़्त से पहले फांसी दी गयी जिससे रिश्तेदारों और जनता को ख़बर न हो।"

"ख़बर होने से ही क्या हो जाता ?" निखिल ने कहा।

"सब कुछ खत्म हो गया," चड्ढा बुदबुदा कर कहता गया, "पहले रामप्रसाद बिस्मिल···अशफ़ाकउल्ला खां, फिर आज़ाद···अब भगतसिंह···सुखदेव···सब खत्म···अब बस कांग्रेस बची है।"

"और समझौते," हरीश ने कहा, "ताक़तवर और कमज़ोर के बीच समझौते। अपनी कमज़ोरी की इन्तिहा तो देखो कि सारा देश जिनकी जयनाद बोल रहा था, उन्हीं का अंतिम संस्कार तक करने की इजाज़त न मिली। याद है यतीन्द्रनाथ का दाह-संस्कार किस शान से हुआ था···क्योंकि तब भगतसिंह और उनके साथी ज़िंदा थे। उन्होंने जेल के भीतर अनशन करके वह कर दिखलाया जो हम जेल के बाहर रह कर न कर सके।"

"सब कुछ ख़त्म हो गया," चड्ढा के मुंह से फिर निकला।

"नहीं," सहसा काजल ने कहा, "सब खत्म नहीं हुआ।"

साड़ी की पटलियों के बीच खोंसा एक परचा उसने निकाला और पढ़ना शुरू कर दिया :

"···इस समय हमारा आंदोलन अत्यंत महत्त्वपूर्ण स्थितियों में से गुज़र रहा है। एक साल के कठोर संग्राम के बाद गोलमेज़ कांफ्रेंस ने हमारे सामने शासन विधान में परिवर्तन के संबंध में कुछ निश्चित बातें पेश की हैं और कांग्रेस के नेताओं को निमंत्रण दिया है कि वे आकर शासन-विधान तैयार करने के काम में मदद दें···यह बात निश्चित है कि वर्तमान आंदोलन का अंत किसी-न-किसी प्रकार के समझौते के रूप में होना लाज़मी है।

"वस्तुतः समझौता कोई हेय और निंदा योग्य वस्तु नहीं है जैसा कि साधारणतः हम लोग समझते हैं। बल्कि समझौता राजनैतिक संग्रामों का एक आवश्यक अंग है। यह ज़रूरी है कि कोई भी क़ौम जो किसी अत्याचारी शासन के विरुद्ध खड़ी होती है आरंभ में असफल हो और अपनी लंबी जद्दोजहद के मध्यकाल में इस प्रकार के समझौतों के ज़रिये कुछ राजनैतिक सुधार हासिल करती जाये, परंतु वह अपनी लड़ाई की आख़िरी मंजिल तक पहुंचते-पहुंचते अपनी ताक़तों को इतना संगठित और दृढ़ कर लेती है कि उसका दुश्मन पर आख़िरी हमला ऐसा ज़ोरदार होता है कि शासक लोगों की ताक़तें उनके उस वार के सामने चकनाचूर होकर गिर पड़ती हैं। ऐसा भी हो सकता है कि उसकी चाल थोड़े समय के लिए धीमी हो जाये तथा उनके नेता पीछे पड़ जायें किंतु जनता की बढ़ती हुई ताक़त समझौतों को ठुकरा कर उस आंदोलन को जय-युक्त करा ही देती है, नेता पीछे रह जाते हैं, आंदोलन आगे बढ़ जाता है। यही विश्व-इतिहास का सबक़ है।

"···जिस बात को मैं बतलाना चाहता हूं वह यह है कि समझौता भी एक ऐसा हथियार है जिसे राजनैतिक जद्दोजहद के बीच में पद-पद पर इस्तेमाल करना आवश्यक हो जाता है, जिससे एक कठिन लड़ाई से थकी हुई क़ौम को थोड़ी देर के लिए आराम मिल सके और वह आगे के युद्ध के लिए अधिक ताक़त के साथ तैयार हो सके परंतु इन सारे समझौतों के बावजूद जिस चीज़ को हमें भूलना

न चाहिए वह हमारा आदर्श है, जो हमेशा हमारे सामने रहना चाहिए। जिस लक्ष्य के लिए हम लड़ रहे हैं उसके संबंध में हमारे विचार बिल्कुल स्पष्ट और दृढ़ होने चाहिए। यदि आप सोलह आने के लिए लड़ रहे हैं और एक आना मिल जाता है तो वह एक आना जेब में डालकर बाकी पंद्रह आने के लिए फिर जंग छेड़ दीजिये। हिंदुस्तान के माडरेटों की जिस बात से हमें नफ़रत है वह यही है कि उनका आदर्श कुछ नहीं है। वे एक आने के लिए ही लड़ते हैं और उन्हें मिलता कुछ भी नहीं।

"भारत की वर्तमान लड़ाई ज़्यादातर मध्य श्रेणी के लोगों के बलबूते पर लड़ी जा रही है, जिनका लक्ष्य बहुत सीमित है। यदि देश की लड़ाई लड़नी हो तो मज़दूर, किसानों और सामान्य जनता को आगे लाना होगा, उन्हें लड़ाई के लिए संगठित करना होगा।

"···अगर आप दुनियादार हैं, बाल-बच्चों और गृहस्थी में फंसे हैं तो हमारे मार्ग पर मत आइये। आप हमारे उद्‌देश्य से सहानुभूति रखते हैं तो और तरीक़ों से हमें सहायता दीजिये। सख़्त नियंत्रण में रह सकने वाले कार्यकर्ता ही इस आंदोलन को आगे ले जा सकते हैं। ज़रूरी नहीं कि दल इस उद्देश्य के लिए छिप कर ही काम करे। हमें युवकों के लिए स्वाध्याय-मंडल खोलने चाहिए। पेम्फ़्लेटों और लीफ़लेटों, छोटी पुस्तकों, छोटे-छोटे पुस्तकालयों और लेक्चरों, बातचीत से हमें अपने विचारों का सर्वत्र प्रचार करना चाहिए···

"···हमारे दल का एक सैनिक विभाग भी संगठित होना चाहिए। कभी-कभी उसकी भी ज़रूरत पड़ जाती है।

"···यदि हमारे नौजवान इसी प्रकार प्रयत्न करते जाएंगे तब जाकर एक साल में स्वराज्य तो नहीं किंतु भारी कुर्बानी और त्याग की कठिन परीक्षा में से गुज़रने के बाद वे अवश्य विजयी होंगे। क्रांति चिरंजीवी हो !"

अविजित की आंखें एक साथ उस दिन का दृश्य भी देख रही थीं और फ़ाइल के पन्नों पर लिखे भगतसिंह के शब्द भी पढ़ रही थीं। याद आ गया था, पहले कब ये शब्द सुने थे···काजल के मुंह से, और फिर पढ़े थे, कई बार।

काजल के हाथ से परचा लेकर उसने दो फरवरी 1931 को फांसी की कोठरी से लिखा गया भगतसिंह का वह संदेश कई बार पढ़ डाला था। 'पंजाब केसरी' में छपे लेख की कटिंग एक हाथ से दूसरे हाथ में जाती रही थी और सब अपने-अपने भीतर झांक कर मौन बने रहे थे।

शायद हीन भावना की एक बहुत बड़ी खाई थी जो उन्हें भगतसिंह से अलग करती थी···शायद वे सब उसी मध्य वर्ग के बाशिंदे थे जो सख़्त नियंत्रण और कुर्बानी का रास्ता छोड़कर आसान-से-आसान तरीक़े ढूंढ़ते हैं···और सबसे आसान

है समझौता। परचा चड्ढा के पास पहुंचा तो वह एकदम उठकर खड़ा हो गया। फिर···धीरे-धीरे वापस बैठ गया।

"क्या फ़ायदा," वह बुदबुदाया, "अब जाऊंगा भी कहां···सब खत्म हो गया···"

हां, सख़्त नियंत्रण में रहकर काम करना मामूली आदमी के लिए तभी संभव होता है जब कोई नेता उसका पथ-प्रदर्शन करे। कोई लेनिन···गारिबाल्डी···मैज़िनी···भगतसिंह···नेतृत्व मिले तो मामूली से मामूली आदमी भी···दस साल बाद चड्ढा ने साबित कर दिया था, कोई आदमी इतना मामूली नहीं होता कि बलिदान कर ही न पाये···सचमुच करना चाहे तो···

चुपचाप बैठे-बैठे जब आख़िर एक-दूसरे से आंख़ मिलाना मुश्किल होने लगा तो हरीश ने कहा, "हम भी एक युवक-मंडल बनाकर किसानों के बीच काम कर सकते हैं।"

"हां," फ़ौरन निखिल ने अनुमोदन किया, "गांधी-इर्विन समझौते ने उन्हें मंझधार में छोड़ दिया है। कांग्रेस के कहने पर बीसियों हज़ार किसानों ने लगान देने से इनकार कर दिया था पर समझौते में उनकी बाबत कोई क़दम नहीं उठाया गया है। पता नहीं अब कांग्रेस क्या करेगी ?"

"करेगी क्या," चटर्जी ने कहा, "कह देगी हमारा तो समझौता हो गया; तुम लगान दे दो।"

"अगर हम उनसे कहें, लगान मत दो और किसानों का एक आंदोलन चलायें," हरीश ने कहा।

"तो वह किसानों का आंदोलन होगा। मारे वे जायेंगे, कुर्की उनकी होगी, ज़मीन से बेदख़ल वे होंगे, बेंते उन पर बरसेंगी। हमें ले जाकर सरकार जेलों में सुरक्षित बंद रखेगी और कोई उसकी परवाह नहीं करेगा। किसान बर्बाद ज़रूर हो जायेंगे पर फ़ायदा कुछ नहीं होगा।" अविजित ने कहा।

"तो ?"

"जेल जाने में तभी फ़ायदा है जब हमारे साथ कोई ऐसा नेता हो जिसकी बात का असर सरकार पर पड़ता हो वरना सीधे-सीधे सैनिक क्रांति होनी चाहिए।"

"तो ?" ललकार कर चड्ढा ने कहा।

"इस वक़्त गांधीजी ही एकमात्र ऐसे नेता हैं। हम लोग युवक मंडल अवश्य बनायें पर समझ-बूझकर क़दम उठायें। गांधी-इर्विन समझौते के अंतर्गत देखें क्या होता है।"

अविजित की बात पूरी भी नहीं हुई थी कि चड्ढा उछल कर उसके सामने आ खड़ा हुआ। उसका पूरा बदन थरथरा रहा था, चेहरा किसी गहरी मानसिक यंत्रणा से झिंझुड़ कर विकृत हो उठा था। अविजित को अचानक उस अंग्रेज़ सार्जेंट

का ख़याल हो आया जिसने दो साल पहले उस पर लाठी बरसाई थी। लाठी की पहली चोट ने अविजित का यही हाल कर दिया था। पर चड्ढा···

"क्या हुआ ?" अविजित के मुंह से निकला।

"दलीलें···दलीलें···" घुटी-घुटी आवाज़ में चड्ढा ने कहा।

"अविजित की बात ग़लत नहीं है," हरीश ने कहा।

"नहीं," चड्ढा ने गहरी भर्त्सना के साथ कहा था, "अविजित से अच्छा वकील तुम्हें नहीं मिलेगा।" और कमरे से बाहर निकल गया था।

उसके पीछे-पीछे काजल भी बाहर चली गयी थी···

क्या हुआ था समझौतों के अंतर्गत ? बस यह कि अहिंसात्मक असहयोग आंदोलन के बंदी जेलों से छोड़ दिये गये थे। साथ ही क्रांतिकारी बंदियों पर सरकार का अत्याचार बढ़ता गया था।

"इस अत्याचार और दमन के लिए जितना ज़िम्मेवार ब्रिटिश राज है उतने ही गांधीजी।" काजल ने गहरे दुःख के साथ कहा।

अविजित के पास प्रतिवाद में दलील नहीं थी उस बार।

"जेलों में हो रहे अत्याचार के ख़िलाफ़ न केवल उन्होंने खुद कोई आवाज़ नहीं उठाई है बल्कि हिंसा-अहिंसा का भूत खड़ा करके देश भर में ऐसा वातावरण पैदा कर दिया है कि भारतीय जनमत इस दमन के प्रति उदासीन हो गया है। जब-जब राजनैतिक क़ैदियों को छुड़ाने का प्रश्न आता है, वे हिंसात्मक और अहिंसात्मक क़ैदियों में फ़र्क़ करते हैं। इतिहास महात्मा गांधी को इन दुहरे मूल्यों के लिए कभी माफ़ नहीं करेगा।" काजल ने कहा था।

पर···कौन लिखता है इतिहास ? वही जिसके पास सत्ता होती है और जिनके हाथों में सत्ता होती है, उनके मूल्य दुहरे हुआ ही करते हैं।

"ऐसा कैसा जादू होता है एक आदमी में कि बाकी के लोग सोचना ही बंद कर दें ?" अनित्य ने कहा था।

समझौते के बाद लखनऊ की सड़क पर···फूल मालाओं से लदा अनित्य···! अविजित अपने विद्यार्थी मंडल के सभापति की हैसियत से लखनऊ गया था। यह पता करने कि किसानों को लगान की छूट दिलवाने के लिए प्रांतीय कांग्रेस आगे क्या करने वाली है। सोचा था अनित्य से भी मिलता आयेगा।

मिलना हुआ भी था पर हॉस्टल के कमरे में नहीं, बीच सड़क पर।

गले में फूल-मालाएं पहने, जुलूस में चलता अनित्य ! अविजित भौंचक खड़ा रह गया था।

उसे देखकर अनित्य ने बड़ी अदा के साथ हाथ जोड़े थे।

अविजित झपट कर उसके पास पहुंच गया था।

"कहां से आ रहे हो ?" उसने पूछा था।

"जेल से छूट कर। आपको पता नहीं, गांधी-इर्विन समझौता हो गया है और सत्याग्रही रिहा किये जा रहे हैं। खुद जवाहरलाल नेहरू लखनऊ तशरीफ़ लाये हुए हैं। हमें फूल-मालाएं ही नहीं मिलीं, उनका दीदार भी हासिल हुआ।"

"पर तुम किसलिए गये थे जेल।"

"गांधीजी की जय बोलने और किस लिए ? गांधीजी ने कहा, अंग्रेज़ों को यहां से भगाओ, जेल जाओ; हम चले गये। गांधीजी ने कहा, अंग्रेजों को अभी टिके रहने दो, आंदोलन बंद कर दो; हम बाहर आ गये। लोग खुश हुए, जुलूस निकले, सभाएं हुईं, फूल-मालाएं पहनायी गयीं···कांग्रेस अब अवैध नहीं रही···"

"चुप रहो," अविजित ने कहा, "हज़ारों लोग हैं जो अब भी जेलों में बंद हैं।"

"जी हां," अनित्य गंभीर हो गया। "वे लोग अपने ज़मीर के क़ैदी हैं, गांधीजी के नहीं। मौत और काले पानी के सिवा उन्हें मिल भी क्या सकता है ? सरकार और उनमें बीचबचाव करने वाला कौन है ?"

"और तुम्हारा ज़मीर ?"

"वह तो बचपन में ही मर गया था।"

"तो अब गांधीवादी कैसे बन गये ?"

"मैं और गांधीवादी ! तौबाह !"

"फिर जेल क्या करने गये थे ?"

"सज़ा से बचने," अनित्य ने धीमी आवाज़ में कहा।

"क्या मतलब ?"

"यहां नहीं। ज़रा इस सब से निबट लूं। कमरे पर पहुंचकर सब बतलाता हूं।"

अनित्य की कहानी बिल्कुल अनित्य की तरह थी—

"हुआ यह कि मैं ऐसा काम कर बैठा जिसकी सज़ा भयानक होती। हज़रतगंज की एक संकरी गली से गुज़र रहा था। देखा, एक गोरा सिपाही एक औरत को तंग कर रहा है। गुस्सा आना नहीं चाहिए था पर आ गया। आदमी का ज़मीर भी क्या कमबख़्त चीज़ है। बरसों घोंटते रहो, मर कर नहीं देता। तो उस गोरे के हाथ से बेंत छीन कर मैंने उसकी अच्छी तरह ठुकाई कर डाली। था तो मुझसे कहीं तगड़ा पर पिये हुए था इसलिए मुक़ाबला न कर सका, पिट गया। कुछ ही देर में वहीं ज़मीन पर लुढ़का पड़ा था, मार की वजह से नहीं, शराब के असर से। मज़ाक देखिये, मैं न मारता तो भी थोड़ी देर बाद होश वह ज़रूर खो देता। पर मेरे माथे पर बहादुरी जो लिखी थी। खैर···औरत तो भाग गयी पर मैं बुरी तरह डर गया। पकड़ा गया तो कौन जाने फांसी ही हो। तंग-सी गली थी इसलिए

इक्का-दुक्का लोग ही वहां थे। और वे भी ऐसी अनहोनी घटना देख, ठगे-से रह गये थे। पर कितनी देर ? वहीं बना रहा तो कोई-न-कोई होश में आयेगा और मुझे पकड़ कर पुलिस के हवाले कर देगा, यह सोच कर मैं जिधर पांव उठा उधर दौड़ पड़ा।

"क़िस्मत बुलंद थी। जिधर मैं दौड़ा, उधर सामने से नारे लगाता सत्याग्रहियों का जुलूस आ रहा था···चौक पर नमक बना कर आ रहे थे, खूब जोश में थे। बस मैं उनमें जा मिला और ज़ोर-ज़ोर से 'गांधीजी की जय' चिल्लाने लगा। पुलिस का सामना तो देर-सबेर होना ही था, सो हुआ और सबके साथ मैं भी लखनऊ ज़िला जेल की बैरक नंबर छह में बंद कर दिया गया।"

"बहुत तकलीफ़ में रहे ?" कुछ देर चुप रहकर अविजित ने पूछा।

अनित्य हंस पड़ा।

"मुझे तकलीफ़ क्या होनी थी। मैं तो कोयले की बोरी पर सोने और रूखी रोटी खाने का आदी हूं।"

"वह बचपन की बात है···" अविजित ने टोका।

"हां, हमारे पिता जी ने मां के मरने के तेरहवें दिन दूसरी शादी पक्की कर ली तो मुझे पालने आगरा धाय के पास भेजना ज़रूरी हो गया। आख़िर एक और छोटे बच्चे को पालने की ज़हमत वे अपनी बीवी पर कैसे डाल सकते थे। इसीलिए छह साल तक मुझे घर नहीं बुलाया जा सका। आपको याद होगा, जब मैं घर आया तो रसोई के पास के स्टोर में कोयले की बोरी पर जाकर सो गया। दाल-सब्जी खाने की आदत थी नहीं, खायी तो दस्त लग गये। तब नयी बीवी ने कहा, 'यह तो एकदम जंगली है, इसकी सोहबत में छोटे लड़के बिगड़ जायेंगे' और इसलिए···"

"कमउम्र थीं इसी से हो गया," अविजित ने उसकी बात काट कर कहा, "अब वे बदल गयी हैं। मुझे तो मां से कोई शिकायत नहीं है।"

"क्यों नहीं है ? होनी चाहिए। मैं तो भूला नहीं हूं कि दस-ग्यारह बरस की उम्र में ही आप घर-भर में झाड़ू लगाते थे, बर्तन मांजते थे और दोनों छोटे लड़कों को लादे-लादे स्कूल की पढ़ाई किया करते थे। मुझे घर से बाहर न भेज दिया गया होता तो···"

"तो क्या···बुरा वक़्त था गुजर गया···अब उसका क्या ज़िक्र ?"

"जो गुज़र जाता है उसे आप फ़ौरन भूल जाते हैं ?"

"कोशिश तो ज़रूर करता हूं।"

"मैं नहीं करता। जो गुज़र चुका है मेरे साथ जीता रहता है।"

अविजित चुप रहा।

"होता आप के साथ भी यही है," अनित्य ने कहा, "बस आप लोग उसे नकारते

रहते हैं और इसीलिए दो स्तरों पर जीने को मजबूर हो जाते हैं।''

ठीक कह रहा था अनित्य···इसी से बात बदलनी पड़ी थी।

''कितने दिन रहे जेल में ? उसने पूछा।''

''चार महीने। भला हो गांधीजी का जो समझौता कर लिया वरना न मालूम कितने दिन और रहना पड़ता।''

''तुमने मुझे नहीं लिखा ?''

''इसमें लिखने को क्या था ?''

''मैं आकर मुलाक़ात कर जाता। चिट्ठी-पत्री भी देता···जेल के अकेलेपन से कुछ तो निजात मिलती।''

''अकेलापन था कहां ? एक बैरक में पचास क़ैदी ठुंसे पड़े थे। सोते-सोते भी एक का पैर दूसरे को छूता रहता, दो फुट की जगह तो हुआ करती थी बीच में। मैं तो तन्हाई को तरस गया। सबके सामने नहाओ, लाइन में बैठ कर खाना निगलो और चौबीसों घंटे गांधीजी का बखान सुनो···एक दोस्त मिलने आया तो यही कहा उससे, और कुछ नहीं तो थोड़ी-सी रुई भिजवा देना। कानों में ठूंस लूंगा तो कुछ राहत मिलेगी। जरा सोचिये तो सही, अगर उनचास आदमी हर जुमले की शुरुआत 'गांधीजी कहते हैं···' से करेंगे तो पचासवें की क्या हालत होगी ?''

अविजित हंस पड़ा।

''बस यही तकलीफ़ थी जेल में ?''

''मेरी खुशकिस्मती कि अपना जेलर गोहरबाई का ख़ास···दोस्त···निकला। मेरी चिट्ठी मिलने पर वे जो मुलाक़ात करने आयीं तो उसके बाद कोई तकलीफ़ मुझे नहीं रही। खाना बाहर से मंगाने की इजाज़त मिल गई, साबुन-तेल की सुविधा हो गयी—पैसा दोस्त लोग जमा करा गये थे—और सबसे अच्छा हुआ यह कि बैरक के बाहर अहाते में सोने की इजाज़त मिल गयी।''

''तुम्हारे साथियों में से किसी और ने भी अपने लिये खास सहूलियतें मांगी थीं ?''

''नहीं।''

''एक आदमी सिर्फ़ अपने लिये खास सहूलियतें मांगे इसे तुम ग़लत नहीं समझते ?''

जान-बूझकर आज अविजित बार-बार अनित्य पर चोट कर रहा है, क्यों, वह खुद नहीं समझ पा रहा।

''समझता हूं,'' अनित्य ने कहा, ''पर जितना ग़लत यह जेल के अंदर है उतना ही जेल के बाहर। एक ग़रीब आदमी के मुकाबले हम कितनी सहूलियतें पाये हुए हैं, कभी सोचा है किसी ने ?''

"गांधीजी सोचते हैं। उनका रहन-सहन देश के सबसे ग़रीब आदमी की तरह है।"

"भाई साहब," अनित्य ने कहा, "ग़रीबी झेलना और ग़रीबी से सहानुभूति रखना दो अलग चीज़ें हैं। जान-बूझकर तीसरे दर्जे में सफ़र करना और लंगोट पहनना एक बात है और न चाहते हुए भी ऐसा करने पर मजबूर होना दूसरी बात है। फिर यह बतलाइये कितने ग़रीब किसान हैं जो दूध, फल और बादाम खा पाते हैं।"

"क्या मतलब ?"

"छोड़िये। जेल में रहकर एक ही बात मेरी समझ में आयी, जो बाहर है वही अंदर। वही ऊंच-नीच, वही तिकड़मबाजी, वही रसूख़, वही रिश्वतखोरी, वही पार्टीबंदी। आप ऊंचे वर्ग के हैं, घर पर ख़ानसामा रखकर खाना बनवाते हैं तो जेल में भी खाना पकाने के लिए आपको निचले वर्ग का क़ैदी मिल जायेगा। आपके पास पैसा है, वार्डनों को सिगरेट-बीड़ी पिला सकते हैं तो वह भी आपसे दोस्ताना ताल्लुक़ात रखेंगे। वरना चक्की पीसिये, उबले चने चबाइये, मिट्टी मिली रोटी और कंकड़ मिली दाल पर गुज़ारा कीजिये, बात-बात पर बेंत खाइये···"

"तुम अपराधियों की बात कर रहे हो। राजनैतिक बंदी···"

"राजनैतिक बंदी ! लाला लाजपतराय को शिकायत थी कि मद्रासी छोकरे का बनाया खाना रुचता नहीं, पंजाबी आदमी चाहिए और अंडमान के बंदियों को शिकायत है कि बैल की जगह उन्हें कोल्हू में जोत कर तेल निकलवाया जाता है। दोनों ही राजनैतिक बंदी हैं न ?"

"हां," अविजित ने कहा, "पर···"

पर···वह जानता है कोई दलील अंडमान के नरक की यातनाओं को नकार नहीं सकती।

उसके दिमाग़ में वह सब घूम गया था जो अंडमान की जेलों के बारे में सुनने में आता रहा है।

अठारह-बीस साल के कम-उम्र लड़कों को कोल्हू में जोता जाता है। तीस पौंड तेल निकालना आवश्यक है और उतना निकाला ही नहीं जा सकता। काम पूरा न होने पर रोज़ मार पड़ती है, खाना नहीं मिलता और कोल्हू में जुता रहना पड़ता है। काम करने पर प्यास लगती है पर पानी मांगने पर पीठ पर डंडा बरसता है। बेहोश होने पर भी काम से छुटकारा नहीं है।

जेल प्रशासन का उद्देश्य ही है उन्हें तिल-तिल करके मारना या आत्मघात पर बाध्य करना। नहाते-धोते समय बंदी आपस में इशारे भी कर लें तो खड़ी हथकड़ी की सज़ा मिल जाती है। सिर से ऊंचे कुंडे से दोनों हाथ हथकड़ी से फ़िट कर के बंदी को खड़ा कर दिया जाता है। जागना-सोना उसी हालत में···सात दिन तक !

मिट्टी का तेल और कीड़े मिला खाना मिलता है और उसे खाने के लिए भी इतना कम समय कि पूरा खा नहीं पाते। और न खाने पर भी दंड मिलता है।

उल्हासकर दत्त के बारे में सुना है। उसे हाथ-पैर बांध कर कोल्हू घुमाने वाली लकड़ी से बांध दिया गया था। बाकी बंदी कोल्हू तेज़ी से घुमाते और बंधा हुआ उल्हासकर साथ घिसटता रहता। सिर ज़मीन से टकराता, शरीर लहूलुहान हो जाता। फिर उसे ईंट ढोने और ऊंची चढ़ाई पर चढ़ कर पानी लाने-पहुंचाने का काम दिया गया। शक्ति ने जवाब दे दिया सो जंज़ीर से बांध कर लटका दिया गया और उसी हालत में वह पागल हो गया। और भी कितने ही बंदी वहां पागल हो गये या उन्होंने आत्महत्या कर ली।

इन लोगों के बारे में कितने लोग जानते हैं ? जानते हुए कितने हैं जो इस सबसे उद्वेलित होते हैं ?

"आतंकवादियों को सरकार राजनैतिक बंदी नहीं मानती, क़ातिल और डकैत मानती है," अविजित ने कहा।

"गांधीजी भी यही मानते हैं," अनित्य ने कहा।

"नहीं।"

"नहीं कैसे ? अपनी हालत में सुधार लाने के लिए वे लोग स्वयं अनशन कर रहे हैं। यतीन्द्रनाथ की पिछले साल मौत हुई। गांधीजी ने तो उनके लिए उपवास नहीं रखा।"

1932 में अविजित ख़ुद जेल गया तो बात अच्छी तरह समझ में आ गयी। जेल की यातनाएं सह कर क्रांतिकारियों ने जो अनशन किया था उसका नतीजा यह निकला था कि क़ैदियों की खुल्लमखुल्ला तीन श्रेणियां बन गयी थीं—ए, बी और सी। बाहर के समाज का वर्ग-विभेद भीतर जेल में भी लागू हो गया था। लागू तो पहले से था, अब स्वीकार कर लिया गया। कैसी विडंबना थी कि जिन लोगों ने अनशन किया था वही 'सी' क्लास में जा पड़े।

पंडित नेहरू ने उन दिनों कहा था, "···सर्वसाधारण तो लड़ेंगे और क़ुर्बानी करेंगे और जब क़ामयाबी का वक़्त आयेगा तब ऐन मौक़े पर दूसरे लोग बड़ी खूबी से आकर जीत का लाभ हड़प लेंगे। इस बात का भारी खतरा था क्योंकि खुद कांग्रेस के इसके बारे में निश्चित विचार नहीं थे कि हम लोगों को किस तरह की सरकार स्थापित करना चाहिए। कुछ कांग्रेसी तो···यही चाहते थे कि मौजूदा सरकार में ब्रिटिश या विदेशी अंश को निकालकर उसकी जगह स्वदेशी छाप दे दी जाये।"

एक लंबी लड़ाई का अंत आख़िर इसी तरह हुआ। अनित्य···काजल···

भगतसिंह···जवाहरलाल नेहरू···सब जानते थे फिर भी···हुआ वही जिसका सबको डर था। जानता तो अविजित भी था···जानता है···बस महसूस तब करता है जब कोई काजल या चड्ढा उसकी याद दिला दे।

8

"जो स्वतंत्रता लड़कर ली जाये उसका मूल्य और होता है," काजल ने कहा। "तब हम शासक को ही नहीं, उसके द्वारा आरोपित मानदंडों और सामाजिक व्यवस्था को भी उखाड़ फेंकते हैं।"

"अहिंसात्मक लड़ाई भी तो लड़ाई है," अविजित ने कहा।

न चाहते हुए भी अविजित के लिए दलील देना ज़रूरी क्यों हो जाता है ?

"हां," काजल ने कहा, "पर उसका अंत समझौते में होता है। शासकों से समझौता करने का अर्थ ही है स्वाभिमान का ह्रास और नपुंसकता का उदय। ऐसे लोग हमेशा परिवर्तन से डरते हैं। हमीं को देखो न। हमने न अपने शासकों की शासन-प्रणाली बदली न शिक्षा-प्रणाली।"

अविजित ने काजल पर से नज़रें हटाकर फ़ाइल पर जमा लीं पर वहां भी तो···

"···हिंसा का अर्थ है," उसने पढ़ा, "अन्याय के लिए किया गया बल प्रयोग। पर क्रांतिकारियों का यह उद्देश्य नहीं है, दूसरी ओर अहिंसा का आम अर्थ है आत्मिक शक्ति और सिद्धांत। अपने-आपको कष्ट देकर आशा की जाती है कि इस प्रकार अंत में विरोधी का हृदय परिवर्तन संभव होगा। सत्याग्रह का अर्थ है सत्य के लिए आग्रह। उसकी स्वीकृति के लिए केवल आत्मिक शक्ति के प्रयोग का आग्रह क्यों ? इसके साथ-साथ शारीरिक बल प्रयोग भी क्यों न किया जाये ? क्रांतिकारी स्वतंत्रता प्राप्ति के लिए शारीरिक एवं नैतिक शक्ति दोनों के प्रयोग में विश्वास करता है परंतु नैतिक शक्ति का प्रयोग करने वाले, शारीरिक बल को निषिद्ध मानते हैं। इसलिए अब सवाल यह नहीं है कि आप हिंसा चाहते हैं या अहिंसा बल्कि प्रश्न यह है कि आप अपने उद्देश्य की पूर्ति के लिए शारीरिक बल सहित नैतिक बल का प्रयोग करना चाहते हैं या केवल आत्मिक शक्ति का।

"आतंकवाद संपूर्ण क्रांति नहीं और क्रांति भी आतंकवाद के बिना पूर्ण नहीं। यह तो क्रांति का एक आवश्यक और अवश्यंभावी अंग है। इस सिद्धांत का समर्थन

इतिहास की किसी भी क्रांति का विश्लेषण कर जाना जा सकता है। आतंकवाद आततायी के मन में भय पैदा करके पीड़ित जनता में प्रतिशोध की भावना जाग्रत कर उसे शक्ति प्रदान करता है। अस्थिर भावना वाले लोगों को इससे हिम्मत बंधती है तथा उनमें आत्म-विश्वास पैदा होता है। इसमें दुनिया के सामने क्रांति के उद्देश्य का वास्तविक रूप प्रकट हो जाता है क्योंकि ये किसी राष्ट्र की स्वतंत्रता की उत्कट महत्वाकांक्षा के विश्वास दिलाने वाले प्रमाण हैं।

"···क्रांतिकारी जानते हैं कि कांग्रेस ने जन-जागृति का महत्त्वपूर्ण कार्य किया है। उसने आम जनता में स्वतंत्रता की भावना जाग्रत की है। क्रांतिकारी तो उस दिन की प्रतीक्षा कर रहे हैं जब कांग्रेस आंदोलन से अहिंसा की यह सनक समाप्त हो जायेगी और वह क्रांतिक्रारियों के कंधे से कंधा मिलाकर पूर्ण स्वतंत्रता के सामूहिक लक्ष्य की ओर बढ़ेगी।

"···वास्तव में गांधीजी जिस रूप में सत्याग्रह का प्रचार करते हैं वह इस प्रकार का आंदोलन है जिसका स्वाभाविक परिणाम समझौते में होता है जैसा कि प्रत्यक्ष देखा गया है···"

दरअसल अहिंसा की सनक ख़त्म नहीं हुई थी, बढ़ती ही चली गयी थी। अंत में स्वतंत्रता मिली भी तो समझौते के रूप में। दूसरे विश्वयुद्ध में भारत को आर्थिक रूप से पूरी तरह निचोड़ लेने के बाद ही अंग्रेज़ शासकों ने उसे छोड़ा था, वह भी इसलिए कि निगल पाना असंभव हो रहा था।

"वह समय ही ऐसा था कि गांधीजी के सिवाय दूसरा आदमी जन-जागृति ला ही नहीं सकता था," फिर भी अविजित ने कहा, "यह भगतसिंह ने भी माना है। और जन-जागृति के बिना आज़ादी···"

"भूल गये, गांधीजी ने कराची कांग्रेस में काले झंडों से स्वागत होने पर क्या कहा था—इतनी जन-जागृति मैं दस वर्ष में नहीं ला पाया जितनी भगतसिंह को फांसी लगने से पैदा हो गयी।"

"हां···वह तो है···" अविजित ने कहा, "तुम्हें भगतसिंह पर बहुत मोह है···हमेशा से रहा है, है न ?"

"तुम जो मुकर्जी बाबू की तरह बोल रहे हो," काजल ने कहा।

"मुकर्जी बाबू कौन ?"

"मेरे पति।"

"·····"

"कांग्रेसी हैं। 1942 में माफ़ी मांगकर जेल से छूट गए थे। आदमी तिकड़मबाज हैं···आजादी मिलने पर कसकर लीडरों की चापलूसी की। मंत्री बन गए। कहने लगे, तुम्हें भगतसिंह पर इतना मोह क्यों है ? कांग्रेसी की पत्नी को यह शोभा नहीं देता। मैंने कहा, मोह मुझे भगतसिंह पर नहीं, इतिहास पर है।"

अविजित उसके जवाब को झेलता कुछ देर चुप रहा, फिर बोला, "मुकर्जी बाबू से तुम्हारी शादी कैसे हुई ?"

"क्यों ?" काजल ने कहा, "तुम्हारी तरह क्या सभी शादी से इनकार कर देते है।"

अविजित का मुंह सूख गया।

काजल सहसा हंस दी। बोली, "मुकर्जी बाबू सिर में तेल मालिश बढ़िया करते हैं।"

अविजित ने मुंह उठाकर उसकी तरफ़ देखा और उसकी हंसी से वशीभूत होकर खुद भी हंस दिया।

बोला, "इसीलिए शादी कर ली ?"

"और जो बुराई उनमें हो," काजल ने कहा, "सिर-दर्द के लिए अच्छे आदमी हैं।"

"मालिश मैं भी बढ़िया करता हूं," अविजित ने कहा।

"मेरे सिर में अब दर्द नहीं होता," काजल ने फ़ौरन कहा, "मुकर्जी बाबू ने हमेशा के लिए ठीक कर दिया।"

"फिर छोड़ क्यों दिया उन्हें ?" तिलमिला कर अविजित कह गया पर कह कर बुरी तरह लज्जित हो उठा।

"माफ़ करना काजल", उसने कहा, "यह सब पूछने का···"

"अधिकार तुम्हें नहीं है, यह सच है," काजल ने कहा, "फिर भी बतलाने में मुझे एतराज़ नहीं है।"

कुछ देर चुप रह कर काजल एकदम गंभीर हो उठी।

"छोड़ने से इतना डरना नहीं चाहिए, अविजित," उसने कहा, "ग़लत मूल्य को सिर्फ़ इसलिए छाती से चिपकाए रखना क्योंकि एक दिन उचित समझ कर उसे ग्रहण किया था, अपने को छलना भर है और कुछ नहीं"

बात उससे कही गयी है, अविजित समझ गया पर जवाब देने को कुछ नहीं मिला।

कुछ ठहर कर काजल ने कहा, "उनकी सिर मालिश की कला से ही शायद प्रभावित होकर बाबा मुकर्जी बाबू को इतना बड़ा सर्टिफ़िकेट दे गये कि बिना सोचे-विचारे मैंने उनसे ब्याह कर लिया।"

"तुम्हारे बाबा···"

"1944 में पटना कैंप जेल में उनकी मृत्यु हो गयी थी···तुम्हें याद है, 1934 में हम लोग इलाहाबाद छोड़ कर पटना चले गये थे ?"

"हां," अविजित को कैसे याद नहीं होगा।

"1942 अगस्त में मां-बाबा दोनों गिरफ़्तार हो गये। मैं 1945 तक फ़रार रही,

इतना पता अवश्य लगा कि बाबा पटना जेल में हैं पर मिलना या पत्र देना एकदम नहीं हो सका। मां एक साल बाद छूट कर घर आ गयीं पर बाबा···और नहीं आये! तीन वर्ष बाद जब मैं घर लौटी तो···मुकर्जी बाबू ने बाबा के पत्रों का पुलिंदा हाथों में थमा दिया···"

"मुकर्जी बाबू तुम्हारे पिता के मित्र थे ?"

"नहीं···पटना जेल में उनके साथ थे। दो-तीन महीने में जब भी पत्र लिखने की इजाज़त मिलती; बाबा मेरे नाम पत्र लिख कर मुकर्जी बाबू को पोस्ट कर देते। दो बरस में दस-बारह पत्र जमा हो गये ?"

"जेल से जेल ही में ?"

"छह महीने बाद छूट गये थे न मुकर्जी बाबू जेल से। पर बाबा को उन्होंने नहीं छोड़ा···मुलाक़ात के दिन मिलने बराबर जाते रहे। मां घर आयीं तो उनकी भी देखभाल की। पत्र-वाहक, संदेश-वाहक, पोषण-कर्ता सब···बस एक मुकर्जी बाबू ही तो थे !"

कहकर काजल ज़रा हंसी, फिर बोली, "बाबा की संपत्ति तो सरकार ने ज़ब्त कर ली थी।"

अविजित की समझ में नहीं आया, क्या प्रतिक्रिया ज़ाहिर करे।

"बाबा के पत्रों में मेरे लिये प्यार भरा था या मुकर्जी बाबू का गुणगान," कुछ रुककर काजल ने कहा, "जेल में उन्होंने बाबा की कितनी सेवा-सुश्रूषा की, खूब ब्यौरेवार लिखा था बाबा ने। उतना ब्यौरेवार तो खुद मुकर्जी बाबू ने भी मुझे नहीं सुनाया।" काजल के ओठों पर एक तिक्त मुस्कराहट फैल गयी।

पर कुछ ठहर कर जब वह दुबारा बोली तो उसका स्वर द्रवित था।

"बाबा को रक्तचाप की बीमारी थी," उसने कहा, "सिर में भीषण पीड़ा रहती थी···उस पर पटना कैंप जेल ? क्या थी तुम तो जानते ही होगे।"

"हां, वहां सभी राजनैतिक बंदी 'सी' क्लास में थे," अविजित ने कहा।

'सी' क्लास भी कैसा ! बहुत कुछ सुन रखा है अविजित ने पटना कैंप जेल के बारे में।

बीस जनों के लायक वार्ड में सौ-सौ क़ैदी बंद ! हवा आने-जाने के लिए एक खिड़की तक नहीं ! ऊपर टीन की छत। बासी हवा की घुटन में देह-झुलसाती, चिलचिलाती गरमी ! नहाने-धोने को पानी नहीं, तेल-साबुन की बात ही क्या। खाने को चार छटांक चावल में घुटे कीड़े और कंकड़। ऊपर से बात-बात पर लाठी-चार्ज ! त्यौहारों के दिनों का एक निश्चित कार्यक्रम !

"हां," काजल ने कहा, "सी क्लास कह देना काफ़ी है, और वर्णन नहीं चाहिए।"

"अच्छा," सहसा उसने कहा, "अब तो अपनी सरकार है। जेलों से ए, बी, सी श्रेणियां हटा क्यों नहीं देती ?"

"सब कुछ तो वही है," अविजित ने कसमसा कर कहा।

"हां," काजल ने तीते स्वर में कहा, "मुकर्जी बाबू न रहे होते तो पटना जेल में बाबा का पता नहीं क्या हाल होता। वही तो एक थे जो जेल में भी दवा-दारू का जुगाड़ कर देते थे। कितना सामान तो उनके मुलाक़ाती दे जाते थे। मुलाक़ातें कराना जेलर के हाथ में था और जेलर मुकर्जी बाबू की मुट्ठी में। और भले इतने कि बाबा की तबीयत खराब होती तो खुद उनके सिर में तेल-मालिश करने बैठ जाते। बाबा बेचारे गद्‌गद होकर दिल का सब हाल उनसे कह डालते। बस दो बातें—एक मैं, दूसरी ज़ब्त हुई संपत्ति। मुकर्जी बाबू का धैर्य तो देखो, एक दिन भी बाबा की बातों से ऊब महसूस नहीं की। ऐसा आदमी घाटे में रह सकता है भला ?"

"मतलब ?"

"मेरे लौटने भर की देर थी कि मुकर्जी बाबू ने जतन कर के ज़ब्त हुई संपत्ति छुड़ा ली—मेरे नाम से।"

"और तुम्हारे बाबा···"

"बाबा !" काजल जैसे अपने पिता को आंखों के सामने देख रही थी।

"बाबा तब तक नहीं मर पाये जब तक मुकर्जी बाबू से मिल न लिये। सिर पर लाठी खाकर पंद्रह दिन अस्पताल में पड़े रहे पर प्राण छोड़े तब जब मुकर्जी बाबू को आशीर्वाद दे चुके।"

"जेल में लाठी चार्ज हुआ था !" अविजित ने समझकर कहा।

"मुकर्जी बाबू ने ठीक तो कहा था—चावल की मिक़दार छह से घटा कर चार छटांक कर दी गयी तो बूढ़े बाबा क्यों विरोध करने गये, वे तो उतना भी नहीं खा पाते थे···क्यों अविजित ?"

उसके स्वर की तीती घरघराहट से अविजित सकपका गया। वह समझ नहीं रहा था, मुकर्जी बाबू के बारे में ठीक क्या सोचे। आदमी तो भला ही मालूम पड़ रहा था।

"दूसरों के लिए···" उसने कहा।

"कोई क्यों मरे, यही न।"

अविजित चुप रहा।

"और मुझे देखो," काजल कहती गयी, "ब्याह के समय बच्ची तो थी नहीं। तीस बरस की होने को आयी थी पर एक बार भी पूछ क़र नहीं देखा कि अकेले मुकर्जी बाबू ही क्यों छह महीने में जेल से छोड़ दिये गये थे।"

चुप बैठा अविजित देर तक काजल के तमतमाये चेहरे को देखता रहा, फिर वातावरण को हल्का करने की गरज से बोला, "सज़ा तो पूरी करनी ही पड़ी। तुमने उन्हें छोड़ दिया न।"

"तो ? मेरे पति न सही, मान्य पुरुष तो अब भी हैं। उद्योगमंत्री मुकर्जी कोई छोटी चीज़ तो हैं नहीं।"

"उद्योगमंत्री मुकर्जी !" अविजित के मुंह से निकला, "वही क्या तुम्हारे पति हैं ?"

"थे।"

"थे ही सही।"

"हां। तुम उन्हें जानते हो ?"

"नहीं, जानता तो नहीं···यानी निजी तौर पर नहीं जानता···मुझे उनसे काम है।"

"हो जायेगा।"

"यानी ?"

"बस रक़म तगड़ी लगेगी। दिक्क़त क्या है ? तुम लोग 'ए' क्लास के आदमी हो। कंपनी के पास रुपयों की कमी तो होगी नहीं।"

ए क्लास के आदमी !

अविजित का सारा शरीर जल उठा।

"रुपयों की कमी तो तुम्हारे पास भी नहीं होगी," उसने कहा, "तुम्हारी संपत्ति···"

"वह तो मैंने दहेज़ में दे दी।"

उठने को उद्यत अविजित लज्जित-सा बैठा रह गया।

"घर छोड़ते वक़्त मुकर्जी बाबू से कहा था, रुपया-पैसा सब आप रखें, बस बेटे को मैं ले जाऊंगी। ले आयी थी पर···जानते हो अविजित, देश का क़ानून बेटे को बाप के हवाले करता है और मौक़ापरस्त आदमी अच्छा बाप नहीं बन सकता, कोई कोर्ट यह दलील मानने को तैयार नहीं है।"

"तुम्हारा बेटा वहीं है ?" अविजित ने कोमल स्वर में पूछा।

"हां। पहले कुछ नहीं कहा···बाद में···कोर्ट आर्डर दिखला कर मेरे पास से ले गये···" एक क्षण को काजल विह्वल हो उठी, फिर बोली, "मेरी लड़ाई ज़ारी है। एक दिन···ज़रूर···"

नहीं जीत पाओगी, अविजित ने नहीं कहा। सोचा ज़रूर, मौक़ापरस्त आदमी देश पर राज कर सकता है तो बाप क्यों नहीं बन सकता।

पंडित नेहरू ने कहा था—क़ामयाबी तभी हासिल होनी चाहिए जब आदमी उसके क़ाबिल हो वरना कुर्बानी कोई देगा और ऐन मोक़े पर हुकूमत मौक़ापरस्त लोगों के हाथों में चली जायेगी।

उसके ससुर जज सिंघल ने कहा था—हुकूमत चाहे अंग्रेज़ के नाम पर चले चाहे कांग्रेस के या किसी और पार्टी के, हुक्मरान वही रहेंगे···हुकूमत अफ़सर करते

हैं, नारे नहीं और अफ़सर का दूसरा नाम है हुकूमत का तजुर्बा···मेरी जगह जज उस किसान को नहीं बनाया जा सकता जिसे 1942 में मुझे देश के क़ानून के नाम पर सज़ा सुनानी पड़ी थी।

सुनानी पड़ी ! समय की मांग थी ! लड़े, क्योंकि लड़ना पड़ा···समझौता किया क्योंकि करना पड़ा···सज़ा दी क्योंकि देनी पड़ी। रिश्वत···देते हैं क्योंकि देनी पड़ती है···समय की मांग है ! अकेली काजल किस-किस से लड़ेगी ?

मैं भी कितना पागल हूं, घर के रास्ते में अविजित ने सोचा, शांति की खोज में काजल के पास गया था। काजल और शांति···

"बेजा बात है। आदमी आखिर अपने क़द से कितना ऊंचा उठेगा ?"

अनित्य ! अनित्य, तुम मेरे पीछे-पीछे हर जगह क्यों आ जाते हो ?

"मैं आपके पीछे-पीछे नहीं आता। आप ही हरदम मुझे साथ लेकर चलते हैं।"

"पर तुम्हारी बात ग़लत है।"

"क्यों ?"

"व्यतीत में जी कर कोई आदमी शांति नहीं पा सकता।"

"और अगर किसी का वर्तमान व्यतीत में से निकलता हो ?"

"काजल इतिहास पढ़ाती है, इतिहास पर उसका मोह स्वाभाविक है···व्यतीत में उसका जीना भी स्वाभाविक है पर मैं···"

"पर आप ?"

"मैं वह सब भूल चुका हूं।"

अनित्य हंस दिया।

"नहीं भूला तो भूल जाना चाहिए। 1942 में जो कुछ मुझसे हुआ मैंने किया। जो नहीं हुआ उसके लिए क्या मैं ज़िम्मेवार हूं ?"

"ज़िम्मेवार वह है जो ज़िम्मेवारी माने ?"

"मैं क्यों ? मैं ही क्यों ?"

अजीब थी अगस्त 1942 की लड़ाई ! जनक्रांति और किसे कहेंगे ! मध्यम वर्ग के युवा विद्यार्थी और साधनहीन किसान एकजुट होकर अंग्रेज़ी सत्ता के विरुद्ध टूट पड़े। दस हज़ार के ऊपर लोग मारे गये; लाख से ऊपर जेलों में बंद हो गये। पर···नतीजा कुछ नहीं निकला।

बहादुरी संगठन बिना हार गयी।

संगठन इसलिए नहीं हुआ कि नेता जेलों में बंद थे या इसलिए कि वे जानते नहीं थे वाक़ई वे चाहते क्या हैं ?

और नेता···क्या वाकई वे लोग दुविधा में थे या दुविधा में रहना राजनीतिक दृष्टि से लाभदायक था ?

"ग़लत यह हुआ कि आप लोगों में राष्ट्रीय जागृति आने से पहले ही अंतर्राष्ट्रीय जागृति आ गयी।"

किसने कहा था ?···मिस्टर मार्शल ने।

मिस्टर मार्शल न मिले होते तो शायद अविजित वह किताब भी न लिखता जिसके कारण···

1942 का अंत हो चला था···

शाम के घिरते झुटपुटे में, बीते दिनों की याद दिलाता, चड्ढा एक दिन अचानक उसके घर आ पहुंचा। नुकीली दाढ़ी और क्रिश्चियन पादरी के लबादे में अविजित उसे पहचान नहीं पाया था···खुद उसी को अपना नाम बतलाना पड़ा था। एक बार जान लेने पर तो ख़ैर···

"लगता है," चड्ढा ने कहा था, "मैं अब ज़ल्दी गिरफ़्तार हो जाऊंगा।"

"मैं कुछ कर सकता हूं तेरे लिए ?" अविजित ने पूछा था।

"इसीलिए तो आया हूं। तुझ पर कोई शक़ नहीं करेगा···"

"क्यों नहीं करेगा ?" अविजित को उसका संकेत बींध गया था, "मेरा रिकार्ड काफ़ी खराब है," उसने कहा था।

"इसीलिए तो तेरे पास आया हूं," चड्ढा ने मुस्कराकर कहा था, "मुझे ऐसे आदमी की ज़रूरत है जिस पर न मुझे शक़ हो और न सरकार को।"

"करना क्या है ?"

"यह रुपया और कागज़ रख ले, बस। बाक़ी का तू कुछ न जाने तो ही अच्छा है। अगर मैं पकड़ा नहीं गया तो ख़तरा कम होने पर आकर ले जाऊंगा। वरना हमारा कोई आदमी आयेगा। पासवर्ड होगा—पीला साफ़ा।" चड्ढा ने उसे काम की बात समझा दी थी।

अपने बारे में खोल कर कुछ बतलाया नहीं था पर अविजित समझ गया था कि वह किसी भूमिगत दल के लिए काम कर रहा है। यह भी कि कुछ दिनों से वह महसूस करता रहा है कि पुलिसवालों को उसका सुराग मिल गया है, इसलिए दल को छोड़कर दूर निकल आया है···बिहार की सरहद पार करके कलकत्ता। दल के सदस्यों को बचाये रखने के लिए ज़रूरी है कि वह उनकी गतिविधियों के स्थानों से दूर रह कर गिरफ़्तार हो। अविजित पर शक़ नहीं होगा, वह लड़ने वालों की क़तार में नहीं है। दस साल पहले विद्यार्थी जीवन में भले ही अनाचार हो गया हो पर आज, प्रसिद्ध उद्योगपति के मैनेजर और जज सिंघल के दामाद होने की हैसियत से वह शक़ के घेरे से बाहर है।

अविजित ने रुपया और कागज़ात ले जाकर दफ़्तर की मेज़ में बंद कर दिये थे। अपने सेक्रटरी भंडारी से कह दिया था कि वह बंडल निजी और गोपनीय है। और कुछ कहने की ज़रूरत नहीं थी। भंडारी भरोसे का आदमी था···इसीलिए

तो कलकत्ता छोड़ कर दिल्ली आने पर ढूंढ़ कर उसे साथ लेता आया है···उसकी वफ़ादारी सिर्फ़ अविजित से ताल्लुक़ रखती थी। उसके लिए वह सब कुछ करने को तैयार था—पतिव्रता पत्नी की तरह। सच, कितना सुखद, कितना सहज है व्यक्तिगत स्वामिभक्ति का अस्तित्व और निर्वाह। दुविधाहीन ! व्यक्तिगत मोह के सहारे ठोस धरती पर खड़ा !

पांच दिन के अंदर अंग्रेज़ पुलिस इंस्पेक्टर मार्शल उसके दफ़्तर में आ धमका।

"पुलिस इंस्पेक्टर मार्शल" अपना परिचय देकर उसने कहा, "तलाशी लेनी है।"

इतनी जल्दी !

"क्या लेनी है ?" अविजित ने अवकाश प्राप्त करने के लिए पूछा।

"तलाशी।"

"तलाशी ? हमारे दफ्तर की ? किसलिए ?"

"हमारी सूचना है कि आपका 'सियाराम क्रांतिकारी दल' से संबंध है," मार्शल ने अंग्रेज़ी में कहा।

अविजित ने नोट किया, मार्शल ने 'रेवोल्यूशनरी' शब्द का प्रयोग किया है, 'टेररिस्ट' या 'क्रिमिनल' का नहीं। क्रांतिकारी शब्द का इस्तेमाल भी निहायत शालीनता से किया गया है, हिक़ारत या व्यंग्य का पुट तक नहीं है। एक क्षीण-सी आशा उसके मन मे उभर आयी। शायद···

"हमारा ?···बिड़ला ग्रुप का ?" विक्षुब्ध स्वर में उसने ऐसे पूछा जैसे बुरी तरह अपमानित कर दिया गया हो।

मार्शल के ओंठ हल्के-से कांपे। शायद वह मुस्कराया था।

"नहीं, मिस्टर बंसल, आपका। बिड़ला ग्रुप से अलग आप एक व्यक्ति भी हैं।" उसने कहा।

"माफ़ कीजिये, इंस्पेक्टर मार्शल," राजभक्त जोश के साथ अविजित ने कहा, "आपको बतलाने की ज़रूरत मुझे नहीं होनी चाहिए कि युद्ध के दौरान व्यक्ति, व्यक्ति नहीं, कर्तव्य निभाने वाला पुर्ज़ा भर होता है। मैं बिड़ला ग्रुप का मैनेजर हूं, बस, और कुछ नहीं। हमारी फ़ौजों को इस वक्त कपड़े की ज़रूरत है। मेरा काम है, कपड़े का अधिकतम उत्पादन करना। बस ! और कुछ नहीं। मैं देखता नहीं हूं, सुनता नहीं हूं, बस काम करता हूं। आप जानते हैं, इंस्पेक्टर मार्शल, 'वार एफ़र्ट' में हमारा कितना बड़ा योगदान है ?" अविजित का स्वर बराबर ऊपर उठता चला जा रहा था।

उसने देखा भंडारी आकर कमरे के दरवाज़े पर खड़ा हो गया है। यही मौक़ा है, उसने तय किया।

गुस्से से उसका बदन थरथरा उठा। आंखों में सुर्ख़ डोरे खिंच गये। आवाज़ को भरसक तोड़ कर ऊपर उठाते हुए उसने कहा, "आप हमारी तलाशी लेना चाहते हैं, हमें ज़लील करना चाहते हैं। यही इनाम है बरसों की हमारी वफ़ादारी का, सालों लंबी खिदमत का ? इंस्पेक्टर मार्शल, आपको मालूम होना चाहिए, हमीं हैं वे लोग जिनके बलबूते पर ब्रिटेन आज फ़ख्र से कह सकता है—फ़ासिज़्म से जीत हमारी होगी। आप समझते हैं, यह सिर्फ़ आपकी लड़ाई है, हमारी नहीं ? क्यों हम आपके मोर्चों पर जान दे रहे हैं, क्यों तंगहाली में रह कर आपकी फौजों के लिए माल जुटा रहे हैं, इसलिए कि आप जब चाहें हमें ज़लील कर लें···?" अविजित की आवाज़ रुंध गयी, आंखों में विक्षिप्त चमक आ गयी।

"मिस्टर बंसल···" मार्शल ने बाधा दी।

"मिस्टर बंसल ! कौन मिस्टर बंसल ? आपके लिए मैं एक अपराधी हूं। एक देशद्रोही ! तलाशी लेने आये हैं न आप ? लीजिये, तलाशी लीजिये···लीजिये···" अविजित ने मेज़ की दराज़ खींच कर बाहर निकाल ली।

भीतर पड़े कागज़ों को उछाल-उछाल कर कमरे में चारों तरफ़ फेंकने लगा। फिर, मार्शल और भंडारी के देखते-देखते उसने खटाक से खाली दराज़ बंद कर दी और तान कर एक लात मेज़ पर जमाई। तेजी से लुढ़कती हुई मेज़ दरवाज़े पर खड़े भंडारी के पास जा रुकी।

"लीजिये तलाशी," अविजित ने कहा, "शौक़ से लीजिये···पर इतना याद रखियेगा, एक दोस्त आज आपने खो दिया···"

"सर···सर···प्लीज़ अपने पर क़ाबू रखिये," कहता भंडारी मेज सीधी कर रहा था।

"···एक वफ़ादार हिंदुस्तानी। साम्राज्य का ईमानदार मददगार। यह मेरी ही नहीं, तमाम भारतीय उद्योग की बेइज्ज़ती है, खुद सरकार की बेइज्ज़ती है···" अविजित चीखे चला जा रहा था।

"पानी···चपरासी···पानी···नहीं, मैं लाता हूं···" भंडारी ने चिल्लाकर कहा और बाहर दौड़ गया।

अविजित समझ गया उसने कागज़ात दराज़ में से निकाल लिये हैं।

"आई रिज़ाइन···मैं इस्तीफ़ा दे रहा हूं," अविजित चीखा और मेज़ पर रखी चाभियां उठाकर मार्शल के पैरों के पास फेंक दीं।

"यू आर द मास्टर। जो जी में आये कीजिये···मैं जाता हूं···" लड़खड़ाते-से क़दम उसने आगे बढ़ाए और कुर्सी में ढह गया।

"तलाशी ले लो," मार्शल ने साथी हिंदुस्तानी सब-इंस्पेक्टर से कहा।

तभी पानी का गिलास हाथ में लिये चपरासी भीतर घुसा।

मार्शल ने उसके हाथ से गिलास ले लिया और अविजित के पास चला आया।

गिलास उसके हाथ में थमाता हुआ नीचे झुका और क़रीब-क़रीब उसके कान में फुसफुसाता हुआ बोला, "वेल डन, मिस्टर बंसल।"

अविजित कुछ कहे, इससे पहले ही वह कमरे से बाहर हो गया। भंडारी वापस आया तो अविजित खूब खुश था।

"हिप्पोक्रेट को हिप्पोक्रेट ही हरा सकता है," उसने कहा था।

कागज़ भंडारी ने जला डाले थे। बीस हज़ार रुपये दूर के अपने रिश्तेदार के नाम बैंक में जमा कर दिये थे। रुपया या कागज़ात लेने कोई नहीं आया था। अविजित को काफ़ी अचरज हुआ था कि आगे तहकीक़ात क्यों नहीं हुई। कोई आया नहीं, इसका मतलब था कि चड्ढा के दल के सभी सदस्य गिरफ़्तार हो चुके थे।

तीन साल बाद 1945 में जब चड्ढा मिला था तो उसने इस बात की पुष्टि की थी।

···कुछ दिनों तक वह सोचता रहा था आगे कार्रवाई क्यों नहीं हुई···भंडा-फोड़ होने पर बात अविजित तक कैसे नहीं पहुंची···पर ज़्यादा दिन नहीं···जल्दी ही राज़ खुल गया था···

जीत अविजित की नहीं, मिस्टर मार्शल की हुई थी।

दस दिन बाद, सादी पोशाक में मार्शल को अपने दफ़्तर में आया देख अविजित चौंक उठा था।

"फिर तलाशी लेनी है ?" उसने पूछा।

"मैं यूनिफ़ॉर्म में नहीं हूं," मार्शल ने कहा।

"तो क्या हुआ, पुलिस में तो हैं।"

"वह भी नहीं हूं। इस्तीफ़ा दे चुका।"

"क्या कह रहे हैं, इंस्पेक्टर मार्शल !"

"मिस्टर मार्शल।"

"पर क्यों ?"

"मिस्टर बंसल, मेरा यक़ीन कीजिये, मैं कोई राज़ जानने नहीं आया। आपको अपने घर बुलाने आया हूं।"

"मुझे ? क्यों ?"

"मुझे बात करने के लिए आदमी चाहिए।"

"पर मैं क्यों ?"

"आप हिंदुस्तानी हैं।"

"तो···?"

"प्लीज़ मिस्टर बंसल," मार्शल ने कहा और जेब से निकाल कर एक तार

उसे पकड़ा दिया।

अविजित ने पढ़ा—"...इराक के मोर्चे पर बहादुरी से लड़ते हुए आपका बेटा शहीद हुआ..."

तीन दिन पहले की ख़बर है। तार आज ही पहुंचा है।

मार्शल के बेटे की मौत की ख़बर से उसका, अविजित का, क्या ताल्लुक़ ?

"मैं...आप..." उसने कहा, "चलिये।"

सादा ढंग से सजी बैठक में एक ही नौजवान का चित्र कई जगह टंगा था। भोला-सा चेहरा। खूबसूरत। मार्शल से एकदम फ़र्क।

"मेरा बेटा..." मार्शल ने कहा।

"वही..."

"हां, एक ही बेटा था मेरा।"

"आपकी पत्नी..."

"नहीं है।"

दोनों चुपचाप नौजवान का चित्र देखते रहे।

"मिस्टर बंसल," सहसा मार्शल ने कहा, "आप मुझे बतला सकते हैं, मेरा बेटा इराक के मोर्चे पर क्यों मरा ?"

"मैं समझा नहीं," सकपका कर अविजित ने कहा।

"आप उसकी मौत को जायज़ मानते हैं ?"

"लड़ाई के मैदान में, मिस्टर मार्शल, जायज़-नाजायज़ का सवाल कहां उठता है ?" अविजित ने व्यथित बाप से हमदर्दी जतलाने वाले स्वर में कहा।

"किसकी लड़ाई है यह ?" मार्शल ने तड़पकर कहा, "आपकी तो नहीं।"

"जी ?" अविजित भौंचक था।"

"क्यों इतने हज़ार हिंदुस्तानी ब्रिटिश फ़ौज में भरती होकर जान गंवा रहे हैं ? यह उनकी लड़ाई तो नहीं है।"

"फ़ासिज़्म के खिलाफ़ लड़ाई सब की लड़ाई है।" अविजित ने कहा पर उसे अपना वाक्य एकदम खोखला लगा।

"हिप्पोक्रेट्स ! हिप्पोक्रेट्स ! आप लोग इतने ढोंगी क्यों हैं ?" मार्शल ने तल्ख़ी के साथ कहा।

अविजित ने बेहद अपमानित महसूस किया। अपने को संयत रखने के लिए उसे याद करना पड़ा कि इस आदमी को अभी-अभी अपने बेटे की मौत की ख़बर मिली है।

"ग़लत यह हुआ कि आप लोगों में राष्ट्रीय जागृति आने से पहले ही अंतर्राष्ट्रीय जागृति आ गयी," मार्शल ने धीमे से कहा।

उसकी बात अविजित को भीतर तक चीरती चली गयी। चुप रहकर वह उसे झेलता रहा।

जब उनके बीच की चुप्पी भारी हो चली तो उसने कहा, "यह आप कह रहे हैं, मिस्टर मार्शल ?"

मार्शल ने एक लंबी सांस खींच कर सिर कुर्सी से टिका दिया। देर तक अपने में डूबा रहा, फिर बोला, "मेरा बेटा भी हिंदुस्तानी था।"

भौंचक अविजित उसकी तरफ़ ताकता रह गया।

"1919 की बात है," मार्शल ने कहा, "हावड़ा में हिंदू-मुस्लिम दंगा हुआ था···वहीं एक घर के अंदर से टोकरी में जतन से छिपा कर रखा, यह छोटा-सा बच्चा मुझे मिला···बस्ती मुसलमानों की थी, बच्चा भी मुसलमानों का रहा होगा पर सुन्नत हुई नहीं थी, पक्का कुछ नहीं कहा जा सकता था···हिंदू-मुस्लिम परिवारों में से कोई भी उसे पालने को तैयार नहीं था। मैंने सोचा मैं ही पाल लूं। सोचा क्या बस मोह हो गया। साथ रख लिया। देश से दूर यहां अकेला पड़ा था। शादी की नहीं। बच्चा पलने लगा। पता नहीं कब मेरा बेटा बन गया। हम लोगों के यहां बहुत सुविधा है, मिस्टर बंसल। कोई भी इंसान क्रिश्चियन बन सकता है !"

"जब आपने गोद ले लिया तो वह हिंदुस्तानी नहीं अंग्रेज़ ही हुआ," अविजित ने कहा।

"नहीं-नहीं, मिस्टर बंसल, ग़लत है यह, बिल्कुल ग़लत ! वह इस देश में पैदा हुआ। हिंदुस्तानी रहेगा वह। उसे···इस देश के लिए लड़ना चाहिए था।"

"आपने उसे बतलाया था कि वह हिंदुस्तानी है ?"

मार्शल चुप रहा, फिर गहरा निःश्वास छोड़ कर बोला, "इंसान की कमज़ोरी की कोई हद नहीं है, मिस्टर बंसल। सारी उम्र मैंने उसे नहीं बतलाया कि वह मेरा असली बेटा नहीं है पर···एक दिन जब वह मुझे बिना बताये फ़ौज में भरती हो गया तो मैं बेहद डर गया। कायर की तरह उससे कह बैठा—तू तो हिंदुस्तानी है, अंग्रेज़ों की लड़ाई लड़ने क्यों जा रहा है ? ठीक नहीं हुआ। नहीं, यह तरीक़ा नहीं है किसी को रोकने का। उसने कहा—मैं अकेला तो नहीं, कितने हज़ार हिंदुस्तानी हैं जो यह लड़ाई लड़ रहे हैं। वह चला गया···मैं···"

इस बार की चुप्पी अविजित नहीं तोड़ पाया।

"अगर वह क्रांतिकारी होता और फांसी पर लटका दिया जाता तो कम-अज़-कम मैं उसकी शहादत पर खुश हो सकता था," मार्शल ने धीमे से कहा।

"आप···पर आप तो···"

"पुलिस में था। हां, था। पर जो मदद पुलिस में रहकर मैं क्रांतिकारियों की कर सकता था, बाहर रह कर नहीं।"

अविजित के चेहरे पर गहरा अविश्वास तैर गया।

"मिस्टर बंसल," मार्शल ने कहा, "उस दिन मैंने आपके सेक्रेटरी को कागज़ निकालते देख लिया था।"

चेहरे को एकदम भावशून्य बनाये अविजित चुप बैठा रहा। कहीं यह जानकारी हासिल करने की साजिश तो नहीं।

"आप हां-ना कुछ मत कहिए," मार्शल बोला, "मैं आपसे इक़रार करवाना नहीं चाहता। वैसे आपको बतला रहा हूं कि अब मैं पुलिस में नहीं हूं और न हिंदुस्तान में ही रहूंगा। मैं जा रहा हूं वापस अपने देश…मेरी उम्र सिर्फ़ पचास है…वहां जाकर फ़ौज में भरती हो जाऊंगा…दुआ कीजिये, मिस्टर बंसल, मैं अपने देश के लिए लड़ते-लड़ते मारा जाऊं।"

अविजित ने चुपचाप अपना हाथ आगे बढ़ा दिया। मार्शल ने हाथ मिलाया और कहा, "आपके लिए क्या दुआ करूं, मिस्टर बंसल ?"

चाह कर भी अविजित देश की आज़ादी की बात मुंह पर न ला पाया।

"लड़ाई ज़ारी रखियेगा," मार्शल ने ही कहा, "जिंदा रहा तो आजाद हिंदुस्तान को देखने एक बार लौट कर ज़रूर आऊंगा…होगा न आज़ाद ?"

"हां," अविजित ने कहा पर लगा जज सिंघल के दामाद और बिड़ला ग्रुप के फ़रमाबरदार मैनेजर को यह कहने का कोई अधिकार नहीं है।

"खुदा हाफ़िज, मिस्टर बंसल," मार्शल ने कहा था और…वह चला आया था।

मार्शल हिंदुस्तान छोड़कर चला गया था…

हारे हुए हताश सिपाही की तरह अविजित ने किताब लिख डाली थी और उसके चलते एक साल की जेल भी काट आया था। आज़ाद हिंदुस्तान को देखने मार्शल लौट कर नहीं आया…अच्छा ही हुआ…

अविजित ने देखा, गाड़ी घर के दरवाज़े पर पहुंच गयी…और अपने-आप रुक गयी। मशीन है न। पर कनपटी की उसकी नस ! पिंजरे में बंद पक्षी-सी फड़फड़ाये चली जा रही है। सिर भट्टी-सा सुलग रहा है जैसे रेगिस्तान में मीलों लंबा सफ़र तय करके लौटा हो…हां, लंबा तो था ही सफ़र…मीलों नहीं, बरसों लंबा। सफ़र मीलों में हो तो बदन टूटता है, दिमाग़ नहीं फटता…पर वक़्त के रेगिस्तान पर यह अंतहीन सफ़र…एक दिशा से दूसरी दिशा में, हमेशा तपते सूरज के नीचे…एक चक्कर पूरा हुआ नहीं कि दूसरा शुरू। रेतीले भंवर में आदमी एक बार फंस जाए तो धंसता चला जाता है, उबर कर बाहर आना नामुमकिन है…नामुमकिन ? नहीं-नहीं, इतनी निराशा नहीं…एक बार…कमर कस कर, पूरा ज़ोर लगा कर बाहर निकलना ही है…अभी…फ़ौरन…

"प्रभा ! शुभा !" गाड़ी रुकते ही उसने ज़ोर से आवाज़ लगायी।

दोनों लड़कियां बाहर दौड़ आयीं।

"चलो मेरे साथ," उसने कहा, "टेनिस खेलने !"

"अभी ?" दोनों ने एकसाथ पूछा।

उसके इस आकस्मिक जोश ने उन्हें हतप्रभ कर दिया था।

"फ़ौरन !" उसने उसी जोशीली आवाज़ में कहा, "पूरी शाम बाक़ी है, दो-चार सेट हो जायेंगे।"

"पिताजी, मैं हमेशा प्रभा से हार जाती हूं," रास्ते में शुभा ने कहा।

"अब नहीं हारोगी। मैं सिखाऊंगा तुम्हें टेनिस खेलना। पता है मैं इलाहाबाद यूनिवर्सिटी का टेनिस चैंपियन था···आज देखते हैं कौन हमें हराता है !"

इधर-उधर भटकते संतप्त मन को क़ाबू में रखने का एक ही उपाय है, शरीर को थका डालो, थकाये रखो, एक पल का भी विश्राम मत करने दो। काम हो या खेल, बस जुते रहो···हर पल···हर क्षण।

9

दफ़्तर जाने से पहले बैठक में सोफ़े पर बैठा अविजित आख़िरी सिगरेट पी रहा था कि स्वर्णा आकर दरवाज़े पर खड़ी हो गयी।

"साहब," उसने धीमे स्वर में कहा।

अविजित डर गया।

स्वर्णा धीरे बोलती है तो डर लगता है। आदमी बहस-मुबाहसे के घेरे से बाहर हो तो लगेगा ही।

"क्या है ?" अविजित ने कहा।

"अगला माह में हम जायेगा।"

"कहां ?"

"कलकत्ता। उसका चिट्ठी आया है। वह कलकत्ता में डेरी खोल लिया है।"

"पहले देख तो लो, चलती है या नहीं।"

"चलेगा साहब," स्वर्णा ने कहा, "चलना ही होगा।"

स्वर्णा चली गयी तो कैसे होगा ? क्या कहकर इसे रोकना होगा, समझ में नहीं आ रहा था।

"तुम्हें यहां कोई तक़लीफ़ है ?" उसने पूछा।

वह जानता है, यह बिल्कुल बेतुका सवाल है, फिर भी पूछ रहा है। पूछ सकता है क्योंकि वह कुर्सी पर बैठा है और स्वर्णा उसके सामने खड़ी है।

"नहीं, साहब," उसने कहा, "तकलीफ़ क्या होगा।"

"अगर तुम चाहो···किसी चीज़ की कमी हो तो···" कोशिश करके भी अविजित तनख़्वाह बढ़ाने की बात ज़बान पर न ला सका।

"बच्चा लोग तो है···फिर कमी क्या होगा" स्वर्णा ने कहा, "बच्चा लोग को छोड़ेगा तो छाती फट जायेगा हमारा। आप जानता तो है हम किधर भी और नौकरी नहीं कर सकता ···सुधांशु···खोखी···ये ही तो···किसी बच्चा को रोते सुनेगा तो हमारा दिल भी रोयेगा···अरे कहीं ये सुधांशु तो नहीं है···"

"फिर···"

"वह लिखा है, गाय-भैंस ले लिया।"

"तुम नहीं गयीं तो वह लौट आयेगा," अविजित ने कहा।

"लौटेगा तो···" स्वर्णा की आवाज़ डूब गयी। जैसे कोई सपना देख रही हो, ऐसे देर तक चुपचाप खड़ी रही। फिर जो आवाज़ उभरी उसमें उमंग और सच्चाई की खनक थी।

"दो ठो गाय है, तीन ठो भैंस···एकटा साथी लिया तो है पर वो क्या करेगा। दोनों तो खूंट आदमी है···औरत रहेगा तब न···प्यार-पुचकार कर थन हाथ में लेगा तभी न···अच्छा, उज्ज्वल दूध का मोटा धार देख कर मन कैसा तो नाच उठता है, नहीं···"

"अब कहां उस झंझट में पड़ोगी। नयी जगह···नया काम···मवेशी पालना कोई हंसी-खेल नहीं है।" अविजित ने कहा।

यह ब्लैकमेल है, और कुछ नहीं। किसी की भावनाओं का यूं फ़ायदा उठाना···मनोबल ऐसे ही गिराया जाता है···पर वह क्या करे··· आदमी का स्वार्थ···

उसने देखा, प्रभा आकर स्वर्णा के पीछे खड़ी हो गयी है।

"झंझट !" स्वर्णा ने कहा, "झंझट तो ज़रूर होगा, साहब। बारह बरस हो गये हम लोग अपना गांव छोड़ दिया। ज़मीन···ढोर-डंगर···सब बिसरा दिया···हां, कितना तो झंझट था ! अच्छा साहब, आप लोग तो कहता है, देश आज़ाद हो गया। अंग्रेज़ लोग सब इधर से चला गया पर हमारा ज़मीन तो वापस नहीं मिला। अंग्रेज़ लोग उसको भी छोड़ा होगा न ? मिलेगा नहीं , हम जानता है। हमीं लोग तो छोड़कर भाग आया···होगा कोई दूसरा जो उधर खेती करता होगा। करने दो। ज़मीन नहीं मिलेगा। पर मवेशी जो मिला है तो पोसेगा ज़रूर ! दो ठो गाय है···तीन ठो भैंस···" स्वर्णा का स्वर आकाश में उन्मुक्त उड़ते पक्षी-सा बह चला।

अविजित के अंतस्तल को उसने छू लिया। वह शर्मिंदा हो आया।

सहसा अपनी बांहें स्वर्णा के गले में डालकर प्रभा बोल उठी, "ज़रूर पोसना, ज़रूर !"

स्वर्णा ने चौंक कर उसकी तरफ़ देखा।

"क्या करता है !" संकुचित होकर उसने कहा।

"अपना काम शुरू किया है तो कलकत्ते ज़रूर जाना।" प्रभा उसके गले में झूल गयी, फिर अविजित की तरफ़ ताक कर दृढ़ स्वर में बोली, "तू नहीं गयी तो तेरी जगह मैं चली जाऊंगी।"

दंग रह कर अविजित ने उसे देखा।

ठीक कहा था काजल ने···लड़की तो बिल्कुल उस पर गयी है। सच, जैसे प्रभा नहीं, काजल सामने खड़ी हो।

"प्रभा···?" वह फुसफुसाया।

प्रभा की आंखें झुकीं नहीं।

"आज़ादी में झंझट तो होगा ही," उसने कहा, "इसीलिए क्या···"

"नहीं," अविजित बीच ही में बोल पड़ा, "हमारा रोकना जायज़ नहीं है। ठीक है, तुम लोग जो तय करो, मुझे बतला देना।

कह कर वह कमरे से बाहर आ गया।

सच, गाड़ी चलाते हुए उसने सोचा, मैं सब कुछ अपने ऊपर क्यों ले लेता हूं। इन लोगों को तय करने दो। दफ़्तर का काम निबटा कर आज शाम मैं रंजना के पास जाऊंगा···आज, ज़रूर···ज़रूर !

दफ़्तर में सारा दिन काफ़ी गहमागहमी रही।

सिंघानिया जी का फ़ोन आया।

मुकर्जी बाबू से मुलाक़ात के बाद काफ़ी भन्नाये हुए थे।

"अजीब आदमी है। हाथ ही नहीं रखने देता। मैंने कितनी तरह से भेद लेना चाहा पर वहां कोई असर नहीं," उन्होंने कहा।

"पर मेरी सूचना तो है कि उनके यहां रक़म चलती है," अविजित ने कहा।

सिंघानिया जी एकदम गरम हो गए।

"गलत सूचना है बंसल ! मेरी आंखें कभी धोखा नहीं खातीं। मुझे लगता है इस बार तुमने कोई बहुत ही कमज़ोर सोर्स पकड़ लिया है।"

तो क्या काजल का इल्ज़ाम ग़लत था ? आपसी विद्वेष होने पर ग़लत इल्ज़ाम लगाना क्या मुश्किल है ? पर काजल···आंखें तो उसकी भी आसानी से धोखा नहीं खातीं, पर है वह इतनी आदर्शवादी कि छोटा-सा ग़लत क़दम भी उसका विश्वास खोने के लिए काफ़ी है। हो सकता है मुकर्जी बाबू का क़सूर सिर्फ़ यह रहा हो कि मौक़े का फ़ायदा उठा कर जेल से जल्दी छूट गये और उसी सूझ-बूझ के सहारे मंत्री बन गये।

"मुझे लगता है," सिंघानिया जी कहते जा रहे थे, "या तो वाक़ई उस आदमी के ख़यालात ऊंचे क़िस्म के हैं या खेल वह गहरा खेलता है।"

"जी !"

"मेरा खयाल है लाइसेंस किसी कांग्रेसी को मिलेगा। क्या विडंबना है। इलेक्शन के वक़्त पार्टी को पैसा दें हम लोग और मलाई लूट कर ले जाये कोई फटेहाल खद्दरधारी।"

"जी।"

"अरे भई बंसल," सहसा उनकी आवाज़ में सरगर्मी आ गयी, "तुम भी तो 'फ्रीडम फ्राइटर' हो। जेल काट आये थे न उन दिनों ? बस, फिर क्या है, तुम मिलो न उनसे। देखो, यह काम होना ज़रूर चाहिए। मैं कहता हूं भाई, ज़रूरत पड़ने पर गांधी टोपी लगा लेने में हर्ज़ नहीं है···क्यों, ठीक है न ?"

"जी," कह कर अविजित ने फ़ोन रख दिया पर उसके बदन में आग लग गयी।

समझते क्या हैं मिस्टर सिंघानिया ! एक लाइसेंस लेने की ख़ातिर अविजित बहुरूपिये का स्वांग रचेगा ? बढ़िया सिला सूट उतार कर खद्दर का धोती-कुर्ता पहन, गांधी टोपी सिर पर लगा कर मुकर्जी बाबू के पास जायेगा और अपनी जेल यात्रा का बखान करेगा !

हिम्मत कैसे हुई उनकी उससे यह कहने की !

और हिम्मत क्यों नहीं हुई अविजित की कि उसी वक़्त उनके मुंह पर तीते शब्द उछाल कर इनकार कर दे ?

इसमें हिम्मत की क्या बात है। उस समय शालीनता बरत गया वरना···इसका यह मतलब नहीं है कि वह सचमुच अपने को ज़लील होने देगा। इस्तीफ़े का क्या है, किसी वक़्त भी दिया जा सकता है।

"भंडारी !" उसने आवाज़ लगायी, "जितनी पेंडिंग फ़ाइलें हैं, सब निकाल डालो, आज ही। इस हफ्ते के अंदर पिछला सारा काम निबट जाना चाहिए, समझे।"

अविजित काम में डूब गया। दुपहर को खाना खाने घर नहीं गया, वहीं सामने के रेस्तरां से कुछ मंगाकर खा लिया।

तीसरे पहर सरण आ धमका। वही इलाहाबाद यूनिवर्सिटी और जेल का साथी, सरण। आजकल मेरठ में है और छठे-छमासे दिल्ली चला आता है।

खादी का कुर्ता-पाजामा, सिर पर गांधी टोपी, चेहरे पर अपार संतोष !

आज उसे देखकर अविजित खीज से भर उठा।

"यार, तू ढंग के कपड़े क्यों नहीं पहनता ?" उसके मुंह से निकला।

"क्या मतलब ?"

"अंग्रेज़ गये, स्वराज्य आ चुका, फिर गांधी टोपी लगाने में क्या तुक है भला ?"

"क्यों, सभी लगाते हैं।"

"सभी नेता लगाते हैं। तू तो नेता नहीं है।"

"नेता गांधीजी थे, हम टोपी लगाते हैं," सरण ने मासूमियत से कहा।"

अविजित बेसाख्ता हंस पड़ा।

"इसमें हंसने की क्या बांत है," सरण ने बुरा मानते हुए कहा, "एक वक़्त था जब तू भी खादी पहनता था और टोपी लगाता था, याद नहीं ?"

"हां, तब ये विरोध के प्रतीक थे। अब नहीं हैं। आजकल, जब हम खुद मिलों में कपड़ा बना रहे हैं, पिकेटिंग करके विदेशी माल जला नहीं रहे तो इस सबका मक़सद ?"

"हम तो भइया, गांधीजी को मानते हैं। गांधीजी ने कहा था, स्वदेशी के बिना स्वतंत्रता किसी काम की नहीं है। खादी बुनना छोड़ दोगे तो स्वराज्य भी नहीं रहेगा।"

"और ये जो इतनी बड़ी-बडी मिलें खोली जा रही हैं, उनका बुना कपड़ा कौन पहनेगा ?"

"तुम पहनो।"

"यानी मेरे पहनने में हर्ज़ नहीं है," अविजित फिर हंस दिया।

सरण नाराज़ हो गया।

"तुम लोग सदा मुझ पर हंसते रहे पर बात मेरी ही ठीक निकली, हर बार। तू ही बतला, जिसने देश की सेवा की होगी, वह चाहेगा नहीं कि लोग जानें वह देश-सेवक है। सूट पहनने पर कौन विश्वास करेगा ?"

"अगर कोई देश-सेवा किये बग़ैर गांधी टोपी लगा कर खादी पहन ले, तो ?"

"क्यों पहनेगा भला ? हां, यह हो सकता है कि किसी कारण पहले दिनों में देश का काम न कर पाया हो और आगे करने का इरादा रखता हो...बस वही तो चाहिए।"

सरण से बहस बेकार होती है, अविजित जानता है। पर उसकी बातों में उसे मज़ा आ रहा था।

"ऐसा कर," उसने कहा, "इस बार तू इलेक्शन में खड़ा हो जा।"

"इलेक्शन में खड़ा होना होता तो बावन में ही न हो जाता। अपने पंतजी ने कितना कहा, विधान सभा में आ जाओ, मंत्री पद संभालो पर हमने मना कर दिया। अपन सीधे-सादे आदमी ठहरे, सरकार चलाना बस की बात नहीं है।"

"तब तो तेरा टोपी पहनना बेकार ही रहा !"

"अपना काम तो सेवा करना है, भइया," सरण कहता गया, "आज़ादी मिलने पर जो सीमेंट एजेंसी सरकार ने हमें दी थी, वह भी हमने छोटे भाई को दे डाली। पेट्रोल पंप का लाइसेंस मिला तो लड़का कहने लगा, मैं चला लूंगा। मैंने कहा, ठीक है भइया, चला लो, अपने बस का रोग यह है नहीं। हां, सरकार ने गांधी

संस्थान चलाने के लिए नियुक्त कर दिया तो रास आ गया अपने को। छह बरस हो गये, आनंद ही आनंद है।

"सीमेंट की एजेंसी, पेट्रोल पंप का लाइसेंस···और कुछ नहीं दिया सरकार ने ?" अविजित ने छेड़ा।

"हां," बिना हिचक सरण बोला, "स्टील का कोटा मिला था। पत्नी ने कहा, बच्चे बड़े हो गये, वक़्त काटे नहीं कटता, कहो तो स्टील के बर्तनों की छोटी-सी फ़ैक्टरी लगा लूं। मैंने कहा, लगा लो देवी, हम तो स्त्री-पुरुष को समकक्ष मानते हैं।"

अविजित निरुत्तर हो गया।

आगे केवल यही पूछ सका, "चाय पिओगे ?"

"पी लूंगा," सरण ने तटस्थ भाव से कहा, "एक आध कप ले लेता हूं कभी-कभाक।"

इत्मीनान से चाय पीकर सरण ने झोला संभाला और दरवाज़े की तरफ़ बढ़ गया। अविजित ने फ़र्टीलाइज़र फ़ैक्ट्री वाली फ़ाइल आगे खींच ली।

दरवाज़े पर पहुंच कर सहसा सरण पलटा और बोला, "अपने साथ एक चड्ढा हुआ करता था, याद है ?"

"हां-हां," अविजित ने तत्परता से कहा।

"बेचारा चल बसा।"

"क्या !" अविजित उठ कर खड़ा हो गया, "कब ?"

"आज सुबह। किरया करके ही तो चला था दिल्ली के लिए।"

"आज ! सुबह ! पहले क्यों नहीं, बतलाया ? " अविजित ने उग्र स्वर में कहा।

"क्यों, पहले बतलाने से तू क्या करता ?"

"इतनी देर यहां बैठा हंसी-ठट्ठा करता रहा, उसके मरने की बात याद नहीं आयी मुझे !" अविजित का स्वर फट गया।

"हंसी ठट्ठा मैंने तो नहीं किया।"

हां, हंसा सिर्फ़ अविजित था।

वह वापस कुर्सी में गिर पड़ा।

"क्या हुआ था चड्ढा को ?" सूखे गले से पूछा।

"बेचारा बड़ी तंगहाली में मरा। मैंने कितना कहा, चलो सरकारी अस्पताल में भरती करवा दूं पर वह माना ही नहीं···"

"हुआ क्या था ?" अविजित ने बाधा दी।

"एक गुर्दा तो तभी खराब हो गया था जब 1942 में जेल गया था···इलाज हुआ नहीं। बस, अब दूसरा गुर्दा भी जवाब दे गया···"

"वह मेरठ में ही था ?"

"हां।"

"तूने कभी उसके बारे में बतलाया नहीं।"

"तूने पूछा कब ?"

"मुझे पता नहीं था वह मेरठ में है।"

"पता मुझे भी नहीं था। लगाने से चल गया। बाद में चाहे ग़लत रास्ते पर पड़ गया हो, एक समय में था तो अपना ही साथी।"

"ग़लत रास्ते पर वह कब पड़ा ?"

"1942 में छिप कर काम नहीं कर रहा था ?"

"तो ?"

"गांधीजी ने छिप कर काम करने को ग़लत बतलाया था। उन्होंने सभी भूमिगत विद्रोहियों को सलाह दी थी कि वे सरकार के आगे समर्पण कर दें।"

"गांधीजी जानते भी थे उनके साथ जेलों में क्या सुलूक होता है ? उनके खुद के साथ कभी कोई ज़ुल्म हुआ नहीं, इसी से···"

"नहीं हुआ क्योंकि अहिंसा से उत्पन्न उनकी नैतिक शक्ति के आगे ब्रिटिश सरकार भी नतमस्तक थी।"

"तुम जानते हो चड्ढा के साथ फतेहगढ़ जेल में क्या हुआ था ?"

"जानता क्यों नहीं ? मैं तो खुद तुझे बतला रहा था···"

"फिर भी तुमने उसे बिला इलाज मर जाने दिया।"

"मैंने ? मैंने तो भइया, उसे बचाने की बहुत कोशिश की। कितनी बार कहा, सरकार के नाम अर्ज़ी दे दो; आख़िर बत्तीस में दो साल सविनय अवज्ञा-भंग-आंदोलन के अंतर्गत जेल काटी है, इलाज़ का बंदोबस्त ज़रूर हो जायेगा। मैं खुद सिफ़ारिश कर दूंगा, पर वह माना ही नहीं। अब मैं···"

"शटअप !" तड़प कर अविजित ने कहा, "और चले जाओ यहां से !"

"ठीक," सरण ने कहा, "मुझ पर क्यों बिगड़ रहे हो। मुझसे जो हुआ मैंने कर दिया। तुम कहो न, तुमने क्या किया उसके लिए ?"

अविजित फिर निरुत्तर था।

सरण कमरे से बाहर चला गया।

चड्ढा बिला इलाज मर गया और उसका बीस हज़ार रुपया अब तक अविजित के पास पड़ा है।

जब-जब चड्ढा मिला, रुपया उसे देना चाहा पर उसने लिया ही नहीं।

पहली बार मिला था 1945 में, जेल से छूटने पर। अविजित ने रुपया देना चाहा तो बोला, "रुपया मेरा नहीं, दल का था और दल अब तितर-बितर हो चुका।"

"तो क्या करें रुपये का ?" अविजित ने पूछा था।

"रख अभी। देखें आगे क्या होता है।"

दुबारा चड्ढा मिला था पचास में, आज़ादी मिलने के तीन बरस बाद।

"तेरा रुपया···" अविजित ने फिर कहा था।

"मेरा नहीं, दल का।"

"हां, पर अब तो दल के लोग भूमिगत नहीं हैं। रुपया आपस में बांट लो।"

"किस हिसाब से ? रुपया हम लोगों ने अपने लिए नहीं, दल के काम के लिए जमा किया था।"

"फिर यूं ही पड़ा रहेगा रुपया ? कुछ तो करना होगा।"

"क्यों ?"

"क्या मतलब ? रुपया ऐसे ही बेकार पड़ा रहेगा ?"

"आदमी बेकार पड़ा रह सकता है, रुपया नहीं ?"

"पर···मुझे तो उबार इस ज़िम्मेवारी से। क्या करूं उसका, बतला ?"

"किसी संस्था को दान कर दे।"

"किसे ?"

"मैं क्या जानूं।"

दो क्षण चुप रह कर चड्ढा तल्ख़ी से कह उठा था, "कांग्रेस के इलेक्शन फ़ंड में दे देना।"

उसके बाद चड्ढा से मिलना नहीं हुआ था।

रुपया अभी भी अविजित के पास है। सूद मिला कर तीस हज़ार हो गया होगा। दान उसने नहीं किया, सोचता रहा, शायद कभी ज़रूरत हो और चड्ढा मांगने आये···यही बात थी और कुछ नहीं।

कुर्सी में बैठे रहना नामुमकिन हो गया···हज़ारों कांटे उग आये उसमें···शरीर के रोमछिद्रों में गड़ने लगे।

वह उठा और फ़र्श को रौंदने लगा।

दस क़दम आगे···दस क़दम पीछे···फिर आगे···उठ कर भागेगा कहां···कांटे कुर्सी में नहीं, उसके शरीर में उग रहे हैं।

कितने दिन रुपया बेकार पड़ा रहा, बैंक में। फिर···अविजित मकान बनवा रहा था···रुपये की ज़रूरत थी···वह रुपया उसने मकान में लगवा लिया था, सिर्फ़ उधार के तौर पर···साल-दो साल के अंदर सारा रुपया लौट आया था, बैंक में। चड्ढा लेने आता तो फ़ौरन सूद-समेत वह उसे लौटा देता या जिस संस्था को वह कहता, दान कर देता। उसने ठीक से कभी कुछ कहा ही नहीं, इसमें मेरा क्या क़सूर है। मैं जानता नहीं था, वह मेरठ में है···बिल्कुल नहीं जानता था वह तंगी में है, बीमार है, उसे इलाज की ज़रूरत है; वरना यह कैसे हो सकता था

मैं उसके पास गया न होता, उसका इलाज न कराता···मेरा सबसे प्यारा दोस्त···

अपने को समझाते-समझाते अविजित का स्वर क्षीण पड़ता गया···

"जब पिछली बार चड्ढा मिला था तो पूछा था, कहां रहता है ?" कोई बोल उठा।

"पूछा था, बिल्कुल पूछा था। तब वह इलाहाबाद में किसी पत्रिका का संपादन कर रहा था। यही जानने को तो पूछा था मैंने कि उसके पास आमदनी का ज़रिया क्या है ?"

"पत्रिका को लिखते तो पता न चल जाता वह कहां गया।"

"हां। पर···मैंने दो-तीन ख़त उसे लिखे थे, जवाब नहीं मिला। मैंने सोचा वह ताल्लुक़ात रखना नहीं चाहता···मेरा मतलब किसी से ज़बरदस्ती तो दोस्ती नहीं रखी जा सकती···"

"पत्रिका में किसी दूसरे संपादक का नाम छपा देखा तो क्या सोचा, चड्ढा मर गया।"

"नहीं-नहीं। मैंने पत्रिका देखी ही नहीं। सच, मुझे पता ही नहीं चला कब चड्ढा इलाहाबाद और नौकरी छोड़कर चला गया और···"

"और पता करने की ज़रूरत महसूस नहीं की ?"

"मैं इतना व्यस्त रहा···घर···श्यामा···दफ़्तर···कारोबार···"

"पैसा, भाई साहब, पैसा ! पैसा कमाने का सिर्फ़ एक तरीका है कि आदमी सिर्फ़ पैसा कमाए।'

"मैंने नाजायज़ ढंग से पैसा नहीं कमाया, अनित्य। परिवार का पालन-पोषण करने के लिए···"

"हर तरीका जायज़ है।"

"यह मैंने नहीं कहा।"

"नहीं, मैंने कहा है। पूंजीवादी समाज की सबसे बड़ी ख़ूबी यही है—नाजायज़ सिर्फ़ आदमी होता है, पैसा नहीं।"

"अनित्य !"

"सिर्फ़ बात है। आप परेशान क्यों हो रह हैं ?"

चड्ढा का रुपया जो मेरे पास पड़ा हुआ है। बीस हज़ार···नहीं, सूद मिला कर तीस···

क्या करूं उसका ? काजल से पूछूं ? हां, काजल को चड्ढा की मौत की ख़बर भी देनी चाहिए।

काजल ने भी तो कभी चड्ढा का जिक्र नहीं किया···ख़बर न भी दूं तो···मैं काजल से मिलना नहीं चाहता···

"क्यों ? जमीर पर भारी पड़ता है ?"

"शटअप !"

मैंने सोचा था, आज रंजना के पास जाऊंगा···हां जाऊंगा, ज़रूर जाऊंगा। काजल को फ़ोन पर भी ख़बर की जा सकती है। या पत्र देकर कल। चड्ढा मेरा दोस्त था, काजल का नहीं। हमदर्दी की ज़रूरत मुझे है, उसे नहीं। हमदर्दी पाने का हक़ हर आदमी को है। मुझे क्यों नहीं ?

तो जाता हूं···हां, जा रहा हूं···अभी···फ़ौरन···

"भंडारी, मैं जा रहा हूं," अविजित ने आवाज़ लगायी और जवाब का इंतज़ार किये बिना कमरे से बाहर निकल गया।

क़रीब-क़रीब दौड़कर वह पार्किंग लॉट में पहुंचा और झटके से गाड़ी स्टार्ट कर दी।

'रंजना के घर—दायें,' वह बुदबुदाया और एक्सीलेटर पर पांव रख दिया। जल्दी···जल्दी···पांव का दबाव बढ़ा···गाड़ी सड़क पर दौड़ चली···फिर···खुद-ब-खुद उसकी रफ़्तार धीमी होती चली गयी···

उसका मन रंजना के घर की तरफ़ दौड़ता रहा और गाड़ी काजल के कॉलेज की तरफ़ सरकती रही···

काजल के कमरे के दरवाज़े पर ताला पड़ा था।

पूछताछ करने पर पता चला, दो दिन से छुट्टी पर हैं, शायद मेरठ गयी हैं।

मेरठ ? चड्ढा के पास।

तो काजल ने भी मुझे नहीं बतलाया। वह तो जानती है, चड्ढा मेरा कितना प्यारा दोस्त है···था···फिर भी बतलाना ज़रूरी नहीं समझा !

अविजित ने गाड़ी लौटा ली।

बार-बार मैं काजल के पास क्यों जाता हूं ? उसने हमेशा मुझे छोटा करने की कोशिश की है। फिर मैं···कुछ लोगों को कीलों पर सोने का शौक़ होता है। होगा···मुझे नहीं है···

अविजित ने देखा, उसके सामने बस-स्टॉप है। एक बस आकर रुकी है और अनेक स्त्री-पुरुष बाहर फेंककर फिर चल पड़ी है। अविजित की गाड़ी के बराबर से धूल उड़ाती निकल गयी। एक औरत···अविजित ने गाड़ी की रफ़्तार धीमी कर दी। वह औरत···काले किनारे की सफ़ेद सूती बंगाली धोती पहने···अभी-अभी जो बस में से उतरी है···कहीं काजल तो नहीं है ? स्थिर गति से आगे बढ़ रही है। हां, काजल ही है।

होने दो, मैं नहीं रुकूंगा। जाने दो उसे। मैं अपने रास्ते जा रहा हूं···उसके लिए क्यों रुकूं ?

गाड़ी की रफ़्तार कम हुई और वह रेंगती हुई काजल के बराबर में आ रुकी।

काजल ने सिर उठाया।

"अरे, अविजित !" उसने कहा और सहज भाव से गाड़ी का अगला दरवाज़ा खोलकर अंदर बैठ गयी।

अविजित ने गाड़ी कॉलेज की तरफ़ मोड़ ली।

"कॉलेज गये थे ?" काजल ने कहा।

"चड्ढा की बीमारी की खबर मुझे देना तुम लोगों ने ज़रूरी नहीं समझा ?" अविजित ने तीखेपन से पूछा।

'वह···नहीं रहे," काजल ने चुपके से कहा।

"जानता हूं। आज सरण आ कर बतला गया। पर पहले मुझसे क्यों नहीं कहा ?"

"मुझे खुद ही ख़बर इतनी देर से मिली···दो महीने तो कुल हुए हैं दिल्ली आए···मैं जानती भी नहीं थी कि चड्ढा मेरठ में है। परसों अचानक एक पुराने साथी आ पहुंचे, कहने लगे—चड्ढा हैं न···बचने की कोई उम्मीद नहीं हैं। तभी मैं चल पड़ी।"

"मुझे साथ ले लेती तो···"

"उस वक़्त मुझे तुम्हारा ख़याल ही नहीं आया।"

अविजित को ठेस लगी। बोला, "कौन आया था ? इलाहाबाद का कोई साथी।"

"नहीं," काजल ने कहा, "है एक। तुम नहीं जानोगे।"

अविजित चुप रह गया।

"आधा रास्ता तय करने पर तुम्हारा ख़याल आया भी तो यही कि चड्ढा से तुम्हारी इतनी दोस्ती थी," काजल ने ठहरकर कहा, "तुम ज़रूर मेरठ में होगे। वहां नहीं देखा तो···"

"समझ जाना चाहिए था कि मुझे इत्तिला नहीं है। तब क्या तुम्हें मुझे ख़बर नहीं भिजवानी चाहिए थी।"

"तुम्हें नहीं देखा तो इतना समझा ज़रूर कि तुम नहीं हो पर और तुम्हारे बारे में सोचा नहीं," काजल ने अजीब-सी आवाज़ में कहा।

अविजित उसकी तरफ़ देखता रह गया।

"ओ मां ! कितनी भयानक मृत्यु थी !" काजल का स्वर थरथरा गया।

कॉलेज का फाटक आ गया।

गाड़ी रुक गयी।

काजल ने दरवाज़ा खोलकर उतरने का उपक्रम नहीं किया। अवाक् बैठी सामने ताकती रही।

अविजित भी मौन बैठा रहा।

"तुम लोगों को उसने पहचाना ?" काफ़ी देर की चुप्पी के बाद अविजित ने पूछा।

"नहीं।"

"इलाज बिल्कुल नहीं हुआ···?"

"नहीं।"

"मुझे पता नहीं था वह मेरठ में है।"

"·····"

"सरण कह रहा था···आज ही कहा···दुपहर बाद···वह बहुत तंगहाली में मरा···"

"तंगहाली में मरना क्या मुश्किल है ? दिक़्क़त जीने में होती है," काजल ने भिंचे कंठ से कहा।

अविजित सह नहीं पाया। रो न पाने की लाचारी में क्रोध से फट पड़ा, "यह क्या मेरा क़सूर है ? तुम मुझसे इस तरह की ज़हरीली बातें क्यों करती हो ? चड्ढा को तंगी में मैंने रखा ! मैं चाहता था वह मर जाये ! क्यों, यही कहना चाहती हो न तुम ?"

भौंचक काजल कुछ देर उसकी तरफ़ ताकती रही फिर धीरे से बोली, "भीतर ज़हर होता है तो बाहर के ज़हर को भी अंदर खींच लेता है। मेरे कहने-न-कहने से···"

"काजल," अविजित का स्वर दयनीय हो उठा, "मैं बहुत परेशान हूं। तुम्हारे पास मदद के लिए आया हूं, ज़हर निगलने के लिए नहीं।"

"क्या हुआ ?"

अविजित देर तक चुप बना रहा, फिर बोला, "चड्ढा ने दल का बीस हज़ार रुपया मेरे पास रखवाया था। चड्ढा जेल से लौटा तो रुपया उसे लौटाना चाहा पर उसने लिया नहीं।"

"और वह···इस तरह···" काजल लंबी सांस खींचकर चुप हो गयी।

"मैंने बहुत इसरार किया पर वह नहीं माना।"

"अच्छा।"

"मेरा यक़ीन नहीं है तुम्हें ?" अविजित का स्वर फिर उग्र हो गया।

"न भी हो तो क्या," काजल ने कहा, "उनका तो है।"

"तुम मुझसे इतनी नफ़रत क्यों करती हो ?"

"नहीं तो।"

"ज़रूर करती हो ! ठीक है, करो। फिर भी मैं तुम्हीं से पूछता हूं, उस रुपये का मैं क्या करूं ?"

"उन्होंने नहीं बतलाया ?"

"कहा था, किसी संस्था को दे देना। किस संस्था को देना होगा, उसने नहीं बतलाया। मैं तुमसे पूछता हूं, किसे देना होगा ?"

"रुपया तो क्रांतिकारी दल का था न ?"

"हां।"

"जिस काम के लिए रुपया जमा किया गया था उसी के लिए इस्तेमाल भी होना चाहिए।"

"हां। यही मैं चाहता हूं।"

काजल की आंखें भक से जल उठीं।

"यही चाहते हो ?" उसने कहा।

अविजित को लगा ऊंची चट्टान पर खड़ी काजल ठाठें मारते समुद्र में छलांग लगाने वाली है।

"काजल !" आतंकित स्वर में उसने पुकारा।

काजल चट्टान से धरती पर उतर आयी।

"अभी रखो," उसने कहा, "ज़रूरत होने पर तुमसे मांग लूंगी।"

"कब ?"

"समय आने पर।" गाड़ी का दरवाज़ा खोलकर काजल नीचे उतर गयी।

"मैं चली जाऊंगी," उसने कहा, "तुम लौट जाओ अब।"

रेंगती हुई गाड़ी फिर सड़क पर घिसट आयी। घर की तरफ़। हर चीज की अपनी एक गति होती है और अपनी ही एक धुरी।

धुरी से टूट पाना इतना आसान नहीं; चाहने-भर से कुछ नहीं होता।

10

घर के दरवाज़े पर कोई खड़ा था।

"अनित्य !" अविजित ने आर्त कंठ से पुकारा।

"क्या हुआ, भाई साहब," अनित्य ने कहा, "आप तो मुझे देखकर ऐसे चौंक उठे जैसे कोई भूत देख लिया हो।"

"कब आये ?"

"जब आपने देखा।"

"तुम्हारे साथ कोई और भी है ?" अविजित ने चालाकी से पूछा।

"हां, एक दोस्त हैं, शुक्लजी। बात यह है···" अनित्य ने कहा।

"तो तुम सचमुच हो !" उसके मुंह से निकला।

"जी ?" अनित्य ने अचरज से उसकी तरफ़ देखा, "क्या हुआ, भाई साहब ?" उसने पूछा।

"अनित्य, चड्ढा मर गया !" अविजित ने कहा।

"ओह, कब ?"

"आज।"

तब तक प्रभा और शुभा भी बाहर आ गयी थीं।

"क्या कह रहे हैं, पिताजी। चड्ढा अंकल क्या सचमुच···" प्रभा ने पूछा।

"हां।"

"आप वहीं गये थे ?"

"नहीं, वह तो मेरठ में था। मुझे बाद में पता चला···अभी कुछ देर पहले···दाह-कर्म के बाद।"

कुछ देर सब चुप रहे फिर प्रभा ने कहा, "यक़ीन नहीं होता···कितने ज़िंदादिल आदमी थे···पिछली बार दिल्ली आये तो कितनी मज़ेदार बातें सुना रहे थे···"

"जब वे अंडरग्राउंड थे तब की बातें न ? कितना हंसाया था हम लोगों को···क्या हुआ था उन्हें ? बीमार थे ?" शुभा ने पूछा।

"हां," अविजित ने लंबी सांस खींचकर कहा, "बारह साल से।"

"बारह साल से ?"

"अपनी बीमारी के बारे में उसने तुम लोगों से कुछ कहा था ?" अविजित ने पूछा।

"नहीं तो," शुभा ने कहा, "बीमार तो···मैं सोच भी नहीं सकती वे बीमार भी हो सकते थे···"

"क्या बीमारी थी ?" प्रभा ने गंभीर होकर पूछा।

"अरे बीमार तो हर आदमी होता है," अनित्य ने झपटकर जवाब दे डाला, "मौत खुद एक बीमारी है। तुम बतलाओ, चड्ढा अंकल क्या बातें बतला रहे थे ?"

"वही अंडरग्राउंड रहने के क़िस्से। एक वह···" प्रभा ने शुरू किया।

"उनकी टांग कैसे टूटी, बतलाया तो हम लोग हंस-हंसकर पागल हो गये," शुभा ने कहा।

"कैसे टूटी थी ?" अनित्य ने पूछा।

"उन दिनों वे क्रिश्चियन पादरी का भेष बनाकर रह रहे थे।" प्रभा ने बतलाया, "एक दिन हुआ यह कि पास वाले चर्च में शादी थी; अचानक वहां के पादरी को खसरा निकल आयी। दूल्हा-दुल्हिन तैयार और पादरी ग़ायब ! वह चीखो-पुकार मची कि बस। तभी किसी को चड्ढा अंकल का ख़याल आया···क्या नाम रखा

हुआ था उन्होंने अपना उन दिनों···"

"फ़ादर चैलीस," शुभा ने कहा।

"हां, फ़ादर चैलीस," प्रभा ने कहानी का सिरा फिर पकड़ लिया और उसी ज़िंदादिली के साथ उसे दुहराने लगी, जिसके साथ कभी चड्ढा ने कहानी उन्हें सुनायी थी।

शायद यह करके वे दोनों उस आदमी को कुछ देर और जिलाये रखना चाहती थीं।

"···दो-चार आदमा आये और उन्हें पकड़कर चर्च ले गये। आधी-पौनी बात रास्ते में पता चली, बाक़ी चर्च पहुंचने पर। माजरा समझ में आया तो अंकल के होश फ़ाख़्ता ! क्रिश्चियन बैपटिस्म तक तो ठीक था पर शादी—वह भी कैथोलिक नाज़-नख़रों से ! बेचारे अंकल को रस्मो-रिवाज़ का सिर-पैर पता नहीं था। अब उस जंजाल से बचें तो कैसे ? कुछ और नहीं सूझा तो पुल्पिट तक जाते-जाते उन्होंने पैर को इस तरह मरोड़ा कि चारों खाने चित गिर पड़े। शादी करवाने के झंझट से बच गये, अलबत्ता टांग टूट गयी।"

"ऐसे तो नहीं टूटी थी···" अविजित बोल उठा।

"तब फिर···?"

"वह तो जेल में···"

"जेल में वह आप ही के साथ थे न ?" जल्दी से अनित्य ने टोका।

"वह बत्तीस की बात है। टांग उसकी बयालीस में टूटी···फतेहगढ़ जेल में···"

"और क्या सुनाया था चड्ढा अंकल ने ?" अनित्य ने उसे बात पूरी नहीं करने दी।

"मिस बनर्जी वाला क़िस्सा···वह भी खूब मज़ेदार है," शुभा ने कहा।

"कमाल है, वह तो एकदम !" प्रभा बोली।

"क्या था, सुना तो," अनित्य ने कहा।

"अरे, वे भी तो बयालीस में फ़रार रहीं। कौन-सा शहर बतलाया था अंकल ने···"

"बंबई," शुभा ने कहा।

"हां, बंबई। वहां वे एक खुफ़िया रेडियो चलाती थीं···एक बार पता चला कि पुलिस उनके पीछे है तो कहीं और न छिपकर वे सीधी कलेक्टर के घर जा पहुंचीं। उसकी बीवी के पास, किसी महिला क्लब के नाटक के लिए चंदा करने के बहाने। अंग्रेज़ी फ़र्राटे से बोलती ही थीं···बीवी खूब इंप्रेस हुईं और चाय पीने बिठला लिया। संयोग से कुछ देर बाद कलक्टर साहब भी तशरीफ़ ले आये। मिस बनर्जी को देखकर एक बार चौंके, फिर हाथ मिलाकर आराम से चाय पीने लगे। कुछ देर बाद वे चलने को हुईं तो कलक्टर साहब बोले, 'मिस शहनाज़,' ···उन दिनों उनका

यही नाम मशहूर था···'आगे से नहीं, पिछले दरवाज़े से चली जाइए।' उन्होंने अचरज से कहा, 'आप जानते हैं, मेरा नाम शहनाज़ है ?' 'जी हां,' 'वह बोला, और यह भी कि असल में आप काजल बनर्जी हैं।' उनके पूछने पर कि पुलिस को इत्तिला तो उन्होंने कर ही दी होगी, वह बोला, 'अभी नहीं। मैं इतिहास का विद्यार्थी हूं। अपनी आंखों के सामने इतिहास बनता देखूं, इससे ज़्यादा रोमांचकारी बात मेरे लिये और क्या हो सकती है। आप निकल जाइये, रेडियो फ़ौरन हटा लीजिये, बेहतर है कि शहर ही छोड़ दें···दो घंटे बाद मैं पुलिस को इत्तिला कर दूंगा।' शुक्रिया कहकर मिस बनर्जी पिछले दरवाज़े से भाग निकलीं और पुलिस के जाल से बच गयीं।"

"खुद तो अपने बारे में मिस बनर्जी कभी कुछ बतलाती ही नहीं। जब पूछो हंसकर टाल देती हैं," प्रभा ने अपनी तरफ़ से जोड़ा।

"जेल के बारे में चड्ढा ने तुम लोगों से कभी कुछ नहीं कहा ?" अविजित ने पूछा। लगा, उसने मिस बनर्जी वाला क़िस्सा सुना ही नहीं।

"नहीं तो," प्रभा और शुभा ने एक साथ कहा।

"तुम्हें पता है," अनित्य बोला, "ये लोग सब एकसाथ एक ही जेल में क़ैद थे। चड्ढा अंकल, तुम्हारे पिताजी, हरीश, चटर्जी···और कौन था, भाई साहब ?"

"सरण।"

"वह छुछूंदर भी।"

"पिताजी भी तो जेल के बारे में कभी कुछ नहीं बतलाते," शुभा ने कहा।

"अरे, उसमें बतलांने को क्या है," अविजित ने कुछ हल्का महसूस करते हुए कहा, "हम सब में चड्ढा ही सबसे धाकड़ था। बात-बात पर मरने-मारने को तैयार। चार जनवरी को आनंद भवन के आगे प्रदर्शन करते हुए पकड़े गये और जेल पहुंचा दिये गये···सब दोस्त एक ही बैरक में रखे गये थे···"

रखे क्या गये थे, भेड़-बकरियों की तरह ठूंस दिये गये थे···तीस आदमी एक बैरक में। सुना था, सरकार ने जेल में ए, बी, सी श्रेणियां बना रखी हैं···दिल में कहीं उम्मीद बनी हुई थी कि राजनैतिक क़ैदी की हैसियत से 'ए' नहीं तो 'बी' क्लास तो मिलेगी। पर वह सुविधा सिर्फ़ बड़े लोगों के लिए थी। विद्यार्थी वर्ग पर सरकार ज़्यादा से ज़्यादा दबाव डालना चाहती थी। आख़िर देश का भविष्य उन्हीं के कंधों पर था न ! लिहाज़ा 'सी' क्लास मिली।

लोहे का फ़ाटक बंद हुआ···देह के कपड़े उतार कर जेल का कुर्ता-जांघिया पहनना पड़ा···कितना संकुचित हो आया था अविजित !

कपड़ों के मामले में वह हमेशा से नखरेबाज़ रहा है···खादी का कुर्ता-धोती इतना साफ़-शफ़्फ़ाफ़ धुला रहता कि आते-जाते दोस्त चिढ़ाकर कहते—यार, अपने

धोबी से हमारे कपड़े भी धुलवा दे।···धोकर सुखाते हुए खास ख़याल रखता कि एक भी सिलवट न पड़े···और कहां यह कुचमुचा 'सी' क्लास का कुर्ता-जांघिया! कुर्ते तक तो ग़नीमत थी पर जांघिया !

चड्ढा ठठाकर हंस पड़ा था।

"एक लाइन में खड़े हो जाओ," उसने कहा था, "मैं बतलाता हूं सबसे बड़ा बंदर कौन लग रहा है।"

अविजित हंसी में उसका साथ नहीं दे पाया था, बिल्कुल नहीं दे पाया था···

उसका साथ देना था ही मुश्किल।

"अच्छा, क्या किया चड्ढा अंकल ने वहां ?" उसने सुना शुभा पूछ रही है। अविजित खींच कर वापस अपने को वर्तमान में ले आया।

"छब्बीस जनवरी को गणतंत्र दिवस आया। जेल के अंदर हम भला उसे क्या मनाते पर चड्ढा हार मानने वाला न था···"

सहसा खड़े होकर उसने ज़ोर-ज़ोर से वंदे मातरम् का नारा लगाना शुरू कर दिया था। उसकी देखा-देखी बैरक के बाकी लड़के भी वंदे मातरम् चिल्लाने लगे। फिर क्या था ! सामने के वार्ड से प्रतिध्वनि की तरह नारा गूंजा···फिर बगल के वार्ड से···क्या समां था !

कुछ देर के लिए वे सब कुछ भूल गये थे। बैरक की चारदीवारी, जेल का लोहे का फ़ाटक, वार्डन की घुड़कियां, जेलर का घृणा से सना चेहरा।

वाक़ई क्या समां था !

हरे-भरे जंगल में कुलांचें मारता हिरनों का झुंड···खुले आसमान में आज़ाद उड़ता सारसों का काफ़िला···एक के पीछे एक पंख खोलते अक्षर···गर्व से सिर उठाये, आकाश छूने को पंख ताने नौ सारस···वंदे-मा-त-रम् ! उड़ान भरता काफ़िला···अंतरिक्ष में मुक्त तैरती लय···आरोही तान, आज़ाद !

और तभी···पगली घंटी बज उठी !

लाठी घुमाते सिपाही···सीटी बजाते वार्डन···आदेश दहाड़ते जेलर। लय टूट गयी। संगीत चीत्कार में बदल गया। फिर भी···एक आवाज़ थी जो ग़ूंजती रही थी !

सिर पर लाठी बरसती हो और दौड़ने के लिए सिर्फ़ एक दीवार से दूसरी दीवार तक का फ़ासला हो···कैसा लगता है ? दस क़दम आगे···दस क़दम पीछे···बीच में लाठियां···आगे लाठियां···पीछे लाठियां···फिर भी बचाव के लिए आदमी दौड़ लगाता है। दस क़दम आगे···दस क़दम पीछे···सिर को हाथों की ओट किये···ज़िंदा बचे रहने की कितनी दर्दनाक चाहत आदमी के अंदर कौली

मारे पड़ी रहती है। टूटने दो कमर और कंधों की हड्डियां···सिर सलामत रहा तो जिंदा रह लेंगे, सिसक-सिसककर ही सही।

फिर भी···एक आवाज़ थी जो गूंजती रही थी—वंदे मातरम् !

लाठी ठीक चड्ढा के सिर पर पड़ी थी···नहीं, टांग उसकी बत्तीस में नहीं टूटी।

चड्ढा के फ़र्श पर गिरते ही सारसों का क़ाफ़िला दम तोड़ गया था। एक खौफ़नाक ख़ामोशी···

"वंदेमातरम् बोलने की मनाही थी न ?" शुभा ने पूछा।

"हां····" लंबी उसांस के साथ अविजित का 'हां' खिंचा।

"नारा बुलंद करते ही लाठी चार्ज हो गया···काफ़ी लोगों को चोट आयी," उसने मुर्दा स्वर में कहा।

"आपको भी ?" प्रभा ने पूछा।

"नहीं।"

प्रभा कुछ नहीं बोली तब भी अविजित तिलमिला गया।

"हर किसी को चोट आये, ज़रूरी नहीं है।"

"चड्ढा अंकल को आयी होगी," प्रभा ने फिर कहा।

"हां, उसने अपने को बचाने की कोई कोशिश नहीं की। वह लगातार वंदे-मातरम् चिल्लाता रहा।"

"फिर क्या हुआ ?" शुभा ने बिना तंज़ पूछा।

"घायलों को अस्पताल ले जाने में देर हुई तो हम लोगों ने भूख हड़ताल कर दी," अविजित ने उसके स्वर से आश्वस्त होकर कहा।

पर प्रभा भी तो थी।

"आपने भी ?" उसने कहा।

"क्यों, मैं क्यों नहीं करता ?"

"प्रभा," अनित्य ने कहा, "एक गिलास पानी लेकर आ।"

"आप लोग चड्ढा अंकल को पागल समझते थे न ?" प्रभा ने पूछा।

"किसने कहा ?"

"मैं पूछ रही हूं।"

"प्रभा," अनित्य ने कहा, "सुना नहीं तूने, एक गिलास पानी लेकर आ।"

"लाती हूं···इतनी जल्दी··· "

"जल्दी है ! पहले लेकर आ।"

प्रभा अंदर चली गयी।

"यह काजल इन लोगों को जाने क्या-क्या सिखलाती रहती है," अविजित

ने कहा।

"काजल ? कौन··· बनर्जी ?"

"हां।"

"यहां है ?"

"हां। प्रभा को पढ़ाती है।"

"चड्ढा से उसका कुछ लगाव था ?"

"नहीं, लगाव उसका मुझसे था; सज़ा भी वह मुझे देगी। वह और चड्ढा, दोनों··· जेल में मैंने कम तो नहीं भुगता····"

प्रभा पानी का गिलास लेकर आ गयी, बोली, "ममी पूछ रही हैं, सब लोग फ़ाटक पर क्यों खड़े हैं। कोई वारदात हो गयी क्या ?"

"ओहो, हद हो गयी," अनित्य ने कहा, "मैं शुक्लजी को भाभी के पास छोड़ आया। हैं वहां ?"

"जी। एक शै नज़र तो आयी थी," प्रभा ने कहा।

"कौन हैं यह शुक्लजी ?" अविजित ने पूछा। कहीं और मन लगाना बहुत ज़रूरी हो रहा था।

"दोस्त ही समझिए। रिश्ता ख़ासा दिलचस्प है। हुआ यूं कि अपना एक दोस्त था। ज़रा दूर की देखने का शौक़ीन था। ऐसे लोगों की, आप जानते ही हैं, पास की नज़र कमज़ोर करती है। ख़ैर, हुआ यूं कि उसने बिज़नेस का एक प्लान बनाया। खूब पुख़्ता। और दो-चार आदमियों से रुपया इकट्ठा कर लिया। कोई गड़बड़-घोटाला उसमें नहीं था। बाक़ायदा पार्टनर बनाया था दोस्तों को। क़रीब बीस हज़ार रुपया लगा होगा हर आदमी का। बिज़नेस शुरू धूमधाम से हुआ, बस कुछ दूर चलकर अड़ गया। रुपया डूब गया। पार्टनरों की खींचातानी से बचने का उपाय भी दोस्त ने दूर का निकाला। ख़ुदकुशी कर ली।

"मातम मनाने वाले पार्टनरों में एक शुक्लजी भी थे। मालूम नहीं कहां से मेरा पता पा गये और रोते-पीटते मेरे पास आ पहुंचे। अब मैं क्या कर सकता था ? रुपये न हों तो आदमी सिर्फ़ दोस्ती दे सकता है, लिहाज़ा दोस्त बनाना पड़ा····"

अब क्या हर जगह इन्हें साथ लेकर घूमेंगे ?" प्रभा ने पूछा।

"नहीं, यहां छोड़ जाऊंगा।"

"जी ?"

"भले आदमी ने बीवी के ज़ेवर बेचकर पार्टनर बनने की ख़्वाहिश पूरी की थी। बीस का बीस हज़ार डूब गया तो अब घर जाने से कतरा रहे हैं। मैंने सोचा कुछ दिन यहां रह लेगा··· बीमे की एजेंसी जैसा कोई काम आप उसे करा दें··· कुछ दिनों में घर जाने लायक़ हो जायेगा।"

"यह कोई ख़ैरातखाना है ?" प्रभा ने, अविजित के कुछ कहने से पहले ही कहा।

"नहीं···पागलखाना," अनित्य ने उसके कान में कहा।

"प्रभा," अविजित ने बाधा दी, "ऐसे क्यों कहती हो ? रह लेंगे कुछ दिन···मुसीबत में हैं।"

"मुसीबत में तो यहां चालीस करोड़ इंसान हैं, उन सबके लिए···"

"चुप रह प्रभा," सहसा शुभा ने कहा, "बात को कहां से कहां ले जाती है।"

प्रभा ने अचरज से उसकी तरफ़ देखा और चुप हो गयी।

"चलो, अंदर चलो," अनित्य ने कहा, "भाभी घबरा रही होंगी ।"

श्यामा मज़े में थी। कमरे में पहुंचकर सभी आश्वस्त हुए।

श्यामा बिस्तर पर अधलेटी पड़ी थी। पास आरामकुर्सी पर शुक्लजी बैठे थे। बड़े भक्ति भाव से ययाति के बेटे पुरु की पितृभक्ति की गाथा सुना रहे थे। सुनने वालों में श्यामा ही नहीं, उसके पलंग के पायताने बैठी खोखी भी शामिल थी और अचरज···सुधांशु शुक्लजी की गोद में था !

"इनके आठ बच्चे हैं," चुपके से अनित्य ने कहा।

बाद में पता चला था, शुक्लजी ख़ुद भीतर आकर स्वर्णा के पास से सुधांशु को उठा लाये थे।

आदमी काम का लगता है, अविजित के मन में उठा, स्वर्णा के जाने के बाद···

परिचय और नमस्कार में ज़्यादा वक़्त नहीं लगा था, श्यामा नहीं चाहती थी कि कहानी बीच में छोड़ी जाये।

उन्हें वहीं छोड़कर अविजित अनित्य के साथ बैठक में चला आया। पीछे-पीछे प्रभा भी आ पहुंची।

शुभा कुछ देर कमरे में ठिठकी खड़ी रही, शुक्लजी का कहानी सुनाने का तरीक़ा काफ़ी नाटकीय था···अतिनाटकीय पर दिलचस्प···नौटंकी की तरह। शुभा को सुनने में मज़ा आ रहा था, अविजित को उसकी ज़रूरत किसी वक्त भी पड़ सकती है। लिहाज़ा दो-एक मिनट बाद वह बैठक की तरफ़ चल दी।

"चड्ढा अंकल और मिस बनर्जी आप लोगों से अलग क्यों हो गये थे ?" उसने सुना प्रभा अविजित से पूछ रही है।

यह प्रभा भी, बस ! जिस चीज़ के पीछे पड़ जाये, भूत की तरह चिपकी रहती है।

"अलग ? क्या मतलब ?" अविजित ने माथे पर बल डालकर पूछा।

"बाद में उन्होंने गांधीवादी पथ छोड़ दिया था न ? क्यों ? सिर पर चोट आने के कारण ?"

"नहीं तो। छोड़ना-न-छोड़ना क्या था। पथ बचा ही कहां था जो···जब चौंतीस में हम लोग जेल से छूटे तो सब-कुछ ठंडा पड़ चुका था। नहीं-नहीं, सिर पर चोट

आने के कारण चड्ढा कुछ छोड़ने वाला नहीं था। वह तो अस्पताल भी चार दिन टिक कर न रह पाया, लौट आया क्योंकि···"

बीच वाक्य वह चुप हो गया। पता नहीं, बार-बार प्रभा क्यों उन दिनों में जाने पर विवश कर रही है, जिन्हें वह आधा-पौना याद कर नहीं पाता और पूरा करना नहीं चाहता।

चड्ढा चार दिन के भीतर अस्पताल से वापस बैरक में लौट आया था···

वे लोग अचरज में पड़ गये थे, इतनी भयानक चोट और अभी से डिस्चार्ज कर दिया !

"अभी से डिस्चार्ज कर दिया ?" चड्ढा से पूछा भी था।

"नहीं," उसने कहा था, "पर ज़ोर करके रोका भी नहीं।"

"कमाल है। वे भला क्यों ज़ोर करके रोकेंगे ? जेल के डॉक्टर हैं, तेरे महबूब नहीं," हरीश ने कहा था।

"डॉक्टर हैं या नहीं, यह नहीं मालूम। इतना ज़रूर जानता हूं कि वहां मरीज़ कोई नहीं है।" चड्ढा ने कहा था।

"यानी ?"

"सब के सब बहानेबाज़ हैं। जेल की मुसीबतों से बचने के लिए अस्पताल में भरती हो गये हैं। वह सेठ याद है जो पहले दिन यहां मिला था···"

"वह सुनारिया जो 'ए' क्लास का रोना रो रहा था ?" चटर्जी ने पूछा।

"हां। और तुम लोग बड़े हमदर्द बन कर पूछ रहे थे—सेठजी आपको 'सी' क्लास कैसे मिल गयी !"

"अरे, वह बारी-बारी से सबको अपनी व्यथा-कथा सुना रहा था तो हमने सोचा इकट्ठी ही कह लेगा," हरीश ज़ोर से हंस पड़ा था, "याद है, रोटी देखकर कैसे बिदका था, जैसे सांप पर पांव आ गया हो !"

"आजकल अस्पताल में तशरीफ़ रखे हैं," चड्ढा ने कहा।

"अच्छा, मैंने तो सोचा, क्लास बदली हो गयी सेठ की," चटर्जी ने कहा।

"अर्ज़ी तो भेजी है बेचारे ने। बाहर से रिश्तेदार, दोस्त, वकील सभी ज़ोर लगा रहे हैं पर रेड-टेप में कहीं बल पड़ गया दिखता है। ग़लती से बड़े आदमी को 'सी' क्लास दे तो दी पर ग़लती हुई कहां, ढूंढ़े नहीं मिल रही। लिहाज़ा···बवासीर की घातक बीमारी की बदौलत सेठजी आजकल अस्पताल में भरती हैं।"

"कितना गांधीवादी बनता था। रोज़ नियम से चरखा कातता था।"

"वह तो अभी भी कातता है। वक़्त काटने का उपाय जो चाहिए। हम लोगों की तरह ख़ुशक़िस्मत थोड़ा ही है कि बारह सेर गेहूं दिन भर में पीसो तो पता ही न चले कि कब सुबह शुरू हुई कब शाम ख़त्म।"

"वह सब तो समझ में आ गया," अविजित ने टोका, "पर तू अस्पताल से क्यों चला आया, यह तो बतला।"

"आज सुबह एक एमरजेंसी केस आ गया। बस, सब को दस्त लग गये, कहीं बेड खाली करके वापस 'सी' क्लास में न आना पड़े। मैंने कहा, लानत है अस्पताल पर ! और चला आया।"

"बवासीर की बीमारी वैसे होती खतरनाक है," सरण जो अब तक चुप बैठा सुन रहा था, बोल पड़ा।

"क्यों, तुझे भी है क्या ?" चड्ढा ने फ़ौरन कहा था।

सरण लजा गया था। पर बीमारी आदमी को एक नहीं होती। बवासीर न हुई खुजली सही ! सरण जब-तब अस्पताल हो आता था। कम दाम पर ही काम हो जाया करता था।

पर हम लोग नहीं गये। मैंने पूरे दो साल की क़ैद 'सी' क्लास में काटी ! फिर काजल को क्या अधिकार है मुझ पर छींटाकशी करने का !

यह ठीक है कि चड्ढा की तरह बेंतों की सज़ा मुझे नहीं मिली पर···चड्ढा से मेरी कोई प्रतियोगिता तो थी नहीं···

चड्ढा था जो नीम पागल···दीवार से सिर फोड़ने का शौक़ किसी एक को हो तो यह मतलब तो नहीं कि दूसरे भी···

उस दिन···

सुपरिंटेंडेंट जेल का मुआयना करने आने वाला था। सुबह से जेल की धुलाई पोंछाई हो रही थी। क़ैदियों को चक्कियों पर से हटाकर फ़र्श धोने के काम पर लगा दिया गया था। सुपरिंटेंडेंट के बारे में मशहूर था कि उसने आज तक किसी क़ैदी के पास रुक कर बात नहीं की; बेहद सफ़ाईपसंद अंग्रेज़ है। फ़र्श और दीवारों का इंच-दर-इंच मुआयना करता है···चूहों और तिलचट्टों से ख़ास नफ़रत है, क़ैदियों में कोई दिलचस्पी साहब की नहीं है। उनके आने पर क़ैदियों को एक ही काम पर लगाया जाता है, साहब के आगे जाकर चूहों और तिलचट्टों को भगाते रहें ताकि उनकी नज़र उन पर न पड़े वरना···

और ऐन उसी वक़्त चड्ढा आकर सामने खड़ा हो गया था। हाथ की झाड़ू नीचे पटक दी थी और दहाड़ कर बोला था, "राजनैतिक क़ैदियों से झाड़ू-पोछा लगवाने का क़ायदा नहीं है !"

वार्डन से लेकर सुपरिंटेंडेंट तक हक्के-बक्के रह गये थे। बाक़ी के क़ैदियों को सांप सूंघ गया था। चड्ढा ने एक बार पीछे मुड़कर देखा भी था। पर कोई क़ैदी आगे नहीं बढ़ा था। चड्ढा अकेला पड़ गया था !

सुपरिंटेंडेंट ने गरजकर कहा था, "बीस बेंत !"

वे लोग चड्ढा को पकड़कर···

नहीं-नहीं, वह याद करना नहीं चाहता।

उन लोगों ने पहले ही उससे कहा था। एक बार जेल में आ गये तो क्या चक्की और क्या झाड़ू ! सब बराबर है। कांग्रेस के बड़े नेता, कमलनैन जी, खुद 'बी' क्लास से आकर समझा गये थे—जेल के भीतर वंदे मातरम् बोलना, प्रदर्शन करना, विरोध जतलाना, इन सबका कोई औचित्य नहीं है। जेल के अंदर हो तो जेल के क़ायदे-क़ानून मानकर रहो और इन छोटी-मोटी बातों से फ़र्क भी क्या पड़ता है···

उन सबने चड्ढा को कितना समझाया था पर उसने एक न मानी। उसका ख़याल था कि उसके आवाज़ उठाते ही बाक़ी लोग ख़ुद-ब-ख़ुद साथ देने को आगे बढ़ आयेंगे, उस दिन की तरह, जब वंदे मातरम का नारा गूंज गया था पूरी जेल में। वह भूल गया था कि वे लोग एक बार भुगत चुके हैं। सात-आठ महीने जेल काट लेने पर वह जोश कहां रह जाता है। ऊपर से वार्डन आये दिन नयी अफ़वाहें सुना जाता था। अख़बार उन लोगों को नसीब था नहीं। सो डिब्बे में बंद प्राणियों की तरह ढक्कन के छिद्रों से हवा के साथ जो अफ़वाहें अंदर प्रवेश कर जाती थीं, उन्हीं पर संतोष कर लेना पड़ता था। कभी किसी ख़त के ज़रिये, कभी वार्डन की दया से···

कुछ दिन पहले ही तो वह बतला रहा था; रामजे माक्डोलैंड के सांप्रदायिक निर्णय के विरुद्ध गांधीजी आमरण अनशन कर रहे हैं। आज़ादी का मुद्दा छोड़ दिया गया है, गांधीजी अछूतोद्धार में लगे हैं। कांग्रेस ने कांसिल प्रवेश का उसूल स्वीकार कर लिया है। ऐसे वक़्त में कैसा जोश और किसके लिए ?

अविजित चड्ढा का साथ दे भी देता तो क्या हो जाता ? उसे भी बेंतों की सज़ा···!

···नंगी पीठ पर सरसराता चाबुक···एक···दो···तीन···कुलबुल करता खून···चमड़ी फाड़ कर फूटती लहू की धाराएं ! चार···पांच···छह···सात···धाराओं का संगम, होश को चीख़ों से ललकारता ! आठ···नौ···लहू का समंदर···होश में ख़ौफ़नाक ज्वार ! पंद्रह···सोलह···बेहोशी की रेत पर सिर धुनता प्रलाप···ऊपर टिकटिकी पर टंगा मांस का लोथड़ा···

ऊपर टिकटिकी पर टंगा चड्ढा···अविजित नहीं, चड्ढा। चड्ढा···

"मिस बनर्जी कह रही थीं," प्रभा ऊंचे स्वर में कह रही है, "जेल में चड्ढा अंकल पर बहुत ज़ुल्म हुए।"

"तो !" अविजित गरज उठा, "इसमें मिस बनर्जी ने नयी बात क्या कही। जेल में ज़ुल्म नहीं तो क्या होगा !"

"पिताजी !" त्रस्त स्वर में शुभा ने पुकारा।

अविजित की लाल-लाल आंखें प्रभा से घूमकर उस पर आ टिकीं। शुभा समझ गयी, वे उसे नहीं देख रहीं और शायद प्रभा को भी नहीं।

"आप क़ह रहे थे," उसने कहा, "चौंतीस में जब आप लोग जेल से छूटे तो आंदोलन ठंडा पड़ चुका था ?"

"इसीलिए चड्ढा और काजल बनर्जी अलग जा पड़े, क्यों भाई साहब ?" अनित्य ने कहा।

"हां। वे क्या, सभी लोग अलग-अलग जा पड़े। गांधीजी ने आंदोलन वापस ले लिया था," अविजित ने संभल कर कहा। फिर प्रभा से मुख़ातिब होकर सख़्ती के साथ जोड़ा, "बात•तो पूरी तरह समझने की कोशिश करनी चाहिए।"

"आज भी याद है अप्रैल चौंतीस का वह दिन जब जेलर ब्राउन खुद आकर उन्हें ख़बर दे गया था—गांधीजी ने सत्याग्रह आंदोलन वापस ले लिया !"

कैसा लगा था सुनकर ?

आदमी से कहा जाये, आंखों पर पट्टी बांध कर नदी में छलांग लगा दो। अंधविश्वास के साथ नदी को पानी समझ कर वह कूद पड़े और नुकीले पत्थरों पर जा गिरे, कैसा लगेगा ?

जेलर ब्राउन 'सी' क्लास के क़ैदियों को इस लायक़ नहीं समझता था कि उनसे बात की जाये। पर इतनी बड़ी खुशख़बरी पचा नहीं पाया था, इसी से ऐलान करने उनकी बैरक में आ पहुंचा था।

"नामुमकिन !" चड्ढा ने कहा था।

"नामुमकिन ?" ब्राउन ने टेढ़ी मुस्कराहट के साथ उस दिन का 'लीडर' उनके सामने कर दिया था।

अख़बार !

एक दर्जन हाथ उस पर झपट पड़े थे।

अख़बार चिथड़े-चिथड़े हो गया था—हर पन्ना अलग। सुर्खियों वाला पन्ना अविजित के हाथ लगा था। बाक़ी हाथों से उसे बचाये रखने के ख़याल से उसने ख़बर जोर-जोर से पढ़नी शुरू कर दी थी और हर हरफ़ के साथ उसका दिल टूटता चला गया था।

वाक़ई गांधीजी ने सत्याग्रह वापस ले लिया था। कारण बतलाते हुए उनका वक्तव्य छपा था। अविजित ने पढ़ा ज़रूर पर समझ में कुछ नहीं आया। सुनने वाले भी उसी की तरह भौंचक थे। ख़त्म करते ही दुबारा पढ़ना शुरू कर दिया उसने···

"···इसका मुख्य कारण वह आंखे खोलने वाली ख़बर थी जो मुझे अपने एक

बहुत पुराने और बहुमूल्य साथी के संबंध में मिली थी। वह जेल में काम करने को राज़ी न थे और उसके बजाय किताबें पढ़ना पसंद करते थे। यह सब कुछ सत्याग्रह के नियमों के सर्वथा विरुद्ध था। इस बात से इस मित्र की अपेक्षा मुझे अपनी दुर्बलताओं का अधिक बोध हुआ। उस मित्र ने कहा था कि मेरा ख़याल है कि आप मेरी दुर्बलता को जानते हैं। लेकिन मैं अंधा था। नेता में अंधापन एक अक्षम्य अपराध है। मैंने फ़ौरन यह भांप लिया कि कम-से-कम इस समय के लिए तो मैं अकेला ही सक्रिय सत्याग्रही रहूंगा······"

बस ! इतनी मामूली-सी बात के लिए गांधीजी ने इतना बड़ा राष्ट्रीय संग्राम रोक दिया। एक अकेले इंसान ने ग़लती की, इसी को किन्हीं आध्यात्मिक और रहस्यमय उसूलों का आधार बनाकर राष्ट्रीय आंदोलन में हिस्सा ले रहे हज़ारों इंसानों को अधर में लटकाकर छोड़ दिया !

वक्तव्य के अंत में गांधीजी ने कांग्रेस वालों को सलाह दी थी—"उन्हें आत्मत्याग और स्वेच्छापूर्वक ग्रहण की गयी दरिद्रता की कला और सुंदरता को समझना होगा; उन्हें राष्ट्रीय निर्माण के कार्य में लग जाना चाहिए, उन्हें स्वयं हाथ से कात-बुनकर खद्दर का प्रचार करना चाहिए, उन्हें जीवन के प्रत्येक क्षेत्र में एक-दूसरे के साथ निर्दोष संपर्क स्थापित करके लोगों के हृदयों में सांप्रदायिक ऐक्य का बीज बोना चाहिए, स्वयं अपने उदाहरण द्वारा अस्पृश्यता का प्रत्येक रूप में निवारण करना चाहिए और नशेबाजों के साथ संबंध स्थापित करके अपने आचरण को पवित्र रखकर मादक चीज़ों के त्याग का प्रसार करना चाहिए। ये सेवाएं हैं जिनके द्वारा ग़रीबों की तरह निर्वाह हो सकता है। जो लोग ग़रीबी में न रह सकते हों, उन्हें छोटे राष्ट्रीय धंधों में पड़ जाना चाहिए जिससे वेतन मिल जाये।"

सब लोग, हक्का-बक्का, एक-दूसरे का मुंह देखते खड़े रहे।

"ये सब करने से आज़ादी मिल जायेगी ?" हरीश के मुंह से निकला।

"गांधीजी तो हमेशा से कहते आये हैं, अपने निजी जीवन को पवित्र बनाए रहो, बाक़ी सब कुछ अपने आप ठीक हो जायेगा," सरण ने कहा।

वह हमेशा की तरह स्थिति से तटस्थ था।

"कैसे ?" चटर्जी ने कहा।

"मैं पूछता हूं हमारा ध्येय क्या है—आज़ादी या सदाचार ?" हरीश ने तमतमा कर कहा।

"गांधीजी कहते हैं, साधनों की चिंता करो, साध्य अपने आप······"

"ओह, शट-अप !" अविजित ने कहा, "तोते की तरह सूक्तियां मत बोल। गांधीजी ने जो कहा हो, इस वक़्त सवाल यह है कि आंदोलन बीच में रोक देने से आजादी के हमारे ध्येय का क्या होगा ?"

"कुछ नहीं होगा," हरीश ने कहा, "यही अंत है !"

"नहीं," चड्ढा बोल उठा, "यह अंत नहीं अंत की शुरुआत है ! ग़ुलामी के अंत की। अब हमें गांधीजी की ज़रूरत नहीं रही। हम लड़कर आज़ादी हासिल कर लेंगे !"

उसके स्वर की दृढ़ता ने सबके दिल में उम्मीद की जुंबिश पैदा कर दी पर तभी ब्राउन बोल उठा, "आज़ादी की तुम लोगों को ज़रूरत क्या है ?"

वे लोग भूल ही गये थे कि जेलर ब्राउन अब तक उनके बीच में है।

"क्या मतलब ?" अविजित ने तड़पकर कहा।

"तुम लोगों का यह गांधी वाक़ई अक़्लमंद शख़्स है। अच्छी तरह जानता है कि अंग्रेज़ों के चले जाने पर हिंदुस्तान दो दिन ज़िंदा नहीं रह सकता, इसी से सुधार की बात करता है, लड़ाई की नहीं।"

उसकी बात से सभी तिलमिला उठे थे पर जवाब किसी के पास नहीं था, खून का घूंट पीकर चुप बने रहे।

जेलर ब्राउन का स्वर कोमल हो गया। पथभ्रष्ट युवकों को समझाने के बुर्जुगाना अंदाज़ में उसने सदय स्वर में कहा, "क्यों तुम लोग यहां जेल में पड़े सड़ रहे हो। अभी बच्चे हो, तुम्हारा भविष्य तुम्हारे सामने है। घर जाओ, पढ़ाई-लिखाई करो। अंग्रेज़ी राज क़ायम रहा तो नौकरियों की कमी नहीं होगी।"

"हमें नौकरी नहीं, आज़ादी चाहिए," चड्ढा ने कहा।

"तुम्हारे चाहने से क्या होता है।" ब्राउन ने व्यंग्य से हंसकर कहा, "तुम्हारे जैसे सैकड़ों सिरफिरे फांसी के तख़्तों पर लटक चुके। हम समझते हैं—और कांग्रेस समझती है, हिंदुस्तान और अंग्रेज़ जुदा नहीं हो सकते।"

"शट-अप !" सहसा चड्ढा चीख़ पड़ा था।

बैरक के अंदर-बाहर सन्नाटा छा गया था।

ब्राउन के चेहरे पर से शालीन समझौते का नक़ाब उतर गया। घृणा और क्रूर अंह की लाली से हर नक़्श गरम हो उठा।

चाबुक फटकारती आवाज़ में उसने कहा, "इतनी बेंते खाकर भी अक़्ल दुरुस्त नहीं हुई। और खाना मांगता है, बास्टर्ड !"

तान कर बूट-समेत एक लात उसने चड्ढा की पीठ पर जमा दी। चड्ढा औंधे मुंह फ़र्श पर गिर पड़ा।

फिर···

नहीं, अविजित याद नहीं करना चाहता।

अविजित नहीं चाहता, एक बार फिर वह अपने चारों तरफ़ के माहौल से अपरिचित हो जाये।

जब से काजल से मुलाक़ात हुई है···न जाने क्या हो गया है कि अपने वर्तमान

से परिचय जोड़े रखने के लिए अविजित को सायास प्रयत्न करना पड़ता है।

ऐसे कोई जी सकता है भला ? विगत में लिपट कर, हर पल ?

छोटा अंतराल तो नहीं है बीस साल का। ···और जब वह याद करना नहीं चाहता। इतने बरस भुलाये रहा···सिर्फ़ जो चाहा वही याद किया···जो तसल्लीबख़्श था···खुशगवार था···ज़मीर पर जो भारी पड़े···छोड़ो···वह अनित्य की बातें हैं। नहीं···अनित्य ने तो कुछ कहा ही नहीं···आज···यह अविजित की बातें हैं···अविजित के हर पल जीवित उस विगत को जो बीता नहीं···

काजल···अविजित याद नहीं करना चाहता···फिर भी···काजल···जेल में उससे मिलने आयी थी···आख़िरी बार···बीस साल पहले···

कमरे में बैठे प्राणी अविजित को दीखने बंद हो गये।

वह उठा और कमरे से निकलकर बाहर बरामदे में आ गया···उन्हें वर्तमान में टंगा छोड़कर स्वयं समय के अंतराल में खिसक गया···

दस क़दम आगे···दस क़दम पीछे···फिर दस क़दम आगे···दीवारों के बीच फंसा अविजित छटपटाता घूमता रहा···

जेल की कोठरी में बंद रहने वाले आदमी के लिए मुलाक़ात का दिन कितना उत्साहपूर्ण होता है···बाहर की दुनिया से संपर्क जुड़ते ही इंसान होने का अहसास जो जग उठता है मन में ! वहीं तो अटका रहता है रात-दिन उसका मन—बाहर की दुनिया में। भीतर के संगी-साथी उदासी और खालीपन को भर नहीं पाते, और विस्तार देते हैं।

बाहर की दुनिया का छोटा-सा आभास···!

रात दस बजे एक दिन···आसमान के उस छोटे-से हाशिये पर जो उनके वार्ड की खिड़की से दीखा करता था, एक हवाई जहाज़ उभर आया ! वाह ! उड़ान भरती बाहर की दुनिया ! वार्ड के तमाम क़ैदी एकजुट होकर खिड़की की तरफ़ दौड़ पड़े थे···काश दूर क्षितिज पर विलीन होने तक उसे देख सकते, पर कहां···खिड़की की सलाखों में फंसे आसमान का व्यास था ही कितना ? फिर भी, जब तक हो सका, अविजित खिड़की से नहीं हटा था। धक्का-मुक्की करते साथियों को उसकी बलिष्ठ भुजाओं ने पीछे धकेल दिया। देखता रहा था···दूर···कहीं जाकर ओझल हो गया था हवा का वह प्रतिद्वंद्वी !

पागल की तरह अविजित खिड़की छोड़ दरवाज़े की तरफ़ दौड़ा और ज़ोर-ज़ोर से दरवाज़ा पीटने लगा। नहीं ठहर सकेगा अंदर अब एक पल भी ! मत छोड़ो जेल से, अहाते में तो निकल जाने दो ! क्षण-दो-क्षण हवाई जहाज़ के साथ आकाश में उड़ लेने दो ! पर नहीं। रात बाड़े में बंद किये गये क़ैदी सुबह होने पर ही खोले जाते थे। दरवाज़े के बाहर मोटे कुंडे में भरी ताला पड़ा था।

"सुअर हैं हम लोग जो इस तरह बंद करके रखा जाता है !" वह चीख उठा था।

"क्यों इतना बिदक रहा है ?" चड्ढा ने कहा था, "हवाई जहाज़ तुझे लेने नहीं आया।"

मन मारकर वह खिड़की पर लौट आया था और देर तक सूने आसमान पर शून्य की उड़ान देखता रहा था।

और उस दिन···

"मुलाक़ात आयी है," उसने सुना था, मेट ने कहा है।

"कौन है ?" उसने पूछा था। सोचा था, काश अनित्य हो, पिताजी आते हैं, उदास और बीमार, तो रो-रोकर उसकी भर्त्सना करते रहते हैं।

"कोई काजल बनर्जी है," मेट ने कहा था।

पुलक !···फिर आतंक ! अविजित ने चाहा था, मना कर दे, पर बाहर की दुनिया को छू पाने का लोभ···रोक न सका था···चाहे जिस माध्यम से हो।

उस दिन, अगर उन दोनों के बीच जाली न खिंची होती···दौड़ कर आती काजल दो साल पहले की तरह, उसके गले से लिपट गयी होती···उसे बांहों में दबोचकर वह उसे चूम न उठता ! उसकी देह की छुअन से अपने शरीर की उद्दाम जलन को बढ़ा न बैठता ?

दूर से आती काजल की मादा-आकृति को देखकर उसका मन हुआ था, जाली को नोचकर फेंक दे। बेतहाशा उसकी तरफ़ दौड़ जाये, जैसे उस रात उड़ते हवाई जहाज़ को देखकर दौड़ लगायी थी और उसे बांहों में भर ले। पर···उनके बीच जाली खिंची थी। बच गया वह। जो उस दिन घटा था, घटना ही था पर उससे कहीं ज़्यादा भयानक अन्याय से वे बच गये थे। अविजित करने से, काजल सहने से।

जाली के एक तरफ़ अविजित था, दूसरी तरफ़ काजल। आमने-सामने स्त्री-पुरुष नहीं, अविजित और काजल।

इतनी बदसूरत काजल पहले कभी नहीं लगी थी। कमज़ोर पीला चेहरा, खुरदुरी खाल और गहराई तक गुदे चेचक के दाग़।

पास बने पाखाने से बदबू का भभकारा उठा। अविजित का मन वितृष्णा से भर गया था।

चारों तरफ़ इस क़दर हल्ला मचा हुआ था कि बात सुननी मुश्किल थी। ज़ोर से बोलो तो सब सुनें, धीरे तो सामने वाला भी नहीं। काजल की बात क्या ज़ोर से कहने की थी ? फिर भी वह नहीं झिझकी थी। हां, अविजित बुरी तरह संकुचित हो उठा था।

बैठने की जगह नहीं थी। वे लोग खड़े-खड़े ही बात कर रहे थे।

"कैसे हो ?" काजल ने पूछा था।

"ठीक हूं," उसने कहा था।

"मां-बाबा पटना जा रहे हैं।"

"अच्छा।"

"मुझे क्या करने को कहते हो ?"

"मैं क्यों कहूंगा ?" अनजान बनकर उसने कहा था।

"बाबा के साथ पटना चली जाऊं या यहीं रहूं। तुम्हारे छूटने पर····"

"बाबा क्या कहते हैं ?"

"उन्हें छोड़ो। तुम बतलाओ।"

"मैं क्या बतलाऊं, यह तुम्हारे सोचने की बात है।"

"अविजित, सोचकर ही तुमसे पूछ रही हूं। यह वक़्त लज्जा का नाटक करने का नहीं है। तुम्हारे जेल से छूटने पर हमारा विवाह होगा या नहीं ?"

अविजित न 'हां' कह सका था, न 'ना'।

"यह वक़्त क्या इन सब बातों का है ?" उसने कहा था।

"क्यों नहीं ?"

"अभी मैं ज़ेल में हूं। छूट भी गया तो क्या होगा, दुबारा पकड़ा जाऊंगा। मेरा जीवन देश को अर्पित है। शादी-ब्याह के बारे में मैं नहीं सोच सकता।"

कहते-कहते अविजित को लगा था, काजल के चेहरे पर कुछ और चेचक के दाग़ गुद आये हैं, उसके देखते-देखते। उनसे बिंध कर चेहरे की त्वचा बिल्कुल कोयला हो गई है।

"सोचना चाहते नहीं कि कोई और बाधा है ?" उसने पूछा।

"गांधीजी कहते हैं, नौजवानों को ब्रह्मचर्य व्रत लेकर देश की सेवा में उतरना चाहिए····" उसने बात शुरू की पर काजल ने बीच में काट दी।

"गांधीजी को रहने दो। तुम क्या चाहते हो, वही कहो।"

"मैं क्या चाह सकता हूं ? चाहता हूं देश आज़ाद हो। मैं जेल से छूट जाऊं। मेरे चाहने से हो जायेगा ?"

"तो···मैं···पटना···चली जाऊं ?" काजल की आवाज़ कांप गयी थी।

अविजित ने महसूस किया था अगर यह औरत काजल न होती तो फूट-फूट कर रो पड़ती।

वह क्रूर हो गया था।

"तुम आज़ाद हो," उसने कहा था, "जो चाहो कर सकती हो। मैं क़ैदी तुम्हें क्या सलाह दे सकता हूं ?"

"मैं भी जेल काटकर आयी हूं, अविजित," उसने कहा था, "पर तुम्हारी तरह····"

'टाइम पूरा हो गया !' वातावरण को चीरती मेट की आवाज़ गूंजी ! काजल का वाक्य उसमें खो गया।

अविजित अपनी बैरक में लौट आया था पर महीनों काजल का वह अधूरा वाक्य उसे सालता रहा था।

क्या कहा था काजल ने उस दिन···

···तुम्हारी तरह कायर नहीं बनी···तुम्हारी तरह खुदगर्ज़ नहीं बनी या···तुम्हारी तरह हिप्पोक्रेट नहीं बनी···

दीवार में लगी अलमारी के आगे आकर अविजित रुक गया। धीरे से पल्ला खोला और भीतर झांका। देखा—सारा सामान, सुई-धागा, शेविंग का सामान, कैंची-चाकू, प्याला-प्लेट-गिलास क़रीने से सजे हैं। उसने राहत महसूस की और क़दम लौटा लिये।

यह देखकर मैंने राहत क्यों महसूस की, वह सोच रहा था। क़रीने से क्यों नहीं सजा होगा सामान ? यह जेल नहीं है कि शेविंग रेज़र और शीशे को ताक पर सजा कर रख देने से ही कोई ऐतराज़ करने लगे।

बस, आदत हो गयी है तभी से, जब वार्डन ने उसका वह मामूली-सा सामान ज़ब्त कर लिया था। 'यह जेल है, यहां आप अपने शौक़ पूरे करने नहीं आते,' उसने कहा था और उसका शेविंग-रेज़र और साबुन, और हां, एक शेविंग ब्रश और सबसे प्यारा, उसका वह आईना उठा कर ले गया था। कमबख़्त ! कभी माफ़ नहीं करेगा अविजित उसे ! अविजित का बदन कांप उठा। किस-किस को माफ़ नहीं करेगा अविजित ? अविजित को किसने माफ़ किया है ?

एक चक्कर काट कर वह वापस अलमारी के आगे पहुंच गया।

मुझे इस बरामदे में क़ैद कर दिया जाये तो बरसों आसानी से काट सकता हूं काजल !

यह ठीक है कि 1934 में जेल से छूटने पर मैंने बढ़िया नौकरी ढूंढ निकाली और ब्याह भी कर लिया पर इसमें मेरा कोई क़सूर नहीं था। गांधीजी ने आंदोलन वापस ले लिया था।

मैं अकेला तो आंदोलन चला नहीं सकता था, अविजित ने हल्का महसूस करने की कोशिश में सोचा पर काजल से जिरह···जीतना उतना आसान न था।

वह वापस कमरे में लौट न सका।

शाम रात में तबदील होती गयी।

अविजित, दस क़दमों में बंधा, चहलक़दमी करता रहा···

11

आज अविजित घर के एक कमरे से दूसरे कमरे में भटक रहा है।

इतवार का दिन है।

आज शाम संगीता की शादी है।

उसकी तैयारी में सुबह से श्यामा आराम कर रही है।

पता नहीं कैसे उसने अनित्य को भी शादी में चलने के लिए राज़ी कर लिया है। शादी-ब्याह में कभी जाता तो नहीं, आज कैसे मान गया ? श्यामा की बात टाली भी जा सकती थी। चलो, न सही···

एक कमरे में शुभा-प्रभा को लेकर अनित्य बैठक लगाये हुए है, दूसरे में श्यामा है ही। बस, अविजित कहीं टिक नहीं पा रहा। और घर से बाहर जाने से भी कतरा रहा है। अनित्य है यहां। एक मोह बना हुआ है मन में कि शायद आपस में नाता जुड़ जाये और सब साथ मिलकर बैठ सकें। अपनों के सामीप्य में जो तुष्टि होती है···

"तुम्हारे पिताजी की भाभी से शादी मैंने ही करवायी थी," अनित्य कह रहा है।

"बड़ा अच्छा काम किया था !" प्रभा ने टोका।

"चुप भी रह," शुभा ने कहा, "कैसे हुई थी, बतलाइये न ?" उसे सुनने में मज़ा आ रहा था।

"भाभी अपनी खूबसूरती के लिए पूरे लखनऊ शहर में मशहूर थीं। स्कूल में घुसतीं या बाहर निकलतीं तो दीदार हासिल करने के लिए लड़कों की भीड़ फाटक पर खड़ी मिलती। हम भी चले जाया करते थे। मालूम तो था, हैं जज सिंघल की बेटी···बहुत ही बेहूदा बात है कि हर खूबसूरत लड़की के एक बाप ज़रूर होता है····"

"क्यों, बदसूरतों के बाप नहीं होते क्या ?" प्रभा ने फिर टोका।

"होते हैं पर उतने असरदार नहीं !" 'अनित्य ने कहा, "खै़र यह मैं अच्छी तरह जानता था कि कोई बाप इतना बेवकूफ़ नहीं हो सकता कि अपनी बेटी की शादी मुझसे कर दे। अलबत्ता भाईसाहब की बात और थी। मैंने तय किया कि जस्टिस सिंघल की बेटी की शादी भाई साहब से होगी।"

"फिर ?" शुभा ने पूछा।

"फिर क्या ?"

"आपने तय कर लिया और हो गयी शादी !" प्रभा हंस पड़ी।

"और क्या। मैंने भाई साहब से कहा, शादी करने का इरादा है ? वे बोले,

हां मैंने कहा, लड़की मैंने देख ली है, बेहद खूबसूरत है। बस भाईसाहब राज़ी हो गये।"

"और जस्टिस सिंघल ?"

"ज़ाहिर है।"

जस्टिस सिंघल के राज़ी हो जाने पर अविजित को भी कम अचरज नहीं हुआ था।

"वे अपनी बेटी की शादी मुझसे क्यों करेंगे ?" अनित्य से उसने कहा था, "वे जज़ हैं, उनके हिसाब से मैं देशद्रोही हूं···अंग्रेज़ी राज की मुख़ालफ़त करके जेल काट आया हूं।"

"यही तो वे चाहते हैं," अनित्य ने कहा था।

"क्यों भला ?"

"बुलंद ज़मीर के आदमी हैं। जज हैं तो हर किसी को सज़ा सुनाने का काम करना ही पड़ता है पर ज़मीर बगावत किये रहता है। सुना है, एक बार गोविंद वल्लभ पंत को सज़ा सुनाने का मौक़ा आया तो बेचारों की आंखों में आंसू आ गये। अब तो ख़ैर, कांग्रेस मंत्रिमंडलों का ज़माना है, जज साहब खुलकर रो सकते हैं।"

"लड़की वाक़ई खूबसूरत है ?" अविजित ने पूछा था।

"बेहद ! एक बार देख आइये न, फिर बात कर लेंगे। हां, एक बात है, जज साहब दहेज नहीं देंगे, ज़रा ऊंचे ख़यालात के आदमी हैं।"

"अच्छा है। पिताजी के उसूल भी दहेज के ख़िलाफ़ हैं।"

"जी हां। पिताजी के उसूलों को कौन नहीं जानता। सैशंस कोर्ट के जज को समधी बनाने के लिए वे बड़े-से-बड़ा बलिदान देने को राज़ी होंगे।"

"वह बात नहीं है।"

"हां, बलिदान तो पहले ही दिया जा चुका। बेटा आई. सी. एस. अफ़सर न बन पाया, समधी तो हो। आपकी प्राइवेट फ़र्म की नौकरी को पिताजी बराबर की अहमियत न देते हों पर जज साहब को खूब सूट करता है। दामाद ऊंचे पद पर हो और ज़मीर पर भारी न पड़े, इससे बढ़िया बात क्या हो सकती है।"

1938 में अविजित की शादी श्यामा से हो गयी थी। जीवन का एक अध्याय ख़त्म होकर दूसरा शुरू हो गया था। 1937 में प्रांतों में कांग्रेस मंत्रिमंडल बन चुके थे। तय रहा था कि स्वतंत्रता की लड़ाई हमेशा के लिए स्थगित हो गयी।

एक बहुत बड़ा लक्ष्य सिकुड़कर दैनिक जीवन-यापन के व्यापार में केंद्रित हो जाये तो कैसा लगता है ?

आदमी को दबा कर बोतल में बंद कर दो तो वह उसी छोटी-सी जगह में हाथ-पैर मारकर जीने की आदत डाल लेगा, यही नहीं, बोतल के बीच घूमने को

ही बड़ी बात मानकर नये-नये कोणों से उसकी दिक़्क़तों पर ग़ौर करेगा और अपने को सूरमा कहलाने में ज़रा झिझक महसूस नहीं करेगा।

देश से सिकुड़ कर परिवार !

आज़ादी से सिकुड़कर प्रांतीय हुकूमत में हिस्सा !

आदमी छोटा होता चला जाता है···

कई बरस बाद, अगर फिर से पुराना लक्ष्य आवाज़ लगाने लगे तो सुन पाना मुश्किल हो जाता है···

"जस्टिस सिंघल बहुत पुख़्ता ज़मीर के आदमी थे····" अनित्य कह रहा है।

"तभी तो जज थे," प्रभा की आवाज़।

"हां, हर जज का ज़मीर पुख़्ता होता है। इसी से दूसरों को सज़ा सुनाने से नहीं कतराता। अपने को सज़ा सुनाने की ज़रूरत महसूस करते ही आदमी बेचारा सिर्फ़ आदमी रह जाता है····"

वहां से हटकर अविजित श्यामा के कमरे में चला आया। देखा सुधांशु को गोद में लिये शुक्लजी गद्‌गद् कंठ से गीता के श्लोक गा रहे हैं। श्यामा आंखें बंद किये पड़ी है, चेहरे पर मुग्ध शांति का भाव है। निष्क्रियता में आनंद ले पाना हर किसी के बस की बात नहीं है।

जब संगीता गाना सुनाती थी तब भी ऐसा ही सम्मोहित शांति का भाव श्यामा के चेहरे पर छाया रहता था। संगीता···आज शाम···जाना ही पड़ेगा।

अनित्य की कहानी चालू थी।

तभी स्वर्णा कमरे में घुसी।

"चाचाजी," उसने कहा।

प्रभा-शुभा की देखा-देखी स्वर्णा भी अनित्य को चाचाजी कहती है।

शुरू-शुरू में एक बार 'छोटे साहब' कहकर पुकारा था तो अनित्य ने टोक दिया था, "मौसी, मैं छोटा ज़रूर हूं पर साहब किसी हिसाब से नहीं। बेहतर है कि तुम मुझे····"

"चाचाजी कहकर बुलाया करो," प्रभा ने जोड़ दिया था। तभी से स्वर्णा उसे चाचाजी कहती और अनित्य उसे मौसी।

"चाचाजी," अब स्वर्णा ने कहा, "हमको कलकत्ता का एक टिकट लाकर दो।"

"कब का ?" अनित्य ने काम का सवाल किया।

"अगले इतवार का।"

"तू कलकत्ते जा रही है ?" शुभा ने बाधा दी।

"हां।"

"लौटेगी कब ?"

"लौटेगा नहीं।"

"क्या मतलब ?" शुभा उठ कर खड़ी हो गयी, "तू चली जायेगी ?" चकित स्वर में उसने कहा।

"इसमें इतने अचरज की क्या बात है ?" प्रभा बोली, जानती तो है लछमन चला गया है तो वह भी···

"नहीं-नहीं !" शुभा एकदम जाकर स्वर्णा की छाती से लिपट गयी।

"तू मत जाना," उसने कहा।

स्वर्णा ने खींचकर उसे और पास समेट लिया। उसकी आंखों से आंसू गिरने लगे।

"सुधांशु का क्या होगा ?" शुभा ने कहा।

"उसको खोखी देख लेगा," स्वर्णा ने घरघर करते गले से कहा।

"खोखी ? वह कैसे देखेगी ?"

"देख लेगा। हम बतलाकर जायेगा।"

"और ममी को ?"

"तू देखना।"

"मैं ? मैं कैसे ? नहीं, तू मत जा," शुभा सुबककर रो दी।

"तू समझती क्यों नहीं, उसे जाना ही है," प्रभा ने कहा।

"एक लड़के का बंदोबस्त हम कर दिया है, काम संभाल लेगा," स्वर्णा ने कहा।

"उससे क्या होगा !"

"वहां पहुंच कर अपना पता भेज देना," प्रभा ने कहा। भावुकता ज़ाहिर न करने की कोशिश ने उसका स्वर रोज़मर्रा से ज़्यादा कर्कश बना दिया था।

शुभा ने चौंक कर उसकी तरफ़ देखा।

"क्या करेगा पता लेकर ?" स्वर्णा का स्वर भी कर्कश था।

"कभी घर से भागना पड़ा तो तेरे पास आऊंगी न," प्रभा ने कहा।

"भागेगा क्यों ?" स्वर्णा ने डपट कर कहा।

"किसी से प्रेम हो गया तो क्या करूंगी···भागना ही पड़ेगा।"

"चोप ! क्या बोलता है। किससे प्रेम है तुमको ?" स्वर्णा के आंसू सूख गए।

"है नहीं। मैंने कहा, जब होगा।"

"तो घर से भागेगा क्यों ? ठीक आदमी देख कर प्रेम करना और सीधा आकर ममी को बोलना, समझा।"

"और जो वह उड़िया हुआ ?"

"एई, हमसे मज़ाक करता है। उड़िया हो चाहे पंजाबी, प्रेम करेगा तो शादी करना होगा, समझा।"

"ठीक है, उसे लेकर तेरे पास आ जाऊंगी। तू 'पास' कर देगी तो ठीक वरना⋯"

"तू सचमुच नहीं आयेगी ?" शुभा ने फटे गले से कहा।

"हम नहीं, अब तू हमारे घर आना," स्नेह से थर्राते स्वर में स्वर्णा ने कहा, "तेरे वास्ते हम खूब सुंदर लड़का देखकर रखेगा कलकत्ता में⋯शादी करके तुम उधर रहना⋯तेरा बेटा होगा न⋯ हम पालेगा⋯" कहते-कहते स्वर्णा और शुभा, दोनों फूट-फूटकर रो दीं।

"टिकट मंगाना हो तो पैसे दो, मौसी," अनित्य ने ऊंची आवाज़ में कहा।

स्वर्णा रोना रोकने की कोशिश करने लगी।

"अभी गया तो खाने के वक़्त तक लौट आऊंगा वरना नाहक तुम्हें लेकर बैठे रहना होगा," अनित्य कहता गया।

स्वर्णा ने अपने पर क़ाबू पाकर धोती के पल्ले में बंधी गांठ से पैसे निकाल लिये। पास आकर रुपये अनित्य के हाथ पर रखने लगी तो एकदम चौंककर बोल उठी, "इतना गंदा कमीज़ पहनकर जायेगा !"

"गंदी कहां है ?" अनित्य ने अचरज से कहा, "कल तो पहनी है।"

"धोया ही गंदा होगा," स्वर्णा ने कहा, "हमको दो। हम धोकर डाल देगा।"

"अब ?"

"हां, उतारो अभी।"

"और टिकट लेने नंगा जाऊं ?"

"नहीं, धूप में बैठो उतनी देर। टिकट कल लाना। दो जल्दी। ओ मां, इतना गंदा कमीज़ धोकर दिया। पहनने में घिन नहीं आता⋯"

"कमाल है," अनित्य ने कहा, पर कमीज़ उतार कर उसे दे दी।

स्वर्णा बुड़बुड़ करती हुई उसे लेकर भीतर चली गयी।

"ख़ब्त है ख़ब्त !" प्रभा ने कहा।

"स्वर्णा बहुत सफ़ाईपसंद है," शुभा बोली, "साफ़ बात, साफ़ काम।"

"हां, मिलावट किसी चीज़ में पसंद नहीं है। पता है चाचाजी, एक बार छाती के दर्द के कारण अस्पताल में भरती होना पड़ा तो क्या हुआ ?"

"क्या ?"

"जनरल वार्ड के भीतर घुसते ही बोली, इतना गंदा जगह में मानुष रहता कैसे है ? अस्पताल वालों ने कहा, यह जनरल वार्ड है, यहां ग़रीब आदमी आते हैं, लाट साहब नहीं। स्वर्णा ने फ़ौरन कहा, गरीब आदमी को गंदगी में रहना होगा, यह कौन लाट साहब बोला ? अस्पताल वालों ने नाराज़ होकर कहा, इतनी नाज़ुकमिज़ाज हो तो करवा लो सफ़ाई। बस, स्वर्णा बिस्तर छोड़ झाड़ू-पोंछा जमादार से छीन कर चालू हो गयी। डांट-डपट, गाली-गलौज, जो ज़रूरत हुई, करके दो-चार कम़ बीमार मरीजों को साथ ले लिया और दो घंटे के अंदर पूरा

वार्ड चमका कर रख दिया। अस्पताल वाले बेहद नाराज़ हुए। अच्छा, आप बतला सकते हैं, चाचाजी, वे लोग खुश होने के बजाय नाराज़ क्यों हुए ?" प्रभा ने कहा।

"स्वर्णा ने जो किया, बहुत खतरनाक था। ग़रीब आदमी एक बार अपने माहौल से उचट जाये तो ख़तरनाक हो उठता है।"

"पिताजी को फ़ोन करके उन्होंने कहा, अपने मरीज़ को आकर ले जाइये। उसने पूरे वार्ड का डिसीप्लिन ख़राब कर दिया है। पर इससे पहले कि पिताजी वहां पहुंचते, स्वर्णा खुद आ पहुंची, धमकाकर बोली, फिर जो कभी हमें अस्पताल भेजा तो देखना। हम मरेगा तो साफ़ जगह नहीं तो भूत बन कर भटकेगा। ज़रा सोचिये चाचाजी, काली माई का भूत !"

"मैं सोच रहा हूं: ग़रीब आदमी की कमीज़ का क्या होने वाला है ?" अनित्य ने कहा।

"एकदम साफ़ हो जायेगी," शुभा ने कहा।

"आप गये काम से," प्रभा बोली, "इतनी साफ़ कमीज़ में कोई दोस्त आपको पहचानने से रहा।"

श्यामा के कमरे से बरामदे में टहलता हुआ अविजित वापस बैठक में पहुंच गया।

"अरे, ऐसे कैसे बैठे हो ?" चकित स्वर में उसने अनित्य से पूछा।

"कमीज़ गंदी थी," अनित्य ने कहा।

"तो दूसरी पहन लो।"

"आपकी अलमारी से ले लूं ?" अनित्य ने पूछा।

उसके 'हां' कहने पर अनित्य उठकर चला गया पर अविजित वहीं ठहरा रहा। शुभा-प्रभा ने उसकी तरफ़ ध्यान नहीं दिया।

आख़िर अविजित ने ही पुकार कर कहा, "शुभा···कॉफी पियेगी ?"

"नहीं," उसने अनमने स्वर में कहा।

अविजित फिर भी खड़ा रहा। शुभा का ध्यान उधर नहीं गया।

"आप पियेंगे ? बनवा दूं ?" प्रभा ने कहा।

"पी लेंगे," अविजित ने कहा।

उसके स्वर के विषाद ने प्रभा को छू लिया।

"मिर्च के पकौड़े तलवा लूं ?" तनिक हंस कर उसने कहा, "मेरे ख़याल से चाचाजी भी पसंद करेंगे।"

"पिताजी !" सहसा शुभा फट पड़ी, "स्वर्णा अगले हफ़्ते जा रही है !"

"इतनी जल्दी····"

"आप उसे रोकेंगे नहीं ?" शुभा ने उलाहना देते हुए कहा।

"नहीं," अविजित की तरफ़ से जवाब प्रभा ने दे दिया। ख़ासे हठीले अंदाज़ में।

दोनों लड़कियों ने एक साथ अविजित की तरफ़ देखा। उसकी समझ में नहीं आया किसकी बात पर मुहर लगाये।

कुछ देर रुके रह कर, उसने अनमने भाव से इतना ही कहा, "अच्छा···रहने दो पकौड़े···कॉफ़ी भी नहीं चाहिए···" और भटकता हुआ श्यामा के कमरे में पहुंच गया।

सुधांशु शुक्लजी की गोद में सो चुका था। शुक्लजी अभी भी गीता पाठ कर रहे थे पर फुसफुसाते मद्धिम सुर में। श्यामा की आंखें बंद थीं—पता नहीं सो रही थी या वैसे ही लेटी थी। इतनी तन्मयता से 'आराम' कर रही है तो इसका मतलब है शाम को शादी में जाने का पक्का इरादा है। एक बार अविजित का मन हुआ ज़ोर से बोल कर या घर के किसी प्राणी को डांट-डपट कर उसके 'आराम' में विघ्न डाल दे। उसकी तबीयत तब जरूर ख़राब हो जायेगी और वह शाम को संगीता का सामना करने से बच जायेगा.

फ़ौरन उसने अपने को फ़टकार दिया और दबे पांव बरामदे में निकल गया।

फूल-मालाओं और रंगीन बल्बों की क़तारों में मढ़े बगीचे के भीतर अविजित घुसा ही था कि अपने को संगीता के सामने पाया।

लाल ज़री की लक़दफ़ साड़ी के बीच जड़ा एक सफ़ेद चेहरा और उस पर दहकती दो काली आंखें। कोयला, शोला और राख !

संगीता का रंग तो सांवलेपन पर था, इतना सफ़ेद कैसे हो गया ?

मुर्दों के चेहरे सफ़ेद पड़ जाया करते हैं···

···लाशघर में रखे मुर्दे देखने चलेंगे, अविजित जी, संगीता ने कहा था एक बार; मिट्टी की मूर्तियों की नुमाइश लगती है, बड़ा मज़ा आता है।

वह कांप उठा। पर मुर्दों की आंखें इस तरह जला तो नहीं करतीं।

दो काली गुफ़ाओं के अंदर जल रहीं दो बेरहम मशालें···कितनी देर लगती है आदमी को जला कर राख कर देने में।

अविजित ने महसूस किया, संगीता की आंखें सिर से पैर तक उसके शरीर पर घूमी हैं और लौट कर उसके चेहरे पर टिक गयी हैं। बदन के तमाम कपड़े तार-तार हो झड़ गये हैं और वहीं, रंगीन बल्बों की रोशनी के नीचे, वह एकदम नंगा खड़ा है···

गरम सलाखों की तरह संगीता की निगाहें उसकी आंखों में घुसी जा रही हैं···

चारों तरफ़ फैली भीड़ उसका तमाशा देख रही है और वह खुद···धीरे-धीरे, कुछ भी देख पाने के नाक़ाबिल होता जा रहा है···

उन आंखों से बचने का एक ही उपाय है···फ़ौरन उसे यहां से भाग जाना

चाहिए !

झटके से उसने अपने बदन को मोड़ा···

वाक़ई वह भाग खड़ा होता अगर श्यामा के हाथ ने उसके हाथ में जुंबिश न खायी होती।

याद आ ही गया, वह तो श्यामा को सहारा दिये खड़ा है, भागेगा कैसे ?

सामने कोच पर संगीता अकेली नहीं बैठी। बराबर में सिर पर सेहरा बांधे एक पुरुष भी है। दोनों के गलों में भारी फूल-मालाएं पड़ी हुई हैं। वही तो···जयमाल पड़ चुकी। उस वक़्त की भीड़-भाड़ से श्यामा को बचाये रखने के ख़याल से ही तो वे लोग कुछ देर करके शादी के घर में घुसे हैं।

यह शादी का घर है।

संगीता की शादी हो रही है।

लाल ज़री की साड़ी में लिपटी संगीता दुल्हिन बनी बैठी है।

उसे अपनी आंखें झुकाकर रखनी चाहिए। दुल्हिनों के लिए यही क़ायदा है···इस तरह अविजित के चेहरे पर उन्हें गड़ाये रखना···

"बेचारा !" श्यामा ने कहा।

"क्या ?" चौंक कर अविजित ने उसकी तरफ़ देखा। नहीं, वह उसे नहीं, सामने देख रही है।

"कौन ?" अवजित ने पूछा।

"वही। संगीता का पति।"

अब जाकर अविजित ने सेहरा बांधे उस पुरुष को देखा जो संगीता के बगल में बैठा है।

हां, वाक़ई कुरूप है। काला और मोटा, जैसे संगीता ने बतलाया था। कोच पर ढीले बदन को फैला कर बैठा है और छोटी मिचमिची आंखों से संगीता को देख रहा है।

"बेचारा वह है या संगीता ?" बेसाख़्ता उसके मुंह से निकला।

"इतना प्यार नहीं करना चाहिए," श्यामा ने कहा।

अविजित उसे देखता रहा।

"बहुत भयानक होता है," श्यामा ने फिर कहा।

"किसकी बात कह रही हो ?"

"उसी की।"

"तुम उसके बारे में क्या जानती हो ?"

"उसके चेहरे पर जो दीख रहा है वही कह रही हूं।"

इस बार अविजित ने ग़ौर से देर तक उसे देखा पर एक रूपविहीन चेहरे के अलावा कुछ नहीं दिखा। भारी काले चेहरे पर मोटे-मांसल लाल ओंठ, चौड़ा

जबड़ा, फैली हुई चपटी नाक और छोटी मिचमिची आंखें; इन्हें भेद कर श्यामा उस आदमी के भीतर, कैसे पहुंच गयी ?

"बहुत ही बदसूरत आदमी है," वितृष्णा के साथ अविजित ने कहा।

"हां···वह तो है," श्यामा ने ऐसे कहा जैसे बिल्कुल महत्त्वहीन बात हो।

फिर बोली, "संगीता को इससे शादी नहीं करनी चाहिए थी।"

"वही तो···"

"बहुत बड़ी क़ीमत अदा करनी पड़ेगी।"

"किसे ?"

"उसे, संगीता को।"

"कैसी क़ीमत ?"

श्यामा कुछ देर चुप रही; जब बोली तो उसका स्वर भारी था, आंखें भर आयी थीं।

"बलिदान लो तो देना भी पड़ता है," उसने कहा।

किसकी बात कर रही है वह ? कभी-कभी ऐसी बात कर उठती है श्यामा कि सिर-पैर समझ में नहीं आता और आता है तो···आदमी समझना नहीं चाहता, कम-अज़-कम अविजित।

तभी अनित्य ने आगे आकर श्यामा की दूसरी बांह थाम ली, बोला, "चलो, चल कर कुछ खायें।"

"अरे," श्यामा मुस्करा दी, बोली, "हम क्या यहां खाने आये हैं ?

"और किसलिए आये हैं ? शादी तो उनकी हमारे बग़ैर भी हो सकती है।"

"बधाई तो दे दें।"

अविजित ने देखा, अनित्य श्यामा को सहारा दिये हुए है। उसने अपना हाथ उसकी कुहनी के नीचे से निकाल लिया। श्यामा ने और मुस्तैदी से अनित्य के सहारे को संभाल लिया।

"चलो," अविजित ने कहा, "इनकी बेसिर-पैर की बातों में बधाई देना ही रह गया।"

पर कह कर वह आगे नहीं बढ़ा। अनित्य और श्यामा को निकल जाने दिया। आज श्यामा के पीछे रहना ही ठीक है।

बधाई," संगीता के पास पहुंच कर श्यामा ने कहा।

"शुक्रिया," संगीता ने उसका हाथ अपने हाथ में लेकर सहज भाव से कहा, "और आने के लिए भी शुक्रिया।" फिर पति से परिचय कराती हुई बोली, "ये श्यामा जी हैं और ये····"

"बधाई, सुरेश जी," बीच ही में श्यामा ने मृदु कंठ से कहा।

सुरेश ने नमस्कार में हाथ तो जोड़ दिये पर नज़रें उठाकर उसकी तरफ़ नहीं देखा, पहले की तरह संगीता को देखता रहा।

"ये…अनित्य…याद हैं ?" श्यामा ने अनित्य की तरफ़ इशारा किया।

संगीता ने चौंक कर अनित्य को देखा और पहचाना। उसकी आंखों की लपट बुझ गयी और वे नीचे झुक गयीं।

अविजित ने कुछ आश्वस्त महसूस किया।

अनित्य और श्यामा एक तरफ़ को खिसक गये। अविजित संगीता के सामने पड़ गया।

"बधाई," झुकी हुई आंखों का फ़ायदा उठा कर अविजित ने जल्दी से कहा और श्यामा के पीछे पलट जाने को तैयार रहा।

झटके से संगीता का मुंह ऊपर उठा। काली गुफ़ाओं के मुंह से पत्थर हट गये। लाल मशालें भभक उठीं।

"आपको भी !" उसने कहा।

घबराकर अविजित ने सुरेश की तरफ़ देखा। उसके चेहरे पर कोई प्रतिक्रिया नहीं हुई। आंख उठाकर उसने अविजित की तरफ़ ताका भी नहीं। पर संगीता के चेहरे से हट कर उसकी दृष्टि गोद में पड़े उसके हाथों पर जा टिकी। उसका अपना एक हाथ उठा और कुछ देर संगीता के हाथों के ऊपर फड़फड़ाता रहा पर…उन पर उतरा नहीं…मायूस-सा, क्षण-भर बाद लौट गया…

…अविजित की गदराई हथेलियों में संगीता के दोनों हाथ क़ैद हो गये। अपनी पूरी ताक़त लगाकर उसने उन्हें मसल डाला। फिर हाथ पीछे खींचकर पतली कमान-सी तनी उसकी देह को बाजुओं में भींच लिया। अपनी छाती पर उसकी छाती का दबाव महसूस किया। उसकी बढ़ी हुई धड़कन की धमक से पागल हो उठा। अपना चेहरा उसने नीचे नहीं झुकाया, उसी का मुंह खींच कर ऊपर उठा लिया। ओंठ उसके अपने आप खुल गये। अपने ओठों और ज़बान से उसने उन्हें छेद डाला…संगीता ने बाधा नहीं दी…एक बार भी 'नहीं' कह कर उसे रोका नहीं। उसके मुर्दा चेहरे पर जलती दो आंखें उसे तब तक उकसाती रहीं, जब तक उसके शरीर का उद्दाम आवेग…

"चलना नहीं है, भाई साहब ?" अनित्य ने कहा।

चौंक कर अविजित ने अपने चारों तरफ़ देखा।

संगीता कोच पर बैठी है। अविजित सामने खड़ा है। आस-पास लोगों की भीड़ मंडरा रही है। कुछ लोग भीड़ से कट कर आगे बढ़ते हैं, संगीता को बधाई

देते हैं और फिर भीड़ में शामिल हो जाते हैं। इस प्रवाह को अवरुद्ध करता अविजित संगीता के सामने खड़ा है। ख़तरे से ख़ाली दूरी पर।

दस साल बीत चुके···

"हां-हां, चलो," लज्जित स्वर में उसने कहा और बधाई देने वालों के लिए जगह छोड़कर उनके पीछे चल दिया।

दस साल बीत चुके !

संगीता उसकी गोद में नहीं बिछी।

सामने कोच पर सीधी तनी बैठी है। उसकी शादी हो रही है।

अनित्य ने गरम कॉफ़ी का प्याला लाकर उसे पकड़ा दिया। उसने देखा, श्यामा को अनित्य ने आरामकुर्सी पर बिठला दिया है, हाथ में चाय का प्याला भी पकड़ा दिया है। वह ठीक-ठाक है। अनित्य उसकी देखभाल कर लेगा। अविजित दूर जा सकता है।

अपना प्याला लेकर वह बगीचे की दूसरी तरफ़ निकल गया।

क्या कर सकता है आदमी अगर कोई औरत, संगीता जैसी औरत खुद आकर उसकी गोद में गिर पड़े; उसके शरीर को बांहों में जकड ले; वक्ष से सटा ले और···एक बार भी 'नहीं' न कहे !

उसके शरीर का भूखा जानवर···

जानवर, हां और भूखा···

सहसा उसका मन श्यामा के प्रति क्षोभ से भर उठा।

बादलों से बनी औरत के साथ कोई जानवर कितने दिन भूख दबाये रह सकता है। भूख लगने पर ग्लानि; भूख दबाने पर क्षोभ।

श्यामा का दृढ़ विश्वास था कि मां बनने की तैयारी में व्यस्त औरत शरीर से प्रेयसी नहीं बन सकती···ऐसे समय की तो जानवर भी इज्ज़त करते हैं, वह अक्सर कहा करती थी। खोखी का जन्म हुआ तो वह बीमार पड़ गयी और छह महीने तक बिस्तर से नहीं उठी। कम सेवा तो नहीं की अविजित ने···

उन दिनों संगीता डॉक्टरी पढ़ रही थी। कोशिश करके अविजित ने उसे मेडिकल कॉलेज में दाखिला दिलवा दिया था। उसकी भी कम मदद नहीं की उसने। तीसरे-चौथे दिन हॉस्टल से घर ले आता था। श्यामा को उसका गाना सुनना बहुत अच्छा लगता था। उसमें उसका अपना तो कोई स्वार्थ था नहीं। संगीता श्यामा को गाना सुना रही होती तो वह उन्हें छोड़ कर बाहर भी हो आता था। अगर श्यामा संगीता का भार खुद उठा लेती तो अविजित को उससे संबंध रखने की ज़रूरत क्या रहती। वह खुशी-खुशी उसकी सब चिंता श्यामा पर छोड़ देता। पर श्यामा किसी के लिए कुछ करने लायक़ थी कहां ? हमेशा, हर क़िस्म का

बोझ अविजित को ही उठाना पड़ा है। हर आदमी उसके कंधों पर अपनी ज़िम्मेवारी फेंक, निश्चिंत हो रहा है।

संगीता की मां ! एक बार जो लड़की की सुध ली हो।

और अनित्य ! संगीता की ज़िम्मेवारी वह भी तो उठा सकता था। उससे शादी कर लेता तो हर मुश्किल आसान हो जाती…

अपने सोच पर अविजित फ़ौरन ग्लानि से भर उठा। ज़रूरतमंद होने से ही क्या कोई किसी से शादी कर लेता है। मदद करने के और भी तरीक़े हैं।

आदमी और औरत के बीच आदान-प्रदान का सिर्फ़ वही रास्ता तो नहीं होता।

सच…मैंने संगीता के ज़रूरतमंद होने का फ़ायदा नहीं उठाया। क्या कर सकता है आदमी, अगर कोई औरत, संगीता जैसी औरत, खुद पहल करके उसके शरीर के जानवर को उसकी तेज़ भूख की याद दिलवा दे ?

मैं बिल्कुल सच कह रहा हूं, अनित्य !

"भाई साहब।"

उसने देखा, अनित्य सामने खड़ा है !

"भाभी घर जाना चाहती हैं," वह कह रहा है।

अविजित ने जवाब नहीं दिया।

"वे चाहती हैं, संगीता के फेरों पर बैठने से पहले ही उससे विदा ले लें।"

फिर भी अविजित कुर्सी छोड़कर नहीं उठा।

"भाभी आपको बुला रही हैं," अनित्य ने फिर कहा।

"क्यों ?"

"संगीता से विदा लेनी है।"

"तो-उसमें मैं क्या करूंगा ?" उग्र स्वर में उसने कहा।

अनित्य कुछ देर चुप रहा, फिर धीमी आवाज़ में बोला, "चलना तो पड़ेगा ही, भाई साहब।"

उसकी तरफ़ देखते ही अविजित ने नज़रें झुका लीं और उसके पीछे चल दिया।

"तुम कहां चले गये थे ?" देखते ही श्यामा ने कहा, "कितने लोग मिले, तुम्हें पूछ रहे थे…"

"यहीं तो था…लोग मिलते रहे…"

वह जानता है, एक कोने में जाकर बैठ न गया होता तो जान-पहचान के लोग बराबर उसे घेरे रहते।

जान-पहचान के लोग ! जो हमें जानते हैं पर पहचानते नहीं; जिन्हें पहचान लेने पर शायद हम उन्हें जानना न चाहें। बहुत तसल्लीबख़्श होता है ऐसे लोगों

का चंद लमहों का साथ।

श्यामा को साथ लिये, अपनी तेज़ चाल को ज़बरदस्ती उसके लायक़ सुस्त बनाये वह संगीता के पास चला जा रहा है और जान-पहचान के लोग मिल रहे हैं। ऊंचे ओहदों वाले भद्र लोग। लगता है, संगीता के पति की आमद शहर के बड़े लोगों में खूब है, यूं ही अविजित के मन में उठा है···

"हलो मिस्टर बंसल !" लोग कहते हैं और, "कैसी हैं आप मिसेज़ बंसल ?"

पहले वाक्य में आह्लाद रहता है, दूसरे में करुणा।

अविजित सिर्फ़ पहले पर ध्यान देता है।

वे लोग संगीता के सामने खड़े हैं और मिसेज़ भंडारी कह रही हैं, "हलो, मिस्टर बंसल, आज बड़ी देर बाद दीखे आप। आप न हों तो पार्टी का मज़ा खराब हो जाता है···ओह···मिसेज़ बंसल भी हैं आज साथ···आपकी बीमारी के बारे में सुनते रहते हैं···अब ठीक है तबीयत ?"

वे श्यामा की तरफ़ मुड़ गयी हैं।

"हां," श्यामा ने पूरी हामी नहीं भरी है।

"सच, आप हैं बहुत खुशकिस्मत," मिसेज भंडारी कह रही हैं।

"खुशकिस्मत ?" श्यामा ने अचरज से उसकी तरफ़ देखा है।

बाक़ी लोग भी चौकन्ने हो गये हैं।

"हां भई, कितने आदमी हैं जो मिस्टर बंसल की तरह बीमार बीवी की देखभाल करते रह सकते हैं।"

"वह तो है," श्यामा ने छोटी-सी आवाज़ में कहा है।

"मज़े हैं आपके। आराम से बिस्तर पर पड़े-पड़े सेवा करवाते रहो। यहां तो एक दिन को लेट जायें तो···"

"तो क्या ?" संगीता ने बात काट दी, "आप मौक़ा तो दीजिये अपने पतिदेव को। चलिये, कल ही आपको अस्पताल में भरती कर लेती हूं।"

मिसेज़ भंडारी हंस दीं।

"हंसने की बात नहीं है, मिसेज़ भंडारी, "संगीता ने कहा, "मुझे यक़ीन है। आपको कोई घातक बीमारी ज़रूर है। कल ही अस्पताल में भरती हो जाइये, चेक-अप हो जायेगा।"

"नहीं···मैं···"

"नहीं क्यों ? खुशकिस्मत होने का ठेका अकेले मिसेज़ बंसल ने तो नहीं ले रखा।"

श्यामा ने एक कृतज्ञ दृष्टि संगीता पर डाली पर उसकी निगाह अविजित पर टिकी हुई थी।

"आप कभी लखनऊ गयी हैं, मिसेज़ भंडारी ?" अनित्य ने पूछा।

"जी ?···नहीं तो····"

"तभी !" अनित्य ने ज़ोर देकर कहा।

"जी ?"

"···नहीं जानतीं कि बरसों से पूरा शहर लखनऊ भाई साहब की किस्मत पर रश्क करता आ रहा है, क्यों भाई साहब ?" अनित्य ने तौल कर सवाल अविजित की तरफ़ फेंका।

"खुशकिस्मत तो मैं हूं, मिसेज़ भंडारी," यंत्रचालित-सा अविजित के मुंह से निकला।

यह आपको बहुत पहले कहना चाहिए था, अनित्य ने कहा नहीं तो क्या हुआ।

श्यामा की आंखों में आंसू छलछला आये।

"चलूंगी अब," उसने संगीता से कहा।

संगीता ने उसके हाथ एक बार फिर अपने हाथों में लेकर भींच लिये और स्नेहिल स्वर में बोली, "मुझे भूल मत जाइयेगा, श्यामाजी। किसी दिन अचानक गाना सुनाने आ पहुंचूं तो सुनेंगी न ?"

"ज़रूर," रुंधे कंठ से श्यामा ने कहा।

फिर सहसा, अपना मुंह क़रीब-क़रीब उसके मुंह से सटा कर, गहरी आस्था के साथ कह उठी, "संगीता, सुरेशजी का ख़याल रखना।"

अविजित बुरी तरह कुंठित हो गया। क्या कहना चाहिए, क्या नहीं, सोच कर तो बोलती नहीं यह श्यामा। बस, जो मन में आया, कह डाला।

"चलो अब," रूखे स्वर में उसने कहा।

संगीता ने कुछ नहीं कहा। चुपचाप बैठी सामने ताकती रही।

उसके चेहरे पर अजीब-सा भय तैर गया।

12

श्यामा से रहा नहीं गया।

गाड़ी में घर लौटते हुए एक बार फिर बोल उठी, "संगीता ने यह ब्याह करके ठीक नहीं किया।"

अविजित चुप रहा।

"बेचारी के मां नहीं है, बाप नहीं है···कोई राय देने वाला होता···"

"तुम दे देतीं, "अविजित ने कटु स्वर में कहा कि अनित्य पिछली सीट से बोल पड़ा, "मां के लिए परेशान मत हो, भाभी। रहतीं तो इस ब्याह से खुश ही होतीं। लड़का मालदार और इज़्ज़तदार तो हो पर दुनियादार न हो, इससे बढ़िया रिश्ता कहां मिलेगा ?"

"सुरेशजी के लिए ही तो दुख है मुझे," श्यामा ने धीमे से कहा, फिर एकाएक उत्तेजित होकर बोली, "पंडित शर्मा ने उसकी मां के साथ अन्याय किया, इसी से क्या किसी तीसरे आदमी को सज़ा दी जायेगी !"

अविजित और अनित्य अवाक् रह गये।

कुछ ठहर कर अनित्य ने मासूमियत से पूछा, "कौन पंडित शर्मा ?"

"रहने दो," श्यामा बोली, "मैं सब जानती हूं।"

"हां, महान नेता थे," अनित्य ने कहा।

"थे। तो ?"

"सुना है, उन्हें जेल में धीरे-धीरे ज़हर दिया गया था। छूटने के बाद बेचारे ज़्यादा दिन जिये नहीं। शहीद हो गये।"

"तो तुम संगीता की मां को क्या करने उनके पास ले गये थे ?" श्यामा ने कहा।

"फिर कहां ले जाता ? तुम पहले कहतीं तो तुम्हारे पास छोड़ देता।"

"मुझसे तुमने पूछा कब ? संगीता और उसकी मां दोनों मेरे पास रह सकती थीं।"

"हर ऐरे-ग़ैरे को इस तरह घर में नहीं रखा जा सकता", कर्कश स्वर में अविजित बोल उठा और एक्सीलेटर पर उसके पांव का दबाव बढ़ गया।

गाड़ी की रफ़्तार बढ़ती चली गयी···

अचानक श्यामा चीख पड़ी, "इतनी तेज़ गाड़ी मत चलाओ। मेरा दिल घबराता है !"

'सॉरी' कहकर अविजित ने गाड़ी धीमी कर ली और कोशिश करके मुस्करा भी दिया। कोमल स्वर में उसने पूछा, "थकी तो नहीं ?"

"थक तो गयी। बहुत हो गया आज," श्यामा ने फ़ौरन कहा और आंखें बंद करके निढाल-सी सीट पर लुढ़क गयी।

गाड़ी के अंदर चुप्पी छा गयी।

कितनी खौफ़नाक होती हैं यह चुप्पियां।

पल-भर में आदमी दस-बीस बरस का सफ़र तय कर लेता है अनचाहे।

अविजित को महसूस हो रहा था, अनित्य की आंखें उसकी पीठ में गड़ती

चली जा रही हैं। उसके फ़ेफड़ों को भेदकर उन दृश्यों को आंखों के सामने खोल रही हैं जिन्हें देखने से वह हमेशा कतराता रहा है।

"पंडित यज्ञदत्त शर्मा तो ख़ाला को पहचान नहीं पाये," अनित्य ने मेरठ से लिखा था।

दस बरस पहले···

"शर्माजी नहीं पहचान पाये," अनित्य ने लिखा था, "पर उनका नौकर रामू ज़रूर पहचान गया। कोठी के फाटक से बाहर निकले ही थे कि उसने आकर ख़ाला का दामन थाम लिया। कहने लगा, उसके साथ चली चलें, उनके रहने का इंतज़ाम हो जायेगा। शहर की साफ़-सुथरी बस्तियों से हटकर पंडितजी की एक और कोठी है जिसके पिछवाड़े पांच-छह छोटी-छोटी कोठरियां बनी हैं। एक में रामू रहता है, बराबर वाली ख़ाली पड़ी है। ख़ाला उसमें मज़े से रहें, रामू सब देख लेगा। उसने इस क़दर आरजू-मिन्नत की कि ख़ाला राज़ी हो गयीं। उनका कहना है कि मालिक की रज़ामंदी के बग़ैर नौकर उन्हें नहीं पहचान सकता। बात मुझे भी जंच गयी और मैं उन्हें वहां छोड़ कर लखनऊ चला आया हूं।

"दो-तीन दिन जो वहां रहा तो देखा कि रामू खाने-पीने का सामान जुटा देता है···ख़ाला ने कहा, भगवान खुद नहीं देते किसी के हाथ से दिलवा देते हैं। उन्हें तो यहां तक इत्मीनान है कि पंडित शर्मा उन्हें अपने वसीयतनामे के भरोसे न छोड़कर, पहले ही, लड़कों की चौकीदारी से बचाकर एक मोटी रक़म भिजवा देंगे।" लखनऊ पहुंच कर अनित्य ने लिखा था।

इससे पहले कि शर्मा जी कुछ करते उनका इंतक़ाल हो गया। सुना गया था कि ब्रिटिश सरकार ने जो कोर-कसर छोड़ी थी, लड़कों ने पूरी कर दी और जेल से रिहा होकर घर आने के एक महीने के अंदर वे चल बसे।

"शर्मा जी के बड़े लड़के हरिदत्त शर्मा बहुत-ही ग़ुस्सैल आदमी मशहूर हैं," अनित्य ने लिखा था, "सुनते हैं, मोटर गाड़ी इतनी रफ़्तार से चलाते हैं कि उनके डर से बाज़ार की तंग-से-तंग गली भी चौड़ी सड़क बन जाती है।"

···शर्माजी के बारे में श्यामा कितना जानती है···कैसे जानती है···कभी ठीक से पता नही चल पाया···

शर्मा जी के मरने के बाद खाला के सिर फ़ितूर चढ़ गया···रामू ने गोपनीय ख़बर जो ला दी कि उनकी वसीयत में बेटी का नाम है···बस वह शहर-भर में उसका बखान करती घूमने लगीं। जैसे शहर की जनता आवाज़ उठा कर उनका हक़

उन्हें दिलवा देती !

संगीता ने कई बार उन्हें रोकने की कोशिश की पर वे बाज़ न आयीं। वैसे शायद रामू के पास शर्मा जी थोड़ा-बहुत पैसा छोड़ गये थे क्योंकि छह महीने तक संगीता की मां की गुज़र-बसर होती रही।

फिर···अनित्य की चिट्ठी मेरठ से आयी थी।

"कल रामू की चिट्ठी से पता चला कि बेग़मपुल पार करते हुए ख़ाला मोटर गाड़ी से टकरा गयीं। मैं मेरठ पहुंच गया हूं। हालत उनकी ख़राब है। आप संगीता को लेकर चले आइये, ख़ाला के बचने की उम्मीद नहीं है···मोटर गाड़ी किसकी थी इसका अंदाज़ लगाना जितना आसान है, साबित करना उतना ही मुश्किल···"

संगीता को लेकर अविजित मोटर गाड़ी से मेरठ चल दिया था। दुर्घटना की ख़बर पाकर संगीता एकदम पगला गयी थी। पहली बार अविजित की समझ में आया था कि अपनी मां का पूरा इतिहास जानते हुए भी लड़की को उस पर कितना मोह है। पंडित शर्मा से ताल्लुक़ात को वह बुरी नज़र से नहीं, इज्ज़त से देखती है। कितने लोग हैं जो इतना गहरा तर्कहीन प्यार कर सकते हैं, एक दिन उसने कहा था···नहीं, उसने नहीं, वह तो श्यामा ने कहा था···नहीं, श्यामा ने तो संगीता के लिए कहा था, 'हे भगवान, प्यार करने की कितनी ताक़त है इस लड़की में।' क्यों कहा था··· कब कहा था···याद नहीं आ रहा···

"मां को बहुत चोट आयी है, अविजित जी ?" रास्ते में संगीता ने पूछा था।

"हां, आयी तो है," कोमल स्वर में उसने कहा था।

संगीता ने अपनी गीली काली आंखें उसके चेहरे पर टिका दी थीं। उस दिन व्यंग्य, उपहास, आहत अहम्, कुछ नहीं था उनमें।

अविजित देखता रह गया था। व्यंग्य तो उनकी स्थायी प्रकृति है।

अविजित फ़ीस के रुपये उसके हाथ पर रखता···

"शुक्रिया," वह कहती।

"शुक्रिया की क्या बात है। तुम डॉक्टर बनोगी तो मुझे तुमसे कम खुशी नहीं होगी," वह कहता।

उसकी आंखें भक से जल उठतीं···रहने दीजिये अपनी उदारता, डॉक्टर बनते ही आपका कर्ज़ा उतार दूंगी, आंखें कहतीं और झुक जातीं।

ज़बाम उसकी फिर कहती, "शुक्रिया।"

इससे तो साफ़-साफ़ कह दे जो मन में है। अविजित तिलमिलाकर रह जाता।

एक दिन कह भी डाला था।

"अविजित जी," उसने कहा था, "एम. बी. बी. एस. की डिग्री मिल जायेगी तो सब पैसा धीरे-धीरे करके लौटा दूंगी।"

"इससे तो अच्छा रहेगा," अविजित ने कहा था, "तुम किसी और ज़रूरतमंद की मदद कर देना।"

"ज़रूरतमंद ! मदद ! नहीं, अविजितजी, बड़े लोगों का यह शौक़ मेरे बस का रोग नहीं है," संगीता ने तल्ख़ी से कहा था।

अजीब लड़की है, अविजित सोचता, मदद मांगेगी भी और शालीनता से लेगी भी नहीं।

अनित्य ने सुझाव दिया था कि संगीता के नाम बैंक में रुपये जमा कर दिये जायें, ज़रूरत पड़ने पर हर महीने वह निकाल लिया करे। पर अविजित नहीं माना था। इस तरह···दिल्ली जैसे शहर में···कम-उम्र लड़की को छोड़ देना मुनासिब जो नहीं था।

उससे संपर्क रख कर अविजित उसी का भला करना चाहता था पर वह लड़की···

अविजित कहता, घर चलो, तुम्हें श्यामा याद कर रही है, तो कहती, चलिये पर आंखें उठतीं और वार कर जातीं—साफ़ क्यों नहीं कहते, मुजरा करने चलो। पर बीमार श्यामा के पास आते ही संगीता एकदम बदल जाती। श्यामा उन दिनों वाक़ई बहुत बीमार थी···खोखी का जन्म हो चुका था···

चहक कर संगीता उससे कहती, अभी पांच मिनट में तबीयत ठीक करती हूं आपकी···अच्छा बतलाइये मैं क़ाबिल डॉक्टर बनूंगी या नहीं···आप सर्टिफ़िकेट दे दें तो समझिये मैं फ़र्स्ट डिवीजन में पास···अच्छा, श्यामा जी, आप नहीं सोचतीं हर नर्स-डॉक्टर के लिए गाना सीखना ज़रूरी होना चाहिए···सच कहिये, मेरा गाना सुनकर तबीयत हल्की हुई कि नहीं···

उसका ऐसा रूप देखने को मिलता तो अविजित मुग्ध रह जाता···इतनी मासूम भी लग सकती है यह लड़की !

कभी-कभी···पता नहीं कब और कैसे वे क्षण उभर आते थे···अविजित देखता, संगीता मुग्ध भाव से उसी को देख रही है···

एक दिन पूछ बैठा था, "क्या है, क्या देख रही हो ?"

लजा कर उसने मृदु कंठ से कहा था, "आपकी शक्ल शर्माजी से बहुत मिलती है। एक चित्र है उनका मेरे पास, देखेंगे ?"

चित्र दिखलाते हुए वह एकदम नन्ही-प्यारी-सी बच्ची दीख रही थी।

अविजित हंस पड़ा था।

स्नेह से कहा था उसने, "मेरी कहां, तुम्हारी मिलती है।"

फ़ौरन संगीता का व्यंग्य सान चढ़ गया था।

"लावारिसों की शक्लें किसी से नहीं मिला करतीं, अविजित जी," उसने कहा था।

अविजित समझ नहीं पाता था वह आख़िर चाहती क्या है।

श्यामा उसके गाने की तारीफ़ करती तो ख़ूब ख़ुश होकर कहती, "अपनी मां से सीखा है मैंने। वे मुझसे भी अच्छा गाती हैं।"

अविजित तारीफ़ करता तो कभी खुश होती तो कभी तड़ से कह डालती, "बड़े लोगों को खुश करने लायक़ एक ही तो हुनर है हमारे पास।"

कभी देखती तो लगता, प्रभा या शुभा की तरह निर्मल दृष्टि है, यह लड़की बस थोड़ा-सा स्नेह चाहती है। कभी देखती तो लगता इस लड़की ने सिर्फ़ नंगे आदमी देखे हैं, इसके सामने किसी की कोई मान-मर्यादा नहीं है।

फिर भी···शिद्दत के साथ अविजित उन लमहों का इंतजार करता जब उन आंखों से व्यंग्य का धुआं छंट जायेगा और मुग्ध परिचय का दीया जल उठेगा···

उस दिन···अविजित ने देखा···उसकी आंखों में न व्यंग्य है, न उपहास और न आहत अहम् की घुटन। इतना गहरा भय उन्हें मथ रहा है कि अविजित से भी बर्दाश्त नहीं हो रहा।

मन की करुणा और सहानुभूति को अभिव्यक्ति देने के लिए सांत्वना के शब्द उसे बहुत कमज़ोर लगे थे। हाथ फैलाकर उसने उसका कंधा थपथपा दिया था और उसे अपने पास आ जाने दिया था। उसका हाथ वापिस 'स्टीयरिंग ह्वील' पर चला गया था। पर संगीता पास ही बनी रही थी।

मेरठ अस्पताल के अहाते में जाकर गाड़ी खड़ी हुई थी तो डरी-सहमी संगीता को अनायास ही वह हाथ का सहारा दे उठा था। संगीता ने उसका हाथ कस कर पकड़ लिया था और 'इन्टेंसिव केयर वार्ड' में मां के बिस्तर के पास पहुंच कर भी नहीं छोड़ा था।

वार्ड के बाहर बेंच पर अनित्य बैठा था। उसे देखकर सहज प्रतिक्रियास्वरूप अविजित ने हाथ छुड़ा लेना चाहा था पर संगीता ने पकड़ ढीली करने के बजाय और सख़्त कर ली थी।

अनित्य ने तो ख़ैर उस तरफ़ देखा तक नहीं था।

संगीता की मां बेहोश पड़ी थी।

"कोमा में है," डॉक्टर ने सपाट स्वर में कहा था।

अविजित का हाथ जेब में गया था और कई नोट थामे बाहर आ गया था। "जो कुछ संभव हो, कर देखिये डॉक्टर साहब," उसने कहा था।

डॉक्टर ने सिर हिला दिया था।

"ऐसा कुछ नहीं है," उसने कहा था, "जो पैसों से संभव बनाया जा सके। दुआ कीजिये, एक बार कोमा से बाहर आ जाये। तब शायद···दवा काम कर जाये।"

रात में अस्पताल में रहने की अनुमति किसी को नहीं मिली थी। फिर भी अनित्य वहीं रह गया था। वार्ड के आगे काफ़ी बड़ा खुला अहाता था।

"इतनी आरामदेह जगह मेरे लिए मेरठ में और कहां मिलेगी ?" उसने कहा था। पर संगीता को वहां छोड़ने की कोई तुक नहीं थी क्योंकि भीतर उसे जाने दिया नहीं जाता।

अविजित उसे लेकर उसकी मां के घर चल दिया था।

उसका पक्का इरादा था कि संगीता को वहां छोड़कर वह खुद अपनी सौतेली मां के घर जा टिकेगा। अनित्य को जो आपत्ति हो, उसे वहां रहने में कोई दिक़्क़त नहीं थी।

पर···

"चलूं ?" उसने कहा ही था कि कमरे की बत्ती जलाती हुई संगीता एकदम मुड़ी और आकर उसके गले में झुल गयी।

"मां बचेंगी नहीं," उसने सुबक कर कहा।

अविजित ने देखा, वह उसकी बांहों में जकड़ी उसकी छाती से चिपकी हुई है।

उसके शरीर में आग लग गयी।

फिर भी उसने कहा, "धीरज रखो," और कोशिश की कि उसे अपने से अलग कर दे।

संगीता ही ज़ोर करके उससे चिपटी रही।

उसे बांहों में थामे-थामे अविजित कुर्सी पर बैठ गया।

वह उसकी गोद में बिछ गयी।

छाती से हट कर उसके उरोजों का स्पर्श घुटनों पर आ गया।

"अविजित जी, प्लीज़, मुझे अकेला छोड़ कर मत जाइये," उसने कहा।

बेवकूफ़ लड़की !

असहाय अविजित !

उसके भय-जड़ित शरीर को उसने इस तरह ऊपर खींच लिया कि चुंबन लेने के लिए झुकना नहीं पड़ा।

उसे ठीक से याद नहीं···शायद उसके ओठों की कड़ी गिरफ़्त में आने पर संगीता चौंक उठी थी और उसे परे धकेलने की कोशिश भी की थी उसने, पर···

···बहुत देर हो चुकी थी।

अविजित का आलिंगन अब छटपटाने तक की छूट नहीं दे रहा था।

आंख खुलने पर पल भर भी वहां टिके रहना असंभव हो गया था। अविजित भाग खड़ा हुआ था। पर भाग कर जाता कहां···जाने क्यों क़दम अस्पताल की तरफ़ बढ़ गये थे। अनित्य था वहां। शायद मन में लालच था कन्फेशन का। बची-खुची रात अस्पताल के अहाते में बीत गयी थी। भरपूर एकांत में अनित्य साथ था पर कन्फेशन हो नहीं पाया था। दिन चढ़ने पर अविजित फिर भाग खड़ा हुआ था और शाम घिरने पर क़दम दुबारा अस्पताल लौट आये थे···

पता चला था, दोपहर बाद संगीता की मां की मृत्यु हो गयी।

मन में आया था, एकदम सीधा दिल्ली भाग जाये।

अनित्य है न, पहुंचा देगा संगीता को।

पर—क़दम फिर धोखा दे गये···

एक चाहत थी···उसी कोठरी में पहुंचा दिया उसने, जहां रात···

छोटी-सी कोठरी के अनुपात में ही लोग लाश के पास जमा थे; संगीता, अनित्य और शायद रामू का परिवार।

संगीता ने उसे देखा···लस्त-पस्त-सी उठी और पागलों की तरह भाग कर उससे आ लिपटी।

"मां गयीं। मां गयीं।" सुबक-सुबक कर वह कहती रही।

सांत्वना देने को उसके हाथ नहीं उठे पर शरीर में वही चाहत ज़ोर मार गयी। अनित्य ने सिर्फ़ एक बार उसकी तरफ़ देखा···देर तक।

अविजित को लगा कन्फेशन हो गया।

संगीता को अपने से अलग करके उसने अनित्य से कहा, "तुम भी मेरे साथ दिल्ली चलो।"

अनित्य चला आया था पर उससे क्या होना था···

अविजित संगीता के पास हॉस्टल जा पहुंचा था।

"मैं तुम्हारा क़सूरवार हूं, संगीता," उसने कहा था, "क्या करने से प्रतिकार होगा, समझ में नहीं आ रहा···"

संगीता ने उसे बात पूरी नहीं करने दी थी। आकर उसकी छाती से लग गयी थी और बोली थी, "मैं आपसे प्यार करती हूं, अविजितजी।"

अविजित का सर्वांग कांप उठा था; देह का जानवर भूख से बिलबिला गया था। मन हुआ था, वहीं हॉस्टल के कॉमन-रूम में, बांहों में दबोच कर उसका अस्तित्व मिटा डाले। किसी निरापद स्थान पर पहुंचने तक अपने पर क़ाबू रखना मुश्किल हो गया था···

संगीता अकेली है, निस्सहाय है, मां की मृत्यु से स्तब्ध है, अविजित को याद

रख़ना चाहिए था। ऐसा नहीं है कि उसे ख़याल आया नहीं···करुणा की उसमें कमी नहीं है···

संगीता की जगह श्यामा होती तो···ऐसे ही भय और अकेलेपन से टूट कर उसकी गोद में बिखर गयी होती···दुलार-पुचकार कर वह उसे बिस्तर पर लिटा देता···उसके पास बैठ कर उसके बाल सहलाता रहता···बस···

पर संगीता···उसकी देह का वह दुर्दमनीय आकर्षण ! शालीनता, अनुग्रह, करुणा और मानवीयता की धज्जियां उड़ाता वह सम्मोहन, जो हर इंसान की तरह उसके भीतर मौजूद जानवर को जा झकझोरता था···

उसे प्यार करके उठता तो देह की तुष्टि को नकारता आत्म-ग्लानि का भाव उसे छेद डालता। संगीता के शब्द सुनता—मैं आपको प्यार करती हूं, अविजित जी। अहम् संतुष्ट होता नहीं कि गहरी आत्म-भर्त्सना उसे परे धकेल फुंकार उठती।

एक दिन भी तो ग्लानि से छुटकारा नहीं मिला···एक दिन नहीं···फिर भी तीन साल बीत गये।

बीच-बीच में श्यामा कह उठती, संगीता नहीं आयी बहुत दिनों से। कुछ दिन वह टाल-मटोल करता रहता, फिर उसे लेने पहुंच जाता। वह आती···श्यामा से बातें करती···गाना सुनाती···और अविजित न श्यामा से आंख मिला पाता, न संगीता से ! उफ़ कितना वीभत्स था ! संगीता की आंखों में कौंधता उपहास, अविजित के मन में कुलबुलाता डर ! फिर भी दिन गुज़रते गये थे···आत्म-ग्लानि की भी आदत पड़ जाती है।

आख़िर एक दिन संगीता कह उठी, "मुझसे ब्याह करेंगे, अविजितजी ?"

अविजित को झुरझुरी आ गयी।

"मैं शादीशुदा हूं," उसने कहा।

"पर उन्हें तो आप प्यार नहीं करते।"

"किसने कहा, नहीं करता ?"

"मैं कह रही हूं। अपनी आश्रिता को ले जाकर गाना सुनवा देने से ही क्या प्यार का इज़हार हो जाता है ?"

"क्या मतलब ? श्यामा को मैंने कभी किसी चीज़ की कमी नहीं होने दी।"

"उन्हें अगर मेरे बारे में पता चले ?"

"क्या ?" अविजित डर गया, "तुमने उनसे कुछ कहा है ?"

"नहीं, पर अगर कोई और कहे ?"

"कौन कहेगा ? कौन जानता है ?"

"मैं जानती हूं।"

"तो ?"

"उन्हें पता चलेगा तो क्या होगा ?"

"तुम···तुम मुझे ब्लैकमेल कर रही हो !"

संगीता उठ कर खड़ी हो गयी।

आंखों से चिनगारियां फूट निकलीं। क्रोध, मोहभंग, उपहास और अपमान बोध के खिंचाव से चेहरे में दरारें पड़ गयीं। नक़्श विकृत हो उठे।

"अगर करूं तो ?" उसने कहा।

अविजित के सिर पागलपन सवार हो गया। झपट कर उसने उसकी गरदन दबोच ली।

"मैं तुम्हें जान से मार दूंगा," वह चीख़ उठा।

"ज़रूर," संगीता ने घरघर करते गले से कहा। आंखों से चिनगारियां फूटती रहीं।

अविजित का पंजा उसकी गरदन पर कस गया।

"श्यामा से एक लफ़्ज भी कहा तो···" वह गुर्राया।

संगीता के चेहरे पर तिरस्कार की इतनी तीखी चमक कौंध गयी कि अविजित की आंखें चुंधिया गयीं। हाथ कांप गये।

"बेवकूफ़ आदमी !" हाथों का कसाव ढीला होते ही संगीता ने कहा, "श्यामा को दुख देने को तुम काफ़ी नहीं हो कि मैं तुम्हारा हाथ बंटाने जाऊंगी।"

अविजित तड़प उठा।

गरदन पर से हाथ फिसल चुके थे तो क्या हुआ। धक्का देकर उसने संगीता को फ़र्श पर गिरा दिया और···मारने के और भी तरीक़े हैं।

"तुम मेरे जीवन का अभिशाप हो ! मैं तुमसे नफ़रत करता हूं ! तुम्हारे पास आने के लिए खुद से नफ़रत करता हूं !" वह कहता रहा था। प्यार की चरम स्थिति में भी यही कहा था उसने—मैं तुमसे नफ़रत करता हूं !

स्टीयरिंग ह्वील पर से अविजित के हाथ फिसल गये।

घबराकर उसने उन्हें परखा। इतनी लिसलिसाहट क्यों ? खून ? नहीं, हथेलियां पसीने से सराबोर हैं।

उस दिन भी···अगर संगीता का विकृत चेहरा देख, हथेलियां पसीने से पसीज कर उसकी गरदन पर से फिसल न गयी होतीं तो वह ज़रूर उसका खून कर देता।

वही तो किया है उसने। मारने के और भी तरीक़े हैं !

हाथों के हिल जाने से गाड़ी ने धचका खाया···

चौंक कर श्यामा हल्के से कराही और बुदबुदायी, "घर आया नहीं अब तक ?"

अविजित ने चक्के को कस कर पकड़ लिया पर हाथ फिर फिसल गये। गाड़ी ने झटका दिया। श्यामा कराह उठी।

हाथों का पसीना पोंछ डालने को वह बेताब हो गया।

आदत के सख़्त खिलाफ़ उसने उन्हें पैंट से रगड़ डाला।

जेब से रूमाल निकाला तो देर तक चक्का साफ़ करता रहा···

संगीता फिर नहीं मिली थी···

फ़ीस लेकर गया तो पता चला कि उसने हॉस्टल का कमरा छोड़ दिया है। फिर सुना वह अस्पताल के एक डॉक्टर के घर रह कर उसके विकलांग बच्चे की देखभाल कर रही है। फ़ीस के लायक़ पैसा हो जाता होगा क्योंकि उसकी जमा की हुई फ़ीस चैक द्वारा उसके पास लौट आयी थी। मिलने की बहुत कोशिश की थी उसने; कॉलेज में, उस डॉक्टर के घर पर···सफल नहीं हुआ। साल पूरा होते ही संगीता ने शहर छोड़ दिया था और तीन-चार साल तक उसका कुछ पता नहीं चला था···

चलता तो···

संगीता उसे दिखलायी पड़ जाती तो···बच कर रह पाती ?

बरसों उसका शरीर खुद को खाता रहा था···श्यामा पर उसका अनुग्रह बढ़ता गया था···वह अपने को काम, और काम में होम करता गया था। काम नहीं पैसा, अनित्य कहता है। हां, पैसा। पैसा कमाने में एक नशा है; संभोग से भी गहरा। पैसा, पद, इज़्ज़त, नाम, पैसा। एक पूरा चक्र। अहम् की तुष्टि, देह की थकन, सफल होने का नशा···कुछ कम तो नहीं।

फिर संगीता अगर सामने पड़ गयी तो···

अपने शरीर को वश में करने में बरसों लग गये···

फिर···एक दिन···कुछ करने की ज़रूरत नहीं रही···छोटे बच्चे की तरह शरीर पूर्ण-परितुष्ट, आंखें मूंदे सो रहा था।

उसके जीवन में रंजना आ गयी थी।

कितना-सा है उनका संबंध !

पांच-सात दिन में एक बार वह शाम को उसके यहां चला जाता है। एकाध प्याला चाय पीता है, हाल-चाल पूछता है, उसके बच्चे से खेल लेता है और लौट आता है।

रंजना श्यामा की चचेरी बहन है। विधवा। पति की मृत्यु हुई तो वह गर्भवती थी। यूं अविजित ने दो-चार बार पहले भी उसे देखा होगा पर याद नहीं था; हां, पति की मृत्यु के चार महीने बाद जब उसके बच्चे का जन्म हुआ तो अविजित बगल के बरामदे में मौजूद था। लाचारी में होना पड़ा था। श्यामा के कहने पर। प्रसव शुरू हुआ तो रंजना अकेली थी। रात का दूसरा पहर बीत रहा था। पड़ोसी ने आकर श्यामा को ख़बर दी थी। और हमेशा की तरह श्यामा का बोझ अविजित को उठाना पड़ा था। रंजना को अस्पताल पहुंचा कर वह वहीं रुक गया था। अद्‌भुत स्त्री लगी थी रंजना। अपूर्व सुंदरी, निर्भीक, वैधव्य के बावजूद बच्चे के जन्म से प्रसन्न।

नर्स ने बेटे के जन्म का समाचार लाकर अविजित को दे दिया था।

रंजना के कमरे के दरवाज़े पर खड़े होकर उसने बधाई दी थी और पूछा था, किसी चीज़ की ज़रूरत तो नहीं।

भीतर से मधुर पर सशक्त कंठ-स्वर सुनायी दिया था; अस्पताल पहुंचा देने के लिए धन्यवाद, आगे वह खुद देख लेगी।

बेटे को लेकर रंजना घर आयी महीने भर के अंदर कॉलेज जाना शुरू कर दिया। निपट अकेली औरत रंजना को एक दिन भी अविजित ने रोते-झींकते नहीं देखा और न कड़ुआहट में गोते लगाते।

घंटे भर उसके पास बैठकर अविजित चला आता है···अजीब-सी शांति और अशांति से एक-साथ भरा हुआ। जीवन में पहली बार उसने किसी से प्यार किया है। वह जानता है वह रंजना से प्यार करता है और जानता है कि वह उसे कभी नहीं मिल सकती। कैसे मिलेगी, जब वह उसे मांगेगा नहीं। अब वह कभी किसी औरत को नहीं मांगेगा। ठंडी ओस की बूंद-सी रंजना की आकृति ने उसके शरीर की आग को बुझा दिया है। काश, रंजना उसे सोलह साल पहले मिली होती। अपने शरीर के अत्याचार से वह बचा रहता···आत्म-ग्लानि का यह धुआं उसकी आवाज घोंट न देता···रूह के हर ज़र्रे से चाहते हुए भी, प्यार के इज़हार से यूं महरूम न रहना पड़ता।

संगीता सुने तो विश्वास कर सकेगी···अविजित ने वासना पर विजय पा ली···अविजित ब्रह्मचारी हो गया !

अविजित ज़ोर से हंस पड़ा।

"क्या हुआ ?" श्यामा ने ऐसे पुकारा जैसे वह हंसा न हो, चीख़ उठा हो।

अविजित ने जवाब नहीं दिया।

एक्सीलेटर पर उसके पांव का दबाव बढ़ गया।

सामने से आ रहे ट्रक को बिल्कुल पास आ जाने दिया।

"देखो, ट्रक !" श्यामा चीख़ पड़ी।

अविजित जोर से हंस दिया।

गाड़ी की रफ़्तार कम नहीं हुई।

ट्रक रास्ता देने पर मजबूर हो गया।

अविजित ने झटके से गाड़ी दायें मोड़ी और चौड़ी सड़क पर बेतहाशा दौड़ पड़ा।

गांधीजी को अपने ब्रह्मचर्य पर कितना गर्व था ! सोचते थे, नग्न युवती के साथ एक बिस्तर पर सोकर भी उत्तेजित न हुए तो ब्रह्मचर्य सार्थक हो गया। कितना हास्यास्पद है ! शरीर क्या बस शरीर से उत्तेजित होता है ? प्यार होने पर तो आदमी ब्रह्मचारी हो ही जायेगा।

पर अविजित की विडंबना तो देखो। जिसे प्यार करता है, उसी के सामने सबसे ज़्यादा लाचार है उसका शरीर।

संगीता ने लिखा था, एक पत्र आया था उसका जाने के बाद···ज़्यादा प्यार करना बहुत खतरनाक होता है पर हर प्यार करने वाला कमज़ोर ही हो, यह ज़रूरी नहीं है। मैंने अपना रास्ता ढूंढ़ निकाला है। कभी किसी प्रख्यात डॉक्टर का नाम सुनें तो समझ जाइयेगा संगीता ही है···

तुम लौट क्यों आई, संगीता ? कुछ और बरस बीत जाते तो मेरा गिल्ट शायद कम हो जाता···मैं रंजना से सब कुछ कह डालता और हो सकता था···हिम्मत कर के मैं उसकी गोदी में सिर रख भी देता···

तुमने यह कैसा रास्ता चुन लिया, संगीता, कि मेरे तमाम रास्ते बंद हो गये ! तुम्हारा अभिशप्त भविष्य आत्म-ग्लानि के धुएं को किस क़दर ज़हरीला बना रहा है, जानती हो ? मेरा गला सूख रहा है···आंखें जल रही हैं···मुझे कुछ दिखलायी नहीं दे रहा···

कुछ नहीं है कहीं···बस मेरी प्यास है और···छह साल बीत चले···नख़लिस्तान है और मेरी प्यास ! ऐसा न हो कि नख़लिस्तान दीखना भी बंद हो जाये···

रहने दो मेरी प्यास ! प्यास की मुझे आदत हो चुकी।

प्यास-प्यास-प्यास ! आजन्म···अविराम···निरंतर···अक्षुण्ण···मृत्यु तक···मृत्यु तक···मृत्यु तक···

"ये कहां आ गये हम !" श्यामा चीख़ पड़ी।

चौंक कर अविजित ने गाड़ी रोक दी।

बराबर में जमना का पुल है।

यह तो मेरठ के रास्ते में पड़ा करता है।

पुल के ऊपर नहीं, वह नीचे बालू की सतह पर है, नदी के किनारे।

जमना नदी चढ़ाव पर है। गाड़ी से जरा-सी दूरी पर किनारे तोड़ता पानी है।

जगह उसकी जानी-पहचानी है। पहली बार यहां नहीं आया। हर बरसात में जब जमना नदी किनारे तोड़ बह निकलती है तो वह यहां आया करता है। यहीं, लहराते पानी से ज़रा दूर खड़े रह कर देखता है···स्थिर कुछ नहीं है···सब कुछ बह जाता है···जीवन के बहाव के सामने किनारों की क्या हस्ती ?

बहाव तेज़ हो तो हाथ-पैर ढीले छोड़ कर प्रवाह के साथ बहते रहो···जिधर चाहे ले जाये···तभी बचाव है···प्रवाह से उल्टी दिशा में जाने की ज़िद की तो डूबना निश्चित है।

अविजित का मन हुआ, श्यामा को गोद में उठा ले और गाड़ी का दरवाज़ा खोल बाहर दौड़ जाये···छलांग लगा दे नदी के पानी में, और···मुक्ति पा जाये।

संगीता ! काजल ! चड्ढा ! वही यथार्थ हैं, जीवित हैं, सच हैं। व्यतीत ही हमारा वर्तमान है···व्यतीत नहीं, भूत ! आदमी के सिर चढ़ जाता है तो भूत की तरह चिपटा रहता है···

वह और श्यामा···केवल मिथ्या-आडंबर, जीव-तत्त्व-विहीन थोथा खोल !

उठा ले श्यामा को गोद में, कूद जाये चढ़ी नदी के अथाह पानी में।

पटाक्षेप ! पूर्णाहुति !

पसीने से चिपचिपाता अपना हाथ उसने श्यामा के कंधे पर रखा और उसे अपनी तरफ़ घुमाया।

"अनित्य !" विकल कंठ से श्यामा ने पुकारा।

एक क्षण बाद, गाड़ी के दरवाज़े पर हाथ रखे अनित्य अविजित की बगल में खड़ा था।

"घर पीछे रह गया, भाई साहब," उसने कहा, "गाड़ी लौटा लें।"

विमूढ़-सा अविजित उसे देखता रहा।

"तुम बैठो न," श्यामा ने कहा।

"मैं नहीं। मैं उधर जाऊंगा," उसने पुल की तरफ़ इशारा किया।

"अनित्य !" एक बार फिर श्यामा ने पुकारा।

"फिर कभी आऊंगा, भाभी," अनित्य ने कहा, "पर अब नहीं।"

"कहां जाओगे ?"

"कहीं भी। शायद यहीं बैठूं रात-भर।"

लंबे डग भरता अनित्य अंधेरे में ग़ायब हो गया।

अविजित बैठा रहा।

"जो हो चुका, उसे भूल क्यों नहीं जाते," श्यामा ने आहिस्ता से कहा।

अविजित ने गाड़ी लौटा ली।

प्रतिबोध

1

सुबह से लगातार बारिश हो रही है।

अविजित महसूस कर रहा है···हां, बारिश हो रही है। कानों में टप-टप का सहज-सरस सुर बज रहा है। नल से टपकते पानी की टप-टप अलग होती है, कंकरीली-सी। सिर की नसों को चटकाती है। कनपटी की नस आजकल बराबर कुट-कुट करती रहती है। एक महीना हो गया जमना किनारे से लौटे···लगातार तभी से। हथेली से कनपटी दबाये रखो तो ज़रा देर को राहत मिल जायेगी। हथेली हटाते ही वही कुट-कुट; कुट-कुट··· कितने बरस लगेंगे उसे पूरी तरह छलनी हो जाने में ?

बारिश की टप-टप भी जलन में नमी नहीं ला रही···

कोई और दिन होता तो गीली मिट्टी की गंध सूंघने अविजित क़ब का बाहर निकल गया होता। हवाखोरी···सैर-सपाटा···या पिकनिक। बारिश पड़ते ही अविजित का मन हरियाली को ललक उठता है···तबीयत ख़राब न होती तो श्यामा भी साथ चल पड़ती। गाड़ी की पिछली सीट पर दो तकिये लगा कर लेट रहती। बच्चे आगे बैठ जाते। ख़ूब तेज़ गाड़ी दौड़ाता अविजित। प्रभा कहती, और तेज़। और तेज़ ! श्यामा भी मज़े में आ जाती। मना नहीं करती।

शहर से दूर, हरियाली या पानी के किनारे वह गाड़ी खड़ी कर देता···स्वर्णा को श्यामा के पास छोड़कर वे लोग घूमने निकल जाते। जंगली बेर खाते, हंसते-बतियाते, भागते-दौड़ते···हां, अविजित बच्चों के साथ रेस भी लगा लिया करता था···बारिश का पहला दिन उत्सव का दिन हुआ करता था।

इतवार का दिन न भी रहता तो कोई दिक़्क़त न होती। अविजित दफ़्तर से ज़रा ज़ल्दी चला आता और शाम चार बजे वे घर से निकल पड़ते···

पर आज···

बारिश को सुना भर है, उठकर देखा नहीं। आज बिस्तर छोड़कर उठने की इच्छा नहीं है। आंखें बंद रखो तो लगता है, बारिश पगला गयी है। सारी मर्यादाएं तोड़कर सड़क पर नंगी दौड़ आयी है।

ऊपर बारिश है, नीचे बाढ़। कल अखबार में पढ़ा था, बंगाल-बिहार में भयानक बाढ़ आयी हुई है। दिल्ली के पास गांवों में भी आया करती है। हर बरस बाढ़ आती है। नहीं, बीच-बीच में किसी बरस सूखा भी पड़ता है। दरअसल, हर साल बाढ़ भी आती है, सूखा भी पड़ता है। कुछ गांव बह जाते हैं, कुछ गांव सूख जाते हैं। इतना बड़ा देश जो है। किसी-न-किसी कोने में विनाश होगा ही। विनाश को झेलने के नियति चक्र में जो फंसा रहे, वह गांव कहलाता है।

तहलका तब मचता है जब बाढ़ शहर में आती है !

जमना नदी किनारे तोड़ रही है; गांव पर गांव बहे चले जा रहे हैं···बस एक ख़बर है जो अख़बार की सुर्ख़ी तक नहीं बन पाती।

अगर किसी दिन, सब बंधन तोड़ जमना नदी हेली रोड पर बह निकले ? गीली सुहावनी सड़क पर पानी का स्तर धीरे-धीरे बढ़े, फिर एकदम सीमा लांघ जाये, इन खूबसूरत बंगलों के अहातों में घुस आये, अजगर की तरह मुंह-बाये इन सुदृढ़ दीवारों को निगलने लगे; क़यामत बरपा हो जाये ! अपने डूबने से भी ज़्यादा इमारतों की नींव कमज़ोर होने का डर लोगों का दिल दहला दे। चीख़ो-पुकार मच जाये। सरकार का तख़्ता हिल जाये। इस एक हेली रोड को बचाये रखने के लिए न जाने कितने बांध तोड़ दिये जायें···पानी का निकास गांवों की तरफ़ कर दिया जाये और उन्हें डुबाती, जमना नदी की बाढ़, फिर मामूली ख़बर बन जाये···

शुभा बाढ़-पीड़ितों की मदद करना चाहती है···

"मुझे कुछ रुपये चाहिए," परसों उसने कहा था, "पास के गांवों में बाढ़ आने से जो गांव वाले भाग कर आये हैं, उन्हें लाल क़िले के मैदान में ठहराया गया है। कॉलेज से हम लोग उनके लिए खाना बनाकर ले जा रहे हैं।"

"तुम लोग खाना बनाओगे ?" अविजित ने पूछा था।

"हां।"

"खुद लेकर जाओगे ?"

"हां।"

"सबके साथ बैठकर खाओगे ? अच्छा लगेगा।" अविजित ने संतोष का अनुभव किया था।

पर शुभा उसकी बात सुनकर सकते में आ गयी थी।

"साथ बैठकर ?"

"क्यों, साथ बैठकर नहीं खाओगे ?"

"नहीं तो ! उन लोगों के साथ हम क्यों···"

''भीख देने जा रहे हो ? वे लोग भिखारी तो नहीं हैं।''

''भीख नहीं तो क्या देने जा रहे हैं,'' प्रभा बोल पड़ी थी, ''बाढ़ आयी है तो गांव वालों की मदद करना सरकार का काम है।''

''पर····''

''अब तो अपनी सरकार है। ब्रिटिश सरकार थी तो बात समझ में आती थी। पर अब····''

''जब बाढ़ आ ही गयी तो····'' शुभा ने कहा था।

''क्यों आयी ? हर साल बाढ़ क्यों आती है ? बाढ़ रोकने के लिए क्या किया जा रहा है ?''

''इतने 'डैम' बनाये जा रहे हैं। सब कुछ एकदम तो नहीं हो सकता।''

''डैम ! डैम तो 'स्टेटस सिंबल' बनकर रह गये हैं। हर राज्य को एक बड़ी योजना चाहिए। जब तक उसके साथ-साथ छोटे स्तर पर नदियों के तटों पर काम नहीं होगा, कुछ फ़ायदा नहीं होगा।''

''तू तो बस वही बोलती है जो मिस बनर्जी कहती हैं।''

''तो क्या ग़लत कहती हैं,'' प्रभा ने तमककर कहा, ''जितना पैसा हमारे नेता लोग विदेश यात्राओं और विदेशी वी. आई. पीज़ को चकाचौंध करने में लगाते हैं, उतने में न जाने कितने गांवों का भला हो सकता है।''

''अपने को सबसे काट तो नहीं सकते।''

''क्यों नहीं काट सकते ? काट ही लेना चाहिए। अलग कटकर ही देश की आर्थिक तरक़्क़ी हो सकती है। वरना बिना सोचे-समझे हम पश्चिम की नक़ल करते रहेंगे और कुछ नहीं होगा। उनकी नक़ल करके ही तो हमने अपनी शासन-व्यवस्था बनायी है। आज़ादी मिल गयी पर वही पुलिस रही, वही सेना, वही नौकरशाही, वही शिक्षा-प्रणाली, जो पहले थी। हमारी अपनी सरकार ने पूरी की पूरी ब्यूरोक्रेसी सिर्फ़ इसलिए बहाल रखी क्योंकि वे लोग मौजूद थे और आसानी से दूसरा विकल्प नहीं ढूंढ़ा जा सकता था। इस हिसाब से तो रूस में 1917 की क्रांति के बाद लेनिन को भी ज़ार ज़माने के अफ़सर को बहाल रखना चाहिए था। समाज में क्रांतिकारी बदलाव लाने के लिए आज़ादी मांगी जाती है कि सामयिक सुविधानुसार शासन करने के लिए,'' प्रभा कहती गयी थी।

''अगर मैं आज़ादी के लिए न लड़ा होता,'' सहसा अविजित कह उठा था, ''तो आई. सी. एस. बन कर आज देश का प्रशासन कर रहा होता।''

''ख़ैर, आपको तो अब भी कोई तक़लीफ़ नहीं है,'' तड़ से प्रभा ने कहा था।

यह क्या होता जा रहा है प्रभा को ? बात प्रभा की ठीक है पर क्या ठीक या ग़लत होने से ही रिश्ते टूटने लगते हैं ? उसके और प्रभा के बींच क्या होता जा रहा है ? वही जो कभी उसके और उसके पिता के बीच हुआ था। पर आज़ादी

की लड़ाई उसके लिए सिर्फ़ बात नहीं थी। तो क्या प्रभा के लिए भी···एक दिन प्रभा···

"पर इस सबका बाढ़ से क्या ताल्लुक़ है ?" शुभा ने परेशान स्वर में कहा था, "अब जब बाढ़ आ ही गयी है तो···"

"कितने रुपये चाहिए ?" अविजित ने पूछा था।

"सौ।"

उसने सौ का नोट उसकी तरफ़ बढ़ा दिया था। प्रभा पैर पटककर बाहर चली गयी थी···

बारिश ने ज़ोर पकड़ा है।

अविजित के कानों में बाढ़ का शोर है। जमना नदी किनारे तोड़ रही है।

आने दो पानी को ! निगल जाने दो हेली रोड को ! धराशायी हो जायें यह चौड़े बंगले जिनके हर कोने में फफूंद लगी है।

अविजित आंखें बंद किये, गर्दन तक चादर ओढ़े उदासीन पड़ा रहेगा। पानी भीतर आयेगा और उसे बहा कर ले जायेगा। जमना नदी की चौड़ी छाती पर बढ़ते-बहते वह जीव से शव बन जायेगा···बस किसी तरह समुद्र की निर्मम गहरायी में जा मिले···एक बार भी उतरा कर जल के आंचल पर तैर न आये···हाथ छाती पर बांधे रहे, पैर निष्क्रिय लटकाये रहे···और नदी उसके समर्पण को करुणावश स्वीकार कर ले···

क्यों इतनी लड़ाई करता है आदमी पानी के डुबाते प्रकोप से। तैरना न भी जानता हो तो तीन बार सिर ऊपर उठा ही लेता है।

बरसने दो पानी। अविजित सिर नहीं उठायेगा। ऐसे ही आंखें मूंदे-मूंदे प्रकृति के असीमित रोदन में जलमग्न हो जायेगा।

अविजित देख रहा है···

शहर और गांव का फ़र्क मिट रहा है···कच्ची-पक्की सड़कों पर नदी का पानी वेग से बढ़ता चला जा रहा है···ऊपर से मूसलाधार बारिश बरस रही है। लोग डूब रहे हैं, कुछ आसमान से बरसते पानी की धार में, कुछ धरती पर उमड़ते जल प्रवाह में। ऊंची इमारतें आसमान की मार सह नहीं पा रहीं। पानी की धार से पिघल-पिघल कर नीचे सरक रही हैं। पानी के शोर के बीच बेआवाज़, आहिस्ता-आहिस्ता, छतें फ़िसल कर फ़र्श से मिल रही हैं। मंज़िलों के बीच फंसे लोग पिस-कुचल कर नीचे लटक रहे हैं और धीमे-धीमे पानी में टपक रहे हैं। पानी के ओर-छोर-हीन सीने पर जो लाश आकर गिरती है, उसका चेहरा ग़ायब हो जाता है···धड़

तैरते रहते हैं···सड़ते रहते हैं···एक दूसरे से लिपट-चिपट कर खाद बनते रहते हैं···

फिर भी कुछ इमारतें नहीं गिरतीं। छज्जों पर खड़े बड़े आदमी सब्र के साथ इंतज़ार करते हैं···कब पानी उतरे और बढ़िया खाद से उर्वरा हुई धरती उनके हाथ लग सके।

अविजित देख रहा है···

तमाम हिंदुस्तान बाढ़ के पानी में डूब रहा है···लाशों की सड़ांध से मतली आ रही है। सिर में घुमेर उठ रही है। सांस लेना दूभर हो रहा है। पानी से बाहर बने रहना नामुमकिन होता जा रहा है।

इस तरह किनारे पर खड़े रहकर इंतज़ार करते रहने से तो अच्छा है आदमी छलांग लगा दे पानी में और सबके साथ घुल-मिल कर, आने वाली पुश्तों की मिट्टी को उपजाऊ बनाने के काम आये।

नहीं, अविजित उस इमारत में नहीं रहना चाहता जो पानी के उजड्ड वेग से अछूती रह कर, मंज़िल पर मंज़िल चिनती चली जाये पर जिसके ईंट-गारे के भीतर पलती फफूंद उसमें रहने वाले हर प्राणी को रफ़्ता-रफ़्ता उसके अपने थूक में डुबा कर मार डाले।

बारिश अब भी बरस रही है···

सुबह के दस बजा चाहते हैं।

इतवार नहीं है।

घर के लोग परेशान हैं, अविजित अभी तक बिस्तर छोड़ कर उठा क्यों नहीं। शायद यह ज़िंदगी में पहली बार हो रहा है कि सुबह होने पर भी उसने बिस्तर नहीं छोड़ा। क्या हुआ जो बादल फूट-फूट कर रो दिये; बेला तो धूप निकलने की है; कलाई पर बंधी घड़ी तो बाक़ायदा चल रही है।

पास के बिस्तर से श्यामा ने पांचवीं बार पूछा है, "तबीयत ठीक नहीं है क्या? डॉक्टर माचवे को बुलवाऊं ?"

शुक्ल तीसरी बार कमरे में आया है। दो बार पहले आकर पैर छू कर देख गया है।

"बुख़ार तो नहीं लगता, भाई साहब," तीसरी बार कह रहा है, "कहें तो पीठ दबा दूं ?"

"नहीं," अविजित ने बुदबुद करके कहा है पर चादर से मुंह बाहर नहीं निकाला है।

भला आदमी है शुक्ल। स्वर्णा के जाने के बाद से घर को काफ़ी संभाल लिया है।

क्या ऐसा नहीं हो सकता कि चादर से ढका अविजित सपाट पड़ा रहे और उसका घर उसके बिना अपनी ताक़त से चलता रहे। धीरे-धीरे उसका संपर्क घर के हर प्राणी से टूट जाये···उसे याद तक न रहे कि यहां कोई एक श्यामा है, एक प्रभा, शुभा, खोखी और···

"सुधांशु को स्कूल से ले आऊं ?" दरवाजे से पलट कर शुक्ल ने पूछा है, "आज पहला दिन है।"

तीव्र वेदना से अविजित का बदन सिकुड़ उठा है। उसी को तो सबसे पहले भूलना है !

सुधांशु, उसका बेटा। क्यों ? किस अभिशाप से।

"हां, ले आओ," श्यामा ने कह दिया है।

शुक्ल बाहर चला गया।

"ठीक है न," श्यामा उससे पूछ रही है, "पहले दिन थोड़ा जल्दी ले आना ?"

अविजित चुप है।

कैसा पहला दिन; कैसा दूसरा। जल्दी आये या देर से, क्या फ़र्क पड़ेगा। श्यामा नहीं जानती, सुधांशु को पिछड़े हुए बच्चों के स्कूल में दाखिला दिलवाना पड़ा है।

उसका बेटा और रिटार्डेड।

पूरा हफ़्ता निकल गया। एक स्कूल से दूसरे स्कूल, दूसरे से तीसरे। हर जगह एक ही जवाब। बच्चा सिर्फ़ तुतलाता नहीं, पिछड़ा हुआ भी है। तुतलाने की वजह शारीरिक होती तो इलाज मुमकिन था पर अब···एक ही विकल्प है, पिछड़े हुए बच्चों के स्कूल में थोड़ा-बहुत जो सीख सके···अपनी रोज़मर्रा की ज़रूरतें बतलाने लायक़ !

अविजित देख रहा है···

सुधांशु जवान हो चुका। उसका चेहरा-मोहरा बिल्कुल अविजित की तरह है। दूर से देखो तो वहम हो जाये, अविजित ही है।

सुधांशु बरामदे में बैठा कागज़ की नाव बना रहा है। पूरी एकाग्रता और तन्मयता के साथ कागज़ तहाता है, मोड़ता है, त्रिकोण बनाता है, हाशिये में छूटे कागज़ को ऊपर मोड़ता है···कागज फट जाता है, नाव नहीं बनती।

वह दूसरा कागज उठाता है···हाथों को संतुलित रखने की कोशिश करता हुआ उसे तहाता है···मोड़ता है···त्रिकोण बनाता है···कागज़ हाथ से फिसल जाता है, नाव नहीं बनती।

वह झुककर कागज़ उठाता है···तहाता है···मोड़ता है···त्रिकोण बनाता

है···छूटे हुए हाशिये को ऊपर मोड़ता है···खींचकर खोलता है और कागज़ फट जाता है, नाव···

अविजित भीतर बिस्तर पर पड़ा आखिरी सांसें गिन रहा है···सुधांशु उससे बेख़बर बाहर बरामदे में बैठा कागज़ की नाव बनाने की कोशिश कर रहा है···

सुधांशु ने फिर कागज़ उठाया है···उसे तहाया है···आवेश से उसके हाथ कांप रहे हैं···हताशा उस पर हावी होती जा रही है···पांच बरस का बच्चा भी कागज़ की नाव बना लेता है···चार बरस का···नहीं बना पाता या बना लेता है वह भी ? सुधांशु जवान हो चुका है···पूरा ज़ोर लगा रहा है नाव बनाने में···देखने में बिल्कुल अविजित की तरह है···

रंजना भीतर घुसी है।

अविजित, उसने आवाज़ लगायी है।

सुधांशु ने सिर ऊपर उठाया है।

सुधांशु, तुम ! रंजना ने कहा है, पिताजी कैसे हैं ?

नाव नहीं बनती, सुधांशु ने रुआंसे स्वर में कहा है, तुम बना दो।

पिताजी कैसे हैं, रंजना ने फिर पूछा है।

तुम नाव बना सकती हो, सुधांशु ने पूछा है।

रंजना अचरज से सुधांशु को देख रही है।

अविजित से बर्दाश्त नहीं हो रहा।

उसने आंखें मूंद ली हैं, सांस रोक लिया है, शरीर को स्पंदनहीन बना लिया है···

अविजित का शव कमरे में पड़ा है···बाहर बरामदे में बैठा सुधांशु नाव बनाने की असफल कोशिश कर रहा है···

रंजना···रंजना···रंजना, जाओ तुम ! मेरा मुंह देखने लायक़ नहीं रहा···

कितने दिन हुए···शायद एक हफ़्ता।

वह एक दोस्त के घर बैठा था।

उनका बेटा आकर उसकी गोद में बैठ गया।

चंचल, मोटा-गुदगुदा-सा लड़का।

"पिताजी," उसने कहा था, "राजी मेरी झूठी शिकायत करे तो तुम सुनना मत।"

"शिकायत," अविजित दुहरा उठा था, "बहुतं साफ़ बोलता है तुम्हारा बेटा।"

"हां," दोस्त ने बात को कोई महत्त्व नहीं दिया था।

"कितने साल का हो गया ?" अविजित ने ही पूछा था।

"चार।"

"चार साल···" अविजित बुदबुदा उठा था, "पर यह तुतलाता नहीं।"

"चार साल के बच्चे तुतलाते तो नहीं," दोस्त की बीवी हंस पड़ी थी।

"फिर सुधांशु क्यों तुतलाता है ?" अविजित के मुंह से अनायास निकला था।

"सुधांशु···कौन, आपका बेटा ?"

"हां।"

"तुतलाता है ?"

"हां।"

"अच्छा···कितने साल का हो गया ?"

"चार···नहीं, पांच।"

"स्कूल वाले क्या कहते हैं ?"

"स्कूल तो अभी जाता नहीं।"

"नहीं ? उम्र तो हो गयी," दोस्त ने कहा था।

"पता नहीं···वह···स्कूल जाने लायक़ लगा नहीं कभी···"

सुधांशु को ज़्यादातर अविजित ने स्वर्णा की गोद में देखा है। स्कूल के बारे में कभी सोचा नहीं···किसी ने कुछ कहा भी नहीं।

दोस्त और उसकी बीवी ने एक दूसरे की तरफ़ देखा।

बीवी का चेहरा सख़्त हो गया। उसे वह बहुत ही नालायक़ और लापरवाह बाप लगा होगा।

"किसी अच्छे स्कूल में डालकर देखिये," रूखे स्वर में उसने कहा था, "घर से निकलेगा तो ठीक बोलने लगेगा।"

"अरे यार, बड़ा आदमी बनने का यह मतलब तो नहीं कि बाल-बच्चों को भुला ही दो। न हो तो एक सेक्रेटरी रख लो याद दिलाने को," दोस्त ने मज़ाक करने की कोशिश में जोड़ा था पर उसका ठहाका माहौल को हल्का न कर पाया था।

अगले दिन, सुधांशु को लेकर, अविजित पास के स्कूल में जा पहुंचा था···

फिर एक सिलसिला···

अभी कोई नहीं जानता···दो-चार बरस में सब जान जायेंगे, अविजित बंसल का बेटा···

अविजित कहीं नहीं जायेगा···किसी से नहीं मिलेगा···सफ़ेद चादर पीली पड़ती जायेगी···नीचे उसके शरीर के अवयव एक-एक करके सूखते चले जायेंगे···बाढ़ का पानी जब भीतर घुसेगा···

अविजित सुन रहा है···

बारिश की टप-टप कभी तेज़ होती है, कभी धीमी। उसके लिए सब एक है।

पानी की टप-टप में एक सुर और आ मिला है···टेलीफ़ोन की घंटी की टन-टन।

टन-टन, घंटी बज रही है···

टप-टप, पानी टपक रहा है···

अविजित सुन रहा है···बस, सुन रहा है···

सुन कर चेत नहीं रहा···

टेलीफ़ोन बजता जा रहा है···अविजित फिर भी निस्पंद पड़ा है···

बजने दो···तब तक बजने दो जब तक बेहोशी का आलम इंसानों के सिर से होता हुआ यंत्रों पर तारी न हो जाये···

बारिश की टप-टप और घंटी की टनटनाहट एक साथ बंद हो गयी !

अटूट सन्नाटा छा गया।

क्षण खिंचता गया।

अविजित ने घबराकर आंखें खोल लीं।

तभी शुक्ल ने ऊंची आवाज़ में पुकार कर कहा, "भाई साहब, कलकत्ते से सिंघानिया जी का ट्रंक कॉल है !"

चादर फेंक कर अविजित ऐसे उठा जैसे बटन दबा देने पर मशीनी पुर्ज़ा हरकत करता है···

···फ़ोन उसके हाथ में आ गया।

"अरे भई बंसल," सिंघानिया जी बोले, "तबीयत क्या ख़राब कर ली ? दफ़्तर में मिले नहीं···"

"जी···" अविजित जो कहेगा, उसे सुनने के लिए रुके बग़ैर वे कहते गये, "लो, इस बार तुम्हारा काम हमने कर दिया ! एक ज़बरदस्त सोर्स हाथ लगा है। मेरठ में कोई सरण साहब हैं, गांधी संस्थान के व्यवस्थापक। पता चला है कि लाइसेंस उन्हें मिलते हैं और वे उन्हें प्रीमियम पर बेच डालते हैं। नफ़े की आधी रक़म उनकी, आधी मुकर्जी बाबू की। मैं न कहता था, आदमी खेल गहरा खेलता है।

"बस, तुम आज ही सरण से मिल कर बात पक्की कर लो। और हां, सुना है, वह भी इलाहाबाद यूनिवर्सिटी का पढ़ा हुआ है···तुम्हारा काम और आसान हो गया, क्यों ?"

कौन सरण ? कैसा लाइसेंस ? मेरठ ! मेरठ में ही तो संगीता की हत्या···नहीं चड्ढा की मौत···मेरठ में ही रहता है अविजित का भूत ! नहीं, वह नहीं जायेगा मेरठ···कभी नहीं जायेगा।

"हलो-हलो···," उधर से सिंघानिया जी पुकार रहे हैं, "ऑपरेटर-ऑपरेटर···

हलो-हलो······"

"जी," अविजित ने कहा।

"समझ गये तुम ?"

"जी।"

"तुम्हारी तबीयत ज़्यादा ख़राब है क्या ?"

"जी नहीं।"

अविजित के जवाब टेलीफ़ोन की घंटी की तरह निश्चित सुर में बजते जा रहे हैं। सोचने की ज़रूरत नहीं है।

"अगर तुम जाने लायक़ हालत में न हो तो भट्ट को भेज देते हैं। मेरठ के काम में देरी नहीं की जा सकती। और फिर···दिल्ली आफ़िस का भी कुछ काम वह संभाल लेगा···तुम्हें आराम मिल जायेगा······"

भट्ट ! उसकी जगह दिल्ली आफ़िस में भट्ट !

अविजित के बदन से उदासीनता की खाल उचट गयी। एक-एक रोयां चौकन्ना खड़ा हो गया।

"मेरी तबीयत बिल्कुल ठीक है," करारे स्वर में उसने कहा, "एक-दो दिन के लिए यूं ही बुख़ार आ गया था, मौसमी। भट्ट के आने की कोई ज़रूरत नहीं है।"

"तो तुम आज ही मेरठ चले जाओ।"

"जी, ठीक है।"

"लौटते ही मुझे खबर······"

"ज़रूर ! आज रात को ही आपको ख़बर मिल जायेगी, काम हो गया।"

2

"वहां जाकर ज़रा भी अच्छा नहीं लगा," शुभा ने गहरी मायूसी के साथ कहा।

"अच्छा लगने को था क्या ?" प्रभा बोली।

"मैंने सोचा था, लोगों की मदद करके अच्छा लगेगा।"

"फिर···क्यों नहीं लगा, कुछ सोचा ?" पैनी नज़र उस पर जमा कर उसने पूछा।

"पता नहीं······" शुभा अपने भीतर डूब गयी।

कुछ देर चुप्पी रही, फिर शुभा जैसे फट पड़ी, "इतने लोग आये थे वहां।

बढ़िया पोशाकें पहने, उम्दा गाड़ियों में बैठकर, ढेर-सारा खाना साथ लिये। दूसरी तरफ़ भूखे बाढ़-पीड़ितों की क़तार थी। उन्हें खाना चाहिए था···खाना मिला भी पर···"

"पर···"

"खाना ज़्यादा हो गया, प्रभा ! खाने वालों ने और लेने से इनकार कर दिया। लाने वाले नाराज होने लगे···अब लेकर आये हैं तो क्या वापस लेकर जायेंगे !" शुभा ने व्यथित स्वर में कहा, फिर घबराकर प्रभा की तरफ़ देखा कि कहीं वह हंसना न शुरू कर दे।

पर प्रभा के चेहरे पर विद्रूप नहीं था। आंखों में संवेदना थी। शुभा को ढांढ़स मिला । वह कहती गयी, "ऐसा लगता था प्रभा, कि जो लोग खाना लेकर आये हैं, उनका उन लोगों से कोई ताल्लुक़ ही नहीं है जिनके लिए खाना लाया गया है।"

"वही तो," प्रभा ने कहा, "वहीं तो ग़लत है।"

"हां," शुभा ने धीमे से कहा, "अच्छा नहीं लगा वहां जाकर।"

"ऐसी मदद ग़लत है," प्रभा ने कहा, "जो देता है उसके मन में हिक़ारत होती है; जो लेता है उसके मन में नफ़रत।"

"मदद ग़लत है ?"

"नहीं, मदद करने की सामर्थ्य होना ग़लत है। एक समाज में रहने वाले लोग इस तरह क्यों बंटें कि एक वर्ग के पास इतना हो कि वह मदद करने की सामर्थ्य रखे और दूसरे वर्ग के पास कुछ न हो, कि उसे मदद की ज़रूरत पड़े।"

"तब तो···एक ही रास्ता है···कौम्यूनिज़्म ?"

"हां।"

"उसके लिए क्रांति···"

"होनी ही पड़ेगी।"

"मार-पीट, हिंसा, अराजकता···"

"उसके बिना कुछ बदलता नहीं, कभी कुछ नहीं बदलता !"

देर तक शुभा चुप बैठी एकटक सामने देखती रही। उसकी आंखों के सामने एक विशाल मंच था···

मंच पर एक आदमी आया···बिना चेहरे वाला···गोली चली···एक-दो-तीन-धांय ! आदमी वहीं ढेर हो गया। एक और आदमी···फिर गोली चली। धांय ! एक-के-बाद-एक। फिर एक साथ···अनेक—अनगिनत···गोलियों की बौछार ! चीख़ो-पुकार ! बिना चेहरों के आदमी—लाशों का ढेर···ज़हरीले धुएं का गुबार···

"बहुत भयानक है," उसने कहा।

"हां।"

"सुन," शुभा का स्वर फुसफुसाया, "तू किसी अनजान आदमी पर गोली चला सकती है ?"

"हां।"

"चाकू मार सकती है ?"

"हां," प्रभा का स्वर एक बार भी नहीं कांपा, "ज़रूरत पड़ने पर," उसने कहा।

स्तब्ध शुभा की आंखों के सामने वही मंच उभर आया। उसने देखा···

प्रभा के हाथ में पिस्तौल है···वह धांय-धांय गोलियां चलाती भागी चली जा रही है। अचूक निशाना है। सामने लाशों का अंबार लगता चला जा रहा है। धांय-धांय ! धांय-धांय ! विनाश का लयबद्ध संगीत ! धांय···और गोलियां ख़त्म। प्रभा ने मुड़कर देखा है। एक नक़ाबपोश चेहरा पास लटक आया है। गज़ब की फुर्ती है बदन में। गोलियों की पेटी प्रभा के पास फेंक दी है। कौन है वह ? काजल बनर्जी ? नहीं···दत्त ! बिमल दत्त। वह और प्रभा साथ-साथ भाग रहे हैं। धांय-धांय ! गोलियां चल रही हैं। झुंड के झुंड नक़ाबपोश चेहरे उनके दायें-बायें जमा हो रहे हैं। बिना रुके प्रभा गोलियां चला रही है···पेटी ख़ाली होने में नहीं आ रही···कि खत्म हुई और बिमल दत्त ने इशारा किया ! प्रभा ने कमर से लटक रहा चाकू हाथ में संभाला और···सामने अविजित है ! अविजित क्यों ?

"प्रभा !" शुभा चीख़ उठी।

"क्या ?"

"यह बिमल दत्त अच्छा आदमी नहीं है।"

"बिमल दत्त ?"

"हां।"

"तू उसके बारे में क्या जानती है ?"

"तू तो जानती है न ?" शुभा ने जवाब न देकर सवाल पूछा।

"हां।"

"खूब अच्छी तरह ?"

"हां।"

"प्रभा, मैंने कई बार उसे तेरे साथ देखा है।"

"देखा होगा।"

"प्रभा···तू उससे प्यार करती है ?" शुभा ने संकुचित स्वर में पूछा।

प्रभा ने घूरकर उसकी तरफ़ देखा और खिलखिलाकर हंस पड़ी, "इतना ज़ोर क्यों पड़ रहा है तुझ पर ? प्यार तो सभी, सभी को करते हैं।"

"पर वह तो···" शुभा अब भी गंभीर थी।

"कायर नहीं है," प्रभा ने वाक्य पूरा कर दिया।

"जो मार-काट न करना चाहें, वे सब कायर होते हैं।"

"हां ज़रूरत पड़ने पर भी न करना चाहें तो बेशक कायर होते हैं।"

"पिताजी को यह सब मालूम है ?"

"क्या ?"

"यही···बिमल दत्त और उसके ख़यालात। "

"शायद नहीं।"

"मिस बनर्जी को ?"

"हां।"

"उन्हीं के कहने पर···"

"किसी के कहने पर कोई कुछ नहीं करता, पर कोई रास्ता दिखलाये और हमें दीख जाये तो···"

"प्रभा," शुभा ने गंभीरता से पूछा, "इस देश में क्रांति हो सकती है ?"

"क्यों नहीं हो सकती ? पर क्रांति सोचने या विवाद करने से नहीं होती। होती है करने से···तू हमारे साथ आयेगी ?"

शुभा की नज़रें फिर मंच की तरफ़ खिंच गयीं।

पीली आंधी काले बवंडर में बदल चुकी। शोर से मंच के तख़्ते फटे जा रहे हैं। जांबाज़ जवानों के चेहरों से नक़ाब उतर चुके। उनकी दृष्टि की कौंध खुद बवंडर को दहलाये दे रही है। सैकड़ों बिजलियां एक साथ शुभा के चारों तरफ़ गिरीं कि लाशों की ढेरियों से बहता खून तक ज़लकर सूख गया···

···अविजित का शरीर बहुत धीरे-धीरे नीचे गिरा, ऐसे, जैसे कोई बहुत पुराना पेड़ गिरता है। शुभा के हाथ में पिस्तौल आ गयी। उसकी दृष्टि अविजित की दृष्टि से बंध गयी। नहीं, घबराकर उसने आंखें मूंद लीं···मैं नहीं देख सकती···मैं नहीं···मैं···

"मैं···" शुभा उठकर खड़ी हो गयी, "जा रही हूं।" उसने कहा, "डॉक्टर जैन ने बुलाया है···"

"किसी नये नाटक की तैयारी है ?" प्रभा ने सहज भाव से पूछा।

"हां," जवाब देने भर को शुभा रुकी, फिर तेज़ी से कमरे से बाहर भाग गयी।

बिमल, प्रभा ने याद किया, बिमलेन्दु दत्त···बिमल दत्त···दत्त···नहीं, बिमल।

···और जो वह उड़िया हुआ; याद आया, उसने स्वर्णा से कहा था। वह खिलखिला कर हंस पड़ी। बिमल दत्त क्या उड़िया है ? शायद हो। उसने तो कभी कुछ बतलाया नहीं। प्रभा को अच्छा लगता है सोचना कि वह बंगाली है, काजल बनर्जी की तरह। अगर काजल दी के लड़का होता तो ठीक बिमल दत्त की तरह होता, प्रभा सोचा करती है। पर···काजल दी का लड़का···है तो उनका

लड़का···मुकर्जी बाबू के घर पल रहा है···बिमल दत्त से एकदम फ़र्क है वह।

पिताजी ने बतलाया तो था···

अविजित मुकर्जी बाबू से मिलने गया था···जाना पड़ा था। सिंघानिया जी का आग्रह था। लाइसेंस दिलवाने का आश्वासन देकर सरण ने भी कहा था, एक बार मुकर्जी बाबू से मिल ज़रूर लेना; हम सेवक हैं, कर्ता तो वे ही हैं।

मुकर्जी बाबू को एक बार देखने की इच्छा भी थी मन में। कैसा आदमी है जो, थोड़े दिनों के लिए ही सही, काजल को मोहित तो कर सका।

कलफ़ लगे सफ़ेद बुर्राक कुर्ते-धोती में, ईरानी कालीन पर बिछी सफ़ेद चांदनी पर मसनद का सहारा लिये बैठा आदमी, बेहद शालीन और सुलझा हुआ इंसान लगा था। हां, ठीक है, पैसा बनाता है पर···आजकल कौन नहीं बनाता। है तो परिष्कृत रुचि का सौम्य व्यक्ति। ऐसा आदमी एकदम त्याज्य नहीं हो सकता। फिर काजल···

ज़रूरी बातचीत ख़त्म होने को थी कि दस-ग्यारह बरस का स्वस्थ, चंचल बालक वहां आ खड़ा हुआ।

"डैडी," उसने कहा।

"पार्थ ? अरे, आओ-आओ, अभी आये क्या ?" मुकर्जी बाबू अतिथि के सामने ही स्नेह जतला उठे थे।

"सफ़र कैसा रहा ?" बंगला में उन्होंने पूछा।

"फ़ाइन," लड़के ने अंग्रेज़ी में जवाब दिया।

"हाऊ वाज़ स्कूल (स्कूल कैसा था) ?" इस बार मुकर्जी बाबू ने भी अंग्रेज़ी में पूछा।

"ऑल राइट (ठीक-ठाक)।"

"गुड।"

अविजित ने ध्यान से लड़के को देखा। ज़रूर काजल का लड़का है। निश्चित। वही सांवला रंग, वही बड़ी-बड़ी आंखों में झलकती बौद्धिक कांति। बस शरीर काजल की तरह दुबला नहीं, भरा हुआ है। अविजित का मन हुआ, उसे पास बुलाकर एक बार हाथों से सहला कर देखे।

"आपका बेटा है ?" उसने पूछा।

"हां," मुकर्जी बाबू ने सगर्व कहा।

"कौन-सी क्लास में पढ़ते हो ?" उसने सीधे लड़के से पूछा।

"फ़िफ़्थ स्टैंडर्ड," उसकी तरफ़ बिना देखे उसने अंग्रेज़ी में उत्तर दिया।

"कौन-से स्कूल में ?"

"दून स्कूल," उसने अकड़ कर कहा।

"हॉस्टल में हो ?"

"येस।"

"कितने बरस के हुए ?"

"इलेवन," लड़के ने लापरवाही से जवाब उछाला और पूरी तरह अविजित की तरफ़ पीठ करके पिता से बोला, "आई नीड सम मनी।"

"श्योर," मुकर्जी बाबू हंसकर बोले, "मां ने मना कर दिया क्या ?"

"शैल आई आस्क हर (उनसे पूछूं) ?"

"रहने दो," वे बोले।

अविजित बुरी तरह अपमानित महसूस कर रहा था।

"आप कांजल बनर्जी को जानते हैं ?" अनायास उसके मुंह से निकल गया।

वह जानता है, यहां काजल का नाम लेना ठीक नहीं है, उससे बना-बनाया खेल बिगड़ सकता है। पर काजल के लड़के के व्यवहार से पीड़ित होकर कुछ देर के लिए वह इष्ट और औचित्य की बात बिल्कुल भूल गया।

मुकर्जी बाबू का चेहरा तनिक भी मलिन नहीं हुआ। सेक्रेटरी को बुलाने के लिए घंटी पर हाथ रखकर सहज भाव से बोले, "अच्छा-अच्छा···हां, आप भी तो इलाहाबाद यूनिवर्सिटी से हैं, पता तो चला था·····"

सेक्रेटरी आ उपस्थित हुआ तो उसी स्वर में कहते गये, "पार्थ को पचास रुपये दे दो।"

"आजकल वे दिल्ली में ही हैं। सीतादेवी कालेज में पढ़ाती हैं," अविजित ने कहा।

"अच्छा है," मुकर्जी बाबू बोले, "तब तो···मुलाक़ात होती रहती होगी !"

अविजित का मन इस आदमी के प्रति गहरी वितृष्णा से भर उठा।

"लड़के को मां के पास कभी नहीं भेजते क्या ?" अपना स्वार्थ पूरी तरह भूल कर वह प्रतिहिंसक वार कर बैठा।

इससे पहले कि मुकर्जी बाबू कुछ कहते, ग्यारह बरस का पार्थ तेज़ी से घूमकर उसके सामने आ गया और घृणा से सने स्वर में बोल पड़ा, "डोन्ट टॉक ऑफ़ हर बिफ़ोर मी ! माइ मदर इज़ इनसाइड। (मेरे सामने उसका नाम मत लो ! मेरी मां भीतर हैं।)" और पैर पटकता हुआ कमरे से बाहर निकल गया।

हतप्रभ अविजित की हालत बलात् घर में घुस आये चोर जैसी हो गयी।

"हमारी ज़िंदगी तो खुली किताब है, बंसल बाबू," मुकर्जी बाबू ने अभिमान के साथ कहा, "लड़के से सब कुछ छिपा रह सकता है क्या ?"

उफ़, क्या कर डाला अविजित ने ? काजल ने कहा तो था···मैं चरित्रहीन

हूं, उन्होंने सिर्फ़ दुबारा शादी की है। जाहिर है, लड़के को उसके बारे में 'सब कुछ' से ज़्यादा बतलाया गया है।

"और हम छिपायेंगे क्यों ?" मुकर्जी बाबू कहते गये, "जब जनता जानती है तो खुद अपना बेटा नहीं जानेगा⋯"

सेक्रेटरी फ़ाइलें लेकर दुबारा उपस्थित हो गया था⋯पता नहीं मुकर्जी बाबू ने घंटी दबायी थी या स्वयं ही⋯

मुकर्जी बाबू फ़ाइलों पर दस्तख़त करते-करते कह रहे थे, "कोई हमें ब्लैकमेल करना भी चाहे तो कैसे करेगा⋯सभी तो सब कुछ जानते हैं हमारे बारे में⋯"

"मैं आपको ब्लैकमेल करने नहीं आया," गुस्से से पागल अविजित में अब तक विवेक नहीं जगा था।

"आप क्यों करेंगे ? आप तो जानते हैं आपकी प्रोजेक्ट रिपोर्ट में इन्वेस्टमेंट ज़्यादा है, इसी से लाइसेंस आपको नहीं मिला। पर होते हैं, ऐसे भी लोग जो नाजायज़ तरीक़ों से काम करवाना चाहते हैं। नहीं⋯आप नहीं⋯आप तो जानते हैं जिसकी रिपोर्ट ठीक होगी, लाइसेंस उसी को मिलेगा, क्यों घोष ?" मुकर्जी बाबू ने सेक्रेटरी से अनुमोदन मांगा।

"जी सर," उसने फ़ौरन कहा।

कागज़ पर सरण की प्रोजेक्ट रिपोर्ट में इन्वेस्टमेंट सबसे कम होता है, अविजित जानता है।

तमाम ग़ुस्से के बावजूद उसने राहत महसूस की। लाइसेंस तो मिल ही जायेगा। तभी मुकर्जी बाबू ने कहा, "हां, वे अगर किसी को भेजें⋯"

"कौन ? काजल ? वे आदमी भेज कर⋯"

"ना-ना, आपको नहीं," मुकर्जी बाबू बात काट कर बोले, "किसी और को अगर भेजें तो⋯बेकार रहेगा, कह दीजियेगा।"

"काजल आपको ब्लैकमेल करेगी ? काजल !" अविजित चीख़ भी न सका, फुसफुसाकर रह गया, "काजल जैसी महिला⋯"

"अच्छा तो⋯" मुकर्जी बाबू ने बाधा दी।

एक जगह बैठे-बैठे ही पूरी तरह सेक्रेटरी की तरफ़ घूम जाने का आभास देते हुए वे बोले, "राघवन को भेज दो।"

इशारे में आदेश था सामने से हट जाने का। सकपकाकर अविजित उठ खड़ा हुआ, हाथ जोड़े और बाहर चला गया।

ग़ुस्से से भरा हुआ वह घर पहुंचा था और काफ़ी कुछ प्रभा-शुभा वगैरह के सामने उगल डाला था। काफ़ी कुछ ! सब क्या कोई किसी से कह सकता है⋯

"एक नंबर का बदमाश है," उसने कहा था, "उठ कर चला आया मैं वहां से।"

"तमाचा नहीं मारा उसके मुंह पर ?" प्रभा ने कहा था।

अविजित दंग रह गया था। यह व्यंग्य है या सीधा प्रश्न ?

"काजल दी से यह सब कहेंगे ?"

"नहीं, उससे क्यों कहूंगा ? बेकार दुःख होगा। कोर्ट में उसके लिए लड़ रही है। मिल भी गया तो लेकर क्या करेगी।"

"क्यों, पिता के प्रभाव से दूर रहेगा तो बदल भी सकता है," शुभा ने कहा, "मिस बनर्जी का व्यक्तित्व भी तो कम प्रभावशाली नहीं है।"

"मिलना ही तो मुश्किल है," अविजित ने कहा, "मुकर्जी ठहरे केंद्र के मंत्री। उनका रसूख···कोर्ट-कचहरी भी तो आख़िर इंसान चलाते हैं।"

"हम लोग उसे दून स्कूल से किडनैप कर लें तो ?" सहसा प्रभा कह उठी।

अविजित उसकी तरफ़ घूम गया और इस बार तल्ख़ी से कह उठा, "यूं बैठे-बैठे बेपर की उड़ाने से कुछ नहीं होता।"

प्रभा की आंखों में एक बार ज़ोरदार बिजली कौंध गयी पर उसने कहा कुछ नहीं, आंखें झुकाकर अपने में डूबी बैठी रही।

अब तक चुप बैठे शुक्लजी ने सहसा जम्हाई लेकर चुटकी बजायी और बोले, "हरि-हरि, जो स्त्री पति को छोड़ सकती है उसे बेटे से क्या मोह होगा ?"

"क्यों ?" प्रभा ने भौंहें ऊपर चढ़ा कर कहा।

"भारतीय संस्कृति में पति का स्थान पुत्र से ऊंचा माना गया है। बेटा स्त्री का भार तब संभालता है जब पति उस योग्य नहीं रहता।"

"नामाक़ूल !" प्रभा ने दांत भींच कर कहा और कमरा छोड़कर बाहर निकल गयी।

उसके पीछे-पीछे शुभा भी चली आयी।

"उन्होंने सुन लिया होगा," उसने कहा।

"सुनने दे। यह आदमी आखिर यहां रहता क्यों है, काम-धाम कुछ करता नहीं···"

"पिताजी उसे काम दिलवाने की कोशिश कर रहे हैं।"

"पिताजी कर रहे हैं ! और वह खुद क्या कर रहा है ?"

"तू उनसे इतना चिढ़ती क्यों हैं ? मम्मी तो···"

"अच्छा, तू जानती है," प्रभा ने बात काट कर कहा, "कामरूप की औरतें आदमी को भेड़ा बनाकर रख लेती हैं।"

"हां···तो ?"

"हमारी ममी ने इस आदमी को औरत बनाकर रख लिया है।"

''शुभा ने हंसना चाहा पर हंस नहीं पायी।''

''अगर ये चले गये तो हम में से एक को कालेज छोड़ देना पड़ेगा, ''उसने धीमे से कहा।

''ओह ! तो इसीलिए यह तुझे पसंद है।''

''मुझे ? नहीं-नहीं···मुझे पसंद नहीं है···'' शुभा ने कहा।

''क्यों नहीं है ?''

''पता नहीं···मैंने कभी उसके बारे में सोचा नहीं···'' शुभा जिरह से परेशान होकर बोली।

''क्यों नहीं सोचा ?''

''पता नहीं···तू हर बात के पीछे क्यों पड़ जाती है ?''

''तू हर बात के प्रति उदासीन क्यों रहती है ?''

''मैं···''

''इस तरह अपने में डूबे रहना अच्छा नहीं होता, शुभा।''

शुभा की आंखों में आंसू आ गये।

''प्रभा,'' उसने कहा, ''मुझे कुछ भी अच्छा नहीं लगता।''

''तो उसके लिए कुछ करती क्यों नहीं ?''

''तुझे पता है,'' शुभा बोली, ''पिताजी उसे कभी काम नहीं दिलवायेंगे।''

''शुक्लजी को ?''

''हां। काम दिलवा देने से वह हमारे किसी काम का जो नहीं रहेगा।''

प्रभा ने चौंककर उसकी तरफ़ देखा।

''तू भी जानती है ?'' उसने कहा।

''उसके हाथ में घर की तमाम चाभियां रहती हैं। एक दिन सारा रुपया-पैसा लेकर भाग जाये तो अच्छा हो !'' कहकर शुभा प्रभा को वहां छोड़ घर से बाहर दौड़ गयी।

''पागल,'' प्रभा कहती रह गयी, ''इस तरह भी भला कभी कुछ होता है।''

मरा यह शुक्ल, प्रभा ने याद करके कोसा। पूरा पैरासाइट है। आई हेट पैरासाइट्स ! पर···असल में पैरासाइट कौन है, हम या वह ?

बिमल ने कहा था—पैरासाइट्स ! तुम लोग वाक़ई पैरासाइट्स हो ! प्रभा ने कसमसाकर याद किया।

''तो गोली मार दो हमें,'' तमक़कर प्रभा कह उठी थी।

''मारेंगे ! समय आने पर,'' बिमल ने शांत स्वर में कहा था।

''क्यों, तब तक सोने के अंडे दिलवाने हैं क्या ?''

"अरे लड़ो मत," काजल दी खिलखिलाकर हंस पड़ी थीं, "सोने के अंडे देने वाली बत्तख को भला कौन मारेगा।"

वे लोग काजल के घर बैठे थे। कुछ दिन हुए काजल ने हॉस्टल छोड़ दिया है। कॉलेज के पीछे की बस्ती में दो कोठरियां किराये पर लेकर रहती हैं। एक में ठसाठस किताबें भरी पड़ी हैं, दूसरी में काजल सोती-बैठती हैं और युवा लड़के-लड़कियों को लेकर बहस करती हैं। मिस बनर्जी से काजल दी बन चुकी है। प्रभा हर तीसरे चौथे दिन आती है। किताबों की कोठरी में बैठकर पढ़ा करती है या दूसरे कमरे में बहस में हिस्सा लेती है। मार्क्स, लेनिन, माओ, चे-गुएवारा, और भगतसिंह···काजल दी भगतसिंह पर किताब लिख रही हैं, फ़ाइल पढ़ने को मिल जाती है···यही विषय हैं, पढ़ाई के और बहस के भी।

कितने लोगों से प्रभा इस कोठरी में मिल चुकी है पर बिमल दत्त आज पहली बार मिला है।

पहली बार मिला था···

काजल की बात ख़त्म होने पर बिमल ने कुछ अचरज से पूछा था, "आप क्या पैसों की बात कर रही हैं ?"

"नहीं, क्रांति की," काजल ने कहा था, "हमारे लिए सोने के अंडे पैसे नहीं, कारतूस हैं।"

"मैं समझा नहीं।"

"प्रभा को सिखलाओ तो सही, तुम से अच्छी निशानेबाज़ बनेगी। बल्कि मुझे तो डर है, कहीं तुम ज़्यादा ही न पिछड़ जाओ।"

"असंभव !" बिमल दत्त ने कहा था।

"हां," प्रभा ने फ़ौरन बात पकड़ ली थी, "हर कायर के शब्दकोश में यह शब्द ज़रूर रहता है," उसने कहा था।

बिमल दत्त हा-हा करके इतनी ज़ोर से हंसा कि प्रभा दंग रह गयी।

"अच्छा तो आप हंस भी सकते हैं। मैंने तो सोचा था····" उसने कहा।

बीच झंकार बिमल की हंसी हठात् रुक गयी। चेहरा एकदम तन गया। माथे की त्यौरियां चढ़ गयीं। किसी दूसरे आदमी की आवाज़ में उसने कहा, "क्या सोचा था ?"

प्रभा घबरा गयी। मज़ाक भूल गयी।

"कुछ नहीं," डरे स्वर में उसने कहा।

बिमल का चेहरा सिकुड़ उठा। आक्रोश की स्याही उस पर पुत गयी। वह बहुत ही क्रूर और ज़िद्दी आदमी मालूम पड़ने लगा।

"कम-अज़-कम हंसने का अधिकार तो सबके पास है," उसने इतने तीखे तंज़ के साथ कहा कि प्रभा तिलमिला गयी और ज़िंदगी में शायद पहली बार उसका

मन शुभा की तरह रोने-रोने को हो गया।

तभी काजल ने उसका हाथ अपने हाथ में ले लिया और उसके कान में फुसफुसाकर कहा, "परेशान मत हो। बिमल भीषण अभिनेता है। जात्रा पार्टी में दो साल थियेटर कर चुका है।"

प्रभा की जान में जान आयी और वह ज़ोर से हंस दी।

"क्या है ?" गहरी भर्त्सना के साथ बिमल दत्त ने पूछा।

"कुछ नहीं," प्रभा ने कहा, "बिला कारण हंसने का अधिकार सब को है।"

उसका वाक्य पूरा भी नहीं हुआ था कि बिमल का चेहरा एकदम पिघल गया और सोलह साल के लापरवाह छोकरे की तरह वह हा-हा कर हंस दिया।

प्रभा के बदन में झुरझुरी आ गयी।

यह एक आदमी है या चार-पांच एक साथ !

3

बिमल दत्त से कब मुलाक़ात होगी, कुछ ठिकाना नहीं रहता।

रोज़-रोज़ जाकर काजल दी के घर बैठे रहो, दुनिया-भर के लोगों के साथ बहस करो, तब एक दिन···अचानक···बिमल आ पहुंचेगा···कभी हफ़्ता गुज़र चुका होगा, कभी महीना, कभी एक ही दिन।

आयेगा, बैठेगा और मन हुआ तो एकदम मनचले स्टूडेंट की तरह कह उठेगा, "क्यों प्रभा, कॉफ़ी पीने चलोगी ?"

यूनिवर्सिटी के कॉफ़ी हाउस में कॉफ़ी पीते हुए ही देखा था, शुभा ने उन्हें।

उस दिन पूछ लिया था शुभा से प्रभा ने, बिमल दत्त के बारे में वह कैसे जानती है।

"डॉक्टर जैन ने बतलाया था," शुभा ने कहा था।

"डॉक्टर जैन ? उनके साथ नाटक किया था उसने ?"

"हां किया था एक बार।"

"तू भी थी ?"

"नहीं-नहीं, वह तो दो साल पहले की बात है।"

"और अब तक डॉक्टर जैन को याद है ? इतना लाजवाब अभिनय था ?"

"था तो। पर ख़ाली वह बात नहीं है।"

"फिर बतला न, क्या बात है। पेट में क्यों रखे हुए है ?"

"डॉक्टर जैन कह रहे थे वह···दो साल पहले वह एम. ए. बीच में छोड़कर भाग गया था···"

"कहां ?"

"बंगाल।"

"तो ?"

"प्रभा, वह वहां एक साल जेल काट कर आया है," शुभा ने कह डाला।

"बस यही बात है। तो कहते हुए तेरी ज़बान क्यों ऐंठ रही है ? एक साल की ज़ेल तो पिताजी तक काट आये हैं।"

"वह दूसरी बात है।"

"क्यों ?"

"वह स्वतंत्रता के लिए विदेशी सरकार से लड़ रहे थे।"

"और बिमल दत्त ?"

"डॉक्टर जैन कह रहे थे, मिदनापुर ज़िले के किसी गांव में उसने किसानों को उकसा कर गड़बड़ करवायी थी।"

"कैसी गड़बड़ ?"

"गांव में जिस ज़मीन पर खेती नहीं होती थी, उस पर उन लोगों ने ज़बरदस्ती कब्ज़ा कर लिया···"

"और खेती शुरू कर दी ?"

"हां।"

"तो इसमें ग़लत क्या है ?"

"सवाल ग़लत होने का नहीं, ग़ैरक़ानूनी होने का है।"

"और अगर क़ानून ग़लत हो ?"

"मैं नहीं जानती।"

"क्या नहीं जानती ? ग़लत क़ानून बदला जाना चाहिए या नहीं ?"

"हां।"

"और ग़लत सरकार ?"

"हां।"

"ग़लत सामाजिक व्यवस्था ?"

"हां।"

"फिर ?"

शुभा चुप रही।

"प्रतिनिधि सरकार जैसी कोई चीज़ नहीं होती," प्रभा ने कहा, "पांच साल में एक बार चुने जाने पर कोई एक आदमी लगातार सब का प्रतिनिधित्व कैसे

कर सकता है ? और फिर सत्ता का नशा होता ही ऐसा है कि हाथ में आते ही आदमी सिर्फ़ अपने स्वार्थ के लिए काम करने लगता है। न भी करे तो देश की अर्थव्यवस्था बदले बग़ैर वर्ग-भेद मिट ही नहीं सकता। देश के अधिकांश लोग शोषित और ग़रीब बने ही रहेंगे। पूंजी-रहित श्रम को बेचने वाला आदमी गुलाम से सिर्फ़ एक मायने में फ़र्क होता है—यह कि वह अपना मालिक तब्दील कर सकता है। मालिक उसे नहीं बेचता; वह खुद, खुद को बेचने पर मजबूर होता है······"

"गुलामों की कमी रूस में भी नहीं है," सहसा शुभा ने कहा, "वहां तो क्रांति हो चुकी। उनकी 'बेगारी' के बारे में नहीं पढ़ा ?"

"वह सब अंतर्कालीन समय में होना पड़ता है। क्रांति होने पर पुरानी सामाजिक व्यवस्था बिल्कुल टूट जाती है पर नयी व्यवस्था स्थापित होने में समय लगता है। जब तक नये और पुराने का संघर्ष चलता रहता है, लड़ाई में पूरी तरह विजय पाने के लिए ज़रूरी हो जाता है कि पार्टी सेना की मदद से शासन करे। एक बार आर्थिक समानता स्थापित हो जाने पर लाभ के लिए श्रम करने की प्रवृत्ति का ह्रास हो जाता है और एक समय वह आता है जब किसी प्रकार के दमन या बल-प्रयोग की आवश्यकता नहीं रहती।"

"कब, प्रभा? कब आता है वह समय ? आज तक आया है किसी देश में ?"

"नहीं, पर आयेगा ज़रूर।"

"कब ?"

"यह हम नहीं जानते। एक क़दम उठाते ही आदमी पहाड़ की चोटी पर नहीं पहुंच जाता। इसलिए क्या क़दम बढ़ाना ही छोड़ देना होगा ?"

"अगर पहाड़ की चोटी मिथ हो, यूटोपिया हो ?"

"तो उससे कुछ नीचे डेरा डालना होगा।"

"एक सपने के लिए पूरा समाज नष्ट कर दोगे ?"

प्रभा लम्हे-भर को चुप हो गयी, फिर बोली, "तूने सपनों में विश्वास कब खोया ?"

शुभा कुछ कह नहीं पायी।

"ज़िंदगी से भाग कर सपनों में शरण लेने से कहीं अच्छा है, सपने को पाने की ख़ातिर ज़िंदगी होम कर दो," प्रभा ने ही कहा।

"पाने की उम्मीद हो तब तो।"

"उम्मीद नहीं, विश्वास है।"

शुभा ने और तर्क नहीं किया। वह अपने में ग़र्क हो गयी। कुछ देर बाद, गुन-गुन करके उसने कहा, "विश्वास···उम्मीद···चिंता···किसी से कुछ नहीं होता। नेगेटिव हमेशा पॉज़िटिव पर हावी रहता है और धुंधलका कभी नहीं छंटता······"

प्रभा ने चौंक कर उसकी तरफ़ देखा, पूछा, "नाटक का संवाद बोल रही है ?"

"नाटक ही तो है," शुभा ने कहा, "तुम चाहे जितना भी तेज़ दौड़ो, वहीं खड़े रहते हो क्योंकि समय तुम से तेज़ भागता है।"

"पेसिमिस्ट !" प्रभा ने कहा था और उसे छोड़ बिमल दत्त में डूब गयी थी।

दो महीने हो गये, बिमल दत्त से मिलना नहीं हुआ।

प्रभा रोज़ काजल के घर जाती है।

पहले की तरह किताबें पढ़ती है, बहस करती है पर···

"बिमल दत्त आजकल नहीं आता ?" काजल से पूछा भी है कई बार।

"हां···आया नहीं तो···" काजल ने उत्तर दिया है।

काजल आजकल अनमनी-सी रहती है।

प्रभा नहीं जानती पार्थ को लेकर उसका केस हाई कोर्ट में तय होने वाला है।

"बिमल दत्त लौटकर आयेगा तो ?" प्रभा पूछती है।

काजल परेशान हो उठती है।

"लौटने पर आयेगा," वह कहती है।

प्रभा नहीं जानती बिमल दत्त कहां है। कहीं दो साल पहले की तरह किसी दूर-दराज ज़िला-जेल में बंद तो नहीं।

"आप जानती हैं बिमल दत्त कहां है ?" वह काजल से पूछती है।

"नहीं," काजल का कहना है।

"जेल में हैं तो मुझे बतला दीजिये, प्लीज़।"

"नहीं। तब ख़बर आ जाती।"

"ख़बर आने पर मुझे बतलायेंगी न ?"

"अच्छा, बतला दूंगी।"

बिमल दत्त और उसकी ख़बर, अब प्रभा को दोनों का इंतज़ार है।

दो महीने की असफल प्रतीक्षा के बाद आदत पड़ने लगी थी कि काजल के कमरे में घुसते ही बिमल दत्त पर नज़र पड़ी। उसका चेहरा घनी दाढ़ी-मूंछ के पीछे छिपा था पर प्रभा देखते ही पहचान गयी।

उसका मन हुआ, दौड़कर बांहें उसके गले में डाल दे और कहे, बिमल—बिमल —बिमल !

वह न सही···

उसके पास तख़्त पर बैठ तो गयी और ढेर सारी खुशी स्वर में उंडेल कर बोली, "बहुत दिनों बाद दिखे हो आज।"

"हां," बिमल ने कहा।

"कहां चले गये थे ?"

"बाहर।"

"अब तो रहोगे न कुछ दिन ?"

"शायद।"

"जाओगे कहां ?"

"बाहर।"

"तुम्हें मुझ पर बिल्कुल विश्वास नहीं है ?" आख़िर उसका धीरज टूट गया।

"नहीं," सहज स्वर में बिमल ने कहा।

"पर क्यों ?"

"क्योंकि अपने पर है।"

"तुम अकेले देश में क्रांति लाओगे ?"

"नहीं।"

"और लोग भी होंगे ?"

"कौन लोग ?"

"मेरी तरह के लोग।"

"मैं उनमें से एक नहीं हो सकती ?"

"बिमल दत्त के भारी पपोटे नीचे गिर गये और आंखों की पुतलियों पर परदा हो गया। फिर भी प्रभा को लगा पपोटों के नीचे से वह बहुत गहरी दृष्टि से उसे तोल रहा है।"

"क्रांति में विश्वास है ?" बिमल दत्त ने पूछा।

"हां।"

"अपने पर ?"

"हां।"

"मुझ पर ?"

"हां।"

"नहीं होना चाहिए !" बिच्छू की तरह बिमलेन्दु दत्त की आवाज ने डंक मारा। खटाक से पपोटों का परदा उठ गया। काली पुतलियों की सीधी मार से प्रभा घबरा गयी।

"पर···" उसने कहा।

"तुम्हें क्रांति नहीं, मुझ पर विश्वास है ! तुम मेरे क़रीब रह कर काम करना चाहती हो !"

डंक पर डंक !

"नहीं," प्रभा ने प्रतिवाद किया।

"तुम क्रांति नहीं मुझे चाहती हो !"

"झूठ है !" आहत अहम् ने प्रभा की आवाज़ में ललकार ला दी, "मैं नेता से विश्वास चाहती हूं। तुम नेता हो तो तुमसे। कोई और है तो उससे। तुम मेरे लिए कुछ नहीं हो।"

बिमल दत्त के पपोटे फिर पुतलियों पर आ टंगे। वह चुप बैठा रहा।

प्रभा कुछ कहने को कसमसाती रही पर उसकी चुप्पी तोड़ने का साहस नहीं हुआ।

"गोली चलाना सीखोगी ?" बहुत देर बाद बिमल ने बदली हुई आवाज़ में कहा।

"हां," प्रभा ने फ़ौरन कहा।

"ठीक है। राइफ़ल क्लब ज्वाइन कर लो।"

"राइफ़ल क्लब ?" प्रभा भौंचक थी, "तुम नहीं सिखाओगे ?"

"अपने पिताजी से कहना तुम्हें सदस्य बनवा दें।"

"तुम···"

"सीख लो तब बतलाना।"

"पर···कैसे ?"

"काजल दी से कहना, वे मुझसे कहलवा देंगी।"

प्रभा ने राइफ़ल क्लब के बारे में मालूम किया। पता चला, वह शहर के रईसज़ादों का शौक़िया क्लब है, जहां मोटी फ़ीस अदा करके वे सदस्य बनते हैं और दिल्ली के 'रिज' पर राइफ़ल चलाना सीखते हैं। बाप-दादा कभी शिकार खेला करते थे, बेटे-पोते सिर्फ़ निशाना लगाते हैं।

प्रभा को सदस्य बनने में कोई दिक़्क़त नहीं हुई। उससे पहले भी दो-चार लड़कियां सदस्य थीं। अविजित से कहना भी नहीं पड़ा। बस फ़ीस के रुपये मांगे, जो बिला कारण पता किये फ़ौरन मिल गये।

जिस पैशन के साथ उसने राइफ़ल चलाना और निशाना साधना सीखा, उससे क्लब के शौक़ीन सदस्य ही नहीं, शिक्षक तक दंग रह गये।

"अरे, प्रभा बंसल," एक शिक्षक कह उठा, "तुम तो राइफ़ल चलाना ऐसे सीख रही हो जैसे इसके बिना तुम्हारी शादी नहीं होगी।"

"क्या करूं ?" प्रभा ने कहा था, "मेरा मंगेतर शादी के लिए तैयार ही नहीं हो रहा। अब बंदूक की नली के ज़ोर पर मनवाना पड़ेगा।"

नाचती-थिरकती प्रभा काजल के कमरे में घुसी।

"बुल्स आई ! बुल्स आई ?" वह कहे जा रही थी।

"क्या हुआ ?" काजल ने किताब पर से सिर उठाकर पूछा।

"मेरी गोली ठीक निशाने पर लगी। मैं सर्वप्रथम आयी हूं," प्रभा ने उल्लसित स्वर में कहा।

"खड़े निशाने पर ?" काजल ने पूछा।

"हां।"

"घूमते हुए निशाने पर मार लो, तब बतलाना," काजल ने सख़्त स्वर में कहा और दुबारा किताब पढ़ने लगी।

हतप्रभ प्रभा कुछ देर चुप खड़ी रही, फिर धीरे से बोली, "आपने मुझे बधाई तक नहीं दी।"

"तुम गोली चलाना क्यों सीख रही हो ?" काजल ने एकदम पूछा।

"बिमल दत्त ने कहा था।"

"क्यों कहा था, जानती हो ?"

"कुछ-कुछ।"

"देखो प्रभा, पूरी तरह किसी चीज़ को जाने बग़ैर उसमें हाथ नहीं डालना चाहिए।"

"मैं जानना चाहती हूं, काजल दी।"

"सच ? डर नहीं है ?"

"नहीं।"

"मोह ? लगाव ? प्यार ?"

"किससे ?"

"तुम्हारी पूरी ज़िंदगी तुम्हारे सामने है, प्रभा तुम सुंदर हो, पढ़ी-लिखी हो, तुम्हारे पिता के पास पोज़ीशन है, पैसा है। तुम जो करना चाहो कर सकती हो। ज़िंदगी को भरपूर जी सकती हो।"

"आपकी तरह ?" प्रभा ने कहा।

आहत काजल चुप हो गयी। फिर धीमे से हंसी, बोली, "मुझसे कहीं अच्छी तरह।"

"मैं वह सब नहीं चाहती, काजल दी।"

"फिर क्या चाहती हो ? बिमल के पीछे जाने से तो कुछ भी नहीं मिलेगा। पूरे देश में क्रांति लाने के लिए बहुत बड़ी संगठन-शक्ति चाहिए। वह हमारे पास नहीं है। देश के किसी एक कोने में चिनगारी-भर सुलगा सकते हैं हम, इस उम्मीद में कि भड़क कर वह फैलती चली जायेगी।"

"उम्मीद नहीं, विश्वास कहिये, काजल दी।"

"सोचने की बात यह है, प्रभा, कि यह ज़रूरी नहीं है कि तुम इस आग को फैलते हुए देख पाओ। शायद उससे बहुत पहले किसी बीहड़ जंगल या पहाड़ी पर गोली खाकर मर चुकी होगी या कहीं दूर, उपेक्षित जेल की सी-क्लास की

अंधी कोठरी में ठुंसी होगी और···कोई कभी तुम्हारा नाम तक नहीं सुनेगा।"

"यह सोचने की नहीं, जानने की बात है, काजल दी।"

"जानती हो ?"

"हां।"

"ठीक है," काजल ने कहा, "घूमते हुए निशाने पर गोली मार लो, तब बतलाना।"

"आप बिमल से कह देंगी ?"

"अभी नहीं। उसके बाद।"

"ज़्यादा दिन रुकना नहीं पड़ेगा," आत्म-विश्वास के साथ प्रभा ने कहा।

"ठीक है।"

"पर···" प्रभा मायूस हो गयी, "बिमल दत्त को मुझ पर विश्वास नहीं है।"

"यह काम ही ऐसा है," काजल का स्वर कुछ कम सख़्त हो गया, "तूने तो इतना पढ़ा है। याद है न, आज़ाद ने भगतसिंह के पकड़े जाने पर मुख़बिर बन जाने की ग़लत ख़बर सुनकर क्या कहा था ? 'कभी मैं पकड़ा जाऊं तो भी तुम लोग दल की सुरक्षा के लिए स्थान आदि बदल लेना, भावुकता में आकर मुझ पर विश्वास करके बैठे मत रहना।' याद है न ? हम लोग जितना कम जानें उतना ही अच्छा है।"

"फिर भी साथ लेने का आश्वासन···"

"नहीं दे सकते। सिर्फ़ समय आने पर आदेश दे सकते हैं···"

"पालन कर सकेंगे, यह विश्वास तो चाहिए ?"

"हो जायेगा। मेरे कहने से नहीं। तुम्हारे करने से। जब होना होगा, तब। पहले नहीं।"

"यही सही।"

दोनों काफ़ी देर तक चुपचाप बैठी रहीं, फिर काजल ने कहा, "अपने पिताजी से कहना, एक बार मुझसे मिल लें।"

"कब ?"

"जितनी जल्दी हो सके।"

"कह दूंगी," प्रभा ने कहा। मन में सोचा किस क़दर बदल गयी हैं काजल दी। पिताजी का नाम लेते हुए आंखों में चमक तक नहीं आती।

दुखी मन प्रभा सड़क पर चली जा रही है। बिमल दत्त साथ है फिर भी।

वह परीक्षा में पास तो हुई पर दूसरे नंबर पर।

बिमल दत्त ने उसे निशाना लगाते देखा है और कहा है, "नॉट बैड।"

नॉट बैड, बीसियों बार प्रभा दुहरा चुकी है···काश, उसने बिमल के बारे में

न सोचकर सिर्फ़ निशाने के बारे में सोचा होता।

दृश्य अब भी आंखों के सामने है···

हवा में बंधी लंबी डोरी। बीच में झूलती मूंठ वाली पतली डंडी। मूंठ पर बंधा गुब्बारा। एक बार घुमाकर छोड़ने से डंडी पेंडुलम की तरह घूमती चली जाती है। नीचे लटके झूलते सिरे को गोली का निशाना बनाना है···

प्रभा के हाथ राइफ़ल पर हैं···डंडी का मूंठ हवा में झूल रहा है···दायें-बायें-वापिस दायें।

प्रभा की बगल में बिमल दत्त बैठा है।

मूंठ पर निशाना लगेगा—ठांय ! गुब्बारा फूट जायेगा···बिमल दत्त तब क्या कहेगा, प्रभा सोचे जा रही है···

देखो, बिमल देखो, मुझे निशाना लगाते देखो, उसने मन-ही-मन पुकारा है, राइफ़ल को कंधा दिया है, निशाना साधा है और ट्रिगर दबा दिया है।

धांय ! गोली छूटी है···हवा में कंपन हुआ है···फूला गुब्बारा सुरक्षित लटका है···प्रभा को घुमेर आ रही है···बिमल दत्त चुप है···निशाना चूक गया !

एक बार और, प्रभा ने सुना है, अपने को संभाला है और दुबारा राइफ़ल तान ली है।

हां, वह है···हवा में बंधी डोरी···डोरी से लटकती डंडी···डंडी के सिरे पर बंधा गुब्बारा। हवा में झूलता गुब्बारा···दायें-बायें वापिस दायें। अछोर शून्य में तैरता गुब्बारा। गुब्बारा-गोली-गुब्बारा ! गुब्बारा ! गुब्बारा···गुब्बारा···

ठांय ! गोली छूट गई है।

मूंठ नंगा झूल रहा है···चिथड़े-चिथड़े गुब्बारा उड़ गया है। बिमल दत्त कह उठा है, "नॉट बैड।"

प्रभा ने राइफ़ल नीची कर ली और खिसियाए मन से सोचा, काश, निशाना पहली बार में ठीक बैठा होता। काश, मैंने बिमल दत्त के बारे में न सोच कर सिर्फ़ निशाने के बारे में सोचा होता।

कल प्रभा कितनी खुश थी। बिमल दत्त ने कहा, "कल तुम्हें निशाना लगाते देखेंगे।"

काजल दी से ख़बर पाकर बिमल दत्त उनके कमरे में उनसे मिला था। इस बार तीन साथी भी थे।

"अपने पिताजी से क्या कहा था, गोली चलाना क्यों सीखना चाहती हो ?" आते ही बिमल दत्त ने पूछा था।

"कुछ नहीं कहा। सिर्फ़ क्लब में भरती होने के लिए पैसे मांगे थे," प्रभा ने

कहा।

बिमल दत्त के चेहरे पर आश्वस्ति का भाव झलक आया।

तभी एक साथी बोल उठा, "आपके पिताजी तो काफ़ी पैसे वाले आदमी हैं।"

स्वर के उपहास से चौंक कर प्रभा ने उसकी तरफ़ देखा। कम-उम्र लड़का है, गोरा, शायद सुंदर। इस वक़्त ओठों में व्यंग्य की मुरकी है, आंखों में आक्रोश की लपट। अगला चुभता वाक्य उछालने को बेक़रार चेहरा विकृत हो उठा है।

"नहीं तो," उसने संकुचित होकर कहा।

"क्यों, सिंघानिया मिल्स में मैनेजर नहीं हैं ?" उसकी बात खत्म होने से पहले ही वाक्य उछल आया।

"हैं तो," प्रभा और संकुचित हो उठी।

"हम लोग तो आपको बिल्कुल जंगली दिखलायी दे रहे होंगे," अपमान करने की नीयत से उसने कहा।

"नहीं, आप लोग नहीं," प्रभा ने तड़पकर कहा, "सिर्फ़ आप !"

"यहां क्या कैबरे होने वाला है जो अमीर बाप की बेटियों को निमंत्रित किया जा रहा है," तिलमिलाकर युवक ने काजल की तरफ़ रुख किया।

"नाहक क्यों गरम होते हो, कामरेड अनिल," काजल ने धीमे से कहा, "उसके बाप ने उसे पैदा किया है, उसने अपने बाप को नहीं।"

"मैं पूछता हूं····" अनिल ने उग्र स्वर में कहना शुरू किया।

"ज़रूरत नहीं है !" बिमल दत्त के बर्फ़ीले स्वर ने उसे काट दिया।

अनिल के ओंठ फड़के पर आवाज़ नहीं निकली।

"कल हम लोग इनकी निशानेबाजी देखने चलेंगे। मैं और····"

प्रभा बहुत डर गयी। अब वह कहेगा 'तुम' और अनिल फटाक से कह उठेगा—मैं नहीं जाऊंगा। फिर क्या होगा !

बिमल दत्त ने चुप्पी को खिंचने दिया। वार करने को उद्यत अनिल सिकुड़ने लगा।

"····और कामरेड कैलाश," बिमल दत्त ने दूसरे साथी का नाम लेकर वाक्य पूरा कर दिया।

कैलाश की आंखें बंद थीं। प्रभा का ख़याल था वह सो रहा है। अपना नाम सुन कर भी उसने पूरी तरह उन्हें नहीं खोला। बस दायीं आंख की पलक कुछ उठी और झपक गयी।

"सुबह दस बजे, यहीं मिलेंगे," बिमल ने प्रभा से कहा।

कैलाश के मुंह से हां-ना सुनने की शायद जरूरत नहीं थी।

4

आज बहुत दिनों बाद अविजित काजल से मिलने जा रहा है। प्रभा ने कहा था काजल दी ने बुलाया है, जितनी जल्दी हो सके।

उस बात को पंद्रह दिन बीत गये। रोज़ वह अपने से कहता, काजल ने बुलाया है, जाना चाहिए पर···

काजल के सामने जाने की इच्छा नहीं है या···हिम्मत नहीं है ?

आजकल कहीं जाने की इच्छा नहीं होती। घर से दफ़्तर और दफ़्तर से घर···नहीं, वह भी नहीं। घर से दफ़्तर ज़रूर पहुंच जाता है। पर दफ़्तर से घर लौटा नहीं जाता···भटकता हुआ क्लब पहुंच जाता है। पागल की तरह टेनिस खेलता है। एक सेट···दूसरा···उसकी उम्र के लोग एक सेट खेल कर पस्त हो जाते हैं और अविजित है कि···एक के बाद मशीन से इंसान बनना शुरू करता है।

बदन पसीने से लथपथ हो, सांस चलती हुई दीखने लगे तभी तो पता चलता है, वह रोबो नहीं आदमी है।

दो सेट खेलकर हांफ़ता हुआ कुर्सी में गिर जाता है और एक के बाद एक गिलास बीयर का हलक में उतार लेता है। थका हुआ शरीर, सोया हुआ दिमाग़ घिरता हुआ अंधेरा···हां, अब घर जाया जा सकता है।

टेनिस कोर्ट पर तेज़ बत्तियां लगी हैं, अंधेरा होने पर भी खेला जा सकता है। अविजित रोशनी का मोहताज नहीं है पर···आख़िर तो घर जाना ही होता है···

क्लब के अन्य खिलाड़ी परेशान हैं, अच्छा खिलाड़ी अविजित हमेशा से रहा है पर अब तो जैसे न हारने की क़सम खायी है।

एक हारे हुए आदमी की जीत की हवस ! बहुत भयानक होती है !

कल डॉक्टर बख्शी पांच गेम से हार गये। नाराज़ होकर बोले, "आजकल बहुत आक्रामक टेनिस खेलने लगे हो बंसल। ब्लड-प्रेशर तो चेक करा लिया है न, पैंतालीस की उम्र के बाद ज़रा होशियार रहना चाहिए।"

"आ जाऊंगा एक दिन," अविजित हंस पड़ा था, "आप ही चेक कर दीजियेगा।"

"बेकार क्यों वहम डाल रहे हैं, डॉक्टर बख्शी," क्लब के सेक्रेटरी मिस्टर खोसला बोल पड़े, "मिस्टर बंसल का टेनिस हमेशा से बेहतरीन रहा है, स्पीड में नौजवानों को मात करते हैं।"

"आगे मत बोलने दो, बंसल भाई," छठी ह्विस्की की पिनक में मिस्टर आग़ा

बोले, "कहो न ज़ोर से—अभी तो मैं जवान हूं !"

सब लोग ठठाकर हंस पड़े थे और अविजित सहसा बूढ़ा महसूस कर उठा था। शरीर से नहीं, मन से। टेनिस खेलना महज़ नाटक हो जैसे।

श्यामा इन दिनों बहुत नाराज़ रहती है।

"सारी शाम कहां रहते हो आजकल ?" कल भी पूछ रही थी।

"क्लब," उसने कहा था।

"रोज़ ?"

"हां।"

"ताश खेलने लगे हो ?"

"नहीं, टेनिस।"

"आठ बजे तक ?"

"हां।"

"अंधेरे में ?"

"बत्तियां हैं।"

अविजित को नींद आ रही थी। अनमने भाव से छोटे-छोटे जवाब दे रहा था। श्यामा अधीर होती जा रही थी। उसे डर था कि कहीं उसका ध्यान अपनी तरफ़ खींच पाना एकदम नामुमकिन न हो जाये।

"प्रभा-शुभा में से भी कोई घर पर नहीं रहती," वह कहती गयी, "मैं अकेली पड़ी रहती हूं।"

"क्यों, शुक्ल कहां गया ?" अविजित ने उनींदे स्वर में पूछा।

"कहीं नहीं, पर⋯"

"तुम्हारी तबीयत तो ठीक रही न ?"

"हां, पर⋯"

"शुक्ल सब जानता है। कोई बात हो तो⋯"

"तुम्हारी जगह शुक्ल तो नहीं ले सकता !" श्यामा की आंखों से टप-टप आंसू गिरने लगे। मुंह से बोल नहीं निकला।

हतप्रभ अविजित उसे देखता रह गया। ऐसे रोते तो पहले उसे कभी नहीं देखा।

श्यामा रोती है तो ज़ोर से विलाप करके, रुलाने वाले को उसके दोष का पूरा अहसास करा के। इस तरह घुट-घुट कर सिर्फ़ अपने लिए रोते तो उसे पहले कभी नहीं देखा। पास जाकर चुप कराने की हिम्मत नहीं हुई।

"मैं तो सिर्फ़ इतना कह रहा था कि शुक्ल भला आदमी है⋯" कहते-कहते रुक गया था अविजित।

"अनित्य कहां है आजकल, जानते हो ?" काफ़ी देर बाद रुंधे गले से श्यामा ने कहा।

"अनित्य ? क्यों, क्या हुआ ?" अविजित ने चौंक कर पूछा।

"उसे बुलाना है। बहुत दिनों से देखा नहीं।"

"तुम्हारे पास उसका पता है ?"

"नहीं।"

"ख़त भी नहीं आया ?"

"नहीं।"

"पिछली बार आया तो ढंग से बैठ कर पांच मिनट बात भी नहीं हुई," श्यामा ने कहा, "कुल एक दिन तो रहा दिल्ली में, वह भी दुपहर बाद घर में घुसा नहीं और सारी सुबह प्रभा जाने क्या खुसर-पुसर करती रही···" श्यामा ने नाराज़गी ज़ाहिर की ही थी कि प्रभा कमरे में घुसी।

"आप काजल दी से मिल लिये," अविजित को देखते ही उसने पूछा।

"कहां गयी थीं तुम ?"

"हां, पूछो इससे," श्यामा के गुस्से को निमित्त मिल गया, "रोज़-रोज़ इतनी देर करके क्यों आती है !"

"आप खुद ही पूछ लीजिए," प्रभा ने कहा।

"पूछ तो रही हूं।"

"जल्दी नहीं आना चाहती इसीलिए देर से आती हूं।"

"प्रभा ! यह क्या तरीक़ा है बोलने का ! कहां से आ रही हो, काजल के घर से ?"

"हां।"

अविजित ने चाहा पूछे, रोज़ वहीं जाती हो पर···उसने कह दिया, नहीं, तो आगे पूछना पड़ेगा, फिर कहां जाती हो···सवालों का एक सिलसिला···नहीं, रहने दो।

"मैं जा नहीं पाया उनके पास। कल जाऊंगा," उसने इतना ही कहा।

प्रभा कमरे से बाहर चली गयी।

"प्रभा दिन-पर-दिन ढीठ होती जा रही है। तुम उसे समझाते क्यों नहीं। ऐसे ही चला तो देख लेना, एक दिन कुछ अनर्थ होकर रहेगा," श्यामा ने कहा।

अविजित चुप रहा।

"एक शुभा है," श्यामा कहती गयी, "नाटक के सिवाय कुछ सूझता ही नहीं। अभी तक रिहर्सल से नहीं लौटी।"

अविजित फिर भी कुछ नहीं बोला।

वह ज़बरदस्त थकान महसूस कर रहा था। नींद से पलकें बोझिल थीं। प्यास

से गला सूख रहा था। बदन पसीने से चिपचिपा रहा था। एक-दो गिलास बीयर और पीनी चाहिए थी पर···पी भी लेता तो तरावट टिकती कितनी देर ? पता नहीं क्यों घर में घुसते ही प्यास लग आती है···मन हो रहा है ढेर सारा ठंडा पानी हलक के नीचे उतार कर बिस्तर पर चित लेट जाये। पर श्यामा कुछ कह रही है और उसके बोलते-बोलते उठ जाना···

"खोखी !", श्यामा ने आवाज़ लगायी।

"हां, ममी," पानी का गिलास हाथ में लिये वह फ़ौरन सामने थी।

दरवाज़े की ओट में खड़ी वह न जाने कब से इंतज़ार कर रही थी कि श्यामा शांत हो और वह अंदर आकर···

पानी का गिलास उसने अविजित के आगे बढ़ा दिया, मुंह से कुछ नहीं कहा।

"पानी में थोड़ा ग्लूकोज़ डाल कर मुझे दे दे," तभी श्यामा ने कहा, "दिल बैठा जा रहा है।"

ओठों की तरफ़ जाते गिलास को बीच में रोक कर, अविजित ने खोखी की तरफ़ बढ़ा दिया।

"यह दे दो," उसने कहा।

"आप पीजिये, मैं और ले आती हूं।"

"ओफ्फ़ोह, जल्दी कर !" श्यामा ने कहा।

असमंजस में पड़ी खोखी ने अविजित के हाथ से गिलास ले लिया और उसमें ग्लूकोज़ मिलाने लगी पर उसकी तरल आंखें अविजित पर टिकी रहीं।

अविजित की प्यास बढ़ती गयी।

वह पानी पीने नहीं उठा।

श्यामा का काम निबटा कर खोखी खुद लायेगी। खोखी अब उतनी छोटी नहीं रही। खोखी···क्या नाम है उसका···सुस्मिता बड़ी हो रही है पर प्रभा की तरह अविजित से बड़ी नहीं···

प्रभा तो आजकल ऐसे दीखती है जैसे बीस बरस पहले काजल दीखती थी। वैसी, जैसी वह उस दिन लगी थी···1934 में···जेल में मुलाक़ात के दिन।

और शुभा ? क्या कोई हाड़-मांस का इंसान धीरे-धीरे छाया में तबदील हो सकता है···दूसरे आदमी के देखते देखते, उसकी नज़रों के सामने ?

अगर मैं अपना हाथ शुभा के कंधे पर रखना चाहूं···मुझे डर है···आशंका नहीं विश्वास है···कंधे को हवा की तरह भेद कर हाथ बेसहारा नीचे गिर जायेगा। बादलों के कंधे नहीं हुआ करते।

दूसरा हाथ प्रभा के कंधे पर रखूं···खूब ठोस है उसका कंधा पर···वह हाथ झटक देगी···कंधे से लुढ़क कर बेसहारा नीचे गिर जायेगा···

गांधीजी दो लड़कियों के कंधों पर अपने दोनों हाथ रखकर चला करते थे।

'बुढ़ापे की लकड़ियां' नाम दिया था उन्हें।

प्रभा-शुभा को लेकर चलते तो···

अविजित ठठाकर हंस दिया।

एक भाप बनकर उड़ जाती, दूसरी पत्थर बनकर जम जाती।

बेचारे गांधीजी···बेचारा अविजित !

बेचारा···? नहीं-नहीं, क्या खुराफ़ात आ गयी दिमाग़ में···अभी तो मैं जवान हूं। आग़ा का बच्चा ! बेदाल बूदम ! टेनिस के दो सेट एक साथ खेलकर तो दिखलाये।

···मैं ख़ामख़्वाह काजल से मिलने क्यों नहीं जा रहा ? इतने दिन टालता क्यों रहा बुलाया है तो कोई ज़रूरी काम होगा। उसका करने वाला है कौन। कल जाऊंगा···ज़रूर जाऊंगा।

अविजित काजल के पास जा पहुंचा।

"आओ अविजित," काजल ने कहा, "जाने से पहले तुमसे मिलना ज़रूरी था।"

"बाहर जा रही हो ?"

"हां। कॉलेज से इस्तीफ़ा दे दिया।"

"क्यों ?"

"देना पड़ा। मेरे पढ़ाये इतिहास में उन्हें भविष्य की गंध आने लगी है।"

अविजित समझते हुए भी नहीं समझा, विषय बदलकर बोला, "भगतसिंह पर तुम्हारी किताब छप गयी ?"

"तैयार है," काजल ने पांडुलिपि दिखला कर कहा, "जिन्हें पढ़ना चाहिए, वे पढ़ भी रहे हैं। छोड़ो उसे, तुमसे जो काम था, वह कहूं। बीस हज़ार रुपया चाहिए।"

"बीस हज़ार !"

"देने को कहा था, भूल गये ?"

"नहीं भूला तो नहीं।"

"तो इरादा बदल गया ?"

"नहीं। इरादा क्यों बदलेगा ?"

"फिर ?"

"दल है ?

"हां।"

"करना क्या चाहते हो तुम लोग ?"

काजल देर तक चुप रही। वह कहीं दूर देख रही थी। अविजित को लगा

वह उसकी उपस्थिति भूल चुकी है।

"प्रोपोगेंडा बाई डेथ," बहुत देर बाद उसने धीमे से कहा जैसे सिर्फ़ अपने को सुना रही हो।

"क्या ?"

"मृत्यु सस्ती भी होती है और महंगी भी। ख़ूब महंगी हो तो प्रचार के लिए उससे अच्छा साधन दूसरा नहीं है। बिना प्रचार जनक्रांति कैसे होगी····"

अविजित डर गया।

"मृत्यु ?" उसने कहा, "तुम लोग आत्महत्या में विश्वास करते हो ?"

"आत्महत्या ?" काजल चौंक उठी, "इतनी सस्ती मौत !"

"तब ? मुझे समझाकर बतलाओ, काजल, क्या करना चाहते हो तुम लोग ?"

अब काजल ने उसकी तरफ़ देखा।

"याद है, अविजित," उसने कहा, "असेंबली में बम फेंककर भगतसिंह ने जो परचे फेंके थे, उनमें क्या कहा गया था ?"

"नहीं, अब याद नहीं।"

"फ्रांसीसी अराजकतावादी वेला के शब्द—बहरों को सुनाने के लिए ऊंची आवाज की ज़रूरत होती है।"

"हां····"

"और सोयी हुई जनता को जगाकर अपने अधिकारों के प्रति सचेत करने के लिए बम के धमाके काफ़ी नहीं हैं। बहुत ज़बरदस्त उफ़ान की ज़रूरत है उसके लिए, बहुत महंगे प्रचार की। आत्म-बलिदान से महंगा प्रचार क्या हो सकता है ?"

"तुम करना क्या चाहती हो काजल ?"

"इतिहास को दुहराना चाहती हूं। जो अधूरा रह गया उसे पूरा करना चाहती हूं।"

काजल के हाथ में किताब की पांडुलिपि अब भी थी। धीरे-धीरे उस पर ऐसे हाथ फेर रही थी जैसे अपने किसी अज़ीज़ का सिर सहला रही हो। उसकी आंखों की मंत्रमुग्ध चमक से अविजित बंध गया। बिना कुछ कहे, चुपचाप बैठा उसे देखता रहा।

"याद है," कुछ पल ठहरकर काजल ने कहा, "आठ अप्रैल 1929 को भगतसिंह ने असेंबली पर बम फेंका था और 23 मार्च 1931 को उन्हें फांसी हुई। इन दो सालों के दौरान एक लमहे के लिए भी वे 'प्रोपोगेंडा बाई डेथ' के सिद्धांत से नहीं हटे। सैशन जज की अदालत से लाहौर हाई कोर्ट, फिर स्पेशल मैजिस्ट्रेट की अदालत, फ़ौजी ट्रिब्यूनल और अंत में लंदन प्रिवी-कॉन्सिल को अपील, सबको उन्होंने जनसाधारण की आज़ादी के प्रचार का मंच बना डाला। एक बार भी अपने बचाव का प्रयत्न नहीं किया पर प्रचार के किसी साधन को हाथ से नहीं जाने

दिया। कितने असामान्य शौर्य से हर तरीका अपनाया—एक सौ चौदह दिन की भूख हड़ताल, जेल सुधार की मांग, ब्रिटिश अदालत का बायकाट, वकीलों से बहस, आज़ादी से भी आगे जाकर समाजवादी क्रांति पर वक्तव्य···इस तरह कि हाई कोर्ट के जस्टिस फ़ोर्ड भी उन्हें अपराधी घोषित करते हुए फ़ैसले पर लिख उठे···ये लोग दिल की गहराई और पूरे आवेग के साथ वर्तमान समाज के ढांचे को बदलने की इच्छा से प्रेरित थे। भगतसिंह एक ईमानदार और सच्चे क्रांतिकारी हैं। मुझे यह कहने में कोई झिझक नहीं है कि वे इस कथन को लेकर पूरी सच्चाई से खड़े हैं कि दुनिया का सुधार वर्तमान सामाजिक ढांचे को तोड़कर ही हो सकता है···

''सब कुछ अखबारों में छपता रहा, जनता में जोश उफ़नता रहा···अंतिम अपील से पहले, मालूम है, उन्होंने अपने साथियों से क्या कहा था—फांसी तब हो जब देश की जनता का जोश अपने उफ़ान पर हो और उसका ध्यान पूरी तरह इसी की ओर केंद्रित हो···अपील का उद्देश्य यह हो कि हमारी फांसी रुकी रहे और वह तब हो जब कांग्रेस का समझौता सरकार से हो और अपने परिणामों से शानदार सिद्ध न हो, युवक वर्ग में इससे असंतोष फैल रहा हो, बस उन्हीं घड़ियों में हमें फांसी लगे और इस प्रकार कांग्रेस की बागडोर उग्रतावादियों के हाथ में चली जाये।

''कितनी मंहगी बना ली थी उन्होंने अपनी मृत्यु, कितना व्यापक था उनका प्रचार !''

''फिर भी····'' अविजित ने निराश स्वर में कहा।

''फिर भी····'' काजल ने दीर्घ निश्वास छोड़कर कहा, ''कुछ नहीं हुआ ! जोश फैला, उफ़ान आया और समझौते के ठंडे छींटे खाकर बैठ गया। सोलह साल बाद आज़ादी मिली भी तो नाम-मात्र को।''

''तब····''

''इसीलिए तो अविजित, उफ़ान को हवा देते रहने के लिए एक मज़बूत दल की ज़रूरत है।''

''कौन लोग हैं तुम्हारे दल में ?'' अविजित ने पूछा और पूछ कर डर गया कि कहीं काजल प्रभा का नाम न ले दे।

''देश के युवा लोग हैं,'' काजल ने कहा।

''तुम सब इसी में विश्वास करते हो—प्रोपोगेंडा बाई डेथ ?''

''मैं करती हूं। मैं क्रांति जगाना चाहती हूं। मेरे साथी क्रांति लाना चाहते हैं।''

''कैसे''

''साधन और सत्ता पर कब्जा करके। आम लोगों की हुकूमत क़ायम करके।''

''कैसे होगा ?''

"होगा। साधन रहेंगे तो होगा। किसी एक गांव के भूमिहीन किसान अपने गांव की ज़मीन पर कब्ज़ा कर लेंगे, अपनी सरकार बना लेंगे। फिर प्रचार ···प्रचार···मृत्यु से रंगा प्रचार !"

"नाम क्या है तुम्हारे दल का ?" उत्तेजित अविजित आगे को झुक आया।

"लोक सेना," काजल ने कहा, फिर बोली, "इतनी बातें पूछ रहे हो, तुम भी दल में शामिल होगे ?"

मर्माहत अविजित झटके से पीछे हट गया।

"कब तक मुझ पर व्यंग करती रहोगी, काजल," उसने कहा, "क्रांति करने की मेरी उम्र बीत गयी और जब थी भी···" मोमबत्ती की लौ की तरह उसका स्वर थरथराया और सरसरा कर बुझ गया।

काजल को लगा, उसके देखते-देखते उसके चेहरे पर असंख्य झुर्रियां खुद आयी हैं।

अपना हाथ आगे बढ़ा कर उसने उसके हाथ पर रख दिया। मधुर स्वर में कहा, "तुम जो कर सकते थे, कर चुके, अविजित। अब बारी तुम्हारे बेटे-बेटियों की है।"

"मेरे बेटा नहीं है काजल, सिर्फ़ बेटियां हैं," अंधेरे के गर्त से अविजित का स्वर उभरा और अंधेरे में ही डूब गया।

प्रभा के मुंह से काजल सुधांशु के बारे में सुन चुकी है।

उसका स्वर कुछ और पसीजा। अंधेरे में छोटे-छोटे जुगनू उड़ान भरने लगे।

"मेरे कोई भी नहीं है, अविजित," उसने कहा, "मैं हाई कोर्ट में पार्थ को हार गयी।"

उसने अपना सिर अविजित की गोद में पड़े अपने हाथ पर रख दिया।

अंधेरे में टिमटिमाते जुगनू दौड़कर एक-दूसरे से लिपट गये···अविजित की उम्र बीस बरस पीछे लौट गयी···करुणा और स्नेह से पिघल कर वह ठीक प्रभा की तरह बोल उठा, "कहो तो तुम्हारे बेटे को दून-स्कूल से किडनैप करके ले आऊं।"

अविजित की गोद में सिर रखकर रो लेने को तैयार काजल का दिमाग़ चौकन्ना हो गया।

"तुम कैसे जानते हो पार्थ दून स्कूल में है ?" सिर उठाकर उसने पूछा।

अविजित से जवाब देते नहीं बना।

"तुम मुकर्जी बाबू से मिले थे," काजल ने कहा।

उसका हाथ अभी भी उसकी गोद में पड़ा था। उसी को दोनों हाथों से थाम कर अविजित ने विह्वल कंठ से कहा, "नहीं, काजल···"

हाथ खींचकर कठोर स्वर में काजल कह उठी, "अब और झूठ मुझसे मत

बोलना अविजित !"

सितारों की तरह झिलमिलाते इतने सारे जुगनू एक ही झटके में मृत कीड़ों की तरह धरती पर आ गिरे।

"हां, मिला था," अविजित ने कहा, "पर काम था काजल।"

"काम ?" काजल के स्वर में वितृष्णा भर गयी, "हो गया ?" उसने पूछा।

"हां।"

"अब तुम जाओ, अविजित," उसने कहा, "दुबारा मुझसे मत मिलना।"

क्षण-भर के लिए अविजित उसे देखता रहा, फिर बोला, "मैं मुकर्जी बाबू का दोस्त तो नहीं हूं।"

"दोस्त तुम मेरे भी नहीं हो," काजल ने कहा, "यह हमारी आख़िरी मुलाक़ात है।"

"ऐसा मत कहो, काजल। मैं अपने काम से नहीं, सिंघानियाजी के काम से मुकर्जी बाबू से मिला था। इसमें तुम्हारी तौहीन कैसे हो गयी ?"

काजल चुप रही।

पार्थ को देखा था, पूछने को हृदय का एक कोना दर्द करता रहा पर चुप बनी रही।

"पार्थ को देखा था, बहुत होनहार लड़का है," अविजित ने खुद ही कहा।

काजल का चेहरा पसीज गया पर वह बोली नहीं।

"परसों मैं रुपये लेकर आऊंगा," कुछ अधिकार भाव से अविजित ने कहा, "तुम्हें लेने ही होंगे।"

काजल का चेहरा फिर सख़्त हो गया।

"लेने से इनकार कब किया मैंने ? रुपया तुम्हारा नहीं, चड्ढा के दल का है। प्रभा के हाथ भेज देना," उसने कहा।

"प्रभा तुम्हारे दल में है ?" आख़िर अविजित पूछ ही बैठा।

"उसी से पूछना," काजल ने कहा।

"उसे ग़लत रास्ते पर मत डालना काजल," कांपते गले से अविजित ने कहा।

"तुमसे हो सके तो सही रास्ता दिखला कर रोक लो।"

"नहीं रोक सकता। मेरे रोकने से वह रुकेगी नहीं, तुम जानती हो।"

काजल बुत बनी खड़ी रही।

अविजित उसके क़रीब आ गया। अपने दोनों हाथ उसके कंधों पर रखकर बोला, "मैं तुमसे झगड़ा नहीं करना चाहता, काजल, पर एक औरत को इतना कठोर नहीं होना चाहिए कि आदमी को हमेशा तराजू में तौलती रहे, उसके दुःख को समझने की कोशिश ही न करे।"

छिटक कर काजल अलग हो गयी।

"तुम···" उसने कहा, "तुम केवल पुरुष हो !"
"काजल···" धीमे से अविजित ने पुकारा।
"जाओ, तुम जाओ अविजित !" काजल ने कहा।

उसका कंठ रुंधा हुआ था पर आवाज़ जब बाहर निकली तो सर्द और साफ़ थी—झील के गहरे पानी पर जमी बर्फ़ की पहली पर्त की तरह।

ऐसी आवाज़ों से बहस नहीं की जाती।

अविजित चुपचाप बाहर निकल आया।

काजल सिर्फ़ ऐसे आदमी को प्यार कर सकती है जो तीस साल पहले मर चुका हो, गाड़ी का दरवाज़ा खोलते हुए झुंझलाकर अविजित ने सोचा।

नहीं, फ़ौरन उसने अपने को टोका, यह अन्याय है। काजल सिर्फ़ ऐसे आदमी को प्यार कर सकती है जो तीस साल पहले मर कर भी याद रखने क़ाबिल हो।

गाड़ी चल दी। खिड़की से ठंडी हवा के झोंके भीतर आने लगे। दिमाग़ से जाले उड़ने लगे। मन और अशांत हो चला···

मैं वह आदमी नहीं हूं···नहीं हो सकता···नहीं था···

काजल शहादत चाहती है···

शहादत का नशा बहुत भयानक होता है। किसी लेनिन, मैज़िनी, टीटो या भगतसिंह के सिर चढ़कर बोले तो भावुकता से आगे जाकर रणकौशल बन जाता है पर तब भी कितने शहीद हैं जो रण में विजयी हो पाते हैं ?

काजल में वह विवेक बुद्धि और यथार्थवादिता है जो आत्मबलिदान को रणनीति बना दे ? शायद है। पर उसके और साथी ? प्रभा ?

प्रभा जानती है, वह क्या चाहती है ? अभी उसकी उम्र ही क्या है ?

भगतसिंह की उम्र सिर्फ़ तेईस साल थी जब उसे फांसी लग गयी···उम्र के साथ दृढ़ता बढ़ती है या घटती चली जाती है ? या उम्र से उसका कोई ताल्लुक़ नहीं है। प्रभा नहीं जानती तो मैं···मैं जानता हूं, मैं क्या चाहता हूं ? जानना चाहता हूं ? चाहा था कभी ?

अविजित की गाड़ी घर के दरवाज़े पर पहुंच गयी।

नीचे क़दम रखा तो नज़र बरामदे के फ़र्श पर पसरे पड़े सुधांशु पर गयी। वह ज़मीन पर पांव रगड़-रगड़ कर रो रहा है और पास शुक्ल, खोखी और नया नौकर तिलक उसे मनाने की कोशिश कर रहे हैं। पर रोने का उफ़ान है कि कम होने के बजाय बढ़ता ही चला जा रहा है।

"क्या हुआ ?" पास पहुंच कर उसने पूछा।

"कुछ मांग रहा है।" खोखी ने कहा।

"क्या ?"

"समझ में नहीं आ रहा।"

"औ···ऽ···ई···ऽ या !" सुधांशु हाथ आगे बढ़ा कर चीखा। हिचकियों ने उसकी पुकार को दो जगह से तोड़ दिया। एक के बजाय तीन चीखें अविजित को दहला गयीं।

"क्या ? क्या चाहिए ?" उसने कहा।

"रसगुल्ला ? रसगुल्ला खाओगे ?" शुक्ल ने पूछा।

"नई ! औऽईऽया !" सुधांशु फिर मांग उठा।

थूक और आंसुओं से लिसढ़े अपने चेहरे को ज़ोर करके उसने फ़र्श पर रगड़ डाला।

"तकिया ? तकिया लेकर सोओगे ?" तिलक ने पूछा।

"नई ! औईया-औईया !" चीख़ कर सुधांशु ने सिर ऊपर उठाया।

फ़र्श की मिट्टी-धूल ने चेहरे के थूक-बलग़म को अच्छी तरह सान कर कीचड़ की नालियां बहा दी थीं। हाथों से उन्हें रगड़ कर वह चिल्लाया, "औईया !"

"ज़रूर कोई खाने की चीज़ है। यह सिर्फ़ खाने के लिए ही इस तरह रोता है," खोखी ने कहा।

"पकौड़ियां खाओगे ?"

"औईया ! औईया ! औईया !" बेक़ाबू हो सुधांशु ने पैरों की थाप पर रट लगा दी।

उसके बिल्कुल क़रीब जाकर अविजित ने आवाज ऊंची करके पूछा, "क्या है ?" क्या चाहते हो तुम !"

"औ···ऽ···ई···ऽ···या !"

"साफ़ बोलो, क्या चाहते हो तुम !" करीब-करीब सुधांशु ही की तरह अविजित भी चीख़ उठा।

अपनी मांग दुहराने को सुधांशु ने मुंह खोला पर अविजित की रौद्र मूर्ति के भय ने आवाज़ घोंट दी।

उसका मुंह खुला-का-खुला रह गया। आंखें फट गयीं। फैले पैर उसने समेट लिये। हाथ ठोड़ी के नीचे सिकोड़ लिये और घुटनों पर सिर देकर ऐसे बैठ गया जैसे गर्भ में भ्रूण। बस फटी आंखों से अविजित को घूरता रहा और खुले मुंह से थूक बराबर बाहर गिरता रहा···

अविजित से सहा नहीं गया।

वह खोखी की तरफ़ मुड़ गया और दयनीय स्वर में याचना करता हुआ बोला, "हुआ क्या था ? क्या चाहता है यह ?"

"समझ में नहीं आता। पता नहीं यह क्या चाहता है," पास खड़े तीनों प्राणियों ने एक साथ कहा।

5

रात के नौ बज रहे हैं।

दिन की नर्सें ड्यूटी पूरी करके अस्पताल से जा चुकीं।

रात की नर्सें ड्यूटी पर आयी हैं।

अचरज के साथ उन्होंने देखा, डॉक्टर संगीता अभी तक अपने कमरे में हैं।

"आप गयी नहीं ?" एक ने पूछा।

"जाऊंगी अभी," संगीता ने कहा।

नर्स वहीं खड़ी रही।

सरकारी अस्पताल है। यहां छह बजे के बाद डॉक्टर देखने को नहीं मिलता। बदक़िस्मती से किसी की रात की ड्यूटी हो तो बात अलग है। डॉक्टर संगीता ज़रूर पहले भी सात बजे तक रुक जाया करती थीं पर रात के नौ बजे !

जब से इनकी शादी हुई है…

"वार्ड का राउंड लेकर जाऊंगी," संगीता ने उसे खड़ा देखकर कहा।

"इस वक़्त ?" नर्स के मुंह से निकला।

इस वक़्त तो कभी कोई डॉक्टर राउंड पर जाता नहीं। ऐसे सब डॉक्टर रात भर वार्डों के चक्कर लगाने शुरू कर देंगे तो नर्सों की तो मुसीबत हो जायेगी।

"हां," डॉक्टर संगीता ने सख़्ती से कहा।

"कोई सीरियस केस है ?"

"नहीं…हां…तुम जाओ, मैं आती हूं।"

"यस डॉक्टर।"

नर्स चली गयी। संगीता बैठी रही।

कुछ वक़्त और बीत जाये तब जायेगी वार्ड में। रात को एकाध चक्कर वार्ड का लगाना ही चाहए। मरीजों की देखभाल पर नज़र रहती है और…

वक़्त बीत रहा है…अंधेरा जम चुका…संगीता घर नहीं जाना चाहती…घर जाने का ख़याल ख़ौफ़ पैदा करता है…

रात के सन्नाटे में…

ऐसी ही एक रात के सन्नाटे में अस्पताल से घर लौटने पर…अविजित साथ

था···अविजित का साथ ! डर नहीं लगा। अविजित से भरपूर प्यार किया, उतनी ही ज़बरदस्त नफ़रत की, पर डर कभी नहीं लगा।

पर यह आदमी जो उसका पति है···

प्यार है नहीं, नफ़रत कर नहीं पा रही···बस एक डर है जो नस-नस में घुल गया है, शादी के बाद की पहली सुबह से···

"हनीमून के लिए कहां चलना चाहती हो, हांगकांग या स्विट्ज़रलैंड ?" सुरेश ने पूछा था।

एक यह ज़िंदगी है ! पैसे वालों की ज़िंदगी ! संगीता ने सोचा था।

सवाल यह नहीं है कि आज अस्पताल बस में जाना होगा या स्कूटर के लिए पैसे हैं। सवाल यह है कि वह जाना कहां चाहती है—हांगकांग या स्विट्ज़रलैंड ?

स्विट्ज़रलैड ! वहां डॉक्टर मर्सर हैं ! गाइनोकालॉजी के मशहूर स्पैशलिस्ट ! उनके नीचे रहकर छह महीने भी काम सीख सके तो कान्ट्रेक्टड पेल्विस के केस लेकर जो परेशानी रहती है···

"दोनों में से कोई जगह पसंद नहीं आयी ?" सुरेश ने प्यार से पूछा, "कोई और जगह बतलाओ। यूरोप में तो फिर पेरिस है या वियना। एक बात ज़रूर है कि यूरोप जाओ तो वहां घूम कर आना चाहिए। वरना···चाहो तो हिंदुस्तान में ही दार्जिलिंग या सिक्किम···"

इतने सारे विकल्प ! यहां तो सब कुछ संभव है !

"ऐसा नहीं हो सकता," संगीता ने कहा, "मैं स्विट्ज़रलैंड छह महीने रह सकूं ?" कहा क्या, अनायास मुंह से निकल गया।

"छह महीने ?" सुरेश कुछ चौंका, फिर अतिरिक्त लाड़ से बोला, "और यहां के काम-धाम का क्या होगा ?"

"आप लौट आइयेगा," संगीता ने कहा, "मैं डॉक्टर मर्सर के पास रहकर ट्रेनिंग लेना चाहती हूं।"

"ओह।"

"कब की मेरी तमन्ना है," संगीता कहती गयी, "स्विट्ज़रलैंड के डॉक्टर मर्सर के पास काम सीखूं···पता नहीं वे मुझे साथ लेने को तैयार भी होंगे या नहीं···हो जायेंगे, एक बार उनसे मिलूं तो। छह महीने उनके साथ काम करना एफ़. आर. सी. एस. करने से भी ज़्यादा क़ीमती होगा। पता है, वे दुनिया के सबसे क़ाबिल गाइनोकॉलोजिस्ट हैं।

संगीता के स्वर में उत्साह की ऐसी व्यंगहीन निर्मल गूंज भी हो सकती है,

सुरेश को मालूम नहीं था।

"छह महीने में काम हो जायेगा ?" उसने पूछा।

"हां···शायद···साल भर हो तो और भी अच्छा रहे पर···वह तो···बहुत महंगा पड़ेगा···वैसे कुछ दिन बाद मुझे वहां नौकरी मिल जायेगी···"

"साल भर रहना चाहती हो ?"

"हो सके तो। ओह, उससे ज़्यादा कोई क्या चाह सकता है !"

"तुम अकेली जाना चाहती हो ?" सुरेश ने फंसे गले से पूछा।

"हां," चहकते कंठ से संगीता ने कहा और अब पहली बार स्विट्ज़रलैंड के डॉक्टर मर्सर पर से नज़रें हटाकर सुरेश को देखा।

संगीता के मन में करुणा और विरक्ति एक साथ जाग उठी।

वह अच्छी तरह जानती है, कंधे पर हाथ रखकर दबा देने से ही उसके चेहरे का सारा विषाद धुल जायेगा और वह खुशी-खुशी उसे वह तमाम रुपया देने को तैयार हो जायेगा जो एक साल स्विट्ज़रलैंड रहने के लिए उसे चाहिए।

इस से बहुत कम दाम पर औरतें अपना प्यार बेचा करती हैं।

मां कहती थी, प्यार चाहे खाविंद को दो चाहे महबूब को, दाम हमेशा ऊंचे लगाओ। सस्ती चीज़ की कोई क़दर नहीं करता···शादीशुदा औरत और तवायफ़ में फ़र्क क्या है, दोनों जिस्म बेचती हैं, दोनों प्यार का सौदा करती हैं; बस तवायफ़ एकमुश्त दाम लेकर आज़ाद हो जाती है और बीवी पेंशन की उम्मीद में ज़िंदगी-भर का सौदा कर लेती है।

अपनी जगह से उठकर वह सुरेश के पास आ गयी। उसके बराबर में सोफ़े पर बैठकर उसने अपना हाथ उठाया ही था कि सुरेश के चेहरे पर एक बेहद खूबसूरत मुस्कराहट खेल गयी। चौंक कर संगीता ने हाथ पीछे खींच लिया।

आहत होकर भी जो आदमी अपमानित महसूस न करे, उसके साथ झूठा खेल नहीं खेला जा सकता।

"डॉक्टर मर्सर के पास ठीक क्या सीखना चाहती हो, बतलाओ तो। देखूं, कुछ मेरी समझ में भी आता है या नहीं," मीठे गले से उसने कहा।

संगीता कांप उठी।

कैसे आदमी से ब्याह रचा बैठी है वह ?

बलात्कार यह करेगा नहीं; झूठा आत्म-समर्पण सहेगा नहीं, फिर···

"आप डॉक्टरी के बारे में क्या जानते हैं ?" बचाव की कोशिश में आक्रमण करते हुए उसने कहा।

"कुछ नहीं। तभी तो तुमसे पूछ रहा हूं। अच्छा मान लो तुम्हारे सामने मैं नहीं डॉक्टर मर्सर बैठे हैं। तुम्हें साथ लेने से पहले वे पूछते हैं—मेरे पास रहकर तुम ठीक क्या सीखना चाहती हो ?"

सुरेश के चेहरे पर वही खूबसूरत मुस्कराहट खेलती रही।

एक बार फिर संगीता कांप उठी।

"अगर मुझे यक़ीन दिला सकीं कि तुम मेरे साथ काम करने लायक हो तो मैं तुम्हें एक साल यहां रहने की इजाज़त दे दूंगा," उसने कहा।

संगीता ने ग़ौर से उसका चेहरा परखा। नहीं, व्यंग्य का नामोनिशान नहीं है। बस, कुरूप चेहरे पर छाया विषाद का आबनूसी बादल है। उसे चीरकर कौंधती सुनहरी मुस्कराहट है। और प्यार, सब-कुछ दे डालने को तैयार प्यार, बिला कुछ चाहे। वाक़ई यह आदमी कुछ नहीं मांगेगा। एक बार कह देने से ही उसे साल भर के लिए स्विट्ज़रलैंड भेज देगा।

चंदे से पढ़ी हुई लड़कियां !

नहीं, कभी नहीं ! संगीता और अब किसी की अनुकंपा बर्दाश्त नहीं कर सकती।

वह झटके से उठ खड़ी हुई।

"मैं मज़ाक कर रही थी," ठंडे स्वर में उसने कहा, "स्विट्ज़रलैंड जाने का मेरा कोई इरादा नहीं है।"

आबनूसी बादल ने बिजली को दी पनाह वापिस ले ली। बड़प्पन की रोशनी खोकर सुरेश का चेहरा भदेस तारीक़ी में ग़र्क़ हो गया। संगीता की नफ़रत में जुंबिश हुई।

"कहीं भी जाने का मेरा इरादा नहीं है," उसने कहा, "उतने रुपयों में तो दस मरीज़ों का ऑपरेशन हो सकता है। इतनी औक़ात मेरी न सही। फिर भी अस्पताल में रहकर थोड़ा-बहुत इलाज तो कर ही सकती हूं। छुट्टी लेने की मेरी मंशा कभी थी नहीं।"

यातना से घिर कर इस आदमी का चेहरा दयनीय ही नहीं, बदसूरत भी होता जाता है, इस हद तक कि जुगुप्सा पैदा करे; अच्छा है।

है ? वाक़ई अच्छा है ?

ऐसी नफ़रत किस काम की जो खुद को अपने दामन में समेट ले।

"मैं अस्पताल जा रही हूं," संगीता ने कहा था और उसे वहीं बैठा छोड़ कर तेज़ी से कमरे से बाहर निकल गयी थी।

घड़ी ने दस बजाये।

संगीता चौंक कर आज रात में लौट आयी।

चलूं⋯एक बार मरीज़ों को देख आऊं⋯

उस सुबह को चार महीने बीत चुके⋯

पर⋯रोज़ सुबह होती है⋯संगीता वक़्त से पहले अस्पताल पहुंच जाती है⋯रात घिर आने तक वक़्त को टालती रहती है। फिर⋯घर लौटना ही पड़ता है⋯

अकेले बिस्तर पर लेटी वह कंपकंपाते शरीर से रात भर उस घड़ी का इंतज़ार करती है जब वह आदमी उसके बेडरूम का दरवाज़ा ठेल कर भीतर घुस आयेगा और उसे यह मानने पर मज़बूर कर देगा कि वह सचमुच उसका शौहर है।

उस सुबह के बाद सिर्फ़ एक रात वह उसके कमरे में आया था···

अपनी हथेलियों में उसका चेहरा संजोकर एकटक देखता रहा था।

संगीता की आंखें झुकी रही थीं और वह इंतज़ार करती रही थी, उस क्षण का जब उसके हाथ उसके जिस्म पर फिसलना शुरू कर देंगे···

हाथ बढ़ा कर उसने बत्ती बुझा दी थी। उस आदमी ने बाधा नहीं दी थी। चुपचाप कुछ देर इंतजार किया था और दुबारा बत्ती जला ली थी।

चेहरा उसकी हथेलियों में सजा रहा था और···

उस आदमी का इंतज़ार संगीता के इंतज़ार से ज़्यादा साबिर निकला। उसके चेहरे को अंजुली में भरे वह इंतज़ार करता रहा कि वह आंखें उठा कर उसकी तरफ़ देखे—

संगीता को नज़रें उठानी पड़ीं। फ़ौरन ही उसने उन्हें दुबारा झुका लिया पर उस छोटे से लमहे में वह उसकी काली आंखों की गहराई नाप चुका था। वितृष्णा का अंधा सूखा कुआं···पानी की बूंद तक नहीं कि अपनी धुंधली-सी परछाईं ही दीख जाये···

धीरे से हथेलियों ने चेहरे को मुक्त कर दिया और बत्ती बुझा कर वह आदमी कमरे से बाहर निकल गया था।

संगीता बुरी तरह डर गयी थी।

रोज़ उसका डर बढ़ता ही जाता है।

वह कितनी भी देर करके रात को घर पहुंचे वह उसका इंतज़ार करता मिलता है। खाना खाते वक्त संगीता कोशिश करके आंखें झुकाये रहती है। उसकी एकटक जमी दृष्टि मज़बूर कर देती है कि मन-ही-मन उसे झेलती रहे। खाने के बाद वह उसके कमरे तक आता है दरवाज़े की चौखट पर खड़े रह कर कहता है गुडनाइट—और···संगीता को आंखें उठानी पड़ती हैं, बत्ती बुझाने की हिम्मत नहीं होती···

वह कमरे से बाहर चला जाता है।

संगीता का मन होता है, पुकार कर कहे—आओ, भीतर आओ। दरवाज़ा बंद कर दो। बत्ती बुझा दो। मेरे क़रीब आओ। मेरे हमबिस्तर बनो। मेरी देह का इस्तेमाल करो। मुझे मौक़ा दो कि तुमसे भरपूर नफ़रत कर सकूं। ऐसा न हो कि कुछ न कर सकने की मज़बूरी में मेरी हस्ती ही मिट जाये !

दीवाल पर लगी घड़ी ने ग्यारह बार संगीता को चेताया और साथ ही दरवाज़े पर दस्तक हुई।

"कौन है ?" उसने चौंककर कहा।

दरवाज़ा ठेल कर नर्स भीतर आ गयी।

"आप यहीं हैं डॉक्टर," उसने कहा, "कैज़ुअल्टी वाले आप को घर पर ढूंढ़ रहे हैं।"

"क्या हुआ ?"

"एक्सीडेंट केस आया है। औरत के पेट में बच्चा है। आपकी ज़रूरत है।"

"मेरी ज़रूरत है," संगीता ने टेप की तरह दुहराया।

शब्दों को चेतना ने ग्रहण किया और उसने महसूस किया कि अलग-अलग भटक रहा उसका क्लांत शरीर और अशांत मन एक होकर स्फूर्ति से भर उठा है।

वह उठ कर खड़ी हो गयी।

"चलो," उसने कहा, "मैं दोनों को बचा लूंगी।"

एक भी नहीं बचा।

सीज़ेरियन ऑपरेशन करके जब संगीता ने मां के पेट से बच्चे को निकाला तो वह मर चुका था।

फिर औरत को बचाने की जद्दोजहद शुरू हुई। सारी रात संगीता उसकी मौत से लड़ती रही। ग्लूकोज़, खून, ऑक्सीजन कुछ काम नहीं आया। सुबह छह बजे उसने दम तोड़ दिया।

केस जब कैज़ुअल्टी में आया तभी रात की ड्यूटी पर तैनात डॉक्टर को उसके बचने की कोई उम्मीद नहीं थी। पर वह नया-नया अस्पताल में आया था, डॉक्टर कम, नौजवान ज़्यादा था। यह जानते हुए भी कि उसके बचने की कोई उम्मीद नहीं है और आदमी के मर जाने के बाद बचे रहने में कोई तुक भी नहीं है; उसने डॉक्टर संगीता को तलाश करने की पूरी कोशिश की।

दुर्घटनाओं के केस अस्पताल में रोज़ आते थे और यह दुर्घटना सड़क पर घटने वाली आम दुर्घटनाओं से किसी तरह फ़र्क नहीं थी।

गर्भवती औरत पति के साथ तांगे में बैठ कर जा रही थी—शायद अस्पताल ही आ रही थी, दिन पूरे चढ़ चुके थे—कि रास्ते में तांगा ट्रक से टकरा गया। ट्रक को तेज रफ़्तार से चलने की आदत थी और तांगा ट्रैफ़िक के बीच अड़चन पैदा कर रहा था। घोड़ा और साईस तो इस तरह कुचले गये कि फ़ौरन ही दम तोड़ गये पर औरत और आदमी पिछली सीट से उछल कर सड़क के दो किनारों

पर जा गिरे।

औरत के शरीर से खून गिरने लगा।

आदमी बेहोश हो गया।

ट्रक उसी मस्तानी रफ़्तार से धूल उड़ाता ग़ायब हो गया।

तेज़ रफ़्तार वाला यातायात पहले की तरह सड़क पर दौड़ता रहा। बस, लाशों और घायलों के पास से गुज़रते हुए स्पीड कुछ कम ज़रूर होती रही।

धीमी रफ़्तार के पाबंद साइकिल सवार और पैदल यात्री वक़्त की रफ़्तार से रेस नहीं लगाते, लिहाज़ा वे ठहर गये। थोड़ी देर में अच्छी-खासी भीड़ जुट गयी।

औरत का खून बहता रहा…

आदमी बेहोशी में हाथ-पांव पटकता रहा…

घोड़े और साईस की लाशों पर मक्खियां भिनभिनाने लगीं…

भीड़ जुटती रही।

फिर औरत बेहोश हो गयी।

आदमी मर गया।

लाशों पर कुत्ते जुटने लगे।

एक पुलिसवाला घटनास्थल पर आया…

भीड़ में हरकत हुई…शोर बढ़ा…पुलिसवाले ने सार्जेंट को खबर दी…और एक अरसे बाद मय लाशों के, औरत को सरकारी अस्पताल पहुंचा दिया गया।

कैज़ुअल्टी वाले डॉक्टर की तलाश कारगर हुई। डॉक्टर संगीता आ पहुंची। उसे लगा उसने अपना कर्तव्य पूरा कर दिया।

डॉक्टर संगीता आ गयी यहां तक तो ठीक था, पर…

वह दंग था, नर्स भी कम चकित नहीं थी कि एकाध इंजेक्शन देकर मौत का इंतज़ार करने के बजाय, वह पागलों की तरह औरत और बच्चे को बचाने की कोशिश में क्यों जुट गयी है। ऐनेस्थीसिया, इमरजेंसी ऑपरेशन, खून की बोतलें, ऑक्सीजन, कुछ भी तो नहीं छोड़ा।

जब उसने खून की दूसरी बोतल लगाने को कहा तो नर्स ने याद भी दिलाया—इसका आदमी तो मर चुका, खून लायेगा कौन ? पर डॉक्टर संगीता ने घुड़ककर कहा था—चुप ! बोतल लगाओ ! और फिर, हो सकता है यह नर्स का वहम रहा हो, यह भी कहा था—जानती नहीं, मेरे पति के पास बहुत पैसा है।

ऑपरेशन थियेटर में डॉक्टर संगीता अपना रोल भरसक अदा करती रही पर सुबह छह बजे परदा गिर गया। अचेत अभिनेता ने एक बार भी आंख नहीं खोली, चुपचाप बेहोशी की हालत में अंतिम प्रस्थान ले लिया और मंच खाली हो गया।

थकान से चकनाचूर संगीता बाहर निकली तो देखा बरामदे में पड़ी बेंच पर सुरेश बैठा है।

"आप ?" उसके मुंह से निकला।

"रात अस्पताल से घर फ़ोन गया तो देखने चला आया। पता चला तुम ऑपरेशन थियेटर में हो।"

"अब दुबारा आये हैं ?"

"नहीं। यहीं था।"

"क्यों ?" संगीता ने तुर्शी से कहा, "जब पता चल गया था यहीं हूं, दिल्ली छोड़ कर भागी नहीं तो लौट क्यों नहीं गये ?"

सुरेश के चेहरे पर क्या प्रतिक्रिया हुई, आंख उठाकर उसने नहीं देखी।

"ज़्यादा रात होने से सवारी नहीं मिलती इसी से ठहर गया," उसने मधुर स्वर में कहा।

"देर-सवेर सवारी ढूंढ़ लेने की मुझे आदत है। सरकारी अस्पताल में नौकरी करते बरसों बीत गये। हम लोगों के दरवाज़ों पर न हाथी झूलते हैं न गाड़ियां।"

सुरेश चुप रहा।

"चलें ?" कुछ ठहरकर उसने कहा।

"नहीं," संगीता ने कहा, "दस बजे से मेरी ड्यूटी है। छह बज चुके। अब ख़ामख़्वाह आना-जाना क्यों करूं।"

"नाश्ता करके कुछ देर सो लेतीं···" सुरेश ने कहा।

"यहीं कर लूंगी। आप जाइये।"

"अच्छा," कहकर सुरेश मुड़ा ही था कि संगीता ने कहा, "सौ रुपये चाहिए थे।"

"हां-हां," उसने फ़ौरन कहा।

उसके स्वर से खुशी छलक उठी।

जेब से पांच सौ रुपये निकाल कर उसने संगीता के हाथ पर रख दिये।

"सौ मांगे थे, पांच सौ नहीं," रूखे स्वर में संगीता ने कहा और चार नोट उसकी तरफ़ वापस बढ़ा दिये।

"खून की दो बोतलों का उधार चुकाना है, किसी की किरया नहीं करनी," कहकर वह तेज़ी से मुड़ी और अपने कमरे में जाकर फूट-फूट कर रो दी···

···कितनी देर···उफ़, कितनी देर सड़क पर खून बहता रहा होगा···सूखता रहा होगा···पपड़ाता रहा होगा···कितनी देर होश बेहोशी को परे धकेलता रहा होगा···कितनी देर आंखें पथराने से इनकार करती रही होंगी···कितनी देर बेआवाज़ चीखें भीड़ में मददगार तलाश करती रही होंगी···तब जाकर मरने के लिए अस्पताल का दरवाज़ा तुम्हारे लिए खुला होगा।

मां, मेरी मां ! कितनी बार तुम मरोगी और कितनी बार तुम्हारे साथ मुझे मरना होगा !

नहीं बचा सकी मैं तुम्हें।

मरे हुए इंसानों को अस्पताल लाया जाता है; चाहें भी तो हम कैसे बचा सकते हैं और चाहने देता कौन है हमें ? सरकारी अस्पताल है। सरकार के ताबेदार हैं हम। हमारी क्या ताब ! जितने लोग बेइलाज अस्पताल के भीतर मरते हैं उतने तो शायद बाहर भी न मरते हों। सरकार ने अस्पताल नहीं, लाशघर खोल रखा है। लाशें जमा करो और···बड़े लोगों की सरकार है, पांच सौ की गड्डी जेब में रखकर घूमते हैं···लाशें जमा करो और···

उफ़, यह आदमी मुझे पागल बना कर छोड़ेगा ! कुछ कहेगा नहीं। करेगा नहीं। पैसा जेब में डालकर घूमेगा, जब मर्ज़ी होगी मुझे पकड़ा देगा और···मैं ले लूंगी ?

आख़िर मेरी भी कोई हस्ती है !

नहीं, आज फ़ैसला होकर रहेगा। आज रात···

उसके बेडरूम के दरवाज़े पर गुड-नाइट कहकर, सुरेश अपने कमरे में जा, किताब लेकर आरामकुर्सी पर बैठा ही था कि आंधी की तरह संगीता वहां आ पहुंची।

उसका ड्रेसिंग गाउन छाती पर से खुला हुआ था। खुले बालों की उलझी लटें चेहरे पर अनर्गल झूल रही थीं। काली आंखों में लाल डोरे वहशी अंदाज़ से चमक रहे थे।

"आख़िर तुम चाहते क्या हो ?" चीख़कर उसने कहा।

सकपका कर सुरेश ने सिर ऊपर उठाया और देखता रह गया।

"मैं तुम्हारी बीवी हूं या नहीं ?" संगीता ने कर्कश स्वर में कहा।

बहुत देर तक सुरेश चुप बना रहा।

फिर एक अस्फुट-सा 'हो' उसके कंठ से फूटा।

"फिर तुम मुझे छूते क्यों नहीं ?" संगीता ने उसी खुरदुरे खुजलाये स्वर में कहा।

सुरेश उसकी तरफ़ ताकता रहा।

"शादी क्यों की थी मुझसे ?" संगीता ने फेरी लगाने वालों की तरह आवाज़ लगाकर कहा।

"मैं तुम्हें प्यार करता हूं, संगीता," गहरी वेदना से थर्राते स्वर में सुरेश ने कहा।

"प्यार करते हो ? तो करो प्यार ! रोते क्यों हो ?"

संगीता उसकी कुर्सी के आगे ज़मीन पर गिर गयी और अपनी बांहों से उसकी

जांघें घेर लीं। उसका ड्रेसिंग गाउन वक्ष पर से पूरी तरह हट गया।

सुरेश ने उसे नहीं छुआ।

"तुम मुझसे प्यार करती हो ?" उत्कंठित आवाज़ में फुसफुसा कर उसने पूछा।

बहुत चाहने पर भी संगीता 'हां' न कह सकी।

उसने अपना चेहरा उसकी गोद में छिपा लिया।

दो बलिष्ठ हाथों ने उसका मुंह पकड़कर ज़बरदस्ती ऊपर उठा दिया।

"मुंह क्या छिपाती हो ? जवाब दो !" कड़ककर सुरेश ने कहा।

ठोस हथेलियों में क़ैद संगीता मजबूर थी कि उसकी तरफ़ देखती रहे।

भारी काला चेहरा पसीने से लथपथ है। चौड़ा जबड़ा भिंचा हुआ है। फैली हुई चपटी नाक के विस्फारित नथुने फड़क रहे हैं। छोटी, किचमिची आंखें अंगारों की तरह जल रही हैं। मोटे-मांसल लाल ओंठ थर-थर कांप रहे हैं। आतुर वासना का स्पर्श पाकर कुरूप चेहरा ख़ौफ़नाक हो उठा है।

"जवाब दो। सच ! सच कहो !" करारी मर्दानी आवाज़ फिर गूंजी, "मुझसे प्यार करती हो ?"

संगीता को लगा उसके पुष्ट हाथों के दबाव के नीचे उसके जबड़े की हड्डियां चटख़ कर टूट जायेंगी।

डर के मारे उसका गला भिंच गया।

सांस भीतर खींचकर किसी तरह उसने कहा, "नहीं !"

सुरेश जिस मुद्रा में था, उसी में जड़ हो गया।

अब वह खूंख़ार चेहरे वाला आदमी नहीं, पिलपिले रबड़ का वीभत्स पुतला दीख रहा था, जिसके नक्श खींच-तान कर, बनाने वाले ने वासना की मुखाकृति में सहेज दिये थे।

उसका काला चेहरा धीरे-धीरे पीला पड़ने लगा। पसीने की लकीरें जहां-तहां सूख गयीं। आंखों की आग बुझ गयी। थरथराते ओंठ सब बांध तोड़कर नीचे को लटक आये। संगीता के चेहरे पर उसकी उंगलियों का कसाव ढीला पड़ चला, फिर भी···बिना हिले-डुले सुरेश वैसे ही स्तब्ध बैठा रहा।

सहसा चीत्कार कर संगीता रो दी।

सुरेश के हाथों की गिरफ़्त और ढीली पड़ी।

संगीता ने अपना मुंह उसकी गोदी में डाल दिया।

"दोनों मर गये !" उसने कहा, "एक को भी नहीं बचा सकी।"

सुरेश वैसे ही जड़ बैठा रहा।

संगीता रोती गयी।

सुरेश का हाथ उसके सिर पर आ टिका।

न जाने कितनी देर संगीता उसकी गोद में सिर डाले रोती रही। सुरेश का

हाथ उसके सिर पर टिका रहा, क्षण भर को इधर-उधर नहीं हुआ।

अविजित, संगीता का मन चीत्कार करता रहा। ओ अविजित ! काश कि यह तुम्हारा हाथ होता। काश कि मेरे प्यार के इज़हार का इंतज़ार तुमने किया होता। काश···वह जिस्म तुम्हारा क्यों न हुआ जो मेरे लिए इस तरह बिलबिलाकर भी पीछे लौट गया। अविजित ! एक बार, बस एक बार मुझे मौक़ा मिल जाये···तुम्हारी हस्ती अपने हाथों, खाक में मिला दूं !

सुबह जब गनपत बेयरा चाय लेकर आया तो उसने देखा कि साहब के बिस्तर पर उनके बजाय संगीता सोई पड़ी है।

लगता है इन लोगों ने बेडरूम अदल-बदल लिया ; गोकुल दा को ख़बर करनी होगी, बलराज चौकीदार के ज़रिये, उसने सोचा।

गनपत नहीं जानता, गोकुल दा का एक नाम कैलाश राव भी है।

6

"अनित्य ! अनित्य है क्या ?" श्यामा के कमरे से आवाज़ आयी।

"हां, भाभी," कहता अनित्य उधर चल दिया।

रास्ते में शुक्लजी से भेंट हो गयी।

"अरे अनित्य भाई, आइये-आइये," उन्होने ऐसे कहा जैसे घर आये मेहमान का स्वागत करना खास उनका कर्तव्य हो।

"आप अभी तक यहीं हैं ?" अनित्य ने पूछा।

"जी हां।"

"क्यों ?" उसने सीधा प्रश्न किया।

"बस··· हूं। भाई साहब-भाभी की सेवा में बहुत आनंद मिलता है।"

"और आपके बीवी-बच्चे ?"

"ईश्वर मालिक है।"

"अच्छा ! सब मर गये !"

"नहीं-नहीं, भाई अनित्य, ईश्वर की कृपा से सब भले-चंगे हैं।"

"ओह। ईश्वर की कृपा खाना-पीना भी जुटाती है।"

"आप तो भाई मज़ाक करते हैं। महीने में तीन-चार सौ रुपये भेज ही देता

हूं। भाई साहब ने इंश्योरेंस एजेंट का काम दिलवा दिया है।"

"उससे तीन-चार सौ की कमाई हो जाती है ?"

"नहीं, सिर्फ़ उससे नहीं। और भी छोटे-मोटे काम निकल आते हैं···भाई साहब के इतने बिज़नेस कांटेक्ट हैं···लोगों को संदेश वगैरह पहुंचाना हो···यूं ही कई तरह के काम···"

"देखिये शुक्ल जी," अनित्य ने कहा, "आदमी तीन ग़लतियों से छुटकारा पाने के लिए चौथी ग़लती करे, यह ज़िंदगी का रवैया ज़रूर है पर बेहतर होगा कि आप यह जगह छोड़ दें।"

"क्या मतलब, अनित्य भाई, मुझसे क्या ग़लती हुई ?" विनीत स्वर में शुक्लजी ने पूछा।

"पहली ग़लती—आपने शादी की। दूसरी ग़लती—आठ बच्चे पैदा किये। तीसरी ग़लती—उन्हें भगवान के भरोसे छोड़ा और चौथी ग़लती, खुदा के फ़ज़ल से आप करेंगे ज़रूर !"

"अनित्य !" श्यामा ने फिर पुकारा।

"भाभी बुला रही हैं," शुक्लजी ने ऐसे कहा जैसे श्यामा की आवाज़ सिर्फ़ वे सुन सकते हों, "जरा ध्यान रखियेगा, उनकी तबीयत···"

"जी। सुनायी दे रहा है," बात काट कर अनित्य कमरे में घुस गया।

पीछे-पीछे शुक्लजी भी पहुंच गये।

"अनित्य," श्यामा ने उसके दोनों हाथ थामकर कहा, "मेरी ज़िंदगी की सिर्फ़ एक साध बाक़ी थी कि एक बार तुमसे मिल लूं।"

"अरे," अनित्य विमूढ़-सा खड़ा रह गया।

"क्या हो गया भाभी तुम्हें ?" संभलने की कोशिश करते हुए उसने कुछ देर बाद कहा।

"अनित्य। यह घर टूट रहा है। टूट चुका है। छत गिर चुकी, फ़र्श फट कर रहेगा। कोई नहीं बचेगा यहां, कोई नहीं। तुम खुद देख लेना, अनित्य। यहां इतने ज़लज़ले आयेंगे कि टूट कर यह घर गिरेगा नहीं, भाप बनकर उड़ जायेगा। हस्ती मिट जायेगी इसकी !"

"भाभी !"

"यह दे दीजिये," शुक्लजी ने एक गोली आगे बढ़ाते हुए कहा।

"क्या है ?"

"सिडेटिव। मैं कह रहा था न, ध्यान रखियेगा, इनकी तबीयत ठीक नहीं है। आपको देखकर अप्सेट हो गयी हैं इसी से···"

"शट-अप," निहायत शालीनता से अनित्य ने कहा।

"जी ?"

"शट-अप। गोली समेत आप बाहर चले जाइये। शुक्रिया।"

"अनित्य, मेरा एक काम करोगे ?" शुक्लजी के बाहर जाते ही श्यामा ने फुसफुसाकर अनित्य से कहा।

"कहो।"

"सुधांशु को मार दो।"

"क्या !"

"हां, अनित्य। उसका कुछ नहीं बनेगा। इनकी···तुम्हारे भाई साहब की···अविजित की यह सबसे बड़ी हार है, और यह हार मैंने बख़्शी है।" श्यामा की सूखी आंखों में उन्माद था पर आवाज़ में हिस्टीरिया बिल्कुल नहीं।

"भाभी," बहुत स्नेह से अनित्य ने पुकारा।

"सिर्फ़ तुम यह काम कर सकते हो, अनित्य, कोई और नहीं समझेगा।"

"आदमी खुद अपनी ज़िंदगी ज़रूर ले सकता है पर दूसरे की ज़िंदगी···"

"और जिस आदमी की खुदी न हो ?"

अनित्य चुप रहा।

"सुधांशु यह तय नहीं कर सकता कि उसे ज़िंदा रहना चाहिए या मर जाना चाहिए। न अब, न बीस साल बाद।"

"मैं भी तो···" अनित्य कह उठा।

श्यामा ने ठीक से अनित्य का चेहरा निगाहों में फ़ोकस किया। उसकी आंखों का उन्माद पिघला, फिर जम गया।

दोनों हाथों से अनित्य का चेहरा पकड़कर वह उसे अपने चेहरे के क़रीब खींच लायी इस तरह कि उसके ओंठ उसके कान पर ठहर गये।

"कौन उन पर ज़्यादा भारी पड़ता है, सुधांशु या मैं ?" उसने फुसफुसाकर कहा।

अनित्य ने महसूस किया, उसके हाथ और—शायद पूरा बदन—थर-थर कांप रहे हैं।

अपना चेहरा उसके हाथों से छुड़ा कर उसने उसके कंधे कस कर थाम लिये।

"लखनऊ चलोगी !" उसने कहा।

श्यामा हकबकाई-सी उसे देखती रही, क्या कह रहा है अनित्य···

"तुम लखनऊ की सबसे खूबसूरत लड़की मशहूर थीं, याद है ?"

श्यामा के बौखलाए चेहरे पर हल्की-सी मुस्कराहट दौड़ गयी।

"याद है न ?" अनित्य ने छेड़ते हुए कहा।

श्यामा का चेहरा कुछ और खिला।

"ठीक है तब। चलो, कुछ दिन लखनऊ घूम आयें," अनित्य ने कहा।

अनित्य के आने की ख़बर सुनकर अविजित दफ़्तर से टेनिस खेलने नहीं गया, सीधा घर लौट आया। प्रभा घर पर थी ही, राइफ़ल क्लब बंद था। शुभा एक दिन के लिए रिहर्सल छोड़ने को तैयार हो गयी। अनित्य का सहारा लेकर श्यामा बैठक में चली आयी। खोखी सबके लिए चाय ले आयी और आज महीनों बाद सब इकट्ठा बैठकर चाय पीने लगे।

अनित्य ने लखनऊ का ज़िक्र छेड़ दिया।

"तुम्हें दयाल याद है भाभी ? वही जिसने स्कूल की ग्रुप फ़ोटो में से तुम्हारी फ़ोटो निकलवा कर बड़ी करवा ली थी और तुम्हारी सगाई के बाद भाई साहब को यह लिखकर भेज दी थी कि, मेरे खूने-जिगर की तोहमत आपके सिर है।"

श्यामा खिलखिलाकर हंस दी।

"हां," उसने कहा और चहक कर अविजित से बोली, "तुम्हें याद है ?"

बहुत दिनों बाद अविजित के चेहरे पर वह मोहक मुस्कराहट खिल उठी जिसे उसके साथी 'वशीकरण मंत्र' कहकर पुकारा करते थे।

"हां, याद है," उसने कहा, "मैंने सोचा था, चलो इस बहाने फ़ोटो तो हाथ लगी वरना तुम्हारे वालिद जज साहब से मांगने की हिम्मत तो हमारी कभी होती नहीं।"

"मैंने फ़ौरन भाई साहब की तरफ़ से शुक्रिया अदा करते हुए उसे ख़त डाल दिया था कि और जो हो हम इस बात की दाद देते हैं कि आपके खूने-जिगर का सबब है लाजवाब," अनित्य बोला।

"क्या ?" अविजित ने कहा, "यह तो तुमने मुझसे पहले कभी कहा नहीं।"

"कहना क्या था, यह तो मेरा फ़र्ज था," अनित्य ने इस अदा के साथ कहा कि सब लोग ठठाकर हंस दिये।

"एक कोई रस्तौगी भी तो हुआ करता था ?" शुभा ने कहा।

"हां···बेचारा···" अनित्य ने ठंडी सांस भर कर कहा।

"क्यों, क्या हुआ उन्हें ?"

"खुदकुशी कर ली।"

"नहीं तो," श्यामा ने टोका, "क्या बेसिर-पैर की उड़ा रहे हो। अभी पिछले साल तो तुमसे मिलने आया था।"

"मैंने कहा खुदकुशी कर ली, यह नहीं कि मर गया।"

"क्या मतलब ?"

"शेर कहने शुरू कर दिये। इस क़दर घटिया अशआर कहता था कि मैंने कई बार कहा, भई इससे तो बेहतर है तू गले में फंदा डाल कर लटक जा, तेरी रूह भी निजात पाये और हमारी भी।"

एक बार फिर कमरे में ठहाका गूंजा।

"और सुनाइए चाचाजी," खोखी ने कहा, "और कौन-कौन थे ?"

"चुप !" श्यामा ने हंसते हुए घुड़का, "यह क्या शुरू कर दिया अनित्य।"

"एक था करीमबख्श···" अनित्य ने कहा।

"चुप !" श्यामा ने टोका।

"मुहर्रम की औलाद। हर चीज़ का स्याह पहलू देखा करता था पर इन्हें देखा तो···" अविजित ने कहा।

"चुप रहो न," श्यामा ने फिर बाधा दी।

"बारात में आया तो ओढ़नी-घूंघट में लिपटी दुलहिन के सिर्फ़ पांव देख पाया। दिल पर हाथ रख कर बोला, 'यार, नूरजहां के पांव ऐसे ही रहे होंगे।' मैंने क़हा, और तू ज़रूर पापोश होगा," अनित्य बोला।

"क्या बच्चों के सामने···" श्यामा ने नाराज़ होने का नाटक किया पर बीच ही में हंसी खनक उठी। चेहरे के मोतिया रंग पर निखार आया। गालों पर गुलाबी मस्ती छलक उठी। कमान की तरह खिंचे ओंठ फिर-फिर हंसी से थिरकते रहे।

कमरे में बैठे सभी प्राणियों ने रश्क के साथ सोचा, कोई इतना खूबसूरत भी हो सकता है।

"पता नहीं हममें से कोई ममी की तरह खूबसूरत क्यों नहीं हुआ," शुभा ने ललक के साथ कहा।

"तू अपनी बात कर !" फ़ौरन प्रभा ने टोका।

"क्यों," खोखी ने मासूमियत से कहा, "प्रभा से तो शुभा सुंदर है।"

प्रभा ज़ोर से हंस दी। बाक़ी लोग भी।

"चल इसी बात पर मिर्च के पकौड़े तलवा दे," अविजित ने हंसते-हंसते खोखी की पीठ पर प्यार भरा धौल जमा कर कहा।

खोखी बाहर निकली ही थी कि हाथ में अटैची लिये शुक्लजी ने कमरे में प्रवेश किया।

"आज्ञा लेने आया हूं, भाई साहब," विनीत स्वर में उन्होंने कहा।

"किस बात की ?" अचरज से अविजित ने पूछा।

"इतने दिन आपने आश्रय दिया, आभारी हूं। अब विदा लूंगा।"

"यह क्या मज़ाक है।"

शुक्लजी ने आगे बढ़कर अविजित के पैर छुए।

"मज़ाक नहीं, भाई साहब, सच है। अनित्य भाई का कहना ठीक है, मुझे बहुत पहले चले जाना चाहिए था। इस मोह-माया के जाल में···" उनका गला रुंध गया, "कभी किसी सेवा के लायक़ समझें तो याद कीजियेगा।"

"यह सब क्या है, अनित्य ?" अविजित ने पूछा।

"बात एकदम साफ़ है, भाई साहब। शुक्लजी को अपना घर-परिवार याद आ

रहा है। वे जाना चाहते हैं।"

"नहीं-नहीं," श्यामा ने त्रस्त भाव से कहा, "आप ऐसे चले जायेंगे तो⋯"

अविजित का चेहरा बदल गया। स्निग्ध मुस्कराहट ग़ायब हो गयी। आंखों में चालाकी उभर आयी।

"देख लो⋯जाना ही है तो दूसरी बात है वरना मैंने सिंघानियाजी से बात चलायी है⋯इस वक़्त दिल्ली छोड़कर चले जाओगे तो बाद में नौकरी मिलना⋯नामुमकिन नहीं तो मुश्किल ज़रूर होगा," उसने नपे-तुले शब्दों में कहा।

"आपकी कृपा है भाई साहब, पर मैं नहीं चाहता आप पर बोझ बनूं। सांसारिक चीज़ों पर आप जानते ही हैं, मेरा मोह नहीं है," भाव-विह्वल कंठ से शुक्लजी ने उच्चारित किया,

"त्रिविधं नरकस्येदं द्वारं नाशनमात्मनः।
"कामः क्रोधस्तथा लोभस्तस्मादेतत्त्रयं त्यजेत।।"

"काम और क्रोध का त्याग कर देने से नरक का द्वार संकरा ज़रूर हो जायेगा, शुक्लजी," प्रभा ने कहा, "पर आप दुबले-पतले आदमी हैं, सिर्फ़ लोभ के सहारे ही भीतर पहुंच जायेंगे।"

अविजित कांप उठा।

"प्रभा !" श्यामा ने फटकारा।

प्रभा उठी और कमरे से बाहर चली गयी।

"बच्चे भी मेरा⋯" शुक्लजी उसी विह्वल कंठ में कहते गये।

"नहीं-नहीं, शुक्ल जी," श्यामा ने कहा, "वह तो है ही बदतमीज़। हम लोग तो आपको घर के आदमी से भी बढ़ कर मानते हैं।"

अविजित के माथे की शिकन और गहरी हुई।

"नौकरी करनी न हो तो मुझे अभी बतला दो," उसने कहा, "ख़ामख़्वाह मैं कोशिश करता फिरूं।"

शुभा ने चाय की केतली उठाकर बची पड़ी ठंडी चाय प्याले में डाली और सिर झुका कर जल्दी-जल्दी घूंट भरने लगी, जैसे ऐसा करने से उसे आस-पास का सुनायी देना बंद हो जायेगा।

"मेरे लिए आपका हुक्म ही सब कुछ है," शुक्लजी ने कहा।

उनकी दृष्टि अनित्य की तरफ़ घूम गयी।

"ठीक है," अनित्य ने कहा, "आप जीत गये। अटैची भीतर रख आइये।"

उसकी बात पूरी नहीं हुई। सुधांशु की चीख़ों ने आख़िरी शब्दों को सोख लिया।

"उल-ई ! उल-ई !" चीख़ता सुधांशु कमरे के दरवाज़े पर दिखलायी दिया और

ज़मीन पर पैर घसीटता हुआ शुक्लजी की तरफ़ बढ़ा।

"यह पैर उठाकर क्यों नहीं चलता ?" अविजित ने कहा।

सुधांशु के पीछे-पीछे खोखी अंदर आयी। दौड़कर उसने सुधांशु को पकड़ा और शुक्लजी के पास पहुंचा दिया।

शुक्लजी ने हाथ का अटैची नीचे नहीं रखा और न दूसरा हाथ बढ़ाकर सुधांशु को थामा।

सुधांशु फ़र्श पर लोट गया।

"उल-ई ! उल-ई !" चीख़ता वह चकरघिन्नी खाकर शुक्लजी के पैरों के पास आ गिरा।

झपट कर अविजित कुर्सी से उठ खड़ा हुआ।

"क्या उलई !" वह ज़ोर से चिल्लाया।

श्यामा ने अनित्य का हाथ अपनी मुट्ठी में कस लिया।

शुभा के हाथ से प्याला फिसल गया और चाय छलक कर कालीन पर फैल गयी।

"कर क्या रही हो तुम !" अविजित दहाड़ा।

डर कर सुधांशु शुक्लजी के पैरों के बीच दुबक गया।

अनित्य ने उठने की कोशिश की पर श्यामा की मुट्ठी मुर्दा हाथ की तरह उसके हाथ पर जकड़ी हुई थी। वह हाथ छुड़ा नहीं पाया।

"ताय-ताय-ताय !" सुधांशु ने कहा।

"चाय ! चाय मांग रहा है, चाय !" उसकी बात समझ लेने की खुशी में खोखी किलक उठी।

"तो दे दो चाय !" अविजित उसी पर बरस पड़ा।

घबराकर खोखी बाहर जाने लगी तो वह फिर चीख़ा, "उसे साथ लेकर जाओ।"

खोखी ने खींच कर उसे शुक्लजी के पैरों के पास से निकालने की कोशिश की पर सुधांशु टस मे मस नहीं हुआ। खोखी ने पूरा ज़ोर लगा कर उसे घसीटा तो थूक से भरा मुंह आगे बढ़ा कर उसने उसके हाथ पर दांत गड़ा दिये ! खून और थूक से उसका हाथ सन गया ! खोखी चीख़ मार कर अलग छिटक गयी और ज़ोर से रो पड़ी।

यंत्रचालित अविजित आगे बढ़ा और सड़ाक से एक तमाचा सुधांशु के गाल पर जड़ दिया।

सुधांशु चीख़ा नहीं। उसकी आंख से आंसू नहीं गिरा। बस, वह अपने में और सिमट गया और खुल आये मुंह से थूक के लेवड़े गिरने लगे।

अनित्य का हाथ श्यामा की मुट्ठी की जकड़न से छूट गया।

शुभा इतनी ज़ोर से चीख़ी कि खोखी का रोना थम गया।

अनित्य उठकर शुक्लजी के पास आ गया। उसके हाथ से अटैची लेकर धीमी पर दृढ़ आवाज़ में कहा, "उसे उठाइये !"

शुक्लजी ने सुधांशु को उठा लिया।

"जाइये," अनित्य ने कहा।

शुक्लजी सुधांशु को गोद में लिये भीतर चले गये।

अनित्य वापिस पलटा ही था कि खोखी की ज़ोरदार चीख़ सुनायी दी, "ममी बेहोश हो गयीं !"

अनित्य श्यामा के पास न जाकर अविजित के पास चला आया।

शर्म से गड़ा अविजित, बेसहारा हाथ रोबो की तरह हवा में ताने, अपनी जगह स्तब्ध खड़ा था।

"वह ठीक है," अनित्य ने कहा, "एकाध थप्पड़ मारने से कुछ नहीं बिगड़ता।"

अविजित के भीतर आंसुओं का सैलाब उमड़ आया।

एक बार उसकी नज़र अनित्य से मिली और वह तेज़ी से कमरे से बाहर भाग गया।

"शुभा !" हाथ में चिट्ठी पकड़कर अविजित ने ज़ोर से आवाज़ लगायी।

"जी। ?" शुभा बरामदे में चली आयी।

"कैलाश राव कौन है ?" अविजित ने सवाल दागा।

"कैलाश राव ? कैलाश···राव···? जी, पता नहीं।"

"यूनिवर्सिटी में पढ़ता है ?"

"मालूम नहीं।"

"तुम उसे नहीं जानतीं ?'

"जी नहीं।"

"यह कैसे मुमकिन है। प्रभा ने तुमसे उसका ज़िक्र नहीं किया ?"

"नहीं तो। क्या हुआ ?"

"प्रभा ने उससे शादी कर ली।"

"शादी ! प्रभा ने ?" कैलाश राव से !

"हां। यह लो उसकी चिट्ठी।"

अविजित ने चिट्ठी उसके पास फेंक दी। तब देखा प्याले में उंडेली चाय बिल्कुल ठंडी हो चुकी है। दो घूंट पीकर सिगरेट जलायी ही थी कि ऐश-ट्रे के

नीचे रखे ख़त पर नज़र पड़ गयी। फिर···

एक सांस में शुभा पूरी चिट्ठी प़ढ़ गयी।

पूज्य पिताजी,

मैंने कैलाश राव से शादी कर ली है। हम दिल्ली छोड़ कर जा रहे हैं। उनके मां-बाप को शादी से ऐतराज़ था इसलिए अचानक यह क़दम उठाना पड़ा। क्षमा। पर आप नाराज़ नहीं होंगे। मैंने आपकी ज़िम्मेवारी खुद निभा दी। कैलाश राव हर दृष्टि से योग्य वर हैं।

आपकी बेटी, प्रभा।

शुभा ने देखा, लिफ़ाफ़े पर डाक की मुहर नहीं है।

"अब बतलाओ, कैलाश राव कौन है ? " अविजित ने फिर सवाल किया।

"मैं कुछ नहीं जानती, पिताजी। सच मानिये, मुझे तो यह चिट्ठी एक मज़ाक लग रही है।"

"क्यों ?"

"वह तो···"

बिमल दत्त से प्यार करती है, शुभा ने कह ही दिया होता अगर आख़िरी क्षण ज़बान काट कर शब्द भीतर न घोंट लिये होते। बिमल दत्त का नाम ऐसा नहीं है जो यूंही ज़बान से फिसल जाने दिया जाये।

"तुमसे कुछ कहा था उसने !" अधीर होकर अविजित ने पूछा।

"नहीं," शुभा ने संभल कर कहा।

"फिर तुम कैसे कह सकती हो, प्रभा कैलाश राव से···प्रभा ग़लत क्यों लिखेगी? कल शाम छह बजे उसका फ़ोन आया था—रात को घर नहीं आयेगी, तोषी के घर सोयेगी। असल में वह कैलाश राव के साथ···मेरी समझ में नहीं आता हमसे कहने में उसे डर क्या था ? हमसे कहती, हम धूमधाम से उसकी शादी करते। कैलाश के मां-बाप को ऐतराज़ है तो क्या हुआ। अब भी क्या बिगड़ा है···शादी कर ली तो कर ली।"

शुभा ने अचरज के साथ अविजित को देखा। ये तो दिलोजान से चाहते हैं कि प्रभा ने कैलाश राव से शादी कर ली हो। तो क्या इन्हें भी वही डर है ? घर प्रभा को छोड़ना ही था। शादी के लिए नहीं छोड़ा तो···नहीं, दूसरा विकल्प बहुत भयानक है।

···काजल बनर्जी दिल्ली छोड़कर चली गयी हैं। बिमल दत्त का पता ठिकाना कोई जानता नहीं। अब प्रभा चली गयी अजनबी कैलाश राव के साथ। क्या बात हो सकती है ? नहीं, जानने की कोशिश मत करो। अनजान, एकदम अनजान बने रहो। इसी में सबकी सुरक्षा है। ख़त में जो लिखा है वही सच है, उसके सिवाय

सच और कुछ नहीं है।

···जी···जी हां···प्रभा और कैलाश राव का प्यार चल रहा था···जी हां, मैं पहले से जानती थी···जी नहीं, मुझे उसने उनसे कभी नहीं मिलवाया···क्यों नहीं मिलवाया ? कमाल है, जनाब छोटी बहनों को भावी वर से मिलवाने का क़ायदा कहां देखा आपने ? क़ानूनन साली बन जाओ तब बात दूसरी है···घर पर बतलाये बिना शादी क्यों की ? कर ली···प्रभा, आप जानते तो हैं, आज़ाद ख़याल लड़की है···दहेज वगैरह के सख्त खिलाफ़···अजी, बड़ी शैतान लड़की है प्रभा, लोगों को चौंकाने में बड़ा मज़ा आता है उसे···इसी को लीजिये, ख़त पहले दिन ही लिख कर बरामदे में चाय की मेज पर पड़े ऐश-ट्रे के नीचे दबा गयी। जानती थी, सुबह चाय के साथ पिताजी सिगरेट पियेंगे और नज़र सीधी ख़त पर पड़ेगी। अभी देखिये, दो-चार दिन में कैलाश को साथ लिये अचानक घर पर आ धमकेगी और सबको चौंका देगी···नहीं, दो-चार दिन ग़लत निकल गया मेरे मुंह से···आयेगी महीना बाद, हनीमून मना कर···उससे पहले मेरे नाम ख़त ज़रूर आयेगा, खूब लंबा, ख़बरों से भरा···

शुभा अपने संवादों का अभ्यास कर रही है। आवाज़ नहीं निकल रही पर चेहरे पर भाव आ जा रहे हैं। अविजित उसे घूर रहा है।

"राइफ़ल क्लब !" सहसा अविजित ने कहा, "ज़रूर वह कैलाश राव से क्लब में मिली होगी। मैं सोचता था शाम को वह काजल के पास जाती है पर···" सहसा अविजित मुक्त कंठ से हंस पड़ा, "वह कैलाश था," उसने कहा, "वह कैलाश के साथ होती थी !"

"पर," शुभा ने टोका, "तीन-चार महीनों से तो वह घर पर ही रहती···"

"इम्तिहान थे न।"

"इम्तिहान निबटे तो ढाई महीने हो गये। पिछले महीने नतीजा भी निकल चुका···"

प्रभा की थर्ड डिवीज़न आयी थी। भारतीय इतिहास के ब्रिटिश युग में फ़ेल हो गयी थी।

"यह कैसे हुआ ?" चकित अविजित ने पूछा था।

प्रभा और थर्ड डिवीज़न ! शुभा रो ही दी थी।

पर खुद प्रभा ठठाकर हंस पड़ी थी।

"ब्रिटिश इंडिया में फ़ेल यानी वास्तविक इतिहास की जानकारी में शत-प्रतिशत अंकों से पास।"

शुभा को सब अच्छी तरह याद है, अविजित, लगता है, भूल गया, या···

"कैलाश दिल्ली में नहीं होगा, कहीं बाहर गया होगा, इसी से घर पर रहती होगी और···अब समझ में आया रिज़ल्ट क्यों बिगड़ गया" अविजित ने इतने में

एक हल और ढूंढ़ लिया।

शुभा का ध्यान उस तरफ़ नहीं था···

परसों···अनित्य आया था···हमेशा की तरह, अचानक।

"पढ़ाई का ख़ात्मा मुबारक," प्रभा से कहा था, "अब क्या इरादा है ?"

"हाथ मिलाइये चाचाजी," प्रभा ने गंभीर होकर कहा था, "मैं शुरुआत के लिए तैयार हूं। कहिये—विश यू द बेस्ट ऑफ लक।"

अनित्य ने हाथ मिलाया था, कहा था, "विश यू द बेस्ट ऑफ योरसेल्फ़।"

कैलाश का नाम तो उस दिन भी नहीं लिया था उसने।

फिर···

"अनित्य, प्रभा ने शादी कर ली !" अविजित की आवाज़ सुनकर शुभा चौंकी।

देखा, अनित्य घर में घुसा है।

"मालूम है," उसने कहा।

"मालूम है ? तुम···तुम थे वहां।"

"नहीं !"

"फिर···तुमसे कहा था कुछ उसने ?"

"हां।"

"कब ?"

"कल रात···सड़क पर हवाख़ोरी करते मिले थे दोनों।"

"तुम्हें मिले थे ? कैसा लड़का है कैलाश ?"

"लड़का ? आदमी है।"

"उम्र ज़्यादा है ?"

"नहीं, उम्र तो कम है।"

"तुम उन्हें साथ लेकर घर क्यों नहीं आ गये ?" अविजित ने कुछ नाराज़गी के साथ कहा।

"वे मेरे साथ नहीं थे।"

"उन्होंने तुम्हें बतलाया, कहां जा रहे हैं ?"

"नहीं।"

"तुमने पूछा ही नहीं होगा।"

"जी।"

"अजीब आदमी हो। अनित्य, तुम समझते क्यों नहीं, हमें प्रभा की शादी की ख़ुशी है, दुख नहीं।"

"समझता हूं, भाई साहब, और इसीलिए कहता हूं, ज़्यादा जानने की कोशिश मत कीजिये। जितनी देर हो सके ख़ुश रहिये क्योंकि···"

पास रखे फ़ोन की घंटी ज़ोर से घनघना उठी।

अविजित उसकी तरफ़ लपका।

"अनित्य !" श्यामा के कमरे से आवाज़ आयी।

अनित्य उधर चल दिया।

"हलो," अविजित ने फ़ोन पर कहा।

"अविजित !" दूसरी तरफ़ से आवाज़ आयी।

अविजित ? यह कौन है जो उसे सिर्फ़ अविजित कहकर पुकार रही है।

काजल ? पर वह तो दिल्ली से चली गयी।

रंजना ? काश, रंजना···पर रंजना ने तो आज तक कभी उसे फ़ोन नहीं किया। न अविजित कहकर पुकरा···नहीं, यह रंजना नहीं है।

"अविजित !" आवाज़ फिर गूंजी।

दहशत पैदा करने वाली खूबसूरत आवाज़ है। सिर्फ़ एक आवाज़ है जिसका सोज़ खौफ़नाक से खौफ़नाक मौक़े पर भी बरक़रार रहता है···एक आवाज़ जिसकी लय खुद खौफ़ पैदा करती है।

पर उसने तो कभी उसे सिर्फ़ अविजित कहकर नहीं पुकारा···

"हां, अविजित बंसल बोल रहा हूं," उसने कहा।

"पहचाना नहीं, अविजित ?"

"कौन···कौन है ?"

"पहचानने से डर रहे हो ?"

"संगीता !" अविजित का स्वर वाक़ई थर्रा गया।

"हां, संगीता !"

यह कैसी आवाज़ है। जैसे बम फटा हो। आश्चर्य कि फ़ोन के टुकड़े-टुकड़े नहीं हो गये।

"कैसी हो ?" अविजित के मुंह से निकला और खुद उसके कानों में खटक गया।

"अविजित," संगीता ने कहा, "मैंने अपने पति का खून कर दिया।"

"क्या ? क्या !"

"हां, अविजित। मैंने सुरेश को गोली मार दी।"

"संगीता ! होश में तो हो ?"

"बिल्कुल होश में हूं।"

"मुझसे क्या चाहती हो ?" अविजित के मुंह से निकला।

संगीता अट्टहास कर उठी।

अविजित को लगा, बदन के कपड़े ही नहीं, खाल तक नुचकर अलग हो गयी

है। नंगा कंकाल फ़ोन पकड़े खड़ा है।

"क्यों," संगीता ने कहा, "पुलिस को नहीं बुलाओगें ?"

"मैं···मैं···क्यों···?"

"घबराओ मत। पुलिस को मैंने खुद इत्तिला कर दी है। उनके आने से पहले तुमसे मिलना चाहती हूं।"

"मुझसे ? क्यों ?"

"क्यों ?" संगीता फिर हंस पड़ी, "तुम वकील हो, मेरा केस नहीं लड़ोगे ?"

"मैं···वकालत नहीं करता," अविजित कैसे बच्चों जैसे जवाब देता चला जा रहा है।

"डिग्री तो है। कर लो न एक बार मेरी खातिर। कितना दिलचस्प केस है। मैं कहूंगी मैंने सुरेश मंडालिया को मारा है। तुम कहोगे, नहीं, इसने नहीं मारा। देखें कौन जीतता है।"

"यह क्या भद्दा मज़ाक है। सच-सच कहो, हुआ क्या है ?"

"वही जो मैंने कहा। पुलिस के आने से पहले तुम यहां आ जाओ। मैं तुम्हें अपना वकील चुन लूंगी। वे लोग सिर्फ़ किसी वकील को ही मुझसे मिलने की इजाज़त देंगे। इस तरह मैं आख़िरी दिनों तक तुमसे मिल सकूंगी।"

कंकाल की हड्डियां चटख गयीं। अविजित को फ़ांसी के फंदे पर झूलती अपनी देह नज़र आने लगी।

"यह सब क्या है ? साफ़-साफ़ बतलाओ····"

"आना तो तुम्हें पड़ेगा, अविजित !" कहकर संगीता ने फ़ोन काट दिया।

अविजित पसीना-पसीना हो गया। क्या वाक़ई संगीता ने उस आदमी का खून कर दिया ? कर दिया होगा। संगीता जैसी लड़की कुछ भी कर सकती है। पर···मुझे किसलिए बुला रही है ? कहीं खून मेरे सिर···हो सकती है, यह मुझे फंसाने की साजिश हो सकती है।

अविजित ने देखा···

अदालत के कठघरे में खड़ी संगीता कह रही है—अविजित बंसल से मेरे अवैध संबंध थे। उस रात अविजित मेरे कमरे में था। सुरेश अचानक घर लौट आया। सामना होने पर अविजित ने उसका खून कर दिया···

"अनित्य !" वह पुकार उठा।

"भाभी, मुबारक हो," श्यामा के कमरे में पहुंच कर अनित्य ने कहा।

"क्या ?" श्यामा ने अचरज से पूछा।

"प्रभा की शादी हो गयी।"

"क्या ! क्या कह रहे हो ?"

"हां। नाम है कैलाश राव ! बढ़िया आदमी है।"

"प्रभा ने शादी कर ली ! हमें बिना बतलाये ! तुम्हारे भाई साहब कहां हैं ? मेरा दिल⋯"

"तुम्हारा दिल दुरुस्त है भाभी। भाई साहब को बुलाने का फ़ायदा नहीं है। वे इसमें कुछ नहीं कर सकते। ज़रूरत भी नहीं है। लड़की बालिग़ है। अपनी खुशी से शादी की है। खुशी की बात है। खुशी मनाओ। जहां तक तुम्हारे दिल का सवाल है, इससे कहीं बड़ा सदमा⋯"

अनित्य की बात पूरी नहीं हुई।

पागलों की तरह अविजित कमरे में घुस आया और चीख़ पड़ा, "अनित्य ! संगीता ने अपने पति का खून कर दिया।"

"क्या !" श्यामा कूद कर बिस्तर से उठ खड़ी हुई, "पागल तो नहीं हो गये," उसने कहा।

"उसने खुद मुझसे कहा है, अभी⋯फ़ोन पर।"

"नामुमकिन !"

"उसने खुद कहा है।"

"संगीता ऐसा नहीं कर सकती।"

"संगीता कुछ भी कर सकती है।"

"हां। पर सुरेश को नहीं मार सकती। जो आदमी⋯" उसने दहशत के साथ अविजित को देखा, "जो इंसान तुमसे इतना प्यार करता हो⋯नहीं हो सकता।" श्यामा रो दी।

"उसने मुझे बुलाया है। तुम मेरे साथ चलो।"

"मैं⋯"

"शायद तुम सच का पता लगा सको।"

"सच क्या है, मैं जानती हूं—संगीता ने उन्हें नहीं मारा।"

"और वह कहती है⋯"

"वह कहती है तो सच करके दिखलाएगी।"

अविजित का शरीर सुन्न पड़ गया।

"हर आदमी अपने तरीके से खुदकुशी करता है, भाई साहब," अनित्य ने कहा, "आइये, चलें।"

"नहीं।"

"नहीं ?"

"मुझे डर है कहीं इस सब में वह मुझे न लपेट ले," अविजित ने कहा।

"आप जायेंगे नहीं ?" अनित्य ने कोमल स्वर में पूछा।

"मेरा इस सबसे क्या ताल्लुक़ है। मैं वहां क्यों जाऊं ?" अविजित ने कहा।

क्षण-भर अनित्य चुप रहा, फिर धीमे से बोला, "आपका अपना तरीक़ा कम कारगर तो नहीं।"

वह अकेला घर से निकल गया।

श्यामा अविजित के पास आकर उससे सट कर खड़ी हो गयी।

मुश्किल से वह उसके कंधों तक पहुंचती है पर आज उसे लग रहा है, अविजित क़द में उसके बराबर है।

"हो आते तो अच्छा था," उसने फुसफुसाकर कहा।

"तुम वाक़ई यह सोचती हो ?" अविजित ने भी फुसफुसाकर पूछा।

"एक बार मिल लो तो शायद वह तुम्हारा नाम कीचड़ में न घसीटे।"

"तो···हो आऊं ?"

"हां।"

"अच्छा···तुम नहीं चलोगी ?"

"एक बार तुम अकेले मिल लो, फिर मैं चलूंगी···बाद में···।"

श्यामा को डर है कि एक बार वह संगीता से मिल ली तो कहीं अविजित का क़द इतना छोटा न हो जाये कि उसके बराबर खड़े होने में संकोच होने लगे···

"तो···मैं चलूं···" अविजित फुसफुसाया।

"भाई साहब !" तभी शुक्लजी ने दरवाज़े से पुकारा।

चौंककर अविजित और श्यामा अलग हो गये।

आज अपने ही घर में वे लोग फुसफुसा रहे हैं, कल क्या पता इस लायक़ भी न रहें।

"क्या है ?" अविजित ने घबराहट से सने स्वर में पूछा।

"कलकत्ते से सिंघानियाजी का फ़ोन है।"

अविजित ने दयनीय नज़र से श्यामा की तरफ़ देखा।

"आपने उनसे कह दिया क्या कि ये घर पर हैं ?" श्यामा ने शुक्लजी से पूछा।

"जी हां। ग़लती हो गयी क्या ?"

"नहीं-नहीं, ठीक है," श्यामा ने कहा।

"बात कर लूं···" अविजित बोला।

"आ रहे हैं," श्यामा ने शुक्लजी से कह दिया।

शुक्लजी लौट गये।

"या पहले वहां जाऊं···"अविजित की आवाज़ फिर फुसफुसाहट में बदल गयी।

"सिंघानियाजी फ़ोन पर हैं," श्यामा ने याद दिलाया।

"हां···बात कर लूं···करनी ही पड़ेगी···फिर जाऊंगा····"

अविजित फ़ोन पर चला गया।

सड़क के मुहाने पर पहुंच कर अनित्य ने स्कूटर छोड़ दिया। रात ठीक इसी जगह से उसने प्रभा और कैलाश को सामने से आते देखा था···उन्होंने उसे बाद में देखा···एक बार अंधेरी सड़कों की आदत पड़ जाये तो नज़र बिल्ली की तरह तेज़ हो जाती है।

उसने देखा सतर्क धीमी चाल से चला आ रहा जोड़ा उसे देखकर और धीमा पड़ गया है। मर्द ने औरत के कंधे को बांह से घेर लिया है। औरत ने उसके कंधे पर सिर रख दिया है। सुस्त रोमानी अदा से वे लोग आगे बढ़ रहे हैं और उसे देखने का नाटक करते हुए चौंक उठे हैं।

"चाचाजी," प्रभा ने कहा है, "आप हैं !"

"हां।"

"मैंने कैलाश से शादी कर ली। ये कैलाश है," प्रभा ने कहा है।

"मैं अनित्य हूं।"

"मैं पिताजी के नाम ख़त छोड़ आयी हूं," प्रभा ने रुक कर कहा है।

"अच्छा····"

"तो हम चलें····" प्रभा ने कहा और तभी पास कहीं ज़ोरदार धमाका हुआ।

अनित्य को लगा गोली चली है।

कैलाश और प्रभा चौंके नहीं, बस सावधान हो गये, कैलाश का हाथ पैंट की जेब पर चला गया।

"लगता है किसी मोटर गाड़ी का इंजन बैकफ़ायर कर रहा है," उसने कहा।

उसकी आवाज़ एकदम लापरवाह थी—जैसी होनी चाहिए थी, ठीक वैसी।

सड़क पर कुछ दूर अनित्य को एक जीप नज़र आयी। हां, धमाका उसी के पास हुआ था। फिर भी···

धमाके की गूंज ख़त्म हुई थी कि सुनसान रात को चीरती हुई एक थर्राती चीख़ उभरी और उनके सिरों पर से गुज़र गयी। अनित्य को झुरझुरी आ गयी।

एक औरत की चीख़।

प्रभा ज़ोर से चीख़ उठी !

क्षण-भर को कैलाश चौंक उठा।

"क्या है ?" उसने कहा।

"बिच्छू !" प्रभा फिर चीख़ी और कपड़े झाड़ने लगी।

कैलाश संभल गया।

"नानसेंस !" उसने प्यार से लताड़ा और वह भी उसके कपड़े झाड़ने लगा।

"सॉरी," प्रभा हंस दी, "बिच्छू नहीं, झींगुर था।"

"पगली," लाड़ से कैलाश ने कहा।

पर आंखें उसकी सतर्क रहीं। एक हाथ जेब पर बना रहा।

रात के अंधेरे में डूबी स्याह सड़क पर सन्नाटा छा गया।

कौन चीख़ा था ? प्रभा चीख़ से चीख़ मिलाकर चीख़ी थी। पहले कौन चीख़ा था ? कोई औरत। कौन ?

सन्नाटे को झिंझोड़ती हुई एक जीप फर्राटे से पास से निकल गयी।

अनित्य को लगा उनके पास आने पर, उसकी बत्ती एक बार बुझ कर फिर जल उठी है।

कैलाश और प्रभा में बारीक पर गहरा फ़र्क महसूस हुआ। किसी घने टेंशन से राहत पाकर दोनों के बदन जैसे एक तरफ़ को ढुलक आये। वे एक-दूसरे से अलग, अकेले, आराम से खड़े थे। ढीले, पर लापरवाह नहीं।

"तो हम चलें..." प्रभा ने फिर कहा और दोनों मुहाने से परे संकरी गली में घुस गये। जिधर से जीप न आयी थी, न गयी थी।

अनित्य ने देखा, उनकी चाल अब भी धीमी और लापरवाह है जैसी हवाखोरी पर निकले प्रेमियों की होनी चाहिए।

पर यह ओढ़ी हुई सुस्ती...सब कुछ वैसा ही था जैसा होना चाहिए... वही शायद खटक रहा था...सब के साथ कुछ अलग...प्रेमियों की नज़रें इतनी सतर्क तो नहीं होतीं !

अंधेरे में देखने की आदी बिल्लियों और आवारा घुमक्कड़ों की बात और है। पर प्रेमी ? जिन्हें रोशनी में दुनिया नहीं दीखती, वे भला अंधेरे में...

बिल्लियों की तरह देखने की सिफ़त सिर्फ़ खानाबदोशों में नहीं होती, चोर और क्रांतिकारी भी...

क्रांतिकारी, उन्नीस सौ बयालीस में काफ़ी देखे थे और चोरों से तो ख़ैर उसका साबक़ा पड़ता ही रहा है...अंधेरी सड़कों की तरह।

अनित्य चुपचाप उधर बढ़ गया था जिधर से पहले धमाका और फिर चीख़ गूंजी थी।

एक कोठी छोड़कर दूसरी कोठी के दरवाज़े पर आते ही उसने घर पहचान लिया था। संगीता की शादी अपने नहीं, पति के घर से हुई थी। अपना घर तो उसका कोई था नहीं...

यह दिल्ली के मशहूर रईस सुरेश मंडालिया की कोठी है।

अंदर-बाहर मौत का-सा सन्नाटा था। लोहे के ऊंचे फाटक के बाहर बैठा

चौकीदार अपने खोल की दीवार का सहारा लिये ऊंघ रहा था।

कुछ देर अनित्य चुपचाप खड़ा रहा था। रात के श्मशानी सुकून को तोड़ने में झिझक महसूस हो रही थी। पर पांच मिनट पहले के शोर-शराबे को याद करके उसने सोये चौकीदार को कंधे से पकड़ कर हिला ही दिया।

आंखें खोल कर उसने अनित्य को देखा और डपटकर कहा, "कौन हो तुम !"

"अभी यहां कोई चीख़ा था।"

"यहां कौन चीख़ेगा—हमारे रहते।"

"कोठी के भीतर कोई चीख़ा था।"

"कौन ?"

"कोई औरत।"

"कोठी के भीतर की चीख़ों से हमारा सरोकार नहीं है, समझे ! और जहां तक औरतों का सवाल है······" चौकीदार खी-खी कर हंस दिया, "चलो, आगे बढ़ो," उसने कहा।

अनित्य आगे बढ़ गया था।

अब सुबह के वक़्त सुरेश मंडालिया की कोठी रात के मुक़ाबले छोटी लग रही है। अंदर-बाहर तेरहवीं की-सी चहल-पहल है। बंद फाटक पर वही रात वाला चौकीदार खड़ा है—मुस्तैद और चौकस। साथ में दो पुलिस के सिपाही हैं।

"कौन हो तुम ? अंदर जाना मना है।," उसे देखते ही तीनों एक साथ गरजे।

"मैं डॉक्टर संगीता का वकील हूं।" अनित्य ने कहा।

"वकील हो तो अदालत में जाओ।" एक सिपाही ने कहा।

"यहां किसी को अंदर जाने की इजाज़त नहीं है।" दूसरे ने कहा।

तीनों बंद फाटक की दूसरी तरफ़ लोहे की नुकीली बाड़ की तरह पंक्तिवार खड़े हो गये।

अनित्य बाहर रह गया।

तभी एक पुलिस महिला और ए. एस. पी. के बीच संगीता बाहर निकली। फाटक खोला जाने लगा। ब्लाक मारिया ठीक फ़ाटक पर आ लगी।

"संगीता !" अनित्य ने आवाज़ लगायी।

"अविजित नहीं आये !" संगीता ने चिल्लाकर कहा।

फाटक पर खड़े सिपाहियों ने अनित्य को बाहर खदेड़ना शुरू कर दिया और फाटक के भीतर के पुलिस वाले संगीता को ब्लाक मारिया की तरफ़ धकियाने लगे।

"चुप ! चुप !" सब एक साथ चीख़ रहे थे।

"मैं तुम्हारा वकील हूं, संगीता," शोर के ऊपर चीख़ कर अनित्य ने कहा।

"पहले मैंने गोली का धमाका सुना, फिर चीख़," अनित्य ने आगे कहा।
जवाब में धूल उड़ाती ब्लाक मारिया के भीतर से गूंजता संगीता का अट्टहास सुनायी दिया जो धूल के बैठ जाने पर भी देर तक हवा में मंडराता रहा।

अविजित संगीता के घर पहुंचा तो देखा फाटक पर मोटा ताला लटक रहा है। अंदर-बाहर पुलिस के सिपाही तैनात हैं···यानी लाश अब पुलिस के कब्ज़े में है···और दूर सड़क के मुहाने के नाले पर बनी पुलिया पर अनित्य बैठा है।

"तुम यहां क्या कर रहे हो ?" उसने पूछा।

"आपका इंतज़ार।"

"कब पहुंचे ?"

"जब वे लोग संगीता को गिरफ़्तार करके ले जा रहे थे।"

"उसने मेरे बारे में तो कुछ नहीं कहा।"

"जब मैं पहुंचा वे उसे ले जा रहे थे। उनसे उसने क्या कहा, मैं नहीं जानता।"

"तो···जो उसने कहा था···सच है ?"

अनित्य ने उसका जवाब नहीं दिया, अपनी बात कही।

"कल रात मैं यहां से गुज़रा था।"

"उफ़ भगवान, अब क्या होगा," अविजित बड़बड़ा रहा था।

"रात मैंने संगीता को चीखते सुना था भाई साहब," अनित्य ने कहा।

अपने में गर्क अविजित तक सिर्फ़ शब्द पहुंचे, उनका मतलब नहीं।

"पहले मैंने गोली का धमाका सुना, फिर चीख," अनित्य ने आगे कहा।

"ओह," अविजित बस इतना ही समझा, "तो रात ही मार डाला था।"

"भाई साहब, ज़रा समझने की कोशिश कीजिये। आप लॉ पढ़े हुए हैं। मैंने संगीता को चीख़ते सुना था, सुरेश को नहीं।"

"तो ? तुम कहना क्या चाहते हो ?"

"औरत कब चीख़ेगी ! पति का खून करने से पहले या बाद में ?"

"दोनों हालात में चीख़ सकती है।"

"पहले चीख़ी होती तो खुद को बचाने के लिए खून कर सकती थी पर संगीता बाद में चीख़ी थी—लाश को गिरता देखकर। खून किसी और ने किया होगा।"

"क्यों ? कैसे ?"

"आपने सुना नहीं, मैंने कहा, गोली के धमाके के बाद मैंने चीख़ संगीता की सुनी थी; सुरेश की नहीं।"

"मरा तो सुरेश है।"

"वही तो। मरा सुरेश है पर चीख़ी संगीता थी। गोली चलने पर शॉक सुरेश को नहीं, संगीता को लगा। सुरेश जानता था गोली चलने वाली है, जानता था

गोली चल चुकी, जानता था गोली को चलना चाहिए। ज़रूर सुरेश ने खुद अपने हाथ से गोली मारी है। खुदक़शी करते हुए आदमी चीख़ता नहीं," अनित्य ने कहा।

फिर कुछ ठहरकर बोला, "संगीता भी तो पुलिस की गाड़ी में सवार होते हुए चीख़ी नहीं, हंसी थी।"

"तुम्हारे कहने से क्या होता है ?" अविजित ने कहा, "संगीता खुद अपने जुर्म का इक़बाल कर रही है।"

"सिर्फ़ मैंने नहीं, यह चीख़ पड़ोसियों ने भी सुनी होगी। वे लोग मेरी बात का···" कहते-कहते अनित्य रुक गया।

उसे रात फाटक पर ऊंधता चौकीदार याद आ गया। चीख़ उसने नहीं सुनी तो···

प्रभा का चीख़ से चीख़ मिलाकर चीख़ना याद आ गया। उसने जान-बूझकर नहीं सुनी···क्यों···

सड़क के नुक्कड़ पर जहां अनित्य बैठा है वहां तक सुरेश भडालिया की कोठी के कंपाउंड की पहुंच है। दूसरी कोठी इस आलीशान बंगले से इतनी दूरी पर है कि बंद खिड़की-दरवाज़ों के भीतर एयरकंडीशनर चलाकर सोने वाले लोगों का कुछ भी सुन पाना···

वह चुप हो गया।

"चलो, यहां से चलें," अविजित ने कहा, "कोई देखेगा तो···"

"भाई साहब, आप संगीता से मिलेंगे नहीं ?" अनित्य ने ठंडे स्वर में पूछा।

"वह है नहीं तो कैसे मिलूं ?"

"जेल में। अर्ज़ी दे देते हैं, जेल में मिलने की इजाज़त मिल जायेगी।"

"पता नहीं कितने दिन लगेंगे।"

"कोई बात नहीं।"

"मुझे बरनी जाना है," अविजित ज़ोर देकर कह उठा।

"बरनी ?"

"हां, ज़रूरी काम है। सिंघानियाजी का वहां एक फ़ार्म है। वे चाहते हैं मैं फ़ौरन, कल ही, चला जाऊं। अभी कलकत्ते से उनका ट्रंक-कॉल आया था। बहुत गड़बड़ है वहां। उनका···"

"भाई साहब," अनित्य ने बात काट कर कहा, "आप जानते हैं न, अगर एक बार संगीता ने जुर्म का इक़बाल कर लिया तो पुलिस आगे तहकीकात करने की ज़हमत नहीं उठायेगी। केस उस पर एकदम फ़िट बैठता है। आप एक बार उससे मिल लें तो हो सकता है···"

"नहीं-नहीं, मुझे कल ही बरनी जाना है," अविजित सुनना नहीं चाहता।

"संगीता पूछ रही थी, अविजित नहीं आये ?"

"क्या ! पूछ रही थी ? किससे ? तुमसे ?"

"हां।"

"फिर···तुमने क्या कहा ?"

"मैं कुछ कहता इससे पहले ही वे लोग उसे ले गये।"

"अनित्य !" सहसा अविजित ने उसका हाथ पकड़ लिया और याचना करता हुआ कह उठा, "मुझसे कहीं अच्छी तरह तुम संगीता को समझा सकते हो। तुम्हारी वह इज्ज़त करती है। तुम···उससे कहो, इस सब में मुझे न घसीटे···।"

"भाई साहब," अनित्य ने बेहद कोमल स्वर में कहा, "सवाल आपका नहीं, संगीता का है। बिना खून किये वह खून की सजा क्यों पाये···"

अविजित ने ग़ौर से अनित्य को देखा। उसका चेहरा बदल गया। आंखों में खुदगर्ज़ चालाकी उभर आयी।

"हर आदमी अपने तरीक़े से खुदकुशी करता है," उसने कहा, "अगर वह जीना ही नहीं चाहती···"

अविजित की बात पूरी भी नहीं हुई थी कि अनित्य उठा और उसे अकेला छोड़कर तेज़ी से सड़क पार कर गया।

अविजित को संभलने में वक़्त लगा। उसने अनित्य का पीछा किया ज़रूर पर उसकी रफ़्तार का मुक़ाबला न कर सका। वह बराबर पीछे छूटता चला गया और आख़िर कोठियों के पिछवाड़े एक संकरी गली में घुसने पर उसने पाया कि वह उसे खो चुका है।

7

"गोली अनिल ने नहीं मारी तो किसने मारी ?" प्रभा कैलाश से सवाल कर रही है।

दैनिक अखबारों का ढेर सामने पड़ा है।

"अनिल ने नहीं मारी," कैलाश पहले ही कह चुका है, वह बराबर जीप में था। गनपत ने बैग उसे पकड़ाया और वह जीप स्टार्ट करके फ़ौरन चला आया। भीतर गया ही नहीं।"

"तो फिर गनपत या बलराज"

"नहीं उन्होंने भी नहीं मारी।"

हां, बलराज बाहर मेन गेट पर कोठी में घुसने वालों की हिफ़ाज़त कर रहा था और गनपत उनके हाथ से बैग लेकर पिछवाड़े जीप में बैठे अनिल के पास चला गया था।

रुपयों से भरा बैग लेकर जब प्रभा और कैलाश कमरे से बाहर निकले तो सुरेश मंडालिया ज़िंदा था। कमरे में उसके और डॉक्टर संगीता के सिवाय तीसरा आदमी नहीं था।

फिर···

गोली का धमाका, जीप की घड़घड़ाहट और एक चीख़ !

उस चीख़ में भी सोज़ था !

एक ज़माना था जब डॉक्टर संगीता से बेहद रश्क होता था···वाक़ई···जिस औरत की चीख़ तक इतनी सुरीली हो !

नहीं-नहीं, अब कहां ?

रात उस कोठी के अंदर प्रभा अच्छी तरह पहचान गयी थी कि वह बहुत दिनों से जानती रही है कि डॉक्टर संगीता से किसी हालत में भी रश्क नहीं किया जा सकता।

रात उस कोठी के अंदर डॉक्टर संगीता को देख कर क्षण-भर को प्रभा की सारी दिलेरी हवा हो गयी थी···

उसे सिर्फ़ इतना बतलाया गया था कि कैलाश के साथ एक बड़े रईस के घर छापा मारना है और कुछ नहीं। रईस का नाम-पता कुछ नहीं वरना शायद उसे याद आ जाता कि सुरेश मंडालिया की बीवी वही डॉक्टर संगीता है जो···

याद आ भी जाता तो क्या होता ? बस इतना कि टार्च की रोशनी में डॉक्टर संगीता को देखकर वह इस क़दर चौंक न उठती।

"हैंड्स-अप" चादर में लिपटी, बिस्तर पर सोई पड़ी काया की छाती पर पिस्तौल तानकर प्रभा ने कहा था और भौंचक देखा था कि चादर फेंक कर जब वह उठ कर बैठी है तो पुरुष नहीं, स्त्री है।

फिर भी··· "सेफ़ की चाभी !" उसने ललकार कर कहा था और पिस्तौल ताने रही थी।

"चाभी मेरे नहीं, मालिक के पास है," एक बेहद सुरीली आवाज़ ने कहा था और···यह कैसे हो सकता है, तब भी प्रभा ने चकित भाव से सोचा था···आवाज़ में भय की नहीं हंसी की खनक है। ऐसी खनक तो सिर्फ़ विद्रोहियों के स्वर में हुआ करती है, उसने सोचा था। और टार्च की रोशनी के घेरे में देखा था···इतनी

सुरीली आवाज़ सिर्फ़ इसी औरत की हो सकती थी जो उसके सामने बैठी है···

"डॉक्टर संगीता !" फुसफुसाहट ओठों से निकल ही गयी थी।

कैलाश के हाथ का दबाव उसके कंधे पर पड़ा था और उसने संभल कर कहा था, "तो चलिये मालिक के पास।"

सहसा वह औरत खिलखिलाकर हंस पड़ी थी।

प्रभा के बदन के रोंगटे खड़े हो गये थे।

"पर क्यों प्रभा ? तुम्हें पैसे की कमी कैसे हो गयी ?" उसने कहा था।

प्रभा !

खट से प्रभा ने टॉर्च बुझा दी। यह औरत···डॉक्टर संगीता उसे पहचान कैसे गयी ? उसका चेहरा तो पूरी तरह कपड़े से ढका हुआ है और अंधेरे में है।

वह भूल कैसे गयी थी; आवाज़ पर संगीता का अधिकार···आवाज़ से उसका मोह···आवाज़ की उसकी गहरी पहचान !

एक दिन श्यामा कह उठी थी···

"आह, कितना पुरसोज़ गाती है संगीता। प्रभा, तुम इनसे गाना क्यों नहीं सीख लेती ?"

"गाने-वाने में मुझे दिलचस्पी नहीं है," प्रभा ने रुखाई से जवाब दिया था।

"दिलचस्पी होने से ही गाना आ तो नहीं जाता," संगीता ने मीठी आवाज़ में कहा था।

"आपका क्या ख़याल है, चाहूं तो सीख नहीं सकती," प्रभा ने तड़पकर कहा था।

"नहीं," संगीता ने कहा था, "फिर भी चाहो तो कोशिश करके देख लो।"

"यह फ़िजूल के काम आप ही को मुबारक हैं।"

"प्रभा ! तमीज़ से बात करो," श्यामा ने नाराज़ होकर कहा था पर संगीता हंस पड़ी थी, इतनी लतीफ़ हंसी कि प्रभा जलकर राख हो गयी थी। इस हिसाब से तो हंसना भी इन्हीं से सीखना पड़ेगा !

"इतना फ़िज़ूल का काम भी नहीं है, प्रभा," ठुमरी के अंदाज़ में संगीता ने कहा था, "बहुतों की रोज़ी-रोटी इसी के सहारे चलती है।"

कहकर सहसा उसका चेहरा जले फफोले की तरह काला पड़ गया था।

कमरे में सहमी-सी चुप्पी छा गयी थी। प्रभा कुछ समझ नहीं पायी थी पर आगे मुंहतोड़ जवाब देने की इच्छा मर गयी थी।

बाद में···अब याद करके प्रभा शर्म से सिकुड़ उठी है। उन दिनों तो बस अकेले कमरे में बंद होकर काफ़ी अरसे तक ख़ुद को गाना सिखलाने की कोशिश करती

रही थी और संगीता से ईर्ष्या कर-कर के अपने को जलाती रही थी···

बहुत धीमे से कैलाश हंस दिया था।

प्रभा एकदम चौकन्नी हो गयी थी।

कैलाश ने सब कुछ सुना होगा। उसका नाम—प्रभा। हंसी की खिलखिलाहट। व्यंग्य से सना सवाल।

"चाभी दिलवाइये !" संभलकर प्रभा ने कहा था।

पैसा अपने लिए नहीं, मुझे देश के लिए चाहिए, दर्प के साथ उसने जोड़ना चाहा पर शब्द ज़बान से नहीं निकले।

आज संगीता दे रही है और अविजित की बेटी लेने आयी है।

अच्छी लग रही है न संगीता, यह नयी भूमिका ?

पर कैसी विडंबना है। मैं पैसा मांग रही हूं फिर भी मुझे लज्जा नहीं, गर्व है; तुम दे रही हो, देना ही पड़ेगा और लज्जित भी तुम्हीं को होना है। मैं मांग नहीं रही, संगीता, छीन कर ले रही हूं। अपने लिए नहीं, तुम्ही लोगों के लिए। तुम्हीं लोगों का प्राप्य तुम से ले रही हूं।

पर नहीं, संगीता, तुम से यह सब नहीं कहूंगी।

मुझे माफ़ करना, संगीता। ज़रूरत के दबाव में पैसे के लिए सिर झुकाने में कैसा महसूस होता है मैं नहीं जानती, जानने की ज़रूरत नहीं पड़ी। जानने की कोशिश नहीं की कभी, उसके लिए मुझे माफ़ करना। आज तुम दे सकती हो न, लो, मैं हाथ फैलाकर मांगती हूं। तुम्हारा आहत अभिमान मेरा हो गया। तुम्हारी लज्जा मेरी है।

कभी तुमसे रश्क किया था। उम्र की एक देहरी पर आकर नफ़रत की थी। अपने चारों तरफ़ खिंची ऊंची चारदीवारी के हर बुर्ज पर स्थापित अपने पिता की कद्दावर मूर्ति को खंडित होते देखा था और तुम्हारे प्रति जुगुप्सा से भर उठी थी। पर नहीं, संगीता, वह जुगुप्सा नहीं, लज्जा थी। देखो तो, संगीता, मैं अपने वर्ग-अपराध का प्रायश्चित कर रही हूं।

हंसना चाहो तो हंसो। इतने से भला क्या होगा। फिर भी···

तुमसे कह कुछ नहीं सकती, संगीता, कैलाश सुनेगा तो···

पर तुम दो, पैसा मुझे दान दो। मैं सिर नीचा किये लेती हूं, हाथ फैला देती हूं···एक वक़्त आयेगा, ज़रूर आयेगा जब किसी को किसी के आगे अपनी आवाज़ का सोज़ बेचना नहीं पड़ेगा···

हाथ बढ़ाकर कैलाश ने प्रभा के हाथ से टार्च ले ली। जलाकर संगीता के हाथ में पकड़ा दी।

"रास्ता आप दिखलाएं, चाभी हम मांग लेंगे," उसने ऐसे कहा जैसे किसी

दावत में चलने का निमंत्रण दे रहा हो पर पिस्तौल पूरी तैयारी के साथ संगीता की छाती पर तनी रही।

डॉक्टर संगीता का चेहरा गंभीर हो गया। फिर धीरे-धीरे कठोर पड़ गया। उसके बावजूद विद्रूप की छाप हट जाने से एक फक्कड़ भोलापन वहां उभर आया।

ओह, संगीता, संगीता, संगीता ! मोहित प्रभा ने सोचा, तुम तो उस वक़्त सिर्फ़ सोलह बरस की थीं। तुम्हारे चेहरे पर सब कुछ था—शोखी··· लताफ़त··· नज़ाकत···पिताजी की ज़बान से ये अल्फ़ाज़ इत्र की तरह फिसला करते थे···सब कुछ था, बस···मासूमियत नहीं थी···ओह संगीता !

क़रीब-क़रीब कैलाश ही की तरह धीमे से संगीता हंस दी थी और एक विक्षिप्त-सी मस्ती उस पर छा गयी थी।

पर···शायद दरवाज़े की भड़भड़ाहट से पहले ही सुरेश जग चुका था।

बिजली की तेज़ी से पासा पलट गया था।

प्रभा ने देखा था—कैलाश का पिस्तौल हाथ से छूट कर ज़मीन पर पड़ा है···सुरेश मंडालिया चौकस-चौकन्ने गुरिल्ला की तरह उसके सिर पर खड़ा है और उसके हाथ का पिस्तौल कैलाश की कनपटी से सिर्फ़ चार इंच दूर है···

एक क्षण को दृश्य जड़ रहा। दम साधे सब अपनी-अपनी जगह स्थिर थे कि संगीता की बेरहम बौराई हंसी ने सबको चौंका दिया।

टार्च वाला हाथ बढ़ाकर उसने कमरे की बत्ती जलायी, जमीन पर पड़ा कैलाश का पिस्तौल उठाया और मधुर-मस्त आवाज़ में कह उठी, "सेफ़ की चाभी दे दो, सुरेश।"

सुरेश मंडालिया एकटक संगीता को देखता रह गया था···

कमरे में मुर्दनी छा गयी थी। बस संगीता पिस्तौल को गुड़िया की तरह एक हाथ से दूसरे हाथ में उछाल कर उससे खेलती रही थी···

प्रभा सुरेश को देख रही थी और कैलाश प्रभा की पिस्तौल को, जो अब संगीता से हट कर सुरेश की तरफ़ घूम गयी थी।

प्रभा को लगा था, सब लोग अपनी-अपनी जगह फ्रीज़ हो गये हैं।

किस ज्वालामुखी का लावा उन पर आ गिरा कि वे जहां थे, बुत से जड़ खड़े रह गये ? हज़ारों बरस बाद एक दिन यहां खुदाई होगी···इन्हीं मुद्राओं में मूर्तियों से गढ़े ये चार प्राणी मिलेंगे—कैलाश, प्रभा, संगीता और सुरेश मंडालिया। पर···यह क्या हुआ। देखते-देखते कितने बरस बीत गए ! उसकी आंखों के सामने सुरेश मंडालिया बूढ़ा—बेबस कैसे होता जा रहा है ? अभी-अभी तो गुरिल्ला जैसे उसके पुष्ट-गठीले जिस्म को देख कर प्रभा खौफ़ खा चुकी है !

वह जड़ खड़ा है।

उसकी आंखें एकटक संगीता को ताक रही हैं और···फ़ौलाद-सा सख़्त उसका लंबा-चौड़ा बदन धुले कपड़े की तरह निचुड़ कर सिकुड़ता चला जा रहा है। चेहरे की चिकनी-काली खाल धूल जमे थैलों की तरह जगह-जगह से नीचे लटकती आ रही है। उसकी आंखें···उफ़, उसकी आंखें !

बरसों तक सूखा पड़ने से खुश्क ज़मीन में दरारें आ जायें तो बूंद-दो बूंद पानी का अस्तित्व क्या हो सकता है !

संगीता की आंखें बरबस सुरेश की तरफ़ खिंच गयी थीं और वह उससे नजर मिलाने पर मज़बूर हो गयी थी।

आख़िरी सांस की गिनती पूरी करके ज़िंदा औरत जैसे मौत के हवाले हो गयी। ऊपर उठा उसका हाथ सुन्न होकर नीचे लटक गया। दूसरे हाथ की मुट्ठी का पिस्तौल क्लारोफार्म सूंघे मेंढक की तरह बेदम-लाचार पड़ रहा। प्रभा ने पिस्तौल उसकी तरफ घुमा लिया।

क्षण भर के लिए मोम-मढ़ी लाश-सी वह निस्पंद खड़ी रही फिर···

एक ज़लज़ला उसके बदन पर से होकर गुज़र गया। मिर्गी के दौरे की-सी तड़फ़ड़ाहट के साथ उसने कुछ कहना चाहा कि···

पिस्तौल नीची करके सुरेश धम से बिस्तर पर बैठ गया। तकिये के नीचे से चाभी निकाल कर उसने संगीता की तरफ़ फेंक दी।

उछल कर कैलाश ने बीच हवा से चाभी लपक ली।

एक बार फिर संगीता की देह ने घुमेर खायी और पिस्तौल उसके हाथ से फिसल गयी। सतर्क कैलाश ने वह भी झपट लिया।

प्रभा अपना पिस्तौल संगीता के सिर पर ताने रही थी···कैलाश ने सेफ़ खाली कर लिया था···गनपत दरवाज़े के बाहर मिल गया था···उनके हाथ से रुपयों से भरा बैग ले लिया था···नंबर दो के रुपयों की चोरी पुलिस में दर्ज नहीं करायी जाती, गोकुल दा, गनपत ने कहा था, ले जाने वाला भले ही बतला दे, खोने वाला मुंह नहीं खोलता, है न···

प्रभा और कैलाश जब रुपयों का बैग लेकर कमरे से बाहर निकले तो बिस्तर पर स्तब्ध बैठे सुरेश के सामने संगीता जड़ खड़ी थी और कमरे में तीसरा व्यक्ति नहीं था। फिर···

अगले दिन का अख़बार कैलाश ने प्रभा के सामने डाल दिया। कहा,''गोली मारना इस योजना में शामिल नहीं था।''

ख़बर छपी है कि दिल्ली के प्रसिद्ध उद्योगपति श्री सुरेश मंडालिया की पत्नी डॉक्टर संगीता ने स्वीकार कर लिया है कि अपने पति का खून पिस्तौल से गोली

मार कर उसने किया है। घर का सब सामान सुरक्षित है और किसी बाहरी आदमी के घर में घुसने का कोई चिह्न भी नहीं मिला है···

पर···

जब प्रभा और कैलाश संगीता और सुरेश को कमरे में छोड़कर बाहर निकले तो भरा हुआ पिस्तौल सुरेश के हाथ में था, संगीता के नहीं।

"यक़ीन नहीं होता कि गोली डॉक्टर संगीता ने मारी है," उसके मुंह से निकला।

"क्यों।" कैलाश के 'क्यों' में सवाल नहीं था।

···क्योंकि एक ज़लज़ला था जो बार-बार उसके बदन को झकझोर रहा था···उन जड़ खड़े क्षणों में वह बहुत हद तक संगीता को पीछे खदेड़ चुका था···प्रभा ठीक-ठीक समझ रही थी कि वह जुर्माना लेने से देने की मनःस्थिति में आ चुकी है···तभी न प्रभा क्षण-भर को भी चूकी नहीं थी। पिस्तौल सीधा संगीता पर ताने रही थी—डर था कि कहीं आखिरी लमहों में वह दुश्मन से न जा मिले। इसीलिए···

"बस···उन्होंने नहीं मारी," उसने कहा।

कैलाश ने आंखें खोल कर उसकी तरफ़ नहीं देखा। अंगड़ाई लेकर बदन तोड़ा और बोला, "शायद नहीं···या शायद मारी हो···हो सकता है वह हममें से एक हो।"

"तब हमें उनकी मदद करनी चाहिए," प्रभा कह उठी।

"हमें आज ही दिल्ली छोड़ देनी है," कैलाश ने कहा।

"आज ही ?"

कैलाश धीमे से हंस दिया। बोला, "शादी करके लड़का-लड़की अमूमन शहर छोड़ कर भागा करते हैं।"

"यानी लोगों को दिखलाने भर को भागना है, जाना कहीं नहीं है।"

"जाना है। पहले कलकत्ता, फिर गांव।"

"कौन से गांव ?"

"नाम का महत्त्व नहीं है।"

"बिमल दत्त···"

"वहीं हैं।"

"काजल दी ?"

"वे भी।"

"हमारे साथ और कौन जायेगा ?"

"अनिल पहले ही जा चुका।"

"लड़ाई शुरू हो गयी।"

"होने वाली है।"

"और डॉक्टर संगीता···" प्रभा ने धीमे से कहा और खुद ही वाक्य पूरा कर

दिया, "...नहीं, वह हमारी लड़ाई में शामिल नहीं है।"

अनित्य नहीं मिला तो अविजित वापिस अपनी गाड़ी की तरफ़ चल दिया।

ठीक है, अनित्य, जाओ तुम। सब चले जाओ मुझे छोड़ कर। मेरा किसी से कोई संबंध नहीं है। बहुत हुआ। बहुत भोग चुका मैं। अब और भूत का बोझ नहीं ढो सकता। संगीता...काजल...श्यामा...जाओ, निकल जाओ, मेरे दिमाग़ से। विगत से उठते धूल के ग़ुबार से ज़्यादा! कुछ नहीं हो तुम ! लोगों की जिंदगी बरबाद हो तो हर बार क़सूरवार मैं क्यों ? तुम सब आगे निकल गये, मुझे ही क्यों हरदम पीछे लौटते रहना होगा ? नहीं, मैं आगे बढ़ूंगा...आगे...आगे नयी ज़िंदगी की तरफ़...पीछे मुड़कर एक बार देखूंगा तक नहीं।

मैं जा रहा हूं। सीधा रंजना के पास जाऊंगा। उसकी गोदी में सिर रख कर सब कंफ़ेस कर दूंगा। रंजना, रंजना, मुझे पनाह दो ! भूत के शिकंजे से मुक्ति दिलवाओ। मुझे और कुछ नहीं चाहिए। तुमसे भी कुछ नहीं चाहिए, बस यह कि तुम हो। और जिस काल और समय में तुम हो उसी में मैं हूं। यह नहीं कि तुम दूर भविष्य में टिमटिमाती रहो और मैं भुतहा सड़कों पर भटकता फिरूं।

अविजित ने गाड़ी को अपने घर से ठीक उल्टी दिशा में घुमा लिया।

दुनिया में मैं क्या अकेली पापी हूं ! मुझसे पहले क्या किसी को माफ़ नहीं किया गया ? मैं कुछ चाहता भी तो नहीं। मैंने कब कहा, रंजना, तुम मुझसे प्यार करो। बहुत प्यार मिल चुका मुझे। मैं बस इतना चाहता हूं कि तुम्हारे सामने कुबूल कर सकूं, मैं इस क़ाबिल हूं कि तुम्हें प्यार करूं।

किसी और की मुझे परवाह कहां है। तुमसे कुछ छिपाऊंगा नहीं, सब स्वीकार कर लूंगा। अपने विगत पर मुझे कम ग्लानि तो नहीं। एक बार तुम्हारे सामने कन्फ़ेस कर लूं तो बरी हो जाऊं।

...कन्फ़ेंस करने का यह मतलब नहीं होता भाई साहब, कि आदमी सज़ा से बच जाये। संगीता भी तो...

चुप ! तुम चुप रहो अनित्य ! मेरा तुमसे कोई संबंध नहीं है। तुम मेरे कल के साथी थे। यह मेरा आज है और आने वाला कल। मेरे पीछे आने की कोशिश मत करो। मैं तुम्हें नहीं पहचानता। जाओ, तुम जाओ ! मेरे पास वक़्त बहुत कम है।

एक्सीलेटर को पांव से कुचल कर अविजित ने गाड़ी पूरे वेग से आगे दौड़ा दी।

कहा...अनित्य यहां कहां है ? वह तो पहले ही...

...यह मत समझो, अनित्य, कि तुम मेरे दिमाग़ पर कब्ज़ा जमाये रह सकते हो। रंजना के घर पहुंच जाऊं, मैं तुम्हें चुटकी से पकड़कर बाहर फेंक दूंगा। धूल

के नन्हें कण हो तुम, और कुछ नहीं।

कुछ नहीं सुनूंगा मैं आज, किसी के लिए नहीं रुकूंगा।

नहीं, लाल बत्ती के लिए भी नहीं, चौराहे पर हरी से लाल होती ट्रैफ़िक लाइट को देखकर अविजित ने कहा। लाल हो चाहे हरी, मैं रुकूंगा नहीं, सीधा निकल जाऊंगा। एक पल भी और ज़ाया नहीं करूंगा अब…एक…पल…भी…नहीं…

जाने दो मुझे, संगीता। आज तुम मुझे नहीं रोक सकतीं। हटाओ, ब्रेक पर से पैर हटाओ !

ठीक लाल बत्ती के सामने चौराहे पर आकर गाड़ी खड़ी हो गयी है।

बिल्कुल मेरे कल की तरह है यह लाल बत्ती ! आगे बढ़ने के लिए रफ़्तार तेज़ की नहीं कि जलते अंगार की तरह दहकने लगी। पर आज मैं डर कर भागूंगा नहीं।

"हटाओ, संगीता ! मैं कहता हूं ब्रेक पर से पैर हटाओ !" अविजित चीख़ उठा।

माथे से चू कर पसीने की बूंदें चक्के पर कसे उसके हाथों पर आ गिरीं। चौंक कर उसने रूमाल निकालने को जेब में हाथ डाला। सड़क से हट कर नज़र गाड़ी में घूम गयी। चली कहां गयी संगीता ? ब्रेक पर तो यह खुद उसका अपना पैर है !

हरी बत्ती का इंतज़ार…

चाभी घुमाकर उसने गाड़ी का इंजन बंद कर दिया।

तभी लाल से पीली होती हुई ट्रैफ़िक लाइट हरी हो गयी।

हड़बड़ा कर अविजित ने तेज़ी से चाभी घुमायी और झटके से स्टार्टर खींच लिया। इंजन फट-फट करके शांत हो गया। गाड़ी स्टार्ट नहीं हुई। उसके आगे-पीछे खड़ी गाड़ियां हार्न बजातीं, फ़र्राटे से उसके बराबर से निकलती रहीं।

बेरहमी से अविजित स्टार्टर और चोक पर हाथ मारता रहा, एक्सीलेटर को पैर से रौंदता रहा पर गाड़ी नहीं चली…

बत्ती लाल हुई फिर हरी हो गयी।

गाड़ियों की क़तारें थमती-बढ़ती बदलती रहीं।

अविजित ने गाड़ी का दरवाज़ा खोला और सड़क पर उतर पड़ा।

ठीक है, टैक्सी ले लूंगा। नहीं मिली तो पैदल जाऊंगा। पर आज जाऊंगा ज़रूर।

तेज़-तेज़ क़दम उठाता वह उधर मुड़ गया जिधर सड़क रंजना के घर की तरफ़ जाती है।

रंजना, तुम देखना, मैं कुछ नहीं छिपाऊंगा तुमसे। मैं सज़ा से नहीं डरता, बस हर किसी को यह अधिकार नहीं देना चाहता कि मुझे सज़ा दे ले। तुम, रंजना,

सिर्फ़ तुम मेरा न्याय करना। फिर जो सज़ा तुम दोगी, मैं स्वीकार कर लूंगा। एक बार भी विरोध नहीं करूंगा। हिचकना मत, रंजना···मैं तुम्हें जानता हूं···तुम मुझे माफ़ कर दोगी। कर दोगी न ? हां, ज़रूर कर दोगी। मेरे सिर से भूत उतर जायेगा। मैं वर्तमान में जी सकूंगा। आने वाले कल में हिस्सा ले पाऊंगा। है न ?

···कुछ भी करने की मेरी उम्र बीत गयी और जब थी भी···

तुम गयी नहीं काजल ! शहर छोड़ कर जाने वाली थीं न। मेरी उम्र क्या करने की है, तुमसे नहीं पूछा मैंने। मैं जो कुछ कर सकता था मैंने किया। तुम्हीं ने क्या कर दिखलाया। एक सनसनीखेज मौत, बस ! और कुछ नहीं ! कुछ नहीं !

जाओ, काजल, तुमसे मुझे कुछ नहीं कहना···

देखो रंजना, आखिर मैं पुरुष हूं···

तुम केवल पुरुष हो, अविजित !

झूठ ! झूठ है ! तुम विश्वास मत करना रंजना। सुनो, मैं एक इंसान हूं। हर इंसान ग़लती करता है। ग़लती पर ग्लानि महसूस कर ले तो उसे माफ़ कर देना चाहिए। तुम रंजना, मुझे माफ़ कर दोगी। कर दोगी न ?

और···अगर···न किया तो ?

माफी पाने के लिए कन्फ़ेंस नहीं किया जाता, भाई साहब, कन्फ़ेस वह करता है जो सजा का मुंतज़िर हो।

अनित्य ! फिर तुम ! मेरे पीछे यहां तक चले आये।

अविजित ने देखा, वह ठीक रंजना के घर के सामने खड़ा है।

बाहर का फाटक बंद है। दरवाज़े पर परदा पड़ा है। भीतर कहीं शायद रंजना है। बीच में घंटी की छोटी-सी टनटनाहट की देर है। पलांश की दूरी।

तुम कुछ मत कहना, अनित्य, अविजित ने फुसफुसाकर कहा। देखो, कभी तुम मुझे प्यार करते थे। तुम बस चुप रहना। मैं हीरो बनने की कोशिश नहीं कर रहा। मैं कन्फ़ेंस नहीं करूंगा बस कहूंगा, रंजना मैं तुमसे प्यार करता हूं। मैं इस क़ाबिल हूं कि तुम्हें प्यार करूं। तुम अनित्य, बस कुछ कहना मत···

···अभी मैं घंटी बजाऊंगा···रंजना आकर दरवाज़ा खोलेगी···मुझे देखकर अचरज से मुस्करा उठेगी—इस वक़्त आप। मैं बस कुछ देर बैठूंगा उसके पास···खास कुछ कहूंगा भी नहीं···बस बैठूंगा और···चला आऊंगा···

अभी बजाता हूं घंटी···अभी···ज़रा देर बाद···बस, थोड़ी-सी देर और··· और···और···

"अरे, मिस्टर बंसल, आप यहां—पैदल ! गाड़ी क्या हुई ?" चौंककर अविजित ने देखा उसके बराबर में एक नीली एम्बैसेडर गाड़ी खड़ी है। खिड़की से मुंह निकाल कर कोई कह रहा है, "···गाड़ी क्या हुई ? कहिये, कहां पहुचा दूं !"

कौन है यह ? भट्ट ? बख्शी ? खोसला ? आग़ा ? पता नहीं चल रहा···

वह नीचे उतर आया है। गाड़ी का दूसरी तरफ़ का दरवाज़ा खोल दिया है। शालीनता से कह रहा है, "आइये न।"

अविजित चुपचाप जाकर गाड़ी में बैठ गया।

"कहां जायेंगे ?" गाड़ी स्टार्ट करके उसने पूछा।

"घर," अविजित के मुंह से निकला।

उसके बाद···सिर को हाथों से दबा कर अविजित ने आंखें बंद कर लीं।

गाड़ी की दिशा का चुनाव हो चुका था। वह बिला हिचक दौड़ती रही।

देर से शुभा ज़मीन पर बैठी सामने खुले सूटकेस को देख रही है। ख़ाली सूटकेस।

एक-एक कपड़ा तहा कर वह उसमें लगा रही है। रुक-रुककर, ख़ालीपन से चौंक-चौंक कर। फिर भी ख़ालीपन भर नहीं रहा। अजीब-सा अहसास मन में पनप आया है कि सूटकेस में चाहे कितने भी कपड़े क्यों न भर दिये जायें, वह ख़ाली ही रहेगा।

ऐसे बेमानी ख़यालात कहां से आकर मेरे दिमाग़ में भर जाते हैं।

बेमानी ? गहरे मानी रखने वाले ख़्यालों को हम बेमानी कह कर उड़ा क्यों देते हैं ? इसलिए कि उनसे खौफ़ लगता है। बुर्कों और चादरों में लपेट कर हम उन्हें नज़रों से दूर करते रहते हैं, तभी वे आकार बदल कर सूक्ष्म देह धारण कर, दिमाग़ के किसी कोने में प्रवेश कर जाते हैं और फिर अमीबा के कीटाणु की तरह एक से दो होते-होते पूरे अस्तित्व पर हावी हो जाते हैं।

रात अविजित के सिर पर गीली पट्टी रखते हुए भी यही अहसास उसे घेरे रहा था कि पट्टी वह हाड़-मांस के तपते माथे पर नहीं, गर्म हवा के ऊपर उठते बगूलों पर रख रही है।

कठफोड़वा की चोंच की तरह चलती सिर की नसें भी उस अहसास से छुटकारा दिलवाने में सफल नहीं हो सकी थीं।

सुबह का निकला अविजित शाम को भयानक सिरदर्द लिये घर लौटा था।

कुट-कुट तड़पती कनपटी की नस; आग-सा भभकता माथा और···बर्फ़ की पट्टियां थीं कि हवा में टंगी रही थीं···

रात-भर शुभा उसके सिरहाने बैठ उसकी छटपटाहट देखती रही थी और उसमें यह अहसास घर करता चला गया था कि कोई भी डॉक्टर इस ग़ैर-जिस्मानी दर्द का इलाज नहीं कर सकता···

सुबह होने को आयी थी जब अविजित बेहोशी जैसी नींद में डूब गया था।

सूरज सिर पर चढ़ आया तो आंख खोल कर उसने शुभा से कहा, बरनी जाने के लिए उसके कपड़े सूटकेस में लगा दे।

शुभा का अहसास और गहरा हो गया था।

आख़िरी कोशिश करते हुए उसने कहा था, "आप बरनी जा रहे हैं ?"

"हां।"

"पर आपकी तबीयत ठीक नहीं है।"

"जाना पड़ेगा।"

"क्यों"

"काम है!"

"किसका ?"

"हमारा। सिंघानियाजी का। दफ़्तर का।"

"सिंघानियाजी को मना नहीं किया जा सकता ?" शुभा ने कहा था।

जिरह करने की उसकी आदत नहीं है, अविजित जानता है।

उस अप्रत्याशित तर्क-आक्रमण से चौंक कर उसने कुछ अतिरिक्त रुखाई से कहा, "नहीं, छोटी-मोटी बीमारी के लिए काम नहीं छोड़ा जाता। तुम जाओ, मेरे कपड़े लगा दो।"

शुभा चली गयी थी। प्रभा होती तो शायद कह डालती, "तर्क अच्छा है। हर किसी के पास मैदान छोड़ कर भागने की इतनी बढ़िया वजह नहीं होती।"

शुभा नहीं कह पायी थी। एक ख़ालीपन मन में लिये उसके पास से उठ गयी थी। सोचा था, शायद कपड़े लगाते-लगाते यह अहसास मिट जाये कि अविजित नाम का कोई आदमी अब उसके इर्द-गिर्द बचा नहीं रहा है।

पर···सूटकेस भर कर भी खाली लग रहा है··· उसका अहसास कोहरे की तरह हर ठोस चीज़ पर हावी होता जा-रहा है···

क्या उसमें इतनी हिम्मत है कि पिता के सामने खड़ी होकर पूछ सके, आप डॉक्टर संगीता से मिल कर जा रहे हैं, कितनी बार वह खुद से पूछ चुकी। जवाब हर बार एक है। नहीं, उस ग्लानि को वह सह नहीं सकेगी जो 'नहीं' कहते-कहते अविजित को सिर से पैर तक डूबा देगी।

प्रभा होती तो···पर प्रभा जा चुकी। अविजित जा रहा है···शुभा भी···

वह जानती है, अविजित संगीता से बिना मिले जा रहा है। संगीता, उसने याद किया, कितना अच्छा गाती थी संगीता।

एक दिन उसका गाना सुनकर शुभा कह उठी थी, बेसाख़्ता, "काश, मैं आपकी तरह गा सकती।"

संगीता ने टक लगा कर उसे देखा था और बोली थी, "काश, मेरी तरह तुम कुछ भी न कर सको।"

शुभा को ठेस पहुंची थी फिर भी उसने कहा था, "हां, डॉक्टर बनने लायक़ बुद्धि

मेरे पास नहीं है। पर आप डॉक्टर क्यों बन रही हैं ? आपको तो संगीतज्ञ होना चाहिए।"

"अपनी मां की तरह ?" संगीता ने कहा था।

"आपकी मां भी इतना अच्छा गाती हैं ?" शुभा पूछ बैठी थी।

संगीता ने तड़प कर अविजित को देखा था। श्यामा ने निगाहें झुका ली थीं।

"शुभा, जाओ अपनी पढ़ाई करो," अविजित ने कहा था।

बिना कुछ समझे शुभा उठ गयी थी। हमें माफ़ करना संगीता, अब वह बुदबुदा उठी

"लाओ कपड़े मैं लगा दूं," शुक्लजी ने कमरे में आकर कहा, "तुम जाकर भाई साहब के माथे पर पट्टी रख दो। दर्द कम होने में नहीं आ रहा।"

"नहीं !" शुभा ने इतनी तेज़ी से कहा कि शुक्लजी सकपका गये।

शुभा ने अपने को संभाला और कहा, "कपड़े मैं लगा रही हूं। पट्टी आप रख दीजिये।"

"पता नहीं ऐसी हालत में बरनी कैसे जायेंगे," शुक्लजी ने कहा।

शुभा चुप रही।

"आग्रह तो कर रहा हूं मुझे साथ ले चलें। अपरिचित स्थान है, अपरिचित लोग, ऊपर से रोगी देह," शुक्लजी कहते गये, "अपना आदमी साथ हो तो कुछ सुविधा तो रहे। तुम कहो न उनसे, मुझे साथ ले लें।"

शुभा ने चुप्पी नहीं तोड़ी।

"चलूं, भाभी से कह देखूं। उनके सिवाय दूसरा समझने वाला कौन है। मुझे तो लगता है. भाई साहब प्रभा की हरकत से चोट खाकर बीमार पड़े हैं। हे प्रभु, क्या दिन दिखलाया है।"

"प्रभा को बीच मे मत घसीटिए," शुभा ने तड़प कर कहा, "उसके कारण कुछ नहीं हुआ है।"

"फिर किसके कारण हुआ है ?" शुक्लजी ने लालायित स्वर में पूछा।

शुभा की गरदन झुक गयी।

"कारण···भला क्या होता···बीमारी है···आ जाती है यूंही···" ख़ालीपन में हाथ-पांव मारते हुए उसने कहा।

"प्रभु-प्रभु," शुक्लजी ने हाथ जोड़कर भक्ति-भाव से कहा, "सब प्रभु की माया है। वही देता है, वही लेता है। हम तो सेवा कर सकते हैं या प्रार्थना। हे प्रभु, जिस वृक्ष की छांव में इतने लोग आश्रय पाये हुए हैं, उसकी रक्षा करना।"

हाथ जोड़े-जोड़े शुक्लजी ने श्यामा के कमरे की तरफ़ प्रस्थान किया।

शुभा ने सूटकेस का ढक्कन बंद कर दिया।

धीमे-धीमे, समाधि की-सी अवस्था में वह उठ कर खड़ी हो गयी और सामने छत की तरफ़ ताकती हुई बोल उठी—

बहुत धीमे-धीमे गिरा करते हैं देवदार के दरख़्त
हवा हैरान-सी चुप रहती है
चोटी की शाख धंस जाती है धरती के भीतर
धूल का बगूला सिर्फ़ चार फुट ऊपर उठता है।
बवंडर नहीं उठा करते हर क़ब्र की गइराई से
कुछ ऊंचे दरख़्त खुद ज़मीन मे समा जाते हैं
जड़ों की मिट्टी में कभी-कभी रेत मिली रहती है…

अपनी आवाज़ सुनकर उसने सुकून महसूस किया। वही सुकून जो क़भी संगीता की तरह गाकर महसूस करना चाहा था।

पांव उठाकर वह सूटकेस पर खड़ी हो गयी। हाथ आगे बढ़ा कर अपने स्वर के उतार-चढ़ाव को संबल की तरह थाम लिया। पहले से अधिक नाटकीय भावात्मकता के साथ वही पंक्तियां दुहरायीं। लगा उसके पैरों के नीचे की धरती धीरे-धीरे ऊपर उठ रही है। उसकी आवाज़ के दबाव से ख़ालीपन नीचे बैठ रहा है। एक नयी धरती उभर कर ऊपर आ रही है, जिस पर खड़े रह कर हर शून्य को भरा जा सकता है।

आत्म-विभोर होकर एक बार फिर उसने नाटक की पंक्तियां गुनगुनायीं और उसी धरती पर खड़े-खड़े अलमारी के ऊपर से एक और खाली सूटकेस नीचे उतार लिया।

डॉक्टर जैन ने उसे मुंबई नाट्य-फिल्म विद्यालय में दाखिला दिलवाने का आश्वासन दिया है। उनका कहना है उसके अंदर एक महान कलाकार छिपा हुआ है।

वह तो बस इतना जानती है कि उसके अंदर एक ज़ेहानी कायर छिपा हुआ है। ऐसा कायर जो अपनी ज़ेहनियत के दबाव से हर सफ़ेद सतह का स्याह पहलू और हर स्याह ज़मीन का सफ़ेद पहलू देखते रहने पर मजबूर है।

हर ज़ेहनी कायर होता है और…कलाकार भी ? हां…शायद…कभी-कभी…

आदमी या धरती पर जी सकता है या पर्दे पर। कलाकार के नक़ाब से बेहतर पर्दा कहां मिलेगा ?

शुभा ने सूटकेस खोल लिया। एक-एक करके अपने कपड़े उसमें सहेजने लगी। सहेजते-सहेजते, हाथ रोक कर वह फिर बुदबुदा उठी…

बहुत धीमे-धीमे गिरा करते हैं देवदार के दरख्त
और कभी-कभी पर्दों से उलझ कर साये बन जाते हैं…

8

"शुभा ! शुभा ! पुकारता अविजित घर में घुसा और बाहर बरामदे में ठिठक कर रह गया।

गहरे पानी में डूब रहे आदमी को तैरना न भी आता हो तब भी किसी अनचीन्ही इच्छा-शक्ति के सहारे, वह सतह के ऊपर बह आता है। एक बार; दो बार; तीन बार। सिर पानी से बाहर निकालता है और अनायास चिल्ला उठता है—बचाओ ! मुझे बचाओ ! मेरी इच्छाशक्ति का ह्रास हो चुका है ! फिर भी आग···बुझते-बुझते बुझती है। धधकती भट्टी को पानी डालकर बुझाने की कोशिश करो, कुछ लपटें इधर-उधर कोनों में दुबक जायेंगी। मौक़ा मिलते ही, ऑक्सीजन का छोटे-से-छोटा भभका पाते ही, लपक पड़ेंगी···जी लें जितनी देर हो सके···पांच-दस मिनट ही सही···गैस का गुब्बारा छू कर गुज़रे तो चिंदी-चिंदी उड़ा कर ऊपर उछाल दे—बम के धमाके की तरह···आवाज़ तो करेगा एक बार !"

पानी की तलहटी में कहीं आग लगी थी, उसी ने मुझे ऊपर उछाल दिया है···पर मैं हाथ-पांव नहीं मार सकता। पानी के उच्छृंखल बहाव के आगे समर्पण कर शांतचित्त बह भी नहीं सकता। बस सिर ऊपर निकाल कर चीख़ सकता हूं—बचाओ ! मुझे बचाओ ! मेरा हाथ थामकर बाहर खींच लो। ज़ोर तुम्हें लगाना होगा। मैं नहीं लगा पाऊंगा। ज़ोर मुझमें बचा नहीं। फिर भी आग बुझते-बुझते बुझती है···तुम खींच कर देखो तो एक बार, मैं खिंचा चला आऊंगा। मेरी इच्छाशक्ति का ह्रास हो चुका। फिर भी···

"शुभा ! शुभा !" आर्त कंठ से अविजित ने पुकारा और बरामदे में खड़ा इंतज़ार करता रहा कि अभी शुभा बाहर आकर देखेगी, वह बरनी से लौट आया। सहारा देकर वह उसे भीतर ले जायेगी···

"अरे तुम ! इतनी जल्दी कैसे लौट आये।"

शुभा नहीं, यह श्यामा है।

ये शब्द श्यामा के हैं पर यह काया ? भीतर से दौड़ कर जो बाहर आयी है, यह क्या श्यामा है ? पर श्यामा तो आज तक कभी दौड़ी नहीं।

कोई और दिन होता तो अविजित आगे बढ़ कर उसे थाम लेता; लड़खड़ा कर कहीं गिर न पड़े। अविजित का सहारा लिये बिना वह कब चली है ? और इतनी तेज़ तो सहारे से भी नहीं चली। सहारे से चलो तो गति नहीं सिर्फ़ संतुलन हाथ लगता है, जो सहारा छूटते ही पहले से भी ज्यादा बुरी तरह बिगड़ जाता है।

दौड़ती/हुई श्यामा आगे बढ़ी है और उसने अविजित की बांह थाम ली है।

"तुम्हारा बदन तो तवे की तरह जल रहा है," घबराये स्वर में उसने कहा, है, "बुखार है क्या ?"

"शुभा से कहो मैं लौट आया," अविजित ने कहा है।

"चलो, भीतर चलो।" श्यामा उसे ठेल रही है।

"शुभा को बुलाओ !" हठीले बच्चे की तरह अविजित जड़ खड़ा है।

"बुलाती हूं...भीतर तो चलो।"

"शुभा को बुलाओ !" बार-बार वह दुहरा रहा है।

श्यामा समझ गयी कुछ भी कहना बेकार है, उसकी आवाज़ अविजित के कानों तक पहुंच नहीं रही।

"शुक्लजी !" घबरा कर श्यामा ने आवाज़ लगायी और याद आया कि शुक्लजी हैं कहां, वह तो अविजित के साथ बरनी गये थे।

"शुभा...को...बुलाओ...." कहता अविजित धम से वहीं फ़र्श पर बैठ गया।

"शुक्लजी नहीं आये तुम्हारे साथ ?" श्यामा ने पूछा ज़रूर पर साथ ही ज़ोर से आवाज़ भी लगा उठी–"खोखी ! ओ खोखी ! जल्दी बाहर आ !"

हां, अविजित से इस वक़्त कुछ भी पूछना बेकार है। वह सुन नहीं रहा, बड़बड़ाये जा रहा है–शुभा को बुलाओ...शुभा...को...बुलाओ...

पल भर में खोखी बाहर आ गयी।

"देख तो तेरे पिताजी को क्या हो गया। तिलक को बुला। सहारा देकर भीतर ले चल। डॉक्टर माचवे को फ़ोन कर। जल्दी-जल्दी !" श्यामा एक-के-बाद-एक आदेश देती चली गयी।

खोखी घबरा गयी। "शुक्लजी," उसने कहा, "शुक्लजी कहां हैं ?"

"उल-ई ! उल-ई" उसके पीछे खड़ा सुधांशु भी पुकार उठा।

"मर गये शुक्लजी ! मैं जो कह रही हूं इन्हें अंदर ले चल। तिलक को बुला न !" श्यामा ने बेक़ाबू होकर कहा।

तिलक की मदद से खोखी किसी तरह अविजित को उठाकर भीतर लिवा ले गयी और बिस्तर पर लिटा दिया।

"शुभा !" उसने पुकारा।

"पिताजी," खोखी ने मधुर स्वर में कहा।

"शुभा, मैं लौट आया !"

"हां, पिताजी, मैं जानती थी आप लौट आयेंगे," खोखी ने कहा।

"शुभा !" अविजित कहता गया, "मैं संगीता से मिलने जाऊंगा।'

"हां, पिताजी।"

"कौन हो तुम ?" सहसा उसके चेहरे पर आंखें गड़ा कर अविजित ने डपट

कर पूछा।

"मैं शुभा हूं पिताजी," डरते-डरते खोखी ने कहा।

"नहीं, तू खोखी है। शुभा को क्यों नहीं बुलाते तुम लोग।"

"शुभा घर पर नहीं है। अभी आ जायेगी," श्यामा ने कहा, "सोने की कोशिश करो। डॉक्टर माचवे आते ही होंगे।"

क्षण भर को उभरी वर्तमान की पहचान फिर मिट गयी।

"शुभा !" अविजित ने पुकारा और हर पल पुकारता ही चला गया।

"घर पर नहीं है," कह-कह कर श्यामा थक गयी और आख़िर सच बतलाने पर मजबूर हो गयी।

"शुभा को डॉक्टर जैन मुंबई ले गये हैं। वहां नाटक और फ़िल्म···"

"शुभा डॉक्टर जैन के साथ भाग गयी !" तूफ़ान में टूट कर गिरते पेड़ की तरह तड़प कर अविजित ने कहा।

"क्या कह रहे हो !" स्तंभित श्यामा ने बाधा दी, "डॉक्टर जैन उसके पिता समान हैं।"

"पिता समान !" अविजित ठठा कर हंस दिया, "पुरुष और पिता समान !"

वह इतनी देर तक हंसता रहा कि श्यामा के शरीर के रोंगटे खड़े हो गये।

"ऐसे हंस क्या रहे हो ?" उसने कहा, "डॉक्टर जैन की उम्र···"

"मेरी उम्र से कम नहीं।"

"हां।"

"मेरी उम्र···" अविजित की हंसी रुक गयी। वह मुर्दे की तरह निष्प्राण पड़ा रहा। नेपथ्य से आती आवाज़ में फिर उसने धीमे से कहा, "संगीता के बाप की क्या उम्र रही होगी ?"

"प्लीज़," श्यामा ने कहा, "वह सब मत सोचो।"

"मत सोचो कहने से कैसे चलेगा। सोचना होगा। तुम कहो, वह सब कहो मत, सिर्फ़ सोचो।"

"प्लीज़, इतना बोलो मत। बुखार तेज़ है। खो़खी बर्फ़ लेकर आ। सिर पर पट्टी रखनी है।"

"सोचने से दिमाग़ में मवाद बनती है," अविजित कहता गया, "दिमाग़···आदमी का दिमाग़···जानती हो क्या होता है दिमाग़ ? फोड़ा। धीरे-धीरे पकता, आहिस्ता-आहिस्ता सड़ता फोड़ा। जितना सोचोगे उतनी सड़ांध उठेगी। पूरा पकेगा नहीं तो फोड़ा फूटेगा कैसे ?"

श्यामा ने चुपचाप उसके सिर पर बर्फ़ की थैली रख दी है।

"मवाद पलता है तो गिल्टियां निकलती हैं। शुक्लजी ने कहा, नहीं-नहीं भाई साहब, यह प्लेग नहीं है···"

"क्या कह रहे हो ?"

"मैं रात के अंधेरे में उठा···घुप ! तीन अंगुल चौड़ा अंधेरा···गले में निकली गिल्टियों जैसी ठोकरें···डॉक्टर जिस तरफ़ था मैं ठीक उसकी उल्टी तरफ़ चला ···शुक्लजी बोले, नहीं-नहीं, भाई साहब, बहम मत पालिये, यह प्लेग नहीं है···कहो मत···सिर्फ़ सोचो···एक बार कह दिया तो बचाव के सब रास्ते बंद ! मैंने नहीं कहा···एक बार भी नहीं कहा, बोलो, कब कहा ?"

"क्या हो गया है तुम्हें !"

"बहम। सिर्फ़ बहम। मैं कह रहा हूं, जिधर डॉक्टर था मैं उसके ठीक उल्टी तरफ़ जंगल में बढ़ा। जंगल का अंधेरा, उफ़, भूख से भी गहरा ! हां···भूख कहां लगती है, जानती हो न संगीता।"

"चुप रहो। प्लीज़ चुप रहो।"

"भूख आंतों में नहीं लगती, आदमी के···"

"प्लीज़ कुछ मत कहो। चुप रहो !" श्यामा चीख़ पड़ी।

"यह डिलीरियम नहीं, सच है, संगीता।"

"मैं संगीता नहीं हूं।"

"संगीता !" फिर भी अविजित ने कहा।

"नहीं ! मैं श्यामा हूं, श्यामा, श्यामा···"

"चुप रहो, ममी," खोखी ने डपट कर कहा, "बार-बार दुहराओ मत।"

वह डर रही थी, कहीं अविजित के साथ श्यामा भी डिलीरियम में न पहुंच जाये।

"मुझसे बोलिये पिताजी," अविजित के ऊपर झुक कर उसने कहा, "मैं शुभा हूं।"

"संगीता !" अविजित ने पुकारा।

"शुभा ! आप शुभा को पुकार रहे थे। मैं शुभा हूं," खोखी ने ज़ोर दे कर कहा।

"संगीता !" अविजित ने पुकारा।

असमंजस में पड़ी खोखी चुप हो गयी। एक बार सोचा, कह दे, हां, मैं संगीता हूं। पर···अभी जो अविजित ने कहा था···नहीं···नहीं कह सकती···

उसने नहीं देखा, उसके पीछे छिपा खड़ा सुधांशु धीरे-धीरे आगे बढ़ रहा है···

"संगीता !" अविजित पुकार रहा है।

सुधांशु अविजित के पास पहुंच गया।

"ईता," सधांशु ने कहा।

"ईता," अविजित ने दुहराया।

"ईता," सुधांशु ने किलक कर कहा और उसका हाथ अविजित के तपते हाथ पर जा टिका।

"ईता," अविजित ने सुधांशु की आवाज़ मिला कर कहा।

झटके के साथ खोखी अपनी जगह से उठी और दौड़ती हुई कमरे से बाहर निकल गयी। बरामदे की दीवार में बनी अविजित की अलमारी से सिर टिकाकर ज़ोर से रो दी।

अविजित के माथे पर बर्फ़ की थैली रखे बैठी श्यामा, निर्वाक-निस्पंद उन दोनों को देखती रही···

क्षण भर के लिए उसकी आंखों को वही भय मथ गया जिससे खौफ़ खाकर खोखी बाहर भागी थी पर···धीरे-धीरे···

"ईता···" सुधांशु कह रहा है।

"ईता···" अविजित दुहरा रहा है।

सुधांश का हाथ अविजित के हाथ में है···

सुधांशु, अविजित, श्यामा, तीनों एक दायरे में हैं, एक साथ···

श्यामा के ओंठों पर ममता भरी मुस्कराहट उभरी और खिलती चली गयी। ऐसी मुस्कराहट शायद ही पहले कभी किसी ने उसके चेहरे पर देखी थी।

डॉक्टर माचवे वहां पहुंचे तो हैरत-भरी नज़र से श्यामा को देखते रह गये···अविजित का परीक्षण उसके कहने पर शुरू किया।

काफ़ी झिझक के बाद, डॉक्टर माचवे ने अपना मत ज़ाहिर किया था—सेरबेरल मलेरिया !

पहले पूछा था, "घर पर और कौन है ?"

"मैं और खोखी," श्यामा का उत्तर सुनकर विमूढ़-से रह गये थे।

"बस। और लोग कहां हैं। ? प्रभा, शुभा और वह जो आपके साथ रहते हैं···शुक्लजी ?"

"सब बाहर गये हैं।"

"तब ऐसा करते हैं, श्यामा जी, देखिये घबराने की कोई बात नहीं है पर आप खुद बीमार रहती हैं, घर पर दूसरा आदमी कोई है नहीं तो···मेरे ख़याल से बेहतर यह रहेगा कि हम इन्हें अस्पताल में दाख़िल कर लें। वहां देखभाल ज़्यादा आसानी से हो सकेगी," डॉक्टर माचवे ने बात को खूब संभालकर श्यामा से कहा था।

श्यामा जानती है, अविजित को अस्पतालों से सख़्त नफ़रत है। उसने मना कर दिया।

"पर इन्हें पूरी नर्सिंग की ज़रूरत है," डॉक्टर माचवे ने विरोध किया।

"मैं कर लूंगी।" खोखी बोली।

"पर···अकेली तुम···"

"मैं भी हूं," श्यामा ने कहा।

डॉक्टर माचवे चकित भाव से उसे देखते रहे, "पर आप तो खुद···" उन्होंने कहा।

"मैं ठीक हूं, डॉक्टर माचवे। आप इन्हें देखिये, क्या हुआ है ?"

"देखिये श्यामा जी, यूं तो मलेरिया है पर तेज़ बुखार में सफ़र करने की वजह से बीमारी बढ़ गयी है और···"

"दिमाग़ी हालत बहुत खराब है," श्यामा ने वाक्य पूरा कर दिया। "और उसका इलाज अस्पताल से बेहतर घर पर हो सकता है, नहीं ?"

"आपकी बात ठीक है पर जब घर पर कोई ज़िम्मेदार आदमी नहीं है तो···"

"मैं हूं न, डाक्टर माचवे, आप बार-बार मुझे क्यों भूल जाते हैं।"

डॉक्टर माचवे लज्जित हो उठे थे। "नहीं-नहीं, भूल नहीं रहा," उन्होंने कहा था, "मैं तो सिर्फ़ आपकी परेशानी कम करने के लिए एक साथी खोज रहा था। ऐसा करते हैं, दिन में आप देख लें, रात के लिए मैं नर्स का इंतज़ाम कर देता हूं।"

श्यामा राज़ी हो गयी।

तीन दिन बीत चले···

"इतनी बीमारी में तुम वहां से चल क्यों पड़े ?" श्यामा अविजित से पूछ रही है। कई बार पहले भी पूछ चुकी। अविजित ने जवाब नहीं दिया। पता नहीं उसकी बात सुनी भी या नहीं। उसके पास अपने से कहने को इतना कुछ है कि दूसरों की बातें शोर को चीर कर उस तक पहुंच नहीं पातीं।

"शुक्लजी तुम्हारे साथ क्यों नहीं आये ?" श्यामा पूछ रही है।

अविजित जवाब नहीं दे रहा।

एक दिन और बीत रहा है···

"तुम्हें पता है बरनी के जंगल में कितने बड़े-बड़े मच्छर होते हैं ?" अविजित कह रहा है।

"कितने ?"

"शुक्लजी से भी बड़े···इतने ?" दोनों हाथों में दूरी बनाकर वह बतला रहा है।

"शुक्लजी हैं कहां ?" श्यामा नाम को थामे ले रही है।

"मैं जंगल में भटक गया। मैंने कहा जब तक यहां का एक-एक मच्छर मारा नहीं जाता, मैं घर नहीं लौटूंगा। शुक्लजी बोले, नहीं-नहीं, भाई साहब, यहां कोई

डॉक्टर नहीं है, आप घर लौट जाइये···"

"शुक्लजी वहीं बरनी में हैं ?" श्यामा ने बात का सिरा पकड़ना चाहा।

"बरनी ? बरनी फ़ार्म···सौ बीघा ज़मीन···सौ बीघा ज़मीन कितनी होती है ?"

"बहुत," श्यामा ने कहा।

"एक बीघा से सौ गुना। दो बीघे से पचास गुना···तीन बीघे···"

"हां, बिल्कुल ठीक कह रहे हो तुम। अब आराम करो।"

"सिंघानियाजी ज़मीन बेचना चाहते हैं।"

"ठीक तो है। यहां बैठे देखभाल जो नहीं होती।"

"दस रुपये बीघे के हिसाब से किसी परदादा ने खरीदी थी।"

"अच्छा।"

"काजल कहती थी, जो खेती करेगा, ज़मीन उसी को मिलेगी।"

"मिलनी तो चाहिए। पर जिसकी ज़मीन है वह भला क्यों देगा।"

"सिंघानियाजी ने कहा था, सौदा खूब ऊंचा पटाना।"

"बिक गया फ़ार्म ?"

"हज़ार की चीज़ लाख में बिके, कैसा लगता है।"

श्यामा चुप रही।

सहसा अविजित ने उसका हाथ पकड़ कर मसल डाला। शायद वह उसे दीख गयी थी।

"बोलो, कैसा लगता है ?" उसने कहा।

"मेरी चीज़ तो है नहीं," श्यामा ने मधुर स्वर में कहा, "जिसकी है, उसे अच्छा ही लगेगा।"

"सिंघानियाजी खुश हो जायेंगे।"

"हां।"

अविजित कुछ देर चुप रहा, फिर बोला, "मेरी ज़िंदगी का मक़सद क्या है ?"

श्यामा को उसकी बात में फिर ख़तरे की गंध आने लगी।

"इतना बोलो मत," उसने कहा, "डॉक्टर ने आराम करने को कहा है।"

"आराम !" अविजित पहले दिन वाली उन्मत्त हंसी हंस दिया।

"मेरी ज़िंदगी का मक़सद है···" उसने कहा, "···मक़सद है कि सिंघानिया जी खुश रहें।"

"प्लीज़।"

"मैं जान की बाज़ी लगा दूंगा। जो कुछ आज तक पाया है होम कर दूंगा पर सिंघानियाजी को खुश रखूंगा···क्योंकि यही मेरी ज़िंदगी का अकेला मक़सद है," कहकर अविजित अट्टहास कर उठा।

"तो फ़ार्म बिक गया ?" श्यामा ने चिल्ला कर पूछा।

"शुक्लजी बहुत भले आदमी हैं," हंसी रोककर अविजित ने कहा।

"इतनी बीमारी में तुम्हें अकेले कैसे आने दिया, साथ क्यों नहीं आये ?"

"सचमुच भले आदमी हैं, बोले, भाई साहब आप फ़िक्र न करें, मैं सब संभाल लूंगा।"

"अब और वहां क्या संभालना है ?"

"नंबर दो का पैसा है, कैश मिलेगा।"

"बिक गया फ़ार्म ? एक लाख रुपया कैश है तुम्हारे पास ? कहां रखा है ?"

"बिल्ली का स्वधर्म है चूहे को खाये," अविजित ने कहा।

"रुपया कहां है, ब्रीफ़केस में ?" श्यामा व्यग्र हो उठी।

"स्वधर्म है इसीलिए जायज़ है ?"

"खोखी, ओ खोखी !" श्यामा ने आवाज लगायी, "पिताजी का ब्रीफ़केस देख कहां रखा है, लेकर आ मेरे पास।"

उसकी आवाज़ से चौंककर अविजित ने उसकी तरफ़ देखा।

"मैं तुमसे पूछ रहा हूं," सख़्ती से उसने कहा, "जायज़ है ?"

खोखी आकर पास खड़ी हो गयी। ख़ाली हाथ।

"पिताजी का ब्रीफ़केस ला जल्दी," श्यामा ने कहा।

"जवाब क्यों नहीं देतीं तुम मेरी बात का ?" अविजित ने चीख़ कर कहा।

"किस बात का ?"

"बिल्ली चूहे को खाये, यह जायज़ है ?"

खोखी ने ब्रीफ़केस लाकर श्यामा की गोद में रख दिया। तत्परता से उसने उसे खोला और भौंचक बोल पड़ी, "कहां···इसमें तो सिर्फ़ कागज़ हैं। रुपया कहां रखा है ?" परेशानी में उसने अविजित का हाथ पकड़ कर हिला दिया।

"क्या है ?" अविजित ने चौंक कर कहा।

"रुपया ! रुपया कहां रखा ?"

"रुपया ! रुपया ! रुपया !" अविजित झनक कर उठ बैठा और बेक़ाबू हो चीख़ दिया, "जो मैं पूछ रहा हूं उसका जवाब दो।"

"क्या ?" श्यामा घबरा गयी।

"जायज़ है ?"

"क्या जायज़ है ?" श्यामा ने उस सब पर ध्यान ही नहीं दिया था।

"बिल्ली का चूहे को खाना," खोखी ने जल्दी से उसके कान में फुसफुसा कर कहा।

श्यामा की समझ में कुछ नहीं आया फिर भी जवाब ज़रूरी था। "वह तो खायेगी ही," उसने कहा।

"क्यों खायेगी ?" अविजित इतनी ज़ोर से चीखा कि श्यामा रोने-रोने की

हो गयी।

"मुझे नहीं मालूम," उसने कहा।

"तो मालूम करो," अविजित फिर चीख़ा और निढाल बिस्तर पर गिर पड़ा।

कुछ देर की चुप्पी के बाद, अत्यंत धीमे और थके स्वर में उसने कहा, "काजल से पूछना।" और आंखें बंद कर लीं।

श्यामा ने कुछ सुकून महसूस किया। अनर्गल बोलना तो रुका। सो सकें तो खुद को भी आराम मिले, घर वालों को भी। कुछ देर वह दम साधे चुपचाप बैठी रही, नींद में खलल डालने के डर से, पर खाली ब्रीफ़केस का ख़याल बराबर परेशान करता रहा।

आखिर उससे नहीं रहा गया। फुसफुसाकर ख़ोखी से पूछा, "तुझे पता है पिताजी ने ब्रीफ़केस में से रुपया निकाल कर कहां रखा है···कहां रख सकते हैं···जब से आये हैं बिस्तर पर तो पड़े हैं···अच्छा सुन, ब्रीफ़केस तिलक के हाथ में तो नहीं दिया था।"

"नहीं," खोखी ने कहा, "मैंने खुद अलमारी में टिका दिया था।"

"खोल कर देखा था ?"

"नहीं।"

"फिर···कहां गया रुपया ?" श्यामा की आवाज़ अनायास ऊंची उठ गयी।

अविजित ने आंखें खोल लीं। इस वक़्त उसकी दृष्टि साफ़ थी।

"कैसा रुपया ?" उसने पूछा।

"वही जो बरनी फ़ार्म बेच कर मिला है—एक लाख रुपया।"

"फ़ार्म बिक गया ?" अविजित ने हैरान होकर पूछा।

"तुम्हीं ने तो कहा था···।"

"शुक्लजी आ गये ?"

"नहीं तुमने कहा था न फ़ार्म बिक गया !"

"अभी नहीं बिका। शुक्लजी बेच कर आयेंगे।"

"शुक्लजी ? वह कैसे···"

"मैं उन्हें पावर ऑफ़ अटॉर्नी दे आया हूं।"

"यह क्या किया तुमने ?" आतंकित स्वर में श्यामा ने कहा, "किसी आदमी पर इतना भरोसा नहीं किया जा सकता !"

"किसी आदमी पर या ग़रीब आदमी पर ?" अविजित ने कड़ुवे स्वर में पूछा।

"इतना रुपया देखकर किसी की भी नीयत बदल सकती है।"

"तब तो सिंघानियाजी ने मुझ पर भरोसा करके बहुत ग़लती की।"

"वह···बात···और है।"

"क्यों ? और बात क्यों है ?"

श्यामा चुप रही।

"बोलती क्यों नहीं। और बात क्यों है ?" अविजित की आवाज़ ऊंची हुई तो श्यामा उसे बहलाने को मधुर स्वर में कह उठी, "जाने दो। इतना परेशान मत हो। भगवान ने चाहा तो सब ठीक ही होगा।"

"भगवान !" अविजित हंस दिया, "वाह, जज सिंघल ! आपका धार्मिक ज्ञान तो बहुत ऊंचे दर्जे का है। और हम-आप अलग थोड़ा ही हैं, जज सिंघल। दोनों जानते हैं कि बिल्ली चूहे को खाये तो स्वधर्म और कहीं चूहा घात लगा कर बिल्ली को खत्म कर दे तो अपराध है। आखिर न्याय धर्म के ख़िलाफ़ तो जा नहीं सकता।"

"जूस पी लीजिये, पिताजी," बीच में खोखी ने आकर बाधा दी।

अविजित पर कोई प्रतिक्रिया नहीं हुई। वह बोलता गया, "जो भगवान में विश्वास करते हैं, अच्छी तरह जानते हैं कि भगवान ने सिर्फ़ बिल्लियों को बनाया है। चूहे बेचारे तो जाने किस डार्विन की मार्फ़त पैदा हो गये, इसलिए जीत हमेशा भगवान की होती है," कह कर वह बहुत मनोहारी ढंग से मुस्करा दिया।

दरवाज़े से अनित्य ने पुकारा, "भाई साहब !"

"कौन ? शुक्लजी ? आ गये। आओ-आओ," अविजित ने कहा।

"शुक्ल नहीं, मैं अनित्य हूं, भाई साहब।"

"रुपया मिल गया ?"

श्यामा उठी और अनित्य की बांह पकड़ कर उसे दूसरे कमरे में ले आयी।

"पांच दिन से ये सख़्त बीमार हैं, अनित्य," उसने कहा।

"मैं भाई साहब को लेने आया हूं," अनित्य ने कहा, "संगीता से एक बार मिलना ही होगा।"

"तुम देख तो रहे हो, बिस्तर पर पड़े हैं। ऐसी हालत में कहां जायेंगे ?"

"मैंने हर कोशिश करके देख ली। संगीता मुझसे मिलने को या मेरी मदद लेने को किसी तरह तैयार नहीं है।"

"तुम्हें हो क्या गया है, अनित्य," श्यामा ने दुखी स्वर में कहा, "तुम्हारे भाई साहब की जान जोखिम में है और तुम्हें संगीता की पड़ी है।"

"जोखिम संगीता से मिलने में भी है और न मिलने में भी, भाभी।"

"मैं संगीता की बात नहीं कर रही। तुम्हें दीख नहीं रहा, ये डिलीरियम में है।"

अनित्य कुछ देर चुप रहा, फिर धीमे से बोला, "इसके सिवाय उम्मीद भी क्या की जा सकती थी।"

"क्या मतलब ? तुम्हारा क्या ख़याल है ?"

"जो तुम्हारा ख़याल है, वही मेरा भी है भाभी। तुम न खुद को धोखा दे सकती हो न मुझे।"

"डॉक्टर माचवे का कहना है, इन्हें सेरबेरल मलेरिया है।"

"उनका डाइगनोसेस ग़लत नहीं हुआ करता," अनित्य ने सपाट स्वर में कहा।

"अगर इन्हें कुछ हो गया !" श्यामा विह्वल हो उठी।

अनित्य चुप रहा।

श्यामा ने उसका हाथ कस कर पकड़ लिया। "जब से आये हैं संगीता का ही नाम ले रहे हैं," उसने कहा।

अनित्य चुप रहा।

"तुम मेरी बात का यक़ीन क्यों नहीं कर रहे," दर्द से कराह कर श्यामा ने कहा।

"मैं चलूंगा, भाभी," अनित्य ने कहा।

"सुनो," श्यामा ने उसके कंधे थाम लिये, "मुझे ले चलो संगीता के पास।"

"वह तुमसे नहीं मिलेगी और न मुझसे।"

"फिर तुम कहां जा रहे हो ?"

"बाहर।"

श्यामा ने कहना चाहा, मत जाओ, अनित्य, सब चले गये एक-एक करके···स्वर्णा···प्रभा···शुभा···शुक्लजी···अब तुम ? मैं बहुत अकेली हूं। मत जाओ तुम, अनित्य !

पर नहीं ! अनित्य रहा तो अविजित···अनित्य के रहते अविजित कभी डिलीरियम से बाहर नहीं आ सकेगा।

श्यामा ने हाथ उसके कंधों पर से हटाकर सीने पर बांध लिये। चंद क़दम पीछे हटकर दृढ़ स्वर में बोली, "ठीक है, अनित्य। जाओ।"

अनित्य चौंक उठा। मुंह उठा कर उसने श्यामा की सख़्त मुद्रा को पढ़ा। उसके चेहरे से अविश्वास मिला अचरज नहीं मिटा। एक भूला-बिसरा, बहुत पुराना, स्नेहातुर बचपन वहां लहक आया। होश संभालने के बाद से शायद पहली बार, अनित्य ने ठिठककर किसी से पूछा, "जाऊं ?"

श्यामा की नज़रों से कुछ छिपा नहीं था। वह अच्छी तरह समझ रही थी कि उसके हां कहने पर, यह जाना अनित्य का अंतिम जाना होगा।

उसने आंखें बंद कर लीं। हाथ छाती पर बांधे रही।

"हां, जाओ," सख़्त सपाट स्वर में उसने कहा।

"शुक्लजी !" अंदर कमरे से अविजित की आवाज़ सुनायी दी, "शुक्लजी !"

"हां, पिताजी," खोखी कह रही है।

"शुक्लजी," अविजित दुहराये जा रहा है, "शुक्लजी !"

श्यामा ने आंखें खोलीं।

देखा, ख़ाली कमरे के एक कोने में बैठा सुधांशु कैंची से कागज़ काट रहा है। आजकल यही उसका काम है और यही खेल।

छोटे-बड़े कागज़ों पर कच-कच कैंची चल रही है। कागज़ कट रहा है, टेढ़ा-मेढ़ा, बेतरतीब, बिला वजह। कट-कट कर नीचे गिर रहा है। और फिर कट रहा है। कच-कच कैंची चल रही है···

वक़्त खिसक रहा है···कटते क़ागज़ की कतरन की तरह।

श्यामा आगे बढ़ी। बांह पकड़कर उसने सुधांशु को उठाया। दूसरे हाथ में कैंची और कागज़ की कतरनें संभालीं और उसे ले जाकर अविजित की बगल में बिठला दिया। कैंची हाथ में आयी तो सुधांशु तन्मय होकर कागज़ कतरने लगा।

"शुक्लजी !" अविजित ने कहा।

"उलई !" चौंककर सुधांशु ने कहा और कमरे में चारों तरफ़ निगाह दौड़ा दी।

"नई," उसने कहा, "उलई नई।"

"शुक्लजी," अविजित ने फिर भी कहा।

सुधांशु अविजित के बिल्कुल पास सिमट आया और उसके ऊपर झुककर बोला, "उलई नई !"

अविजित के बदन की गरमी महसूस करके वह खुश हो हंस दिया। फिर खूब जमकर बिस्तर पर बैठ गया और तेज़ी से कागज़ों पर कैंची चलाने लगा। कागज़ की कतरनें अविजित के ऊपर, आस-पास गिरने लगीं। सुधांशु ने देखा और किलक-किलक कर हंसने लगा।

अविजित की आंखें कागज़ की बिला वजह, टेढ़ी-मेढ़ी, बेतरतीब कतरनों की बौछार पर जा टिकीं।

वह भी हंस दिया।

वक़्त कटता रहा···

कागज़ की कतरन की तरह···

···टूटता रहा···

●●●